ADMIS FONCTION PUBLIQUE

CONCOURS 2021

6e édition

ANIMATEUR TERRITORIAL ANIMATEUR PRINCIPAL

Externe, interne, interne spécial, 3e voie et examens professionnels, catégorie B

Tout-en-un

Olivier BELLÉGO
Ancien directeur des concours du Centre interdépartemental de gestion (CIG) de la petite couronne et du Centre de gestion de la fonction publique territoriale du Rhône et de la Métropole de Lyon, membre de jurys de concours et examens et élu local.

Vuibert

Ressources numériques

Téléchargez gratuitement un **planning personnalisable** et retrouvez **100 QCM interactifs** sur la fonction publique territoriale sur **www.Vuibert.fr/site/211467**

ISSN : 2109-9305
ISBN : 978-2-311-21146-7

Conception de la couverture et de l'intérieur : Séverine Tanguy
Composition : So'Graph
Photo de couverture : © weedezign/Adobe Stock

Site Internet : http://www.vuibert.fr

Avant-propos

Au lendemain d'une réforme de la fonction publique qui devrait se caractériser à la fois par une diminution du nombre de fonctionnaires tant dans la fonction publique d'État que dans la fonction publique territoriale et par un recours accru au recrutement d'agents contractuels, il paraît difficile d'augurer de l'évolution des **recrutements de fonctionnaires au moyen de concours**.

Ce dernier n'en a pas moins fait ses preuves comme mode de recrutement d'agents publics « selon leur capacité, et sans autre distinction que celle de leurs vertus et de leurs talents », pour reprendre les termes de la Déclaration des droits de l'homme et du citoyen de 1789, d'autant que la **professionnalisation** assez récente de nombreux concours et examens, dont les épreuves actuelles des concours d'animateur rendent bien compte, fait largement tomber les critiques de ceux qui leur reprochaient leur caractère académique, excessivement décalé par rapport aux réalités institutionnelles et professionnelles.

1. Une fonction publique qui devrait rester attractive

Longtemps considérée comme une fonction publique mineure au regard de la fonction publique d'État, la fonction publique territoriale, dont on a fêté les 35 ans en 2019, a aujourd'hui atteint l'âge de la pleine maturité : elle peut s'enorgueillir de ses 1 800 000 agents, de l'intelligence de sa construction autour d'une cinquantaine de cadres d'emplois (l'équivalent des corps de la fonction publique d'État) qui permettent l'exercice de 250 métiers différents, accessibles par concours, dans près de 40 000 collectivités territoriales et 20 000 établissements publics locaux.

Au lendemain des derniers transferts de compétences de l'État vers les collectivités territoriales, et des collectivités territoriales vers les intercommunalités, **la fonction publique territoriale** devrait rester d'autant plus **attractive** que, conciliant la logique du recrutement par concours et de la carrière avec le principe de libre administration des collectivités territoriales, elle permet aux lauréats de concours devenus titulaires après leur nomination par une autorité exécutive locale (maire, président de conseil départemental, président de conseil régional ou président d'établissement public local) de gérer librement leur carrière en changeant, par mutation, d'employeur, sans rien perdre de l'ancienneté acquise.

Bien que la loi n° 2019-828 du 6 août 2019 de transformation de la fonction publique entende élargir le recrutement d'agents contractuels, ces grands principes paraissent conserver aujourd'hui leur pertinence, en permettant aux responsables locaux de s'entourer de fonctionnaires dont la réussite d'un concours garantit les aptitudes et de s'attacher leurs services pour une durée permettant une montée en compétences précieuse. En outre, le « papy-boom » rendra inévitable le recrutement de nouveaux agents dont, certainement, des fonctionnaires sélectionnés par concours. Un contexte d'inflation des normes, source d'insécurité juridique, qui requiert des experts, et de recrutement de jeunes agents, qui impose un management intelligent, paraît ainsi requérir la nomination, notamment, d'animateurs de qualité parmi les lauréats du concours.

2. Des concours fortement professionnalisés

Depuis qu'un candidat à l'élection présidentielle, président de la République française de 2007 à 2012, avait déclaré : « Dans la fonction publique, il faut en finir avec la pression des concours et des examens. L'autre jour, je m'amusais, on s'amuse comme on peut, à regarder le programme du concours d'attaché d'administration. Un sadique ou un imbécile, choisissez, avait mis dans le programme d'interroger les concurrents sur *La Princesse de Clèves*. Je ne sais pas si cela vous est souvent arrivé de demander à la guichetière ce qu'elle pensait de *La Princesse de Clèves*… Imaginez un peu le spectacle ! En tout cas, je l'ai lu il y a tellement longtemps qu'il y a de fortes chances que j'aie raté l'examen ! », les concours avaient fait l'objet de nombreuses critiques, si répandues que nombreux étaient ceux qui étaient allés jusqu'à pronostiquer leur disparition.

Qu'en est-il réellement ? À y regarder de plus près, une vaste réforme a été engagée qui, sans remettre en cause le principe même du concours, s'est attachée à simplifier et à professionnaliser les épreuves. On ne peut nier en effet que nombreux étaient les concours dont les épreuves ou les sujets demeuraient très éloignés des missions exercées par les membres des corps ou des cadres d'emplois auxquels ces concours permettaient l'accès.

Le **Livre blanc sur l'avenir de la fonction publique**, remis par Jean-Ludovic Silicani, conseiller d'État, aux ministres chargés de la fonction publique le 18 avril 2008, préconisait la **professionnalisation des modes de recrutement** en donnant plus de place aux compétences qu'aux connaissances trop académiques et en ouvrant les concours aux professionnels du recrutement. Pour autant, le Livre blanc soulignait que « le concours externe est perçu comme une garantie de recrutement impartial et juste : les agents et les citoyens sont attachés à ce que le concours reste la voie de droit commun pour accéder à la fonction publique. Le concours est également le moyen de remettre à égalité des individus dont les cursus de formation n'ont pas la même valeur symbolique : le fait que tous les candidats puissent passer des épreuves identiques constitue en quelque sorte une nouvelle chance pour ceux d'entre eux qui n'ont pas pu accéder aux écoles et aux universités les plus prestigieuses ».

Le rapport de la mission préparatoire au réexamen général du contenu du concours d'accès à la fonction publique de l'État, dit **rapport Desforges** (janvier 2008), établi par Corinne Desforges et Jean-Guy de Chalvron, inspecteurs généraux de l'administration centrale, a marqué également une étape importante dans le processus de modernisation des concours : dédié non sans humour « à Marie-Madeleine Pioche de La Vergne, comtesse de La Fayette (1634-1693) et à *La Princesse de Clèves* (1678) sans lesquelles ce rapport n'aurait jamais pu voir le jour », le rapport s'est attaché à analyser « des concours où les savoirs académiques sont trop exclusivement valorisés » et a recommandé de **« professionnaliser les épreuves »** et de « mieux greffer leur contenu sur les compétences attendues ».

Notons toutefois que la professionnalisation et la simplification des concours ne datent pas d'aujourd'hui : engagée voici une quinzaine d'années, elle a par exemple fait disparaître l'épreuve de dictée des concours d'adjoint administratif territorial et d'adjoint technique territorial, aboli l'épreuve de résumé de texte des anciens concours de rédacteur territorial. Ce mouvement s'est ensuite accéléré, avec la réforme, par exemple, des concours d'attaché territorial ou l'examen d'attaché principal, puis la refonte totale des épreuves des concours d'accès aux cadres d'emplois de catégorie B, dont les concours d'animateur territorial, dans la cadre du « nouvel espace statutaire ».

NOTE DU FORMATEUR

Les concours d'animateur bénéficient ainsi depuis la session 2013 de ce mouvement de professionnalisation et de simplification.

Les épreuves écrites d'admissibilité qui permettent de devenir animateur ou animateur principal de 2e classe appartiennent désormais, comme dans d'autres concours de catégorie B, à trois familles d'épreuves :

- la note sur dossier ;
- le rapport sur dossier avec propositions ;
- les réponses à des questions professionnelles.

Pour tous ces concours, les épreuves orales d'admission qui consistaient en une conversation à partir, soit d'une question, soit d'un texte, soit d'un document graphique ou visuel disparaissent au bénéfice d'une épreuve d'entretien avec le jury.

3. Des concours « plus faciles » ?

Les candidats potentiels qui envisagent de se présenter aux concours d'animateur (et d'animateur principal de 2e classe) en 2021 ou 2023 estiment souvent que les concours sont devenus « plus faciles » qu'ils ne l'étaient auparavant.

Rien n'est moins sûr : les concours externe, interne et de troisième voie d'animateur ne comportent qu'une seule épreuve écrite d'admissibilité, ce qui signifie que le candidat « joue » son admissibilité sur une seule épreuve sans qu'une éventuelle défaillance puisse être compensée.

En outre, l'absence, à l'oral, d'épreuve d'interrogation portant sur un programme peut paraître rendre l'admission aisée, mais l'épreuve d'entretien mérite une très sérieuse préparation.

4. Se préparer

Pour vous permettre de **vous préparer au mieux à ces épreuves**, cet ouvrage présente à la fois des **conseils méthodologiques** pour chaque épreuve écrite d'admissibilité ainsi que des **sujets d'annales des sessions 2017 et 2019** des concours d'animateur et d'animateur principal de 2e classe, troisième et quatrième sessions de ces concours réformés.

Il comporte également un rappel des **connaissances essentielles** à maîtriser. Il contient enfin des conseils méthodologiques pour l'épreuve orale d'entretien.

Extrait du rapport du président du jury de la session 2017 du concours d'animateur territorial organisé par le centre de gestion de la Côte-d'Or (CDG 21)

« Les correcteurs des épreuves écrites relèvent un niveau général faible. Le formalisme des copies fait défaut. Un manque de préparation est constaté.

Les examinateurs des épreuves orales ont indiqué que le niveau des candidats était très inégal. Le manque de connaissances en matière d'environnement territorial est important. Toutefois, il est relevé un assez bon niveau des candidats au 3e concours, qui satisfont aux attendus du cadre d'emplois des animateurs territoriaux. »

Extrait du rapport du président du jury de la session 2017 du concours d'animateur principal de 2e classe organisé par le centre de gestion d'Ille-et-Vilaine (CDG 35)

Rapport avec propositions opérationnelles (concours externe, interne et troisième concours)

« Sur le fond : les candidats n'ont bien souvent pas suffisamment utilisé les éléments du dossier pour rédiger la première partie.

Concernant les propositions opérationnelles demandées dans la deuxième partie, elles ont souvent fait défaut ou étaient trop faibles pour permettre au maire d'orienter sa politique.

Sur la forme : les correcteurs ont de manière unanime soulevé les lacunes en orthographe et en syntaxe (maladresse de style d'expression, voire discourtoisie à l'égard de l'autorité destinataire...). »

« Les membres du jury invitent donc les candidats à travailler leur rédaction et à structurer leurs idées afin que leurs compétences professionnelles "de terrain" puissent être valorisées et retranscrites à l'écrit. »

Olivier Bellégo

Ancien directeur des concours du centre interdépartemental de gestion (CIG) de la petite couronne et du centre de gestion de la fonction publique territoriale du Rhône et de la Métropole de Lyon
Membre de jurys de concours et d'examens
Élu local

Sommaire
pour se repérer

Travail réalisé

Votre concours, votre métier
en 10 questions-réponses

1. Quelles sont les missions et les qualités, compétences et savoir-faire indispensables au métier d'animateur territorial ?

A. Les missions d'un animateur territorial

Parmi les différents cadres d'emplois, celui d'animateur territorial apparaît comme un cadre d'emplois attractif dans la mesure où il permet à des professionnels de l'animation d'accéder à des emplois pérennes comprenant des missions d'encadrement.

NOTE DU FORMATEUR

Depuis la réforme de 2011, le cadre d'emplois des animateurs territoriaux comprend deux grades accessibles par concours, le grade d'animateur, dont le concours externe est ouvert aux titulaires d'un titre ou diplôme professionnel au moins de niveau IV délivré dans les domaines correspondant aux missions confiées aux membres du cadre d'emplois (ou d'une qualification reconnue comme équivalente) et le grade d'animateur principal de 2e classe, dont le concours externe requiert un titre ou diplôme professionnel au moins de niveau III délivré dans les domaines correspondant aux missions confiées aux membres du cadre d'emplois (ou d'une qualification reconnue comme équivalente).

La définition réglementaire **(décret n° 2011-558 du 20 mai 2011 portant statut particulier du cadre d'emplois des animateurs territoriaux)** des fonctions et missions est très éclairante :

> « **I.** Les membres du cadre d'emplois des animateurs territoriaux coordonnent et mettent en œuvre des activités d'animation. Ils peuvent encadrer des adjoints d'animation.
>
> Ils interviennent dans le secteur périscolaire et dans les domaines de l'animation des quartiers, de la médiation sociale, de la cohésion sociale, du développement rural et de la politique du développement social urbain. Ils peuvent participer à la mise en place de mesures d'insertion.
>
> Ils interviennent également au sein de structures d'accueil ou d'hébergement, ainsi que dans l'organisation d'activités de loisirs.
>
> Dans le domaine de la médiation sociale, les animateurs territoriaux peuvent conduire ou coordonner les actions de prévention des conflits ou de rétablissement du dialogue entre les personnes et les institutions dans les espaces publics ou ouverts au public.
>
> **II.** Les titulaires des grades d'animateur **principal de 2e classe** et d'animateur principal de 1re classe ont vocation à occuper des emplois qui, relevant des domaines d'activité mentionnés au I, correspondent à un **niveau** particulier **d'expertise**. Ils peuvent **concevoir et coordonner des projets** d'activités socio-éducatives, culturelles et de loisirs, **encadrer une équipe d'animation**, être adjoints au responsable de service, **participer à la conception du projet d'animation** de la collectivité locale et à la **coordination d'une ou plusieurs structures d'animation**. Ils peuvent être chargés de **l'animation de réseaux** dans les domaines sociaux, culturels ou d'activités de loisirs. Ils peuvent également **conduire des actions de formation**. Dans le domaine de la médiation sociale, ils contribuent au maintien de la cohésion sociale par le développement de partenariats avec les autres professionnels intervenant auprès des publics visés au I ci-dessus. »

B. Les 10 compétences, qualités et savoir-faire indispensables d'un animateur

- Exemplarité
- Bienveillance
- Sens de l'organisation
- Autonomie
- Réactivité
- Qualités relationnelles
- Capacité à travailler en équipe
- Maîtrise des techniques d'animation
- Connaissance des partenaires et des dispositifs
- Perception claire de sa position au sein de la hiérarchie

2. Comment s'inscrire aux concours d'animateur et d'animateur principal de 2e classe, aux examens d'animateur principal de 2e et de 1re classe ?

L'organisation des **concours** étant bisannuelle en années impaires, les **prochaines sessions sont programmées en 2021** (épreuves écrites le 16 septembre 2021) puis, sauf changement de périodicité, **2023**.

Les **examens professionnels** sont également organisés tous les deux ans, mais en années paires : les prochaines sessions devraient donc, sauf changement de périodicité, être organisées en 2022.

Pour connaître les dates des différentes étapes des prochains concours et examens, c'est-à-dire, très précisément, la **date limite de retrait de dossier** (généralement possible par téléchargement), la **date limite de dépôt de dossier** (également appelée clôture des inscriptions) ainsi que la **date des épreuves écrites**, rien de plus simple : il vous suffit de vous connecter sur les sites des centres de gestion de la fonction publique territoriale. Il existe un centre de gestion par département, dont les sites sont très souvent accessibles à partir de « cdg » suivi du numéro de département (exemple : www.cdg63.fr).

En Île-de-France, deux centres de gestion sont interdépartementaux et organisent, avec le centre de gestion de Seine-et-Marne, un très grand nombre de concours :

– le centre interdépartemental de gestion de la grande couronne (www.cigversailles.fr), qui exerce ses compétences sur les territoires des départements des Yvelines (78), de l'Essonne (91) et du Val-d'Oise (95) ;

– le centre interdépartemental de gestion de la petite couronne (www.cig929394.fr), pour les Hauts-de-Seine (92), la Seine-Saint-Denis (93) et le Val-de-Marne (94).

Vous pouvez également trouver sur les sites des centres de gestion les **cadrages indicatifs** des épreuves sur la base desquels les concours sont organisés. Sur le site www.cig929394.fr, ces cadrages sont accessibles à la rubrique « concours », puis « s'informer et se préparer ». Ils donnent des précisions très utiles pour se préparer efficacement aux concours. On les trouve également, par exemple, sur le site du centre de gestion du Rhône et de la Métropole de Lyon (www.cdg69.fr).

Précisons enfin que nombreux sont les centres de gestion qui organisent les concours d'animateur et d'animateur principal de 2e classe. Soulignons que tous ont décidé d'organiser ces concours le même jour et aux mêmes heures sur la base de sujets nationaux, ce qui signifie que vous ne pourrez subir les épreuves que dans un seul centre de gestion et que les sujets des épreuves écrites seront, sauf de très rares exceptions, les mêmes où que vous passiez le concours.

3. Quelles sont les conditions d'accès aux concours et examens professionnels ?

Elles sont très clairement rappelées dans les notices (ou brochures) de présentation des concours réalisés par les centres de gestion.

Pour se présenter aux concours, il convient d'abord de satisfaire aux conditions générales pour devenir fonctionnaire, à savoir :

– posséder la nationalité française ou celle de l'un des autres États membres de la Communauté européenne ou d'un État partie à l'accord sur l'Espace économique européen ;

– jouir de ses droits civiques dans l'État dont on est ressortissant ;

– ne pas avoir subi une condamnation incompatible avec l'exercice des fonctions ;

– être en position régulière au regard des obligations de service national de l'État dont on est ressortissant ;

– remplir les conditions d'aptitude physique exigées pour l'exercice des fonctions.

Les candidats aux examens professionnels, quant à eux, sont déjà fonctionnaires.

A. Les concours externes

Le **concours externe** sur titre avec épreuves d'**animateur** est ouvert aux candidats titulaires d'un titre ou diplôme professionnel et inscrit au répertoire national des certifications professionnelles, classé au moins au **niveau IV**, délivré dans les domaines correspondant aux missions confiées aux membres du cadre d'emplois ou d'une qualification reconnue comme équivalente.

Le **concours externe** sur titre avec épreuves d'**animateur principal de 2e classe** est ouvert aux candidats titulaires d'un titre ou diplôme professionnel et inscrit au répertoire national des certifications professionnelles, classé au moins au **niveau III**, délivré dans les domaines correspondant aux missions confiées aux membres du cadre d'emplois ou d'une qualification reconnue comme équivalente.

Peut-on se présenter aux concours externes sans détenir les diplômes requis ?

Les **mères et pères élevant ou ayant effectivement élevé au moins trois enfants** sont dispensés de toute condition de diplôme, de même que les **sportifs de haut niveau** (figurant sur la liste des sportifs de haut niveau fixée chaque année par le ministre chargé de la jeunesse et des sports).

Peuvent également se présenter au concours, sous réserve de remplir les conditions générales de recrutement, les candidats qui justifient de **qualifications au moins équivalentes** attestées :

– par un diplôme ou autre titre de formation délivré en France ou dans un autre État membre de la Communauté européenne ou dans un autre État partie à l'accord sur l'Espace économique européen ;

– par un autre diplôme ou titre sanctionnant une formation ou par toute attestation prouvant que le candidat a accompli avec succès un cycle d'études au moins équivalent à celui sanctionné par le diplôme requis ;

– par l'expérience professionnelle.

Les diplômes, titres ou attestations doivent être délivrés par une autorité compétente compte tenu des dispositions législatives, réglementaires ou administratives applicables dans l'État concerné.

Le candidat est tenu de fournir, à l'appui de sa demande, une copie du diplôme ou titre, le cas échéant, dans une traduction en français établie par un traducteur assermenté.

Si vous disposez d'un diplôme français ou d'un diplôme étranger autre que celui requis, vous devez saisir la commission d'équivalence placée auprès du président du CNFPT, à l'adresse suivante :

Centre national de la fonction publique territoriale
Commission d'équivalence de diplômes
et de reconnaissance de l'expérience professionnelle
80, Rue de Reuilly – CS 41232 – 75578 Paris Cedex 12

Le dossier de demande d'équivalence est à télécharger sur le site internet du CNFPT : www.cnfpt.fr.

Cette commission est également compétente pour apprécier l'expérience professionnelle du demandeur, soit en complément de ces mêmes diplômes et titres, soit en l'absence de tout diplôme.

B. Les concours internes

a. Animateur

Le **concours interne sur épreuves** est ouvert aux fonctionnaires et agents de l'État, des collectivités territoriales, des établissements publics qui en dépendent, y compris la fonction publique hospitalière, aux militaires ainsi qu'aux agents en fonction dans une organisation internationale intergouvernementale.

Les candidats doivent justifier, au 1er janvier de l'année du concours (année où se déroulent les épreuves d'admissibilité), de **quatre ans au moins de services publics**.

Ils doivent également justifier qu'ils sont **en activité** le jour de la clôture des inscriptions.

Le concours interne est également ouvert aux candidats qui justifient d'une durée de services accomplis dans une administration, un organisme ou un établissement d'un État membre de la Communauté européenne ou d'un État partie à l'accord sur l'Espace économique européen autre que la France dont les missions sont comparables à celles des administrations et des établissements publics dans lesquels les fonctionnaires civils mentionnés à l'article 2 de la loi n° 83-634 du 13 juillet 1983 exercent leurs fonctions, et qui ont, le cas échéant, reçu dans l'un de ces États une formation équivalente à celle requise par les statuts particuliers pour l'accès aux cadres d'emplois considérés.

Le **concours interne spécial sur épreuves** est ouvert aux **agents territoriaux spécialisés des écoles maternelles** justifiant d'au moins quatre ans de services effectifs dans un emploi d'**agent territorial spécialisé des écoles maternelles** au 1er janvier de l'année du concours.

b. Animateur principal de 2e classe

Les conditions d'accès au concours interne sur épreuves sont identiques à celles du concours interne sur épreuves d'animateur.

C. Les troisièmes concours

Les **troisièmes concours** (ou concours de troisième voie) d'**animateur** et d'**animateur principal de 2e classe** sont ouverts aux candidats justifiant, au **1er janvier** de l'année au titre de laquelle est ouvert le concours, de l'exercice, pendant une **durée de quatre ans au moins**, d'**une ou de plusieurs activités professionnelles**, quelle qu'en soit la nature, d'**un ou de plusieurs mandats de membre d'une assemblée élue d'une collectivité territoriale** ou d'une ou plusieurs activités accomplies en qualité de **responsable, y compris bénévole, d'une association**.

La durée des activités professionnelles, associatives, ou des mandats électifs ne peut être prise en compte que si les intéressés n'avaient pas, au moment où ils les exerçaient, la qualité de fonctionnaire, de magistrat, de militaire ou d'agent public.

Toutefois, cette règle ne fait pas obstacle à ce que les activités syndicales des candidats soumis à l'article 23 bis de la loi n° 83-634 du 13 juillet 1983 portant droits et obligations des fonctionnaires soient prises en compte pour l'accès à ces concours.

Le cumul de plusieurs activités ou mandats peut être pris en compte dans le décompte de la durée de l'expérience nécessaire pour l'accès au 3e concours, dès lors que ces activités ou mandats ne sont pas exercées sur les mêmes périodes.

La durée des contrats d'apprentissage et celle des contrats de professionnalisation sont prises en compte dans le calcul de la durée d'activité professionnelle exigée pour se présenter aux troisièmes concours.

D. Les examens professionnels

Les candidats doivent être en fonction à la clôture des inscriptions.

Ils peuvent subir les épreuves d'un examen professionnel prévu aux articles 39 et 79 de la loi du 26 janvier 1984, au plus tôt un an avant la date à laquelle ils doivent remplir les conditions d'inscription au tableau d'avancement ou sur la liste d'aptitude au grade ou au cadre d'emplois d'accueil fixées par le statut particulier (article 16 du décret n° 2013-593 du 5 juillet 2013).

a. Les examens d'animateur principal de 2e classe

■ L'**examen de promotion interne** permet aux adjoints d'animation (catégorie C) d'accéder au grade d'**animateur principal de 2e classe** (catégorie B).

Il est ouvert aux fonctionnaires relevant du cadre d'emplois des adjoints territoriaux d'animation, titulaires des grades d'adjoint d'animation principal de 1re classe et d'adjoint d'animation principal de 2e classe et comptant au moins douze ans de services effectifs en position d'activité ou de détachement dans un emploi d'une collectivité territoriale ou de l'État, dont cinq années au moins dans le cadre d'emplois des adjoints territoriaux d'animation.

■ L'examen d'**avancement de grade** permet aux animateurs territoriaux (premier grade) d'accéder au grade d'**animateur principal de 2e classe** (deuxième grade).

Cet examen est ouvert aux fonctionnaires justifiant d'au moins un an dans le 4e échelon du grade d'animateur et d'au moins trois années de services effectifs dans un corps, cadre d'emplois ou emploi de catégorie B ou de même niveau.

b. L'examen d'avancement de grade d'animateur principal de 1re classe

Il permet aux animateurs territoriaux principaux de 2e classe (deuxième grade) d'accéder au grade d'**animateur principal de 1re classe** (troisième grade).

Cet examen est ouvert aux fonctionnaires ayant au moins atteint le 6e échelon du grade d'animateur principal de 2e classe et justifiant d'au moins trois années de services effectifs dans un corps, cadre d'emplois ou emploi de catégorie B ou de même niveau.

4. Quelles sont les épreuves des concours et examens ?

A. Les concours d'animateur

- Il est attribué à chaque épreuve une note de 0 à 20. Chaque note est multipliée par le coefficient correspondant.
- Toute note inférieure à 5 sur 20 à l'une des épreuves d'admissibilité ou d'admission entraîne l'élimination du candidat.
- Un candidat ne peut être admis si la moyenne de ses notes aux épreuves est inférieure à 10 sur 20 après application des coefficients correspondants.
- Tout candidat qui ne participe pas à l'une des épreuves obligatoires est éliminé.
- Seuls les candidats déclarés admissibles par le jury peuvent se présenter à l'épreuve d'admission.

a. Le concours externe

Ce concours comporte **une épreuve écrite d'admissibilité et une épreuve orale d'admission** :

■ L'**épreuve écrite d'admissibilité** consiste à répondre à un ensemble de questions, dont le nombre est compris entre trois et cinq, à partir des éléments d'un dossier portant sur l'animation sociale, socio-éducative ou culturelle dans les collectivités territoriales, permettant d'apprécier les capacités du candidat à analyser et à présenter des informations de manière organisée. Durée : 3 heures ; coefficient 1.

■ L'**épreuve orale d'admission** consiste en un entretien ayant pour point de départ un exposé du candidat sur sa formation et son projet professionnel permettant au jury d'apprécier sa capacité à s'intégrer dans l'environnement professionnel au sein duquel il est appelé à travailler, sa motivation et son aptitude à exercer les missions dévolues aux membres du cadre d'emplois. Durée de l'entretien : 20 minutes, dont 5 minutes au plus d'exposé ; coefficient 1.

b. Le concours interne

Ce concours comporte **une épreuve écrite d'admissibilité et une épreuve orale d'admission** :

- L'**épreuve écrite d'admissibilité** consiste en la rédaction d'une note à partir des éléments d'un dossier portant sur l'animation sociale, socio-éducative ou culturelle dans les collectivités territoriales, permettant d'apprécier les capacités du candidat à analyser une situation en relation avec les missions dévolues aux membres du cadre d'emplois. Durée : 3 heures ; coefficient 1.
- L'**épreuve orale d'admission** consiste en un entretien ayant pour point de départ un exposé du candidat sur les acquis de son expérience professionnelle et permettant au jury d'apprécier sa motivation et son aptitude à exercer les missions dévolues aux membres du cadre d'emplois. Durée de l'entretien : 20 minutes, dont 5 minutes au plus d'exposé ; coefficient 1.

c. Le concours interne spécial

Ce concours comporte **une épreuve écrite d'admissibilité et une épreuve orale d'admission** :

- L'**épreuve écrite d'admissibilité** consiste en la rédaction d'une note à partir des éléments d'un dossier portant sur l'animation périscolaire permettant d'apprécier les capacités du candidat à analyser une situation en relation avec les missions dévolues aux membres du cadre d'emplois. Durée : 3 heures ; coefficient 1.
- L'**épreuve orale d'admission** consiste en un entretien ayant pour point de départ un exposé du candidat qui présente son parcours professionnel au sein de la communauté éducative auprès des enfants des écoles maternelles ou des classes enfantines et permettant au jury d'apprécier sa motivation et son aptitude à exercer les missions dévolues aux membres du cadre d'emplois. Durée de l'entretien : 20 minutes, dont 5 minutes au plus d'exposé ; coefficient 1.

d. Le troisième concours

Ce concours comporte **une épreuve écrite d'admissibilité et une épreuve orale d'admission** :

- L'**épreuve écrite d'admissibilité** consiste en la rédaction d'une note à partir des éléments d'un dossier portant sur l'animation sociale, socio-éducative ou culturelle dans les collectivités territoriales, permettant d'apprécier la capacité du candidat à analyser une situation en relation avec les missions dévolues aux membres du cadre d'emplois. Durée : 3 heures ; coefficient 1.
- L'**épreuve orale d'admission** consiste en un entretien ayant pour point de départ un exposé du candidat sur les acquis de son expérience professionnelle et permettant au jury d'apprécier sa motivation, son aptitude à exercer les missions dévolues aux membres du cadre d'emplois ainsi que sa capacité à s'intégrer dans l'environnement professionnel au sein duquel il est appelé à travailler. Durée de l'entretien : 20 minutes, dont 5 minutes au plus d'exposé ; coefficient 1.

B. Les concours d'animateur principal de 2e classe

a. Le concours externe

Ce concours comporte **une épreuve écrite d'admissibilité et une épreuve orale d'admission** :

- L'**épreuve écrite d'admissibilité** consiste en la rédaction d'un rapport à partir des éléments d'un dossier portant sur l'animation sociale, socio-éducative ou culturelle dans les collectivités territoriales assorti de propositions opérationnelles. Durée : 3 heures ; coefficient 1.
- L'**épreuve orale d'admission** consiste en un entretien ayant pour point de départ un exposé du candidat sur sa formation et son projet professionnel permettant au jury d'apprécier ses connaissances en matière d'animation sociale, socio-éducative ou culturelle, sa motivation à exercer les missions dévolues aux membres du cadre d'emplois et son aptitude à l'encadrement. Durée de l'entretien : 20minutes, dont 5 minutes au plus d'exposé ; coefficient 1.

b. Le concours interne

Ce concours comporte **deux épreuves écrites d'admissibilité et une épreuve orale d'admission** :

- La **première épreuve écrite d'admissibilité** consiste en la rédaction d'un rapport à partir des éléments d'un dossier portant sur l'animation sociale, socio-éducative ou culturelle dans les collectivités territoriales, assorti de propositions opérationnelles. Durée : 3 heures ; coefficient 1.
- La **seconde épreuve écrite d'admissibilité** consiste en des réponses à des questions portant sur l'animation sociale, socio-éducative ou culturelle dans les collectivités territoriales permettant d'apprécier les connaissances professionnelles du candidat. Durée : 3 heures ; coefficient 1.

Le programme de cette épreuve est le suivant :

– l'actualité de l'animation et de l'action sociale ;

– la situation de l'animation dans l'évolution générale de la société ;

– les grandes étapes de l'éducation populaire, de l'animation socioculturelle, du mouvement associatif ;

– l'organisation générale et le fonctionnement, les missions et l'évolution :
  - de l'association loi 1901,
  - d'un service d'animation municipal,
  - d'une structure associative socioculturelle ;

– les principaux dispositifs et les modalités d'actions socio-éducatives en matière de pratiques culturelles, de logement, de famille, de santé, de loisirs, de prévention, d'insertion, d'orientation et d'aide sociale ;

– les grandes caractéristiques des principaux courants pédagogiques ;

– la connaissance des publics ;

– l'adaptation d'une activité aux publics visés et la déclinaison d'objectifs pédagogiques ;

– les bases en psychologie comportementale ;

– les principales techniques d'accueil, d'entretien et de réunion ;

– les objectifs, les moyens, les méthodes et les critères d'évaluation des actions d'animation ;

– le budget d'une action d'animation (suivi et évaluation) ;

– les principales obligations liées à l'organisation de toute activité en matière de responsabilité civile et pénale, d'assurance et de protection des mineurs ;

– les règles en vigueur concernant la sécurité des biens et des personnes ;

– les techniques fondamentales de prévention en matière d'hygiène et de santé.

■ L'**épreuve orale d'admission** consiste en un entretien ayant pour point de départ un exposé du candidat sur les acquis de son expérience professionnelle et permettant au jury d'apprécier ses connaissances, sa motivation à exercer les missions dévolues aux membres du cadre d'emplois et son aptitude à l'encadrement. Durée de l'entretien : 20 minutes, dont 5 minutes au plus d'exposé ; coefficient 1.

c. Le troisième concours

Ce concours comporte **deux épreuves écrites d'admissibilité et une épreuve orale d'admission** :

■ La **première épreuve écrite d'admissibilité** consiste en la rédaction d'un rapport à partir des éléments d'un dossier portant sur l'animation sociale, socio-éducative ou culturelle dans les collectivités territoriales, assorti de propositions opérationnelles. Durée : 3 heures ; coefficient 1.

■ La **seconde épreuve écrite d'admissibilité** consiste en des réponses à des questions portant sur l'animation sociale, socio-éducative ou culturelle dans les collectivités territoriales permettant d'apprécier les connaissances professionnelles du candidat. Durée : 3 heures ; coefficient 1.

Le programme de cette épreuve est le suivant :

– l'actualité de l'animation et de l'action sociale ;

– la situation de l'animation dans l'évolution générale de la société ;

– les grandes étapes de l'éducation populaire, de l'animation socioculturelle, du mouvement associatif ;

– l'organisation générale et le fonctionnement, les missions et l'évolution :

- de l'association loi 1901,
- d'un service d'animation municipal,
- d'une structure associative socioculturelle ;

– les principaux dispositifs et les modalités d'actions socio-éducatives en matière de pratiques culturelles, de logement, de famille, de santé, de loisirs, de prévention, d'insertion, d'orientation et d'aide sociale ;

– les grandes caractéristiques des principaux courants pédagogiques ;

– la connaissance des publics ;

– l'adaptation d'une activité aux publics visés et la déclinaison d'objectifs pédagogiques ;

– les bases en psychologie comportementale ;

– les principales techniques d'accueil, d'entretien et de réunion ;

– les objectifs, les moyens, les méthodes et les critères d'évaluation des actions d'animation ;

– le budget d'une action d'animation (suivi et évaluation) ;

– les principales obligations liées à l'organisation de toute activité en matière de responsabilité civile et pénale, d'assurance et de protection des mineurs ;

– les règles en vigueur concernant la sécurité des biens et des personnes ;

– les techniques fondamentales de prévention en matière d'hygiène et de santé.

■ L'**épreuve orale d'admission** consiste en un entretien ayant pour point de départ un exposé du candidat sur les acquis de son expérience professionnelle et permettant au jury d'apprécier ses connaissances, sa capacité à s'intégrer dans l'environnement professionnel au sein duquel il est appelé à travailler, sa motivation à exercer les missions dévolues aux membres du cadre d'emplois et son aptitude à l'encadrement. Durée de l'entretien : 20minutes, dont 5 minutes au plus d'exposé ; coefficient 1.

C. Les examens professionnels d'animateur principal de 2e et de 1re classe

Ces examens comportent tous **deux épreuves** :

■ L'**épreuve écrite** consiste en la rédaction d'un rapport à partir des éléments d'un dossier portant sur l'animation sociale, socio-éducative ou culturelle dans les collectivités territoriales assorti de propositions opérationnelles (durée : 3 heures).

Cette épreuve est identique à celle des concours d'animateur principal de 2e classe.

C'est une épreuve d'admissibilité à l'examen de promotion interne au grade d'animateur principal de 2e classe, ce qui signifie que seuls les candidats déclarés admissibles par le jury, qui détermine librement la note minimale (« seuil ») requise pour subir l'épreuve orale d'admission, par exemple 9,50 sur 20 ou 10,00 sur 20.

Aux examens d'avancement aux grades d'animateur principal de 2e et de 1re classe, il n'existe pas de phase d'admissibilité : tous les candidats ayant obtenu au moins 5 sur 20 à l'épreuve écrite subissent l'épreuve orale.

■ L'**épreuve orale** est de même nature que l'épreuve orale des concours d'animateur principal de 2e classe :

Examen d'animateur principal de 2e classe (promotion interne)

Un entretien ayant pour point de départ un exposé du candidat sur son expérience professionnelle ; elle se poursuit par des questions permettant d'apprécier les facultés d'analyse et de réflexion du candidat ainsi que sa motivation à exercer les missions dévolues aux membres du cadre d'emplois et son aptitude à l'encadrement (durée : 20 minutes, dont 5 minutes au plus d'exposé ; coefficient 2).

Examen d'animateur principal de 2e classe (avancement de grade)

Un entretien ayant pour point de départ un exposé du candidat sur son expérience professionnelle ; elle se poursuit par des questions permettant d'apprécier les connaissances professionnelles du candidat ainsi que sa motivation et son aptitude à exercer des missions d'encadrement (durée : 20 minutes, dont 5 minutes au plus d'exposé ; coefficient 1).

Examen d'animateur principal de 1re classe (avancement de grade)

Un entretien ayant pour point de départ un exposé du candidat sur les acquis de son expérience et se poursuivant par des questions permettant d'apprécier ses connaissances professionnelles, ses capacités d'analyse et de réflexion ainsi que sa motivation et son aptitude à exercer des missions d'encadrement (durée : 20 minutes, dont 5 minutes au plus d'exposé ; coefficient 2).

5. Quelles sont les règles générales d'organisation des concours et examens ?

Les règles d'organisation des concours et examens résultent tant des décrets fixant les modalités d'organisation des concours que de la jurisprudence. Elles sont souvent mal connues des candidats qui ont parfois en tête des scénarii très différents de la réalité.

- **Un candidat absent à une épreuve obligatoire est définitivement éliminé**, quelles que soient les notes qu'il a obtenues aux autres épreuves.
- **Les épreuves écrites font l'objet d'une double correction :** constitués en binômes, les correcteurs corrigent chacun la moitié des copies qui leur sont confiées, échangent au terme de leur correction les copies qu'ils ont corrigées, vierges de toute annotation, en conservant leurs fiches de correction ; ils se retrouvent ensuite pour harmoniser leurs corrections respectives et décider de la note attribuée à chaque copie. Une garantie essentielle pour les candidats dont les copies sont évaluées par deux personnes différentes qui ignorent tout, lorsqu'elles corrigent la copie, de l'appréciation et de la note arrêtées par l'autre correcteur.
- **Le jury fixe souverainement les seuils d'admissibilité puis d'admission.** Il se prononce sur la base de cahiers de notes anonymes (ne comportant pas les noms des candidats), l'anonymat des épreuves étant garanti tant pendant la correction des épreuves écrites que pendant les délibérations du jury.

À noter que les examens d'avancement de grade d'animateur principal de 2e classe et d'animateur principal de 1re classe ne comportent pas de phase d'admissibilité, mais que seuls les candidats ayant obtenu la note de 5 sur 20 ou plus sont convoqués à l'épreuve orale.

- Lorsqu'un concours comporte plusieurs épreuves écrites, l'obtention d'une note inférieure à 5 sur 20 à l'une de ces épreuves vous élimine même si vous avez obtenu d'excellentes notes à l'autre ou aux autres épreuves écrites. Par exemple, au concours interne d'animateur principal de 2e classe, si vous obtenez la note de 16 sur 20 à l'épreuve de rapport avec propositions et de 4 sur 20 à celle de réponses à des questions, vous ne pouvez être déclaré admissible bien que la moyenne de vos notes (10 sur 20) soit éventuellement égale, voire supérieure, au seuil d'admissibilité fixé par le jury.
- Lorsque vous êtes admissible, vous recevez une convocation à l'oral d'admission, mais vous n'avez pas connaissance de la note ou des notes d'écrit, afin que tous les candidats admissibles soient égaux devant l'épreuve orale.

■ **Les jurys d'oral n'ont pas connaissance des notes obtenues à l'écrit par les candidats admissibles.** Ils savent simplement que chaque candidat qui se présente devant eux a au moins obtenu une note égale au seuil d'admissibilité (note ou moyenne des notes minimale requise pour être déclaré admissible) que le jury a souverainement fixé :

– la note finale qui va vous permettre d'être le cas échéant déclaré admis par le jury est la moyenne des notes obtenues à chacune des épreuves après application de leurs coefficients respectifs ;

– désormais, toute note inférieure à 5 sur 20 à l'épreuve orale d'admission est également éliminatoire ;

– de plus, un candidat ne peut être admis si la moyenne de ses notes est inférieure à 10 sur 20 ;

– le jury n'a pas l'obligation de pourvoir tous les postes : la fixation, par exemple, à 10 sur 20 du seuil d'admission (c'est-à-dire de la moyenne requise d'un candidat pour être admis) peut avoir pour effet que des postes demeurent non pourvus, soit lorsque le nombre de candidats est peu élevé au regard du nombre de postes ouvert au concours, soit lorsque le niveau des candidats est insuffisant.

6. Quelles sont vos chances de réussite ?

LES CONSEILS PRATIQUES À RETENIR

Vous préparez votre concours et vous êtes bien décidé à le réussir. Quelques conseils pratiques pour ne pas tout gâcher le jour J :

- Avant le concours, n'hésitez jamais à joindre l'autorité organisatrice du concours par téléphone ou par courriel pour toute précision.
- Vous recevez généralement votre convocation une quinzaine de jours avant les épreuves écrites puis, lorsque vous êtes admissible, orales. Lisez-la très attentivement, elle contient des informations essentielles (date, heure, lieu des épreuves, matériel autorisé...).
- La veille de l'épreuve, préparez votre convocation et une pièce d'identité qui vous seront demandées avant ou pendant l'épreuve. N'ajoutez pas du stress au stress en les cherchant au dernier moment.
- Repérez votre itinéraire et prenez vos précautions afin de limiter les risques de retard. Les règles sont extrêmement strictes et ne laissent place à aucune négociation : si vous vous présentez sur le lieu de l'épreuve écrite après la distribution des sujets et le démarrage de l'épreuve, vous ne serez pas autorisé à entrer dans la salle d'examen.
- Avant le démarrage de l'épreuve écrite, écoutez attentivement les consignes qui vous sont données, et tout particulièrement celles qui ont trait à l'anonymat de votre copie : toute anomalie dans la présentation de votre copie (couleur d'encre non autorisée, nom réel ou fictif ne figurant pas dans le sujet, paraphe lisible ou illisible...) est constitutive d'un signe distinctif pouvant entraîner l'annulation de votre copie par le jury pour rupture d'anonymat.
- En fin d'épreuve écrite, respectez les consignes : ne cherchez pas à continuer à écrire une fois l'épreuve terminée, vous risqueriez l'annulation de votre copie par le jury.

Il n'existe pas de compilation à jour des données des différents concours organisés par les centres de gestion.

Les données apparaissant dans les rapports des présidents de jury fournissent toutefois des informations intéressantes.

On observe que les seuils d'admission s'élèvent parfois fortement au-dessus de 10 sur 20, ce qui s'explique par le nombre important de candidats au regard du nombre de postes proposé. On remarque également que le niveau des candidats ne permet pas toujours le pourvoi de tous les postes dans telle ou telle voie de concours, ce qui conduit le jury à opérer des transferts de postes.

Il est donc **indispensable de se préparer sérieusement** pour réussir ce concours.

Concours d'animateur

Centre de gestion de Côte-d'Or (CDG 21)

Session	Concours externe				Concours interne				3e concours			
	Postes	Inscrits	Présents	Admis (seuil)	Postes	Inscrits	Présents	Admis (seuil)	Postes	Inscrits	Présents	Admis (seuil)
2017	40	209	143	40 (10,63)	44	329	266	44 (11,50)	5	18	12	5 (12,00)

Centre de gestion de l'Eure (CDG 27)

Session	Concours externe				Concours interne				3e concours			
	Postes	Inscrits	Présents	Admis (seuil)	Postes	Inscrits	Présents	Admis (seuil)	Postes	Inscrits	Présents	Admis (seuil)
2017	16	119	88	15 (13,75)	17	175	142	17 (13,25)	2	12	8	3 14,63)

Centre de gestion du Morbihan (CDG 56)

Session	Concours externe				Concours interne				3e concours			
	Postes	Inscrits	Présents	Admis (seuil)	Postes	Inscrits	Présents	Admis (seuil)	Postes	Inscrits	Présents	Admis (seuil)
2017	18	180	113	17 (14,50)	23	266	208	23 (12,25)	5	31	22	5 (12,50)

Centre de gestion de Seine-et-Marne (CDG 77)

Session	Concours externe				Concours interne				3e concours			
	Postes	Inscrits	Présents	Admis (seuil)	Postes	Inscrits	Présents	Admis (seuil)	Postes	Inscrits	Présents	Admis (seuil)
2017	84	512	401	110 (12,00)	138	1 366	1 077	164 (11,50)	55	55	44	3 (10,00)

On remarque que le jury, compte tenu des très mauvais résultats obtenus par les candidats au troisième concours, a décidé de transférer des postes tant vers le concours externe que vers le concours interne.

Concours d'animateur principal de 2e classe

Centre de gestion de Côte-d'Or (CDG 21)

Session	Concours externe				Concours interne			
	Postes	Inscrits	Présents	Admis (seuil)	Postes	Inscrits	Présents	Admis (seuil)
2017	21	68	34	15 (10,00)	8	66	42	14 (10,42)

Ici, le niveau des candidats au concours externe, insuffisant pour permettre le pourvoi de tous les postes, a conduit le jury à transférer des postes vers le concours interne.

7. Que devez-vous faire après la réussite à un concours ou examen ?

A. La réussite à un concours

Une précision qui a son importance : aux concours d'accès à la fonction publique territoriale, les candidats lauréats de concours ne se voient pas affectés à un poste en fonction de leur rang de classement.

Ils sont **inscrits par ordre alphabétique sur une liste d'aptitude** qui leur donne vocation, après s'être librement portés candidats à un poste proposé par une collectivité territoriale ou un établissement public local, à être recrutés à l'issue d'entretiens d'embauche. Une fois titularisés après un stage qui dure généralement un an, ils pourront librement changer d'employeur par mutation ou par détachement, en conservant l'ancienneté acquise : intelligence d'un statut qui laisse les employeurs locaux libres de recruter qui ils veulent, dès lors que cette personne est lauréate d'un concours, et garantit aux fonctionnaires territoriaux **les mêmes droits qu'aux autres fonctionnaires**.

Il convient en outre de préciser que les listes d'aptitude établies à l'issue d'un concours sont valables **quatre ans** (inscription initiale pour une durée de deux années, renouvelable deux fois pour un an à chaque renouvellement) et que **cette validité est nationale**, ce qui signifie que le lauréat d'un concours peut être nommé par tout employeur local (commune, département, région, établissement public local), quel que soit le centre de gestion qui l'a porté sur liste d'aptitude après sa réussite au concours organisé par ce centre.

B. La réussite à un examen professionnel

a. Un examen de promotion interne

Les lauréats d'un examen professionnel de promotion interne ont vocation à être inscrits sur une **liste d'aptitude**.

Cette liste d'aptitude est établie par le président du centre de gestion de la fonction publique territoriale pour l'ensemble des collectivités qui lui sont affiliées ou par l'autorité territoriale elle-même pour les collectivités non affiliées.

L'inscription sur la liste d'aptitude n'est pas automatique.

En effet, les fonctionnaires admis à un examen professionnel de promotion interne sont portés sur une liste d'aptitude au titre de la promotion interne :

- sur proposition de leur collectivité ;
- dans la limite du quota, fixé à un recrutement au titre de la promotion interne pour trois nominations intervenues dans la collectivité ou l'établissement ou l'ensemble des collectivités ou établissements affiliés à un centre de gestion, de candidats admis à un concours d'animateur principal de 2e classe ou de fonctionnaire de l'établissement à l'exclusion des nominations intervenues à la suite d'une mutation à l'intérieur de la collectivité ou de l'établissement.

La validité de l'inscription sur liste d'aptitude est le même que celle de l'inscription sur liste d'aptitude après réussite d'un concours : la durée de validité de la liste d'aptitude est de deux ans ; elle est reconduite d'une année, voire de deux années supplémentaires pour les lauréats non nommés.

Tant qu'un lauréat n'est pas inscrit sur liste d'aptitude, il conserve le bénéfice de la réussite à l'examen sans condition de durée.

b. Un examen d'avancement de grade

Le lauréat d'un examen d'avancement de grade est inscrit sur un tableau d'avancement. Ce tableau d'avancement est établi par le président du centre de gestion de la fonction publique territoriale pour l'ensemble des collectivités qui lui sont affiliées ou par l'autorité territoriale elle-même pour les collectivités non affiliées.

L'inscription sur un tableau d'avancement n'est pas automatique.

En effet, les fonctionnaires admis à un examen professionnel d'avancement de grade sont inscrits sur un tableau d'avancement sur proposition de leur collectivité.

La durée d'inscription sur tableau d'avancement est sans limite dans le temps.

8. Quels emplois proposés ?

La consultation de revues spécialisées permet de prendre la pleine mesure des différents « métiers » exercés par les animateurs et animateurs principaux de 2e classe.

Sur le site www.emploi.lagazettedescommunes.com, vous trouvez par exemple à l'instant T des offres d'emploi d'animateur proposées par différentes collectivités territoriales qui cherchent à pourvoir les postes de :

- animateur(trice) périscolaire ;
- directeur(trice) périscolaire ;
- référent(e) animation ;
- animateur(trice) du périscolaire et du conseil municipal des enfants ;
- animateur(trice) citoyenneté, conseil d'enfants et développement durable ;
- etc.

Si vous souhaitez postuler un emploi dans votre département ou votre région et bénéficier d'un accompagnement à la recherche d'emploi, rendez-vous sur le site du centre de gestion de la fonction publique territoriale de votre département qui gère une « bourse de l'emploi » alimentée par les offres d'emploi des collectivités territoriales de son ressort.

9. Quelles sont les évolutions de carrière possibles ?

Le cadre d'emplois des animateurs territoriaux compte trois grades :

- premier grade : animateur ;
- deuxième grade : animateur principal de 2e classe ;
- troisième grade : animateur principal de 1re classe.

■ Le grade d'**animateur principal de 2e classe** est accessible :

– par **concours** ;

– par la voie d'un **examen professionnel de promotion interne** ouvert aux fonctionnaires : relevant du cadre d'emplois des adjoints territoriaux d'animation titulaires des grades d'adjoint d'animation principal de 1re classe et d'adjoint d'animation principal de 2e classe ET comptant au moins douze ans de services effectifs en position d'activité ou de détachement dans un emploi d'une collectivité territoriale ou de l'État dont cinq années au moins dans le cadre d'emplois des adjoints territoriaux d'animation ;

– par la voie d'un **examen professionnel d'avancement de grade** ouvert aux fonctionnaires ayant au moins atteint le 4e échelon du premier grade et justifiant d'au moins trois années de services effectifs dans un corps, cadre d'emplois ou emploi de catégorie B ou de même niveau ;

– par la voie du **choix**, après inscription sur un tableau d'avancement établi après avis de la commission administrative paritaire, ouverte aux fonctionnaires justifiant d'au moins un an dans le 6e échelon du premier grade et d'au moins cinq années de services effectifs dans un corps, cadre d'emplois ou emploi de catégorie B ou de même niveau.

■ Le **grade d'animateur principal de 1re classe** est accessible :

– par la voie d'un **examen professionnel** ouvert aux fonctionnaires justifiant d'au moins un an dans le 5e échelon du deuxième grade et d'au moins trois années de services effectifs dans un corps, cadre d'emplois ou emploi de catégorie B ou de même niveau ;

– par la voie du **choix**, après inscription sur un tableau d'avancement établi après avis de la commission administrative paritaire, ouverte aux fonctionnaires justifiant d'au moins un an dans le 6e échelon du deuxième grade et d'au moins cinq années de services effectifs dans un corps, cadre d'emplois ou emploi de catégorie B ou de même niveau.

10. Quelle rémunération en début et en fin de carrière ?

Rémunération au 1er janvier 2020

Animateur

Échelon	Indice brut	Indice majoré	Salaire brut
1	372	343	1 607,31 €
13	597	503	2 357,07 €

Animateur principal de 2e classe

Échelon	Indice brut	Indice majoré	Salaire brut
1	389	356	1 668,22 €
13	638	534	2 502,34 €

Animateur principal de 1re classe

Échelon	Indice brut	Indice majoré	Salaire brut
1	446	392	1 836,92 €
11	707	587	2 750,70 €

Auto-évaluation

Avant de débuter votre préparation au concours, évaluez-vous en répondant aux questions de culture territoriale ci-dessous, suivies d'un corrigé et d'un bilan.

Questions

1 La France compte au 1er janvier 2020 environ :

☐ a. 25 000 communes. ☐ b. 35 000 communes.
☐ c. 45 000 communes. ☐ d. 55 000 communes.

2 L'autorité exécutive du département est :

☐ a. le président du conseil général.
☐ b. le préfet.
☐ c. le président de l'association des maires du département.
☐ d. le président du conseil départemental.

3 Le maire est :

☐ a. élu au suffrage universel direct par les électeurs de la commune.
☐ b. élu par les conseillers municipaux de la commune.
☐ c. désigné par le préfet.
☐ d. sous la tutelle du président du conseil départemental.

4 La durée du mandat du président du conseil départemental est de :

☐ a. 3 ans. ☐ b. 4 ans. ☐ c. 5 ans. ☐ d. 6 ans.

5 La compétence en matière de construction et d'entretien des lycées est exercée par :

☐ a. la commune.
☐ b. la communauté des communes.
☐ c. la région.
☐ d. le département.

6 Le président du conseil régional :

☐ a. exerce au niveau régional les missions que le préfet exerce au niveau départemental.
☐ b. est l'organe exécutif de la région.
☐ c. exerce une tutelle sur les départements et les communes, collectivités de rang inférieur.
☐ d. est élu pour 5 ans.

7 Les trois principales fonctions publiques sont :

☐ a. la fonction publique d'État, la fonction publique territoriale, la fonction publique hospitalière.
☐ b. la fonction publique d'État, la fonction publique communale, la fonction publique départementale.

☐ c. la fonction publique d'État, la fonction publique territoriale, la fonction publique parlementaire.
☐ d. la fonction publique d'État, la fonction publique territoriale, la fonction publique régionale.

8 La nomination au grade d'animateur territorial (stagiaire puis titulaire) s'opère :

☐ a. par recrutement direct sans concours.
☐ b. uniquement par la voie de la promotion interne.
☐ c. par la voie de l'avancement de grade.
☐ d. par la voie du concours et par la voie de la promotion interne.

9 Ne bénéficient pas de la clause générale de compétence :

☐ a. le département, la région, les établissements publics de coopération intercommunale.
☐ b. la commune.
☐ c. la commune et le département.
☐ d. la commune et les établissements publics de coopération intercommunale.

10 Le préfet dispose du pouvoir :

☐ a. d'annuler les actes inopportuns des collectivités territoriales.
☐ b. d'annuler les actes illégaux des collectivités territoriales.
☐ c. de déférer au juge administratif les actes des collectivités territoriales qu'il estime illégaux.
☐ d. de rendre exécutoires les actes des collectivités territoriales annulés par le juge administratif.

11 Le principe de libre administration des collectivités territoriales signifie que :

☐ a. les collectivités territoriales déterminent librement le nombre d'élus qui les administrent.
☐ b. les actes des collectivités territoriales ne sont soumis à aucun contrôle.
☐ c. les collectivités décident librement du montant des impôts locaux.
☐ d. les collectivités territoriales s'administrent librement par des conseils élus.

12 Cochez la ou les réponses exactes :

☐ a. l'excédent de la section de fonctionnement du budget des collectivités territoriales contribue au financement des dépenses d'investissement.
☐ b. l'excédent de la section d'investissement du budget des collectivités territoriales contribue au financement des dépenses de fonctionnement.
☐ c. la section de fonctionnement du budget des collectivités territoriales est toujours déficitaire.
☐ d. la section d'investissement du budget des collectivités territoriales est toujours bénéficiaire.

13 Pour vous nommer animateur territorial principal de 2e classe stagiaire après votre réussite au concours, le maire prend :

☐ a. une délibération.
☐ b. un arrêté.
☐ c. une motion.
☐ d. une décision.

14 La séance d'une assemblée délibérante :

☐ a. se déroule à huis clos, sauf si le conseil décide que la séance est publique.
☐ b. est publique, sauf si l'assemblée délibérante décide le huis clos.
☐ c. se déroule toujours à huis clos.
☐ d. est toujours publique.

⑮ Le lauréat d'un concours de la fonction publique territoriale :

☐ a. ne peut être nommé que dans le ressort géographique du centre de gestion de la fonction publique territoriale de l'organisateur du concours dont il est lauréat.
☐ b. est automatiquement nommé dès sa réussite au concours.
☐ c. peut être nommé par tout employeur territorial, quel que soit le centre de gestion de la fonction publique territoriale organisateur du concours dont il est lauréat.
☐ d. est, après sa réussite au concours, inscrit sur une liste d'aptitude dont la durée de validité est illimitée.

⑯ La loi du 27 janvier 2014 de modernisation de l'action publique territoriale et d'affirmation des métropoles (MAPTAM) désigne comme « chef de file » en matière, notamment, de mobilité durable :

☐ a. la commune.
☐ b. le département.
☐ c. la région.
☐ d. l'État.

⑰ La loi MAPTAM désigne comme « chef de file » en matière, notamment, d'autonomie des personnes :

☐ a. la commune.
☐ b. le département.
☐ c. la région.
☐ d. l'État.

⑱ Compétence obligatoire des établissements publics de coopération intercommunale (EPCI) au 1er janvier 2018, la GEMAPI désigne :

☐ a. la gestion des milieux aquatiques et prévention des inondations.
☐ b. la gestion des marchés publics d'investissement.
☐ c. la gestion en économie mixte des acteurs de promotion des investissements.
☐ d. la gestion équitable des marchés d'approvisionnement publics individualisés.

⑲ La parité femmes-hommes en politique est :

☐ a. impossible dans les conseils départementaux compte tenu de leur mode d'élection.
☐ b. facultative dans toutes les collectivités territoriales.
☐ c. assurée dans les conseils municipaux des communes de 1000 habitants et plus grâce au scrutin de liste.
☐ d. assurée dans les conseils municipaux des communes de 3 500 habitants et plus grâce au scrutin de liste.

⑳ Dans les concours de la fonction publique territoriale :

☐ a. la réussite vaut nomination.
☐ b. toutes les épreuves obligatoires comportent une note éliminatoire.
☐ c. l'inscription sur liste d'aptitude est valable un an.
☐ d. un candidat absent à une épreuve peut être admis si la moyenne de ses notes est suffisante.

Corrigé

1 b. ; **2** d. ; **3** b. ; **4** d. ; **5** c. ; **6** b. ; **7** a. ; **8** d. ; **9** a. ; **10** c. ; **11** d. ; **12** a. ; **13** b. ; **14** b. ; **15** c. ; **16** a. ; **17** b. ; **18** a. ; **19** c. ; **20** b.

Tableau d'analyse du score

Réponses justes	Réponses fausses	Vous avez entre 0 et 7 réponses justes	Vous avez entre 8 ou 13 réponses justes	Vous avez entre 14 ou 20 réponses justes
… / 20	… / 20	Votre résultat montre que vous devez travailler à fond votre culture territoriale. Les fiches de cours et d'autres informations contenues dans l'ouvrage vous aideront à mettre toutes les chances de votre côté pour maîtriser les questions de culture territoriale.	Prenez connaissance des fiches de cours et des autres informations contenues dans l'ouvrage. Vous pourrez ainsi combler la distance qui vous sépare aujourd'hui d'une parfaite maîtrise des questions de culture territoriale.	Bravo ! Il vous reste à consolider vos connaissances pour réaliser un « sans-faute » en matière de culture territoriale.

PARTIE 1

Réussir les **épreuves d'admissibilité**

Rapport avec propositions à partir d'un dossier

(concours externe, interne et 3e concours d'animateur territorial principal de 2e classe et examens professionnels d'animateur principal de 2e classe et 1re classe)

DURÉE

3 HEURES

COEFFICIENT

1

Planning de révisions

Le planning ci-après entend vous proposer un **mode d'acquisition méthodique des savoir-faire et des connaissances indispensables** à la réussite de l'épreuve de rapport avec propositions opérationnelles.

La date à laquelle vous commencez à utiliser cet ouvrage pour vous préparer déterminera évidemment la durée de chaque période : si, par exemple, vous entamez votre préparation personnelle six mois avant le concours, chacune des périodes d'appropriation comptera de l'ordre de deux semaines. Il en ira tout différemment si vous pensez pouvoir préparer le concours en un mois : deux à trois jours seront alors consacrés à chaque période.

Soyez également attentif au fait que cette épreuve requiert non seulement une maîtrise de la **technique de la synthèse** des éléments d'un dossier, mais aussi celle des **connaissances de l'animation sociale, socio-éducative ou culturelle dans les collectivités territoriales** auxquelles la période 3 renvoie. Cette période, elle-même découpée en plusieurs périodes, sera de ce fait, à l'évidence, d'une durée supérieure à celles des autres périodes.

PÉRIODES	CONTENU DES RÉVISIONS	NOS OUTILS
Période 1	Comprendre les exigences de l'épreuve, savoir présenter clairement un rapport avec propositions opérationnelles	pages 36 et 45
Période 2	Exploiter méthodiquement un sujet, savoir gérer le temps de l'épreuve	pages 52 et 61
Période 3	Se préparer en amont de l'épreuve (voir le cours de l'épreuve « réponse à des questions sur l'animation territoriale, socio-éducative ou culturelle »)	pages 63 et 293
Période 4	Lire intégralement le dossier du sujet d'une trentaine de pages (sujet d'entraînement corrigé)	pages 54 et 160
Période 5	Identifier les éléments à valoriser, discerner les apports de connaissances nécessaires, décider d'un plan	pages 53 à 60
Période 6	Rédiger intégralement les rapports demandés sans limite de temps	page 61
Période 7	Lire et analyser les corrigés types, mesurer et analyser les écarts de sa propre production avec les corrigés types	page 191
Période 8	Maîtriser la conduite de projet	page 64
Période 9	Relire l'ensemble des conseils méthodologiques	page 35
Période 10	À titre d'entraînement complémentaire, traiter le sujet de note à partir d'un dossier des concours interne et de troisième voie d'animateur territorial	page 160

L'INTITULÉ RÉGLEMENTAIRE DE L'ÉPREUVE

La rédaction d'un rapport à partir des éléments d'un dossier portant sur l'animation sociale, socio-éducative ou culturelle dans les collectivités territoriales, assorti de propositions opérationnelles *(durée : trois heures - coefficient : 1)*.

EXTRAITS DU RAPPORT DU PRÉSIDENT DU JURY

Extrait du rapport du président du jury du concours d'animateur principal de 2e classe, session 2017, Centre de gestion de la Côte-d'Or (CDG 21)

« Le jury plénier a entendu les remarques des correcteurs et examinateurs, comme suit : les correcteurs des épreuves écrites relèvent un niveau général assez faible. Le formalisme des copies fait défaut. Un manque de préparation est constaté. »

Extrait du rapport du président du jury du concours d'animateur principal de 2e classe, session 2015, Centre de gestion de la Lozère (CDG 48)

« Pour l'épreuve écrite, le niveau général est faible tant au niveau des connaissances dans le domaine de l'animation que sur les règles d'orthographe et de syntaxe. Globalement, les membres du jury constatent un manque de méthodologie et de préparation au concours. Le jury note également une approche très limitée du rôle d'animateur principal. »

Extrait du rapport du président du jury du concours d'animateur principal de 2e classe, session 2015, Centre de gestion des Pyrénées-Atlantiques (CDG 64)

« Globalement, les correcteurs notent :
- une absence des règles formelles de présentation d'un rapport (timbre, destinataire, objet...) ;
- de nombreuses fautes d'orthographe et de syntaxe handicapantes pour de futurs animateurs principaux territoriaux de 2e classe qui seront amenés à produire des écrits professionnels, des échanges avec familles ;

[...]

Sur la partie informative, les correcteurs notent :
- une exploitation trop superficielle des documents et des copies parfois trop succinctes : les candidats n'ont pas su tirer parti des documents ;
- une méthodologie non acquise : beaucoup de paraphrases et de recopiage sans réel effort de synthèse ;
- des difficultés à mettre en avant les enjeux de la problématique et le contexte, à établir des constats et à restituer les informations.

Sur la partie "propositions", les correcteurs constatent :
- un manque d'innovation, de création, d'idées personnelles dans les propositions ;
- un contexte peu étudié ;
- des propositions non structurées et peu développées ;
- un manque de professionnalisme.

Les correcteurs considèrent qu'en l'espèce, **les rapports rédigés ne constituent pas un support suffisamment fiable ni une réelle aide à la décision pour le destinataire**. »

1. Comprendre les exigences de l'épreuve

Les cadrages indicatifs officiels des épreuves ont été élaborés par les centres de gestion de la fonction publique territoriale organisateurs des concours d'animateur et d'animateur principal de 2e classe. Ils sont accessibles en ligne sur les sites de nombre d'entre eux, par exemple le site du centre de gestion du Rhône et de la métropole de Lyon (www.cdg69.fr).

Les encadrés grisés ci-après en reprennent les principales dispositions.

NOTE DU FORMATEUR

L'épreuve vise à évaluer notamment les capacités du candidat à :
- analyser une commande et un dossier afin d'en identifier les éléments utiles au traitement du sujet ;
- mobiliser des connaissances professionnelles pour élaborer des propositions réellement opérationnelles ;
- organiser méthodiquement les informations nécessaires à la rédaction d'un rapport ;
- produire en temps limité un document synthétique parfaitement compréhensible.

A. Produire un document synthétique

a. Rédiger intégralement

La concision et l'efficacité requises nécessitent que le rapport soit parfaitement lisible : celle lisibilité requiert une écriture simple, précise, une orthographe et une syntaxe les plus irréprochables possible. Même si l'on peut légitimement juger efficace un style télégraphique, une **rédaction intégrale** (pas de phrases sans verbe, pas d'accumulation de tirets…) est ici exigée.

> **NOTE DU FORMATEUR**
> Le rapport doit être correctement rédigé (pas de style télégraphique, « prise de notes »).
> Le niveau attendu en matière de maîtrise de la langue (orthographe, syntaxe) est le même que dans les épreuves de composition ou dissertation.
> Le style doit être neutre, sobre, précis.

b. Éviter la « langue de bois »

Mettons en garde le candidat contre **l'abus de la langue de bois**, jargons, formules creuses, toutes les formules que l'écrivain et académicien Bertrand Poirot-Delpech aujourd'hui disparu qualifiait, dans un article du *Monde*, de « RAS », « **remplissage n'ayant rigoureusement aucun sens** » :

« La parole publique – écrivait Bertrand Poirot-Delpech, est confisquée par quelques centaines d'hommes politiques, patrons, experts variés, publicitaires et communicants qui manient langue de bois, euphémismes, jargons technocratiques, métaphores passe-partout et formules faussement savantes, pour capter nos suffrages, masquer la vérité, endormir nos vigilances, nous imposer « idées », images, camelote.

Les victimes de ces tromperies les recopiant par contagion, c'est tout le langage qui risque d'être bientôt perverti en machine à vendre, vidé de sens, suspect, ridiculisé [...].

Pour résister à ces manipulations, beaucoup suggèrent un lexique français-français de dessillement, de désintoxication. Voici quelques pistes :

– Absolu (impératif, nécessité, etc.) : RAS.

– Alléger (les procédures administratives, les charges sociales, les programmes scolaires, etc.) : les remplacer par d'autres.

– Annonce (effet d') : bla bla, laïus, baratin, rideau de fumée, pour « faire patienter ».

– Central : important (voir *Fondamental, Majeur*).

– Clair, clairement (« il a été tout à fait clair », « il a indiqué clairement ») : RAS.

– Concertation (ouvrir, mener, conduire, une grande, une large…) : « noyer le poisson » (a remplacé : créer une commission).

– Confidence (je vais vous faire une confidence…) : annoncer sur les ondes, comme si personne n'était au courant, quelque chose que tout le monde sait.

– Conjoncturel : on n'y peut rien, mais ça peut encore s'arranger (voir *Structurel*).

– Déficit d'exploitation : quand l'opinion renâcle, la faute aux porte-parole, aux médias.

– Dysfonctionnement : erreur sans cause, la faute à personne, aux autres, à pas de chance.

– Faut (il faut que…) : nous ne l'avons pas fait, nous y pensons sérieusement.

– Fondamental : important (voir *Central*).

RÉUSSIR LES ÉPREUVES D'ADMISSIBILITÉ
Rapport avec propositions à partir d'un dossier

– LARGE (tour d'horizon, débat, négociation…) : RAS (voir *Vaste*).
– LOURD (tendances…) : on n'y peut pas grand-chose (voir *Structurel*).
– MAJEUR : important (voir *Central, Fondamental*).
– MOMENT (quand le… sera venu) : « quand cela nous arrangera ».
– NATURELLEMENT : « ne me demandez pas pourquoi ».
– NÉCESSITÉ : toujours *absolue* (voir ce mot).
– PERSPECTIVES (ouvrir, tracer…) : parler un peu de l'avenir.
– PEU (« J'ai un… le sentiment que) : « je trouve que ».
– SIGNIFICATIF (augmentation, mesure) : engagement faisant impression, mais non chiffré.
– STRUCTUREL : on n'y peut vraiment rien (voir *Conjoncturel*).
– SYNERGIE : copinage moderniste.
– TERME (à plus ou moins long…) : bientôt, ou peut-être avant.
– TOUT-À-FAIT : oui (synonymes : *absolument*, *complètement*, *totalement*).

Dans la même veine, Max Dorra, écrivain et professeur de médecine, se livrait dans *Le Monde* (13 et 14 juillet 2008) à « La chasse aux perroquets : ébauche d'un dictionnaire des idées reçues et formules absurdes employées dans les médias » :

– FORT [signal…] : ultime recours des pensées flasques.

– INDIQUE [je vous…] : se dit sur un ton neutre, objectif, discrètement protecteur, pour vous refiler à l'esbroufe des informations habituellement inexactes.

– MENTALITÉ D'ASSISTÉ : se dit avec une moue réprobatrice, en général au volant d'une Mercédès.

– MODERNITÉ : confond « actuel, à la mode » et « universel, éternel » par la vertu de l'art. Stendhal et Rimbaud sont modernes. X, Y, Z (suivez mon regard) sont actuels.

– POLITOLOGUE [on va demander l'avis d'un…] : croyance médiatique (faussement) naïve en l'« objectivité scientifique » d'un « expert ». On apprend d'ailleurs toujours, incidemment, que le « politologue » en question est « proche » de tel ou tel homme politique.

– QUELQUE PART : évocation de ce qui n'est ni dans le temps ni dans l'espace mais dans une autre dimension. Utilisé en général pour se donner un air vaguement analytique. Permet de jouer à l'initié. (Il est recommandé de prendre un air mystérieux.)

– TRANSPARENCE [souci de…] : prétexte pris par les administrations et les grandes entreprises pour publier régulièrement une masse de chiffres inutilisables sortis d'un ordinateur. Rideau de fumée qui permet de mettre soigneusement de côté les vrais problèmes, ceux qu'on se gardera bien d'aborder. Les chiffres vraiment gênants, par exemple.

– TROP DÉPENSIER [l'État est…] : artifice de présentation culpabilisant destiné à faire accepter, dans un collectif budgétaire, la réduction des crédits alloués à la santé, l'Éducation nationale, la culture, la recherche…

Et que dire de :

– « INITIER » voire « INITIALISER » : pour *commencer, débuter, mettre en chantier, entamer, engager.*

– « FINALISER » : pour *achever, parachever, terminer, mener à bien, mener à terme, conclure.*

– « IMPULSER » : pour *encourager, favoriser.*

– « IMPACTER » : pour *peser sur, avoir des conséquences sur.*

Sans oublier qu'en cours de route on va viser la facilitation, pour une bonne continuation, qui nécessite peut-être une procéduralisation, voire une juridicisation…

Un relevé dans des copies d'examen et de concours des mots et expressions favorites des candidats illustre une tendance à écrire comme tout le monde écrit, qui devrait pousser les candidats à se distinguer par la qualité de leur style.

Citons, dans le désordre :

– SE DOIT DE : qui peut souvent être avantageusement remplacé par « doit ».

– PALLIER : la plupart du temps fautif : on ne pallie pas « à une difficulté », on pallie « une difficulté » (verbe transitif direct).

– METTRE EN EXERGUE.

– PAR LE BIAIS : confusion entre « biais » et « moyen ».

– NOTRE SOCIÉTÉ D'AUJOURD'HUI ou « notre société contemporaine ».

– DE TOUS TEMPS : alors que bien rares sont les phénomènes qui remontent aux origines de l'humanité !

– DE PAR, DU FAIT DE.

– EN QUELQUE SORTE, POUR AINSI DIRE.

– GÉRER UN PROBLÈME : à remplacer souvent par *résoudre.*

– ENGENDRER, GÉNÉRER.

– PARTICIPER D'UN.

– FORCE EST DE CONSTATER QUE pour : « on observe », « il est indéniable que », « incontestablement ».

– LES TENANTS ET LES ABOUTISSANTS pour : « les causes et les conséquences ».

Chacun est à même de juger les raisons de l'emploi de ces mots : intoxication par le jargon véhiculé par la presse et la télévision, séduction de formulations « ronflantes »…

c. Se méfier du « jargon administratif »

Soyons conscients de la tendance de l'administration à utiliser un langage qui lui est propre et que certains candidats ont tendance, inconsciemment ou non, à imiter : l'administration affectionne en effet particulièrement les expressions « bavardes » et lénifiantes, dans le but, conscient ou inconscient, d'atténuer le caractère impératif de l'ordre ou absolu du refus, de valoriser ses actions, de masquer ses insuffisances.

Quelques exemples de ce « **style administratif** » dont le candidat doit se méfier :

Style administratif	Peut être remplacé par
Votre correspondance en date du... (date)	Votre lettre du... (date)
Je porte à votre connaissance	Je vous informe
Je vous fais connaître	Je vous informe
Votre autorisation vient à expiration	Vous n'êtes plus autorisé
Un refus a été opposé à votre demande	Votre demande a été refusée
Il ne nous a malheureusement pas été possible de réserver une suite favorable à votre demande	Votre demande a été refusée
Vous voudrez bien nous faire retour du document	Restituez le document
Vous faites l'objet d'une mesure de suspension	Vous êtes suspendu
Ces dispositions se proposent de réglementer, s'attachent à réglementer	Ces dispositions réglementent
Ce rapport se plaît à signaler	Ce rapport signale
Une erreur s'est malencontreusement glissée dans ce document	Ce document est erroné

Ainsi, le candidat devra éviter de jargonner tout en sachant utiliser **des formulations qui évitent le « je » et l'abus du « nous »** en ayant recours à des formulations comme « il convient d'être attentif à », « on s'attachera à », « on veillera particulièrement à », « des expériences méritent attention », etc.

d. Traquer les fautes d'orthographe

La liste inépuisable des **fautes d'orthographe** et des impropriétés est également éclairante : trop de candidats doutent trop peu d'eux-mêmes...Sans nul doute, les listes d'erreurs font sourire plus d'un candidat qui serait prêt à jurer : « Moi, ça, jamais » : et pourtant...

- Émergance : pour *émergence.*
- Exigeances : pour *exigences.*
- Être en but à : pour *être en butte à.*
- Boulversement : pour *bouleversement.*
- Repaire alors qu'il s'agit de *repère* : le repaire, c'est le lieu de refuge de bêtes sauvages ou des individus dangereux ; notre besoin de repères ne serait-il que la recherche d'un repaire ?
- Palier à : pour *pallier,* verbe transitif direct : on pallie « un problème », c'est-à-dire qu'on trouve une solution provisoire.
- De part la loi, le maire... : pour *de par.*
- Quelques soient les difficultés : pour *quelles que soient les difficultés.*
- Encrer dans les esprits : pour *ancrer.* Sans doute s'agit-il d'encre indélébile...
- Basé sur : incorrect, on doit écrire *fondé sur.*
- Voir : à la place de *voire* : *un acte, voire deux, doivent être pris...*
- Tout à chacun : pour *tout un chacun.*
- Être juge et parti : pour *juge et partie* : n'allons pas soupçonner tous les juges de partis pris idéologiques.
- Ilettré, illétré : pour *illettré.*

– Stipuler : confondu avec *fixer, disposer que*, un contrat « stipule », une loi, un décret « fixent que », *disposent que*…

Pour faire sourire, terminons par (cherchez l'erreur !) :

- Un pied d'estale
- Une vie descente
- Les enjeux sont différends
- Le bas blesse
- Hardue
- Les soubresaults
- Le partenaria
- Des cours d'analphabétisation

B. Produire un document parfaitement compréhensible

NOTE DU FORMATEUR

Le rapport doit être concis : 5 à 6 pages sont nécessaires et suffisantes

Le rapport est destiné à un responsable, administratif ou élu, le plus souvent situé plus haut dans la « hiérarchie » que le rédacteur du document. Il peut s'agir d'un Directeur général des services, d'un adjoint au maire, d'un président de conseil départemental, régional,…

L'information transmise doit donc être efficace, concise, organisée, la présentation matérielle du rapport (voir ci-dessous) devant contribuer à cette efficacité. Le rapport ne doit être ni trop court, ni trop long : **de l'ordre de 5 à 6 pages** (une copie double plus un intercalaire recto verso) sont nécessaires et suffisantes.

Le destinataire du rapport doit être à même de comprendre, sans avoir à recourir au dossier, les informations qui lui sont communiquées, et celles-ci ne doivent être **ni partielles, ni partiales** : l'approche exagérément optimiste d'un dispositif, d'un phénomène, de problèmes et de difficultés, induisant des propositions excessivement simples…, alors que le dossier comporterait des éléments problématiques, serait à la fois partielle et partiale et donc récusée.

> **NOTE DU FORMATEUR**
>
> Le destinataire est supposé ne pas connaître le sujet ni disposer du dossier ; il n'a que le rapport pour s'informer et étayer sa réflexion, voire sa décision.
>
> **Aussi il est exclu de restituer les informations de manière allusive** ou de faire référence aux textes pour se dispenser d'en exprimer le contenu. Il est donc malvenu de faire apparaître des références aux documents dans le rapport (document 1, document 2...). On considère que le dossier disparaît en tant que tel lors de la rédaction du rapport : le candidat n'en conserve que les informations essentielles. Le candidat doit restituer les informations par un travail de reformulation. Il ne peut se contenter de recopier intégralement des parties de textes. Les citations directes doivent être réservées aux seuls extraits succincts de textes juridiques, documents officiels, prises de position éclairantes de personnalités qualifiées.

Le rapport n'est donc pas écrit par un candidat anonyme rédigeant de manière peu convaincue un document sans enjeu : c'est un document écrit par un professionnel en situation réelle, répondant précisément à une commande, à une attente, qui entend informer et orienter l'action publique, avec la conscience de ses responsabilités, une compréhension du contexte général et des contraintes.

C. Analyser une commande et un dossier afin d'en identifier les éléments utiles au traitement du sujet

a. Une commande précisant le contexte

Dans de nombreuses épreuves de synthèse, la mise en situation est minimale et ne sert guère qu'à compléter le timbre et comprendre l'objet de la note (exemple : « Le maire de la commune de X vous demande de rédiger un rapport sur… »).

Ici, compte tenu de la nature de l'épreuve, qui requiert la mise en valeur de propositions opérationnelles, **les éléments de contexte sont également nécessaires à l'identification des propositions adaptées à ce contexte précis**.

La nature de la collectivité (commune, département ou région) ou de l'établissement public local concerné, la strate démographique à laquelle elle ou il appartient, la qualité du destinataire, celle de l'auteur du rapport, le contexte précis dans lequel le destinataire passe commande du rapport et tous les autres éléments éventuellement fournis (mode d'organisation de la collectivité, modes de gestion de ses services, mode de réalisation d'un projet…) sont destinés à orienter tant la valorisation des informations utiles du dossier que la mobilisation de connaissances afin de dégager des propositions opérationnelles.

NOTE DU FORMATEUR

Le sujet est présenté sous forme d'**une commande qui met précisément le candidat en situation**, en lui donnant notamment des informations synthétiques sur la collectivité territoriale ou l'établissement concerné.
Cette commande indique précisément la ou les questions que le rapport devra traiter et invite le candidat, **en fonction de la situation décrite, à dégager des solutions opérationnelles**.
La commande est suivie d'une liste signalétique des documents, mentionnant le titre, l'auteur, la source, la date et le nombre de pages de chaque document.

b. Un dossier

NOTE DU FORMATEUR

Le dossier rassemble au plus une **dizaine de documents** et comporte de l'ordre d'une **vingtaine de pages**. Il peut comporter des documents de nature (documents juridiques, documents officiels, articles de presse spécialisée ou non...) et de forme (textes, documents graphiques ou visuels) variées dont le candidat doit mesurer l'importance relative.
Si les informations peuvent être redondantes d'un document à l'autre, aucun document n'est jamais totalement inutile, le dossier ne contenant pas de « document piège ».
Le candidat devra donc être attentif à ne négliger aucun élément du dossier afin de ne pas omettre d'information essentielle.

D. Mobiliser des connaissances professionnelles pour élaborer des propositions réellement opérationnelles

NOTE DU FORMATEUR

Le rapport comporte deux parties distinctes :
- **une première partie, exclusivement rédigée à l'aide des éléments du dossier**, qui informe le destinataire sur les problématiques essentielles du sujet (cadre juridique, contraintes techniques et financières, etc.) ;
- **une deuxième partie qui présente des propositions opérationnelles**. Cette partie peut valoriser des informations du dossier (par exemple des expériences éclairantes conduites par différents établissements et collectivités) mais fait également appel aux connaissances du candidat.

À noter que, aux sessions 2013 et 2015 du concours, la répartition des points était la suivante :

– concours externe : première partie « informative » : 8 points / deuxième partie « propositions » : 12 points ;

– concours interne et troisième concours : première partie « informative » : 12 points / deuxième partie « propositions » : 8 points.

Depuis la session 2017, dans les trois voies, les points sont également répartis entre les deux parties (10 points / 10 points).

Contrairement à l'épreuve de note des concours internes et de troisième voie d'animateur territorial, vous devez donc, pour traiter le sujet de rapport assorti de propositions opérationnelles, **faire appel à des connaissances extérieures au dossier. Toutes les informations dont vous aurez besoin ne se trouvent pas dans celui-ci**.

Vous devrez ainsi dépasser les informations du dossier pour dégager des solutions réalistes, adaptées au contexte, en précisant le cas échéant les conditions et les moyens de leur réalisation : mode de gestion du projet, étapes du projet, moyens à mobiliser, contraintes…

On attend de vous que vous produisiez le rapport demandé **avant tout à partir des éléments du dossier, tout en sachant mobiliser des apports extérieurs**, reposant tant sur vos savoirs que sur vos savoir-faire, nécessaires à l'élaboration de propositions opérationnelles.

E. Organiser méthodiquement les informations nécessaires à la rédaction d'un rapport

a. Analyser les informations nécessaires

L'analyse est évidemment requise pour :

– comprendre la commande (Que me demande-t-on exactement ?) et le contexte précis dans lequel cette demande est formulée ;

– repérer dans la liste des documents joints, tant par les sources, les dates et les titres, ceux qui vont me permettre d'identifier des problèmes et ceux dans lesquels vous trouverez des solutions ;

– plus finement encore, repérer dans les titres des documents, dans la mesure où ils sont explicites, des problèmes ou des solutions précises ;

– distinguer, pendant la « lecture de survol » du dossier, en s'aidant de la « titraille », les informations pertinentes et les informations inutiles ;

– rattacher les informations pertinentes à la famille des problèmes ou à celle des solutions.

b. Synthétiser les informations

Les informations doivent être organisées en un ensemble cohérent, bâti à partir d'un plan clair, valorisant les éléments les plus pertinents.

NOTE DU FORMATEUR

Le rapport n'est pas un résumé des textes, il ne s'agit pas de présenter succinctement et successivement les documents du dossier mais de structurer les informations essentielles du dossier par un plan qui reflète l'importance données aux différents aspects de ce qu'il convient de transmettre.

En bref, les exigences de fond du rapport :

Le rapport n'est pas la juxtaposition d'une synthèse du dossier et de propositions inventées par le candidat mais un document organisé dans lequel celui-ci présente les problèmes que la commande et les documents au dossier lui permettent d'identifier ainsi que les propositions opérationnelles appropriées à ce contexte, en puisant à la fois dans le dossier et dans ses propres connaissances.

En d'autres termes, il s'agit de **mettre au service de l'élaboration du rapport tous les éléments de la commande et du dossier utiles** tant à l'identification et la présentation des problèmes qu'à l'élaboration de propositions opérationnelles, tout en sachant mobiliser **les connaissances complémentaires indispensables** :

– **à la compréhension et la présentation des problèmes** ;

– **à l'élaboration de solutions opérationnelles adaptées au contexte**.

Bien traiter un sujet de rapport avec propositions opérationnelles impose ainsi de (d') :

– bien comprendre, en mobilisant ses connaissances, les attentes du destinataire, le contexte dans lequel des problèmes se posent et des solutions doivent être proposées ;

– exploiter tous les éléments du dossier nécessaires à une présentation objective et cohérente de ces problèmes en première partie du rapport ;

– proposer des solutions réalistes, applicables, adaptées au contexte, en prenant en compte les éléments utiles dans le dossier et en mobilisant les connaissances indispensables à leur pertinence.

Ne constitue pas un bon rapport celui qui :

– disserte sur le thème sans exploiter le dossier ;

– réalise une synthèse du dossier éloignée du contexte, présentant par exemple des situations ou des problèmes qui figurent dans le dossier mais qui ne concernent pas la collectivité ;

– valorise des propositions totalement inadaptées au contexte ;

– escamote des problèmes qui concernent très directement la collectivité ;

– valorise à l'excès une solution en escamotant d'autres solutions présentées ou suggérées par le dossier.

2. Présenter clairement un rapport

A. Un certain formalisme respectant l'anonymat

a. Une présentation formalisée...

Le rapport obéit à un formalisme dont la transgression, sanctionnée par un barème précis (– 0,5 point ou – 1 point), est toujours pénalisante au moins en ce qu'elle risque d'indisposer les correcteurs attachés à ces règles.

Une excellente copie qui ne respecterait pas ces règles n'en demeurerait pas moins excellente, une copie très mauvaise qui les respecterait n'en serait pas meilleure, mais ce défaut mineur s'ajoutant à d'autres dans une copie moyenne peut coûter le demi-point fatidique qui sépare le candidat admissible du non admissible.

Modèle de présentation

<table>
<tr><td>Collectivité émettrice

(Ville de...
Service...)</td><td>Le (date de l'épreuve)</td></tr>
<tr><td colspan="2" align="center">RAPPORT
à l'attention de Monsieur (ou Madame) le (la)...</td></tr>
<tr><td colspan="2">Objet :

Références :</td></tr>
</table>

Il est vivement conseillé de se plier à ces règles aisées à respecter :

– **L'objet** vise simplement à décrire **le thème (le sujet) du rapport :** il ne s'agit en aucun cas de la thèse (ce que le rapport ou la note va dire sur ce sujet) : l'objet doit être concis et précis.

– L'utilisation de la zone des **références**, qui ne doit pas être confondue avec une liste bibliographique, est facultative : elle présente l'avantage, dès lors qu'un texte est précisément référencé (exemple : loi constitutionnelle n° 2003.276 du 28 mars 2003 relative à l'organisation décentralisée de la République), de permettre d'y faire référence dans le développement sans s'embarrasser de précisions déjà apportées (une fois la loi constitutionnelle de 2003 clairement référencée dans la zone *ad hoc*, on pourra écrire dans le corps du rapport : « la loi constitutionnelle de 2003… »).

L'attention doit toutefois être attirée sur la nécessité de respecter la hiérarchie des normes (constitution, traité et droit communautaire dérivé, règlement et directive, loi organique, loi ordinaire, décret, arrêté, circulaire…) et de discerner les textes principaux afin de ne pas « encombrer » en vain cette zone ni de perdre un temps inutile à la remplir.

Un texte référencé peut être présent dans le dossier ou cité par des documents au dossier.

b. ... dans le respect de l'anonymat de la copie

Les candidats sont invités à se méfier, particulièrement dans ce type d'épreuve, de tout ce qui pourrait être interprété par le jury comme un **signe distinctif**.

Les sujets de concours et examens organisés par les centres de gestion comportent fréquemment des mentions du type :

NOTE DU FORMATEUR

Vous ne devez faire apparaître aucun signe distinctif dans votre copie, ni votre nom ou un nom fictif, ni initiales, ni votre numéro de convocation, ni le nom de votre collectivité employeur, de la commune où vous résidez ou du lieu de la salle d'examen où vous composez, ni le nom de collectivité fictif non indiqué dans le sujet, ni signature ou paraphe.
Sauf consignes particulières figurant dans le sujet, vous devez impérativement utiliser une seule et même couleur non effaçable pour écrire et/ou souligner. Seule l'encre noire ou l'encre bleue est autorisée. L'utilisation de plus d'une couleur, d'une couleur non autorisée ou d'un surligneur pourra être considérée comme un signe distinctif.
Le non-respect des règles ci-dessus peut entraîner l'annulation de la copie par le jury.

Les causes d'annulation des copies pour rupture d'anonymat sont nombreuses :

- Dans le timbre :
  - – nom et prénom du candidat ;
  - – nom et prénom fictif ;
  - – nom de la collectivité du candidat ;
  - – nom d'une autre collectivité existante ;
  - – nom d'une collectivité fictive (autre que celle éventuellement mentionnée dans la commande) ;
  - – référencement fictif (par exemple : initiales du rédacteur/date de rédaction/ n° d'ordre).
- En signature :
  - – nom et prénom du candidat ;
  - – paraphe lisible du candidat ;
  - – nom et prénom fictif ;
  - – paraphe illisible.
- Encres « distinctives ».

B. Une organisation visible

a. Une introduction

NOTE DU FORMATEUR

Le rapport doit comporter une unique **introduction d'une vingtaine de lignes** rappelant le contexte et comprenant impérativement **l'annonce de chacune des deux parties**. Les candidats doivent veiller à ce que l'annonce de plan aille au-delà d'une simple annonce de la structure de la copie et porte sur le contenu précis de chacune des parties. Celles-ci sont organisées en sous-parties.

- **L'introduction peut ainsi comporter :**
  a. Une entrée en matière (ou « accroche »)
  (une ou deux phrases)

Suivant le sujet, cette entrée en matière pourra consister par exemple en :
- l'approche historique ou géographique d'un phénomène ;
- des données chiffrées significatives ;
- une expérience récente particulièrement éclairante ;
- ...

b. Une définition (si nécessaire)

On veillera évidemment à ce que cette définition soit brève mais il est souvent bienvenu de définir ce dont on va parler (la périurbanisation, les établissements publics de coopération culturelle...) avant d'en parler.

c. (et/ou) Un bref rappel du contexte juridique

Les sujets à forte tonalité juridique se prêtent fréquemment à un bref rappel des textes intervenus antérieurement aux nouvelles dispositions qui font l'objet du rapport.

d. Une reformulation de la commande (ou problématique)

Toute commande pose question, plus ou moins explicitement. Il convient de reformuler cette commande dans les termes posés par le dossier.

Cette reformulation est généralement présentée sous une forme affirmative, mais il est également envisageable de la rédiger sous une forme interrogative.

L'attention des candidats doit être cependant attirée sur la nécessité de bien ajuster la reformulation de la commande aux enjeux du dossier et de se méfier de problématiques trop formelles (rhétoriques) et trop imprécises sur le fond.

Cette rédaction peut être aisément mise en œuvre une fois l'annonce de plan rédigée, celle-ci étant l'annonce des réponses que le rapport va apporter à la commande.

e. L'annonce de plan

Alors que la problématique peut être exprimée de manière interrogative, **l'annonce de plan sera toujours rédigée sous forme affirmative**.

Cette annonce est incontestablement **un passage stratégique du rapport.**

Une annonce de plan réussie est un laisser-passer vers une bonne note. Séduisante, pertinente, elle prédispose favorablement le destinataire/correcteur.

À l'inverse, des informations pertinentes dont l'organisation serait mal présentée risquent de n'être pas perçues comme telles.

L'annonce de plan doit non seulement permettre le repérage le plus facile possible de la structure du développement, mais aussi donner les indications les plus précises possibles sur son contenu : il s'agit d'aller au-delà d'une simple annonce de « boîtes » (exemple : la boîte « problèmes » et la boîte « solutions ») pour préciser ce que l'on va trouver dans ces boîtes.

Cette annonce peut ainsi constituer une indexation du rapport qui doit permettre au correcteur d'aller droit à l'information à laquelle il souhaite accéder.

Comment annoncer le plan en fin d'introduction ?

L'introduction se termine par l'annonce de plan. On passe ensuite au développement.

Deux techniques d'annonce sont praticables :

L'annonce des parties (la plus orthodoxe)

Cette présentation offre l'avantage de la clarté et de la concision. Elle se prête bien à la mise en valeur de plans organisés autour de grands axes clairement identifiés, comme :

1. Questions (problèmes, problématiques, difficultés à résoudre, cas à résoudre, diagnostic, enjeux, etc.)
2. Réponses (solutions, préconisations, propositions, remèdes, moyens, etc.)
Elle impose la rédaction de titres des parties et sous-parties clairs et suffisamment **informatifs**.

Exemple :

(Dernier paragraphe de l'introduction, annonce de plan)
Après l'examen des problèmes essentiels posés par l'accueil des gens du voyage (I.) seront présentés les moyens d'y répondre dans la ville de X (II.).
(Début du développement)

I. La double dimension sociale et urbaine de l'accueil des gens du voyage
(Bref chapeau introductif)
L'accueil des gens du voyage pose à la fois des problèmes humains (A.) et d'aménagement urbain (B.)
A. Des aspects humains conflictuels
....
....
....
....
....
....

B. Une organisation spatiale inadaptée
....
....
....
....
....
....
(Phrase de transition : ainsi..., mais...)

II. La nécessité pour la ville de X d'agir légalement et d'accompagner socialement
(Bref chapeau introductif)
La résolution de ces problèmes impose de satisfaire aux obligations légales (A.) tout en organisant un accompagnement social (B.)
A. Une réponse aux obligations légales dans un cadre concerté
....
....
....
....
....

B. Un accompagnement social individualisé des personnes accueillies
....
....
....
....
....

L'annonce des parties et des sous-parties

L'annonce des sous-parties est dans ce cas mise en œuvre dès l'introduction, au moyen de l'annonce de plan.

Exemple :

(Dernier paragraphe de l'introduction)

L'accueil des gens du voyage (I) pose à la fois des problèmes humains (A) et d'aménagement urbain (B), dont la résolution impose à la ville de X (II) de satisfaire aux obligations légales dans un cadre concerté (A) et d'organiser l'accompagnement social des personnes accueillies (B).

(Début du développement)

I. La double dimension sociale et urbaine de l'accueil des gens du voyage

A. Des aspects humains conflictuels

....

....

....

....

....

B. Une organisation spatiale inadaptée

....

....

....

....

....

(Phrase de transition : ainsi…, mais…)

II. La nécessité pour la ville de X d'agir légalement et d'accompagner socialement

A. Une réponse aux obligations légales dans un cadre concerté

....

....

....

....

....

B. Un accompagnement social individualisé des personnes accueillies

....

....

....

....

....

b. Un développement visiblement organisé

NOTE DU FORMATEUR

Le plan est impérativement matérialisé par des titres comportant des numérotations en début des parties et sous-parties.

On conseille donc vivement aux candidats de **matérialiser le plan suivi** en titrant les parties et les sous-parties : ceci permet non seulement de vérifier si le plan annoncé « fonctionne » réellement mais aussi de repérer très facilement l'information à laquelle on veut accéder. La numérotation des parties et sous-parties au niveau de l'annonce des plans est, on l'a vu, possible, même si certains correcteurs jugent parfois qu'elle alourdit inutilement la présentation : mieux vaut être un peu lourd et clair qu'élégant et confus.

Le défaut de coïncidence entre le plan annoncé et les titres choisis pour les parties et les sous-parties est assez fréquent chez les candidats : on peut l'expliquer par une crainte de la répétition qui conduit à reformuler. Ce souci est louable, mais une reformulation ratée conduit souvent à « dire » autre chose dans les titres que ce qui a été annoncé dans l'annonce de plan. On ne court pas ce risque si l'on rédige une annonce de plan qui peut se découper en autant de « tranches » que de titres de parties et sous-parties.

NOTE DU FORMATEUR

L'obligation de proposer un plan matérialisé n'implique en aucun cas que vous puissiez vous exonérer de la rédaction d'une annonce de plan, de chapeaux introductifs des parties et d'une transition entre vos parties. La copie doit pouvoir parfaitement se lire sans les intitulés.

La **présentation de la copie** est également un outil essentiel dont vous devez vous servir pour en améliorer la lisibilité en rendant sa structure la plus évidente possible. Le destinataire/correcteur pourrait « passer à côté » d'une organisation qui ne serait pas suffisamment apparente.

Au-delà des titrages, il faut aussi utiliser de façon logique les sauts de ligne(s), les retraits par rapport à la marge :

Exemple :

– Vous sautez 3 lignes entre l'introduction et le développement comme entre le développement et la conclusion.
– Vous sautez 2 lignes entre la première partie et la deuxième partie.
– Vous sautez 1 ligne entre chaque sous-partie.
– Vous ne sautez pas de ligne entre les paragraphes de chaque sous-partie mais vous marquez un retrait (toujours le même) par rapport à la marge pour la première ligne de chaque paragraphe.
– Une phrase de transition est bienvenue entre chacune des parties.

c. Un développement réellement organisé

Un rapport organisé n'est pas seulement un rapport clairement structuré en parties et en sous-parties ; encore faut-il que les sous-parties ne soient ni le lieu d'un déversement d'informations en vrac ni une juxtaposition d'informations : il est indispensable que les informations soient elles-mêmes organisées et que cette organisation soit rendue évidente par des **mots de liaison** (articulations logiques, connecteurs argumentatifs) sans lesquels ces informations apparaissent juxtaposées.

La juxtaposition d'informations procède souvent d'une synthétisation insuffisante qui conduit les candidats à « coller » de façon parfois hasardeuse des informations diverses recueillies dans le dossier.

d. Une conclusion facultative

NOTE DU FORMATEUR

La conclusion est facultative. Elle peut toutefois brièvement souligner l'essentiel sans jamais valoriser des informations oubliées dans le développement.

Au vu de ce cadrage, l'absence de conclusion ne saurait en aucun cas être pénalisée.

Ne sera évidemment pas pénalisé non plus un candidat qui fera l'effort de conclure son rapport.

La pratique de la correction montre cependant qu'**une conclusion présente le double avantage de rendre évidents le caractère achevé de la copie, signe d'une bonne maîtrise du temps, et la capacité du candidat à reformuler en quelques mots l'essentiel**.

Si conclusion il y a, elle doit être facilement identifiable : les règles de présentation adoptées (par exemple 3 lignes sautées entre la fin du développement et le début de la conclusion), une formulation nettement conclusive (ainsi, pour en terminer, au total, finalement…) évitent toute ambiguïté.

Mieux vaut rédiger la conclusion tôt dans l'épreuve (rien, logiquement, ne devrait empêcher qu'elle le soit juste après la mise au point définitive de l'introduction) : trop de conclusions trahissent la fatigue et le manque de temps.

Sur le fond, la conclusion n'est pas un résumé du rapport mais une reformulation rapide (quelques lignes suffisent) de l'essentiel du message qu'il contient : vous disposez ici d'un espace de liberté pour apporter sur le sujet l'éclairage qui, tout bien considéré, vous paraît le plus pertinent, dans la logique des réflexions préalablement conduites.

Attention, **la conclusion ne sera jamais le lieu du « repentir »** où placer des éléments importants oubliés dans le développement : si l'on omet une information, laissons croire qu'on l'a fait en toute connaissance de cause et n'allons pas pointer du doigt notre propre erreur. Il n'est pas rare que des candidats démarrent ce type de conclusion par un « sans oublier… », particulièrement révélateur !

3. Exploiter méthodiquement le sujet

La difficulté majeure que les candidats disent rencontrer est celle de la longueur du dossier (de 20 à 30 pages) et, en conséquence, un manque de temps. Comment s'en sortir ?

A. Analyser finement la commande

Les candidats consacrent généralement trop peu de temps à cette analyse qui détermine pourtant les informations à trouver dans les « documents joints ».

En effet :

– L'analyse de la commande permet d'abord d'identifier l'auteur supposé du rapport et, surtout, son destinataire.

– Elle permet de déterminer précisément l'objet du rapport : il ne sera pas inutile, pendant la phase d'exploitation des documents du dossier, de revenir régulièrement au sujet pour vérifier que l'on ne s'éloigne pas du « cahier des charges ».

– Elle contient des éléments de contexte précis permettant de mesurer l'utilité du rapport attendu.

Ces éléments de contexte permettent de valoriser les informations au dossier les plus adaptées à ce contexte.

Avant même d'aborder le dossier, on pourra se demander à partir de la commande quels **éléments incontournables** devrait (sous réserve que le contenu du dossier valide cette analyse) comprendre le rapport :

– Moyens : humains, techniques, financiers, économiques ;
– Risques : juridiques, politiques, économiques, sociaux ;
– Avantages : politiques, économiques, sociaux / Inconvénients ;
– Modes d'organisation (partenariat). ;
– Résultats attendus. ;
– Précautions indispensables ;
– …

D'autres listes préconçues de mots peuvent aussi aider à prédéterminer quelles informations rechercher dans le dossier :

C'est le fameux **QQOQC**, auquel on peut adjoindre quelques mots clés :

– **Qui** ? (Quels sont les principaux acteurs ?) ;

– **Quoi** ? (De quoi s'agit-il précisément ? Peut par exemple conduire à rechercher des définitions afin que l'objet même du rapport soit précis) ;

– **Où** ? (Quelles expériences déjà réalisées ? Renvoie souvent aux expériences locales) ;

– **Quand** ? (La question a-t-elle une histoire ? Que s'est-il passé avant ? Cela explique-t-il maintenant ?) ;

– **Comment** ? (Quels moyens mis en œuvre ? Quelle logique de l'action : créer puis gérer, ou expérimenter puis évaluer, etc.).

On peut ajouter le **PDA** :

– **Pourquoi** ? (Quelles sont les causes du phénomène ? Pourquoi ces acteurs, ces objectifs, ces moyens ?) ;

– **Dans quel but** ? (Quels sont les objectifs ?) ;

– **Avec quels effets** ? (Quel bilan ? Quelles incertitudes demeurent ?).

B. Analyser la liste des « documents joints » et leurs titres

Les documents peuvent être de nature diverse :

– Documents juridiques : loi, décret, arrêté, circulaire, décision jurisprudentielle (tribunal administratif, Conseil d'État...) ;

– Documents officiels : rapports ;

– Articles de presse spécialisée : doctrine juridique, presse spécialisée « collectivités territoriales » ;

– Articles de presse d'information générale ;

– Extraits d'ouvrages ;

– Documentation professionnelle sous d'autres formes : fiches techniques, documents graphiques et visuels, plans, cartes... ;

– ...

L'analyse de la composition du dossier vous permet d'adopter une stratégie (par quel document commencer ?) que la lecture de survol du dossier vous permettra de valider ou d'invalider.

Si le dossier comporte des **documents juridiques**, on aura généralement intérêt à commencer par la circulaire qui précise les modalités d'application de la loi : dans la plupart des cas, les informations de la circulaire dispenseront d'utiliser celles de la loi qui seraient redondantes (ce qu'il faudra tout de même vérifier !).

C'est souvent, lorsque le dossier a une forte tonalité juridique, dans les documents commentant les documents juridiques que l'on trouvera le « **document pivot** », celui qui fournit le maximum d'informations sur le sujet.

C'est généralement dans la presse, spécialisée ou non, que l'on trouve des approches problématiques de la question faisant l'objet du rapport.

Les **titres** et les **dates** des documents peuvent par ailleurs permettre une première approche problématique du sujet :

– Il n'est pas rare que les seuls titres des documents vous donnent déjà une idée de sous-partie, voire plus.

– Les dates peuvent être également très éclairantes : si des articles sont antérieurs à la création d'une institution, à l'instauration d'un dispositif, il y a tout lieu de penser qu'on va y trouver une analyse des causes de la réforme.

C. Parcourir le dossier

Ce parcours va vous permettre de hiérarchiser les différents articles :

– celui qui semble directement permettre de répondre à la demande ou à une partie importante de la demande : on parle alors de « **document pivot** » ;

– celui qui n'en aborde qu'un aspect : il apporte un complément d'information sur un aspect particulier : c'est le document complémentaire ;

– celui qui illustre le sujet : article ou reportage sur telle ou telle réalisation ou mise œuvre ;

– celui qui est périphérique : il ne concerne pas directement la demande, mais est un élément de compréhension du sujet : il sert souvent pour l'introduction, ou pour la phase « ouverture » de la conclusion ;

– celui qui est hors sujet : c'est exceptionnel, mais des parties d'un article peuvent très bien être hors sujet.

Plusieurs articles peuvent remplir la même fonction : on parlera d'articles redondants. Après s'en être assuré, on sélectionnera celui qui se prête le mieux à la synthèse et on ne lira pas les autres.

D'une manière générale, il est rare qu'il faille lire l'intégralité du dossier remis. Par exemple, les textes juridiques sont la plupart du temps « doublés » par des articles parus dans des périodiques qui les présentent, en font l'analyse. Cela vous dispensera alors de leur lecture.

Trop souvent négligée par le candidat qui craint d'y perdre du temps, cette lecture est utile si elle permet de valider l'analyse de la commande et de la liste des documents joints et, surtout, de déterminer le **document pivot** : ce document est celui dont l'exploitation va permettre d'identifier le plus grand nombre possible d'arguments permettant de traiter le sujet. Plus ce document permet d'alimenter des fiches par thèses (correspondant chacune à l'un des aspects du sujet), plus l'exploitation des autres documents sera rapide et facile.

Remarquons qu'une erreur sur le caractère « pivot » d'un document ne serait pas dramatique : si l'on n'y trouve que peu d'informations utilisables pour traiter le sujet, il faudra rapidement passer à un autre document pour tenter d'en extraire la « substantifique moelle ».

Soulignons enfin qu'on ne lit pas un dossier de synthèse comme on lit habituellement : celle lecture doit être rapide et utile. Le but : **repérer l'essentiel** (on peut se servir des titres et sous-titres, des intertitres, des chapeaux introductifs, des conclusions), **éliminer l'inutile**, redondant ou hors sujet.

D. Exploiter le dossier et ses connaissances personnelles

Plusieurs méthodes sont enseignées. Elles ont toutes leur pertinence et, de même qu'un formateur pourra en privilégier une, de même les stagiaires pourront être plus à l'aise avec telle méthode plutôt que telle autre.

Pour autant, la nécessité de construire en trois heures un rapport synthétisant des informations et mobilisant des connaissances personnelles rend de loin la technique de rédaction à partir d'un plan préconçu la plus pertinente.

L'analyse de la commande me donne des indications sur des axes importants du rapport et me met en quête d'informations que j'espère trouver dans le dossier.

Quelle que soit la technique utilisée, une **analyse fine de la commande et des titres** des documents au dossier puis une « **lecture de survol** » **de l'ensemble du dossier** sont vivement conseillées puisqu'elles vont permettre à la fois :

- De **construire un ordre d'exploitation du dossier**.

La première lecture permet de hiérarchiser les textes en fonction de leur nature (texte juridique, presse spécialisée, presse généraliste...), de leur date, de leur longueur, de leur pertinence pour honorer la commande. Elle va déterminer le document par lequel je commencerai l'exploitation du dossier parce qu'il me paraît contenir le plus d'informations utiles à la rédaction du rapport.

■ De **distinguer des thèses** :

– qui peuvent parfois permettre de préconcevoir le plan du rapport (**méthode 1**), technique idéale, mais que des dossiers touffus rendent parfois difficilement praticable ;

– qui permettent de préconcevoir des fiches synthétiques (**méthode 2**) ;

– qui aident à discerner les points à mettre en valeur lorsqu'on rédige une fiche par document (**méthode 3**).

Si on peut les distinguer par commodité d'exposition, ces **trois méthodes** ne sont pas totalement « étanches » les unes par rapport aux autres, et le traitement d'un sujet donné pourra requérir par exemple passer à la fois par la méthode 1 et la méthode 2.

a. La rédaction de fiches synthétiques à partir d'un plan préconçu

Vous rédigez une fiche par sous-partie, voire par partie (méthode 1)

Deux approches sont possibles, l'approche thématique ou l'approche binaire.

■ **L'approche thématique**

– L'analyse de la commande et des titres.

– Une lecture de survol du dossier, particulièrement attentive aux **titres, chapeaux introductifs, sous-titres, intertitres, encadrés, légendes**... vous ont permis d'identifier les thèmes principaux à mettre en valeur, si possible au nombre de quatre, ou à ramener rapidement à un nombre de quatre.

Pourquoi quatre ? Parce vous visez en priorité un rapport organisé en deux parties comprenant chacune deux sous-parties, même si d'autres plans sont possibles.

Il vous reste à aller chercher dans le dossier les éléments nécessaires à remplir ces futures sous-parties, complétées des informations utiles qui ne figurent pas dans le dossier mais s'avèrent nécessaires tant à l'analyse du (des) problème(s) posé(s) qu'à l'élaboration de solutions opérationnelles.

Vous devrez ensuite les articuler au sein de parties cohérentes.

■ **L'approche binaire**

Autre manière de travailler à partir d'un plan préconçu : le travail préliminaire d'analyse de la commande et des titres vous permet d'opter pour un plan binaire classique, du type :

– **Problèmes/solutions**

Problèmes		Solutions
– politiques, – économiques, – financiers, – juridiques, – sociaux, – culturels, – environnementaux, – d'organisation, – de fonctionnement, – anciens, – nouveaux,	– chance de gain, – risque de perte, etc.	– politiques, – économiques, – financières, – juridiques, – sociales, – culturelles, – environnementales, – organisationnelles (choix de gestion...) – méthodologiques (méthodologie de projet, etc.)

NOTE DU FORMATEUR

Soulignons que ce plan « bateau » paraît de nature à « fonctionner » avec un grand nombre de sujets de rapport , compte tenu de l'intitulé réglementaire même de l'épreuve qui fait référence à un rapport « assorti de propositions opérationnelles ».

RAPPEL DU FORMATEUR

Pour mémoire, on peut identifier de nombreux plans binaires :

- Dangers/Remèdes
- Bilan/Perspectives
- Constat/Préconisations
- Causes/Conséquences
- Aspects positifs/Aspects négatifs
- Avantages/Inconvénients
- Avantages/Limites
- Vertus/Défauts
- Dispositif/Conditions de bon fonctionnement
- Cela permet/A condition que
- Organisation/Fonctionnement
- Aspects internes/Aspects externes
- Les faits/Le droit

ou plus finement :

- un dispositif/mais des difficultés dans son application,
- des objectifs/une mise en œuvre,
- des avancées/mais des insuffisances,
- de nouvelles missions/avec de nouveaux moyens,

etc.

Il s'agira ensuite de trouver les intitulés des sous-parties en adéquation avec les deux thèmes annoncés dans les intitulés des grandes parties.

En effet, des plans binaires peuvent ensuite se décliner encore plus finement.

Ceci peut par exemple se faire en classant au fur et à mesure de l'exploitation du dossier les informations dans les grandes parties, puis en subdivisant chaque partie en deux sous-parties (praticable par simple indexation par A. ou par B. des informations de chaque partie) :

– les faits/Des réponses insuffisantes//Une nouvelle réponse/Les conditions de réussite ;

– un bilan positif/non sans insuffisances//Une politique nouvelle/qui laisse des questions en suspend ;

– un bilan négatif/des réponses//Des problèmes non traités/qui imposeront d'autres réponses ;

– un bilan positif/et négatif//Des propositions nouvelles/qui soulèvent des inquiétudes à dépasser ;

– un problème ancien/qui évolue//L'organisation actuelle est dépassée/et doit évoluer ;

– un problème ancien/mal résolu//Des solutions nouvelles/encore incertaines ;

– des principes nouveaux/qui fondent un nouveau dispositif//Des expériences éclairantes/les conditions de réussite ;

– etc.

Exemple :

Si on reprend le plan binaire constat/remèdes, on peut ensuite affiner de la sorte les sous-parties :

I. Un bilan décevant

A. Les faits/B. Des réponses insuffisantes

II. Des perspectives conditionnées

A. Une nouvelle réponse/B. Les conditions de réussite

ou :

I. Un problème récurrent

A. Le phénomène/B. Des remèdes inadaptés

II. Des solutions incertaines

A. Un nouveau dispositif/B. Des insuffisances

Il s'agit bien sûr d'une **étape** dans la rédaction finale du plan, qui devra être le **plus informatif possible.**

Avantages de cette méthode 1 : l'exploitation du dossier est aisée, efficace et rapide. Vous ne retenez que ce qui sert chacune des sous-parties ou parties.

Inconvénients : une erreur initiale de plan va fausser tout le rapport. Si on ne « tient » d'entrée de jeu que les deux grandes parties, un travail important de classement (A. et B. de chaque partie, puis hiérarchisation à l'intérieur de chaque A. et chaque B.) reste à accomplir avant la rédaction définitive. Si l'on « tient » trop de « sous-parties », un travail de réorganisation reste à accomplir pour parvenir à un plan satisfaisant.

b. La rédaction de fiches synthétiques par thèse

NOTE DU FORMATEUR

Une technique proche de la première à ceci près que la prise de notes commence avant l'identification d'un plan.

Vous rédigez une fiche par thèse (méthode 2)

Il s'agit bien d'une rédaction par thèse et non par documents.

L'analyse de la commande et des titres, la lecture de survol du dossier (et notamment celle des **titres**, **sous-titres**, **chapeaux introductifs**, **intertitres, encadrés, légendes**…) vous ont permis de repérer des thèses qui vous paraissent « incontournables » pour traiter le dossier, mais vous n'êtes pas encore en capacité de rédiger un plan, généralement parce que les thèses sont trop nombreuses.

À partir d'un document, vous ouvrez autant de fiches que ce document aborde de thèses (idées principales) différentes.

Bien sûr, vous n'ouvrez pas de fiches lorsqu'une thèse contenue dans le document est sans lien avec l'objet du rapport.

Il peut arriver qu'un document ne contienne qu'une seule thèse et ne donne donc lieu qu'à la rédaction d'une seule fiche.

Si vous retrouvez cette même thèse (idée principale) dans un autre document, vous n'ouvrez pas une autre fiche mais vous complétez celle que vous avez déjà ouverte.

Pensez, à la fin de chaque information sur un thème donné, à noter le document d'où provient l'information. Cette mention ne sera évidemment pas reprise dans la rédaction finale, mais elle vous permet si nécessaire d'aller retrouver la source de l'information si, au moment de la rédaction définitive, celle-ci ne vous paraît plus suffisamment claire (ce qui n'est nullement souhaitable : perte de temps !)

Avantages de cette méthode 2 : vous n'écrirez jamais deux fois la même chose. La rédaction définitive est facilitée par le regroupement logique des informations.

Inconvénients : l'ouverture d'un nombre excessif de fiches peut retarder l'élaboration du plan définitif. Certaines fiches auront été ouvertes « pour rien » dans la mesure où le faible nombre d'informations qu'elles contiendront ne permettra pas de nourrir une sous-partie, quelle qu'en soit la pertinence sur le fond. Parfois, vous n'osez pas vous « risquer » à mettre en valeur des thèses, de crainte de faire fausse route.

c. La rédaction de fiches synthétiques par document

NOTE DU FORMATEUR

Une technique à manier avec la plus grande prudence compte tenu de la durée limitée de l'épreuve.

Vous rédigez une fiche par document (méthode 3)

L'analyse de la commande et des titres, la lecture de survol du dossier ne vous ont pas permis de mettre en valeur des thèses qui vous satisfassent. Vous avez tout de même repéré quelques « incontournables » qui vont vous aider.

Rien n'est donc perdu !

Pour que la méthode soit efficace, mettez en valeur l'essentiel dans la marge en vous aidant des titres, des chapeaux introductifs et des intertitres.

Vous pouvez utiliser des codes couleurs qui faciliteront le regroupement des informations au moment de la rédaction définitive, ou travailler par colonnes à partir de mots-clés.

Avantages de cette méthode 3 : la méthode est rassurante, vous engrangez des informations au fur et à mesure de la lecture du dossier. C'est la méthode la moins risquée, la plus besogneuse.

Inconvénients : vous risquez d'écrire deux fois la même chose. Vous devez regrouper des informations éparses (éclatées sur plusieurs fiches) pour procéder à la rédaction définitive. Ceci requiert une indexation rigoureuse de l'information (des résumés des différents documents qui n'en mettraient pas en valeur les grands axes, les « arrêter », seraient très peu opérants). Vous risquez de vous trouver au terme du travail de prise de notes avec des fiches nombreuses qui ne vous permettent pas facilement d'élaborer un plan.

E. Arrêter définitivement le plan

À partir de là, il ne reste plus qu'à adopter un agencement cohérent des fiches pour construire le plan, ou affiner une intention de plan, ou valider un plan préconçu. En valorisant plus ou moins telle ou telle information (dans la limite de l'obligation d'objectivité), on peut bâtir à partir des fiches plusieurs plans entre lesquels il faudra choisir.

Notons également que les intitulés doivent être informatifs, clairs, les plus concis possibles et faire apparaître très clairement le lien avec la commande.

Exemple :

Un plan trop peu informatif :
I. L'accueil des gens du voyage
A. L'aspect social
B. L'aspect urbain
II. Le cas de la ville de X
A. Les obligations légales
B. L'accompagnement social

Un plan plus informatif (voir plus haut)
I. La double dimension sociale et urbaine de l'accueil des gens du voyage
A. Des aspects humains conflictuels
B. Une organisation spatiale inadaptée
II. La nécessité pour la ville de X d'agir légalement et d'accompagner socialement
A. Une réponse aux obligations légales dans un cadre concerté
B. Un accompagnement social individualisé des personnes accueillies

Mieux vaut cependant un titre un peu long s'inscrivant bien dans la progression adoptée, qu'un titre tellement concis qu'il ne donne aucune explication. Il convient également de respecter le parallélisme des formes entre le (I) et le (II) : un intitulé long de trois mots en (II) ne peut répondre à un intitulé long d'une ligne et demi en (I).

Enfin, il faut proscrire les intitulés interrogatifs puisqu'ils doivent apporter une réponse à la question posée dans la problématique.

Deux parties

Le rapport assorti de propositions opérationnelles comporte à l'évidence deux parties : une partie informative, synthétisant les informations essentielles du dossier, et une partie proposant des solutions opérationnelles.

Le nombre de sous-parties de chaque partie n'est pas imposé. L'organisation binaire classique est possible (les deux parties comportent chacune deux sous-parties) mais non obligatoire.

En toute hypothèse, **on veillera à un équilibre des différentes parties.**

F. Rédiger la copie

Reste à rédiger au brouillon l'introduction : on dispose déjà du passage essentiel de l'introduction, l'annonce de plan. On a également repéré les éléments utiles à une entrée en matière en analysant les documents. Il reste à exprimer clairement la problématique.

Profitons-en pour rédiger également la conclusion, qui, en quelques lignes, doit, si l'on choisit de conclure, souligner l'essentiel.

On peut alors procéder directement à la rédaction au propre en recopiant, avec quelques réécritures ponctuelles, dans les parties et sous-parties ad hoc, les informations contenues dans les fiches.

CONSEIL DU FORMATEUR

Pour éviter le piège du « copié collé » et pour gagner du temps, adoptez un style « prise de notes » pour la rédaction de vos fiches (brouillon).

4. Gérer le temps de l'épreuve

La réussite au concours ne dépend pas de la seule capacité à rédiger un rapport, mais à le faire en **temps limité.** Cette contrainte de temps implique que les feuilles de brouillon ne sont pas corrigées. Les prendre en compte équivaudrait de fait à accorder plus de temps à certains candidats qu'à d'autres.

La nécessité de s'entraîner en temps limité

C'est seulement en vous entraînant que vous mesurerez les difficultés que vous aurez à surmonter. Certains ont des difficultés dans la première partie du travail, celle qui permet d'accéder au plan, d'autres dans la prise de notes, d'autres enfin dans la rédaction. Il faut savoir situer ses faiblesses, et les travailler pour les atténuer.

Le travail de rédaction synthétique exige une capacité particulière à travailler vite, à ne pas « paniquer » devant la taille du dossier, les documents qui peuvent apparaître longs à lire, des textes peu lisibles pour quelqu'un qui n'a pas l'habitude d'en lire.

Souvent demandé par les candidats, le découpage du temps ci-après est purement indicatif et peut connaître de fortes variations d'une personne à l'autre. La qualité de la prise de notes à partir du dossier détermine en effet largement la durée de la rédaction définitive.

LA GESTION DES TROIS HEURES DE L'ÉPREUVE

15 minutes d'exploitation de la commande et de la liste signalétique

15 minutes seront consacrées à travailler à l'identification des informations essentielles de la commande (Que me demande-t-on précisément ? Dans quel contexte ?) et les titres des documents. C'est un minimum pour percevoir quelles informations on devra trouver dans le dossier, où les trouver et comment les organiser. Les titres permettent souvent de repérer des « incontournables » du traitement du sujet.

Une **ébauche de plan** peut alors être posée comme hypothèse.

15 minutes de parcours (survol méthodique) du dossier

Cette lecture très sélective ne s'intéresse qu'à ce qui se détache des documents, la titraille, leur introduction et leur conclusion s'ils en comportent. Elle doit néanmoins être très attentive et réflexive, interrogeant constamment ce qui est lu.

L'ébauche de plan faite précédemment doit pouvoir être remaniée et précisée en fonction de ce parcours. Il est particulièrement utile, même s'il n'est pas encore définitif, de disposer d'un plan qui va faciliter la prise de notes.

1 heure 20 de prise de notes à partir du dossier intégrant les connaissances personnelles

C'est le travail le plus long, et si vous arrivez à le réaliser plus rapidement, c'est autant de temps supplémentaire dont vous disposerez pour rédiger définitivement sur votre copie.

Il vous faudra pourtant sans doute toujours plus d'une heure pour relever et compléter les points importants sur les feuilles que vous aurez préparées en fonction de votre plan.

60 minutes de rédaction définitive sur la copie de concours

Rédigez très soigneusement intégralement, au brouillon, introduction et titres avant de les recopier. Pour le reste, le rapport sera rédigé directement, à partir de nos notes, feuille par feuille. Vous aurez regroupé sur chaque feuille les points qui doivent être évoqués ensemble, vous les aurez numérotés dans l'ordre où vous souhaitez les recopier.

10 minutes de relecture

Il est essentiel de conserver un temps suffisant pour se relire sans complaisance, corriger les fautes mais aussi rajouter le mot qui manque, amender une phrase mal bâtie.

Le barème pénalisant l'orthographe rend ce temps particulièrement utile, le seuil fatidique des 11 fautes (il est fréquemment préconisé d'ôter un ou deux points d'orthographe lorsque plus de 10 fautes sont commises) pouvant être très rapidement franchi faute de relecture.

5. Se préparer en amont de l'épreuve

A. Connaître les compétences des collectivités territoriales en matière d'animation

Outre un entraînement à la rédaction d'une synthèse organisée à partir d'un dossier, la préparation de l'épreuve requiert la maîtrise de connaissances nécessaires tant à la compréhension du contexte qu'à la formulation de propositions opérationnelles adaptées.

NOTE DU FORMATEUR

Malgré l'absence de programme réglementaire, l'épreuve exige que le candidat mobilise ses connaissances et son expérience. Il doit pouvoir disposer de solides références sur le monde territorial et d'une bonne culture administrative. Sa perception de l'environnement territorial, des compétences des collectivités territoriales en matière d'animation sociale, socio-éducative ou culturelle et des missions confiées aux animateurs territoriaux seront nécessaires au traitement de l'épreuve.

Aussi, le programme de la **deuxième épreuve d'admissibilité** (Réponses à des questions portant sur l'animation sociale, socio-éducative ou culturelle dans les collectivités territoriales permettant d'apprécier les connaissances professionnelles du candidat) des concours internes et de troisième voie d'animateur principal de 2e classe donne des indications très utiles sur les connaissances à maîtriser :

LE PROGRAMME DE CETTE ÉPREUVE EST LE SUIVANT :

- l'actualité de l'animation et de l'action sociale ;
- la situation de l'animation dans l'évolution générale de la société ;
- les grandes étapes de l'éducation populaire, de l'animation socioculturelle, du mouvement associatif ;
- l'organisation générale et le fonctionnement, les missions et l'évolution :
- de l'association loi 1901 ;
- d'un service d'animation municipal ;
- d'une structure associative socioculturelle ;
- les principaux dispositifs et les modalités d'actions socio-éducatives en matière de pratiques culturelles, de logement, de famille, de santé, de loisirs, de prévention, d'insertion, d'orientation et d'aide sociale ;
- les grandes caractéristiques des principaux courants pédagogiques ;
- la connaissance des publics ;
- l'adaptation d'une activité aux publics visés et la déclinaison d'objectifs pédagogiques ;
- les bases en psychologie comportementale ;
- les principales techniques d'accueil, d'entretien et de réunion ;

- les objectifs, les moyens, les méthodes et les critères d'évaluation des actions d'animation ;
- le budget d'une action d'animation (suivi et évaluation) ;
- les principales obligations liées à l'organisation de toute activité en matière de responsabilité civile et pénale, d'assurance et de protection des mineurs ;
- les règles en vigueur concernant la sécurité des biens et des personnes ;
- les techniques fondamentales de prévention en matière d'hygiène et de santé.

B. Maîtriser la conduite de projet

Les épreuves de rapport avec solutions ou propositions opérationnelles requièrent souvent une maîtrise de **la conduite de projet**.

a. Connaître la méthodologie de projet

On appelle **projet** un ensemble finalisé d'activités et d'actions entreprises dans le but de répondre à un besoin défini dans des délais fixés et dans la limite de l'enveloppe budgétaire allouée.

Contrairement aux opérations, qui sont des processus répétitifs, l'essence d'un projet est d'être innovant et unique.

Un projet est une action temporaire avec un début et une fin, qui mobilise des ressources identifiées (humaines, matérielles, équipements, matières premières, informationnelles et financières) durant sa réalisation, qui possède un coût et fait donc l'objet d'une budgétisation de moyens et d'un bilan indépendant de celui de l'entreprise ou de l'administration.

Les résultats attendus du projet sont parfois appelés « livrables ».

Le projet comporte toujours une notion de nouveauté et de changement.

Le projet cherche ainsi à atteindre un objectif « extraordinaire » (au sens littéral du mot) qui combine quatre aspects :

- fonctionnel : réponse à un besoin ;
- technique : respect des spécifications ;
- délais : respect des échéances ;
- coûts : respect du budget.

La **gestion de projet** ou **conduite de projet** est une démarche visant à structurer, assurer et optimiser le bon déroulement d'un projet dont la complexité requiert :

- une planification dans le temps ;
- une budgétisation (étude préalable des coûts et avantages ou revenus attendus en contrepartie, des sources de financement, étude des risques opérationnels et financiers et des impacts divers…) ;
- une maîtrise et un pilotage des risques ;
- l'atteinte d'un niveau de qualité souhaité ;
- l'intervention de nombreuses parties prenantes : c'est l'objet des organisations qui identifient maîtrise d'œuvre et maîtrise d'ouvrage (voir également fonctions de maîtrise d'ouvrage) ;

– la responsabilisation d'un chef de projet ou d'un directeur de projet, la mise en place d'un comité de pilotage ;

– le suivi des enjeux opérationnels et financiers importants.

L'objectif doit être précisé de façon claire, chiffrée et datée. Le résultat doit être conforme à des normes de qualité et de performances prédéfinies, pour le moindre coût et dans le meilleur délai possible.

Lorsque la gestion de projet porte sur un ensemble de projets concourant à un même objectif, on parle de **gestion de programme.**

En d'autres termes, cette démarche est délimitée par trois bornes :

– la contrainte coût ;
– la contrainte délai ;
– la contrainte qualité.

Ces contraintes requièrent des acteurs du projet :

– la définition de moyens ;
– la définition d'un planning ;
– la définition de réalisations.

b. Maîtriser les principales étapes de la démarche projet

■ Concevoir

Identifier les objectifs en fonction du besoin

Identifier la raison d'être du projet, c'est-à-dire le besoin à satisfaire ou le problème à résoudre.

Préciser le thème

Procéder à la définition du thème du projet.

Valider le besoin par l'analyse de l'existant

Vérifier l'existence et la réalité du besoin en analysant le contexte de réalisation du projet.

Repérer les contraintes

– Déterminer les contraintes organisationnelles, temporelles, matérielles, financières, juridiques, etc.

– Identifier les facteurs possibles de résistance.

Programmer les actions

Lister les actions à mettre en œuvre, évaluer la durée de chacune d'elles, choisir les acteurs du projet.

Identifier les solutions

Rechercher les solutions possibles.

Choisir une solution

Opérer le choix le plus approprié en fonction de la définition des objectifs et des contraintes repérées.

■ Réaliser

Mettre en œuvre la solution

– Constituer des groupes de travail et informer les différents acteurs du projet.

– Répartir les actions à mener.

– Consigner l'ensemble des actions dans un planning orienté vers les objectifs à atteindre.

– Mettre en œuvre le projet par la réalisation des différentes actions.

Ajuster les actions

– Coordonner les tâches grâce à des *reportings* réguliers et des réunions intermédiaires menées par le comité de pilotage du projet.

– Gérer les écarts : comparer le prévisionnel avec le réalisé en termes de coût et de qualité.

- **Évaluer**

Évaluer le projet

– Réaliser un bilan sur la conformité des résultats aux objectifs, sur le fonctionnement des groupes de travail et leur efficacité.

– Vérifier le respect des contraintes.

Capitaliser l'expérience

– Acquisition de connaissances, retour et capitalisation d'expériences, apprentissage organisationnel.

– Possibilité d'archivage sur un espace collaboratif dédié aux projets et consultable par les initiateurs du projet.

Ce phasage est théoriquement rigoureux, le passage d'un point à un autre étant conditionné par le traitement complet du précédent. La conduite de projet est à la fois un outil rigoureux de pilotage et un moyen de savoir si on peut aboutir compte tenu des contraintes résultant de l'environnement du projet.

Toutefois, il est parfois possible de n'utiliser qu'une partie de cette méthode. En toute hypothèse, la connaissance de ces différents modules permet de structurer de façon claire des solutions opérationnelles.

c. Définir les acteurs du projet :

- **Le chef ou directeur de projet,** référent et animateur du projet

- **Le comité de pilotage**

Structure décisionnelle qui veille au bon déroulement du projet, le comité de pilotage d'un projet mis en œuvre par une collectivité territoriale ou un établissement public local est fréquemment constitué du chef de projet, de l'exécutif (maire, président...) ou de l'élu référent porteur du projet (adjoint au maire, vice-président...), du directeur général des services, et, selon la taille et l'organigramme de la collectivité ou de l'établissement, des directeurs généraux adjoints ou des directeurs des services concernés, des chefs de service à compétence particulière (communication, juridique, marchés publics, finances...).

Ce comité a notamment en charge les choix stratégiques, la validation des choix et des différentes étapes, l'information de l'assemblée délibérante, la communication sur le projet.

- **Le comité de suivi**

Il peut être nécessaire pour des projets de grande envergure, chargé de vérifier l'adéquation entre les différentes actions et le programme initial (outils de reporting, analyse des indicateurs et tableaux de bord, proposition d'actions correctives...).

■ **Les groupes de travail (ou équipes projet)**
Le chef de projet constitue et anime en tant que de besoin des groupes de travail entre lesquels il répartit les différents axes du projet (par exemple : diagnostic, parangonnage [benchmarking], communication…). Ces groupes sont constitués de représentants des différents services, d'experts, de partenaires…

d. Savoir opter pour une conduite de projet en « mode projet »

■ **Le mode projet en entreprise**
Il s'agit d'une organisation temporaire pour atteindre un objectif, menée par un leader qui ne travaille que sur ce projet. Les projets réussis réunissent en général des salariés à plein-temps, ou au moins un noyau dur de salariés à plein-temps. On peut regrouper plusieurs petits projets pour les confier à une équipe. Mais, dans tous les cas, il faut que quelqu'un porte le projet. Pour une entreprise, travailler en mode projet signifie constituer des organisations temporaires avec des chefs de projet, au lieu de répartir l'activité dans les services. Dans l'organisation traditionnelle du travail, on attribue les tâches par service et la direction générale assure la coordination.

Dans quels secteurs la gestion de projet est-elle née ?

Au début des années 1980, la gestion de projet a débuté dans l'armement, le pétrole et l'ingénierie, afin de concevoir et développer de nouveaux produits. Ensuite, elle a été utilisée pour les projets informatiques. Aujourd'hui, dès que l'on veut faire bouger quelque chose, on lance un projet. L'État et les collectivités territoriales adoptent depuis quelques années cette organisation.

■ **Pourquoi le « mode projet » ?**
L'organisation hiérarchique (pyramidale) s'avère inadaptée à la réalisation de certains projets.

Le fonctionnement en mode projet s'avère très efficace pour mener à bien des opérations nouvelles, limitées dans le temps, et exigeant la coopération de plusieurs départements (directions, services…).

Pour réussir, ce mode de réalisation requiert évidemment **l'existence d'un projet**, c'est-à-dire :

– des performances attendues : un cahier des charges, un objectif à atteindre… (dans un domaine défini) ;
– des moyens à disposition : ressources humaines, financières, techniques… ;
– un délai (du temps) sous la forme d'un début et d'une fin (annoncée).

■ **Les acteurs du projet**
Dans l'entreprise, la structure en mode projet est repérable à l'existence de deux acteurs en relation :

– un maître d'œuvre, entouré d'une équipe projet : le **chef de projet** (ou directeur de projet) ;
– un **maître d'ouvrage**, entouré d'un comité de pilotage. C'est le « client » du projet, le donneur d'ordre, l'utilisateur.

L'**équipe projet** est un regroupement d'experts du projet, choisis pour leur variété (multidisciplinarité), en nombre limité (moins de 10, sinon découper en sous-projets).

Le **comité de pilotage** est également composé d'experts, hiérarchiquement supérieurs aux experts de l'équipe projet, en nombre suffisant pour « critiquer » le travail de l'équipe projet, et aider le maître d'ouvrage à faire les choix, au fur et à mesure que le chef de projet lui présentera des options lors du déroulement...

Ce schéma connaît des variations lorsque les collectivités territoriales et leurs établissements publics les adoptent, mais la distinction entre équipe(s) projet, animée(s) par le chef de projet et comité de pilotage est une constante.

Pour ce management hors hiérarchie qui traverse et réunit, sur un objectif précis, plusieurs fonctions de l'entreprise (de la collectivité), le responsable de projet doit acquérir de nouvelles pratiques de management, et en même temps connaître et comprendre l'organisation de son entreprise (de sa collectivité) pour faire vivre la structure temporaire qu'il met en place. Il doit créer une équipe et la faire travailler sans exercer de pouvoir hiérarchique sur ses membres.

De la même façon, ce responsable est amené à communiquer, à négocier avec différentes hiérarchies. Il doit tenir compte des enjeux de pouvoir s'il veut être efficace. Enfin, l'autonomie de l'équipe et les résultats obtenus sont des éléments gratifiants très importants.

Tout le cours

Des connaissances précises de l'environnement territorial sont nécessaires à la réussite de plusieurs épreuves du concours :

– le rapport assorti de solutions opérationnelles ;

– les épreuves orales d'admission, qui comportent toujours des questions portant sur l'environnement institutionnel dans lequel le futur animateur ou animateur principal de 2e classe exercera ses missions.

Sans que cette partie puisse contenir l'ensemble des connaissances requises, nous y poserons quelques repères utiles à la compréhension de l'environnement territorial et à l'approfondissement des connaissances sur les collectivités territoriales.

Le planning ci-après entend vous proposer un mode d'acquisition méthodique des connaissances.

La date à laquelle vous commencez à utiliser cet ouvrage pour vous préparer déterminera évidemment la durée de chaque période : si, par exemple, vous entamez votre préparation personnelle six mois avant le concours, les dix périodes d'appropriation compteront chacune de l'ordre de deux semaines. Il en ira tout différemment si vous pensez pouvoir préparer le concours en un mois : deux à trois jours seront alors consacrés à chaque période.

Soyez également attentif au fait que ces épreuves requièrent non seulement des connaissances en administration des collectivités territoriales, mais aussi une maîtrise de la méthodologie des différentes épreuves.

PÉRIODES	CONTENU DES RÉVISIONS	NOS OUTILS
Période 1	La décentralisation	page 70
Période 2	Le service public, grands principes, principaux modes de gestion	page 79
Période 3	Les principales compétences et attributions des collectivités territoriales	page 89
Période 4	Les principaux modes d'élection locale et leurs conséquences	page 103
Période 5	Les modes de fonctionnement des collectivités territoriales et de leurs établissements publics	page 111
Période 6	Les principaux modes de recrutement des agents publics et des fonctionnaires	page 126
Période 7	Les finances publiques et les budgets locaux, les marchés publics, le contrôle des actes	pages 129, 144, 149
Période 8	La démocratie consultative et participative	page 151
Période 9	Le management	page 154
Période 10	Révision d'ensemble	

1. La décentralisation

1. Qu'est-ce que la décentralisation ?

La décentralisation est un processus par lequel **l'État transfère des compétences et des moyens d'action aux collectivités territoriales**, avant tout pour agir plus efficacement, mais aussi pour développer la démocratie locale.

Une collectivité territoriale est une personne morale de droit public administrée par une assemblée délibérante et un exécutif élu, exerçant une compétence générale sur son territoire qu'elle administre librement. Elle dispose de moyens financiers (on parle d'autonomie financière) et humains propres.

L'article 72 de la Constitution du 4 octobre 1958 dispose en effet que :

« Les collectivités territoriales de la République sont les **communes**, les **départements**, les **régions**, les collectivités à statut particulier et les collectivités d'outre-mer. Toute autre collectivité territoriale est créée par la loi, le cas échéant en lieu et place d'une ou de plusieurs collectivités.

Les collectivités territoriales ont vocation à prendre les décisions qui peuvent le mieux être mises en œuvre à leur échelon.

Dans les conditions prévues par la loi, **ces collectivités s'administrent librement par des conseils élus** et disposent d'un pouvoir réglementaire pour l'exercice de leurs compétences ».

2. L'acte I de la décentralisation

Les lois dites « Defferre » du 2 mars 1982 relative aux droits et libertés des communes, des départements et des régions et du 7 janvier 1983 relative à la répartition des compétences entre les communes, les départements, les régions et l'État :

- suppriment la tutelle administrative et financière exercée au nom de l'État par le préfet sur les actes des collectivités territoriales. À un contrôle *a priori* qui permettait au préfet d'annuler les actes des collectivités territoriales qu'il estimait illégaux ou inopportuns est substitué un contrôle *a posteriori* portant sur la seule légalité des actes.
- font du président du conseil général, élu par les conseillers généraux, l'autorité exécutive du département, aux lieu et place du préfet qui était jusque-là l'exécutif du département.
- transforment la région, jusqu'alors établissement public, en collectivité territoriale administrée par un conseil élu au suffrage universel direct, le conseil régional, et un exécutif élu par les conseillers régionaux, le président du conseil

régional. Les conseillers régionaux ont été élus pour la première fois au suffrage universel en 1986.

– transfèrent des « blocs de compétences » et les ressources correspondantes de l'État vers les collectivités territoriales.

3. L'acte II de la décentralisation

La loi constitutionnelle du 23 mars 2003 relative à l'organisation décentralisée de la République, qui marque l'acte II de la décentralisation, opère plusieurs modifications importantes, destinées à « bâtir une République des proximités, unitaire et décentralisée » (déclaration de politique générale de Jean-Pierre Raffarin, Premier ministre, le 3 juillet 2002).

Cette loi contient pour l'essentiel :

– l'affirmation du **principe d'expérimentation** de nouvelles compétences par les collectivités territoriales.

– le **renforcement de la démocratie locale**.

L'article 6 de la loi du 23 mars 2003 ajoute à l'article 72 de la Constitution un article 72-1 qui dispose que : « La loi fixe les conditions dans lesquelles les électeurs de chaque collectivité territoriale peuvent, par l'exercice du **droit de pétition**, demander l'inscription à l'ordre du jour de l'assemblée délibérante de cette collectivité d'une question relevant de sa compétence.

Dans les conditions prévues par la loi organique, les projets de délibération ou d'acte relevant de la compétence d'une collectivité territoriale peuvent, à son initiative, être soumis, par la voie du **référendum**, à la décision des électeurs de cette collectivité.

Lorsqu'il est envisagé de créer une collectivité territoriale dotée d'un statut particulier ou de modifier son organisation, il peut être décidé par la loi de **consulter les électeurs** inscrits dans les collectivités intéressées. La modification des limites des collectivités territoriales peut également donner lieu à la consultation des électeurs dans les conditions prévues par la loi. »

La loi organique 2003-705 du 1er août 2003 relative au référendum local précise les modalités d'organisation de ce dernier.

– la **garantie de l'autonomie financière** des collectivités territoriales.

L'article 7 de la loi du 23 mars 2003 ajoute à l'article 72 de la Constitution un article 72-2 qui fixe que :

« Les collectivités territoriales bénéficient de ressources dont elles peuvent disposer librement dans les conditions fixées par la loi.

Elles peuvent recevoir tout ou partie du produit des impositions de toutes natures. La loi peut les autoriser à en fixer l'assiette et le taux dans les limites qu'elle détermine.

Les recettes fiscales et les autres ressources propres des collectivités territoriales représentent, pour chaque catégorie de collectivités, une part déterminante de l'ensemble de leurs ressources. La loi organique fixe les conditions dans lesquelles cette règle est mise en œuvre.

Tout transfert de compétences entre l'État et les collectivités territoriales s'accompagne de l'attribution de ressources équivalentes à celles qui étaient consacrées à leur exercice. Toute création ou extension de compétences ayant pour conséquence d'augmenter les dépenses des collectivités territoriales est accompagnée de ressources déterminées par la loi.

La loi prévoit des dispositifs de péréquation destinés à favoriser l'égalité entre les collectivités territoriales. »

4. Entre l'acte II et l'acte III de la décentralisation : la réforme territoriale de 2010

A. Des conseillers territoriaux

À l'origine de la réforme, le Comité pour la réforme des collectivités, dit « comité Balladur », avait été chargé le 22 octobre 2008 par le président de la République d'élaborer des propositions afin de rationaliser l'organisation des collectivités territoriales en réduisant le « mille-feuille territorial » (cette expression désigne la multiplication des échelons d'administration territoriale, communes, intercommunalités, départements, régions, avec des chevauchements de compétences inefficaces et coûteux). Ce rapport préconisait, à terme, la disparition des départements au profit des régions et celle des communes au bénéfice des intercommunalités.

Ce rapport a inspiré pour une part la **loi n° 2010-1653 du 16 décembre 2010 de réforme des collectivités territoriales** qui, sans aller jusqu'à faire disparaître les communes ou les départements, visait à renforcer l'échelon intercommunal et à mieux articuler l'exercice des compétences départementales et régionales en remplaçant les conseillers généraux et les conseillers régionaux par un nouveau type d'élu local, le conseiller territorial qui devait siéger à la fois dans l'instance délibérante du département et dans celle de la région.

Ce pan de la réforme est demeuré inappliqué en raison de l'alternance politique de 2012 et de la nouvelle réforme mise en œuvre à compter de 2013.

B. Le renforcement de l'intercommunalité

La loi du 16 décembre 2010 a institué de nouveaux modes de regroupement volontaire des communes :

- Les **métropoles** visent à donner aux grandes agglomérations qui le souhaiteraient un statut de nature à assurer leur rayonnement à l'échelle européenne. Établissements publics de coopération intercommunale à fiscalité propre de plus de 500 000 habitants, les métropoles doivent bénéficier de transferts de compétences des départements et régions (développement économique, transports, éducation…), l'État pouvant leur confier de grands équipements et infrastructures.
- Les **pôles métropolitains** doivent permettre une coopération renforcée entre des EPCI à fiscalité propre formant un ensemble de plus de 300 000 habitants, dont

un EPCI de plus de 150 000 habitants, sans que la continuité territoriale entre les EPCI soit exigée. Ils ont pour objet des actions d'intérêt métropolitain en matière de développement économique, de promotion de l'innovation, de la recherche et de l'enseignement supérieur, de la culture, d'aménagement de l'espace, notamment par le développement des infrastructures et des services de transport, afin de promouvoir un modèle de développement durable et d'améliorer la compétitivité et l'attractivité de leur territoire, ainsi que l'aménagement de celui-ci.

■ Les **communes nouvelles** constituent un nouveau dispositif de fusion de communes, pouvant être créées au lieu et à la place de communes contiguës, à la demande des conseils municipaux des deux tiers des communes membres d'une communauté représentant les deux tiers de la population totale, à la demande d'un EPCI à fiscalité propre ou encore du préfet. La décision doit être prise par arrêté du préfet, soit après accord unanime des conseils municipaux, soit après accord de deux tiers des conseils municipaux représentant les deux tiers de la population et consultation des électeurs de chaque commune : plus de la moitié des électeurs inscrits doit y participer, l'accord devant correspondre à un nombre de voix au moins égal au quart des électeurs inscrits. Aucune commune ne peut ainsi être intégrée sans son accord au sein de la commune nouvelle.

NOTE DU FORMATEUR

À noter que la loi n° 2015-292 du 16 mars 2015 relative à l'amélioration de la commune nouvelle, pour des communes fortes et vivantes, a introduit des mesures financières incitatives à la création de communes nouvelles. La minoration de la dotation forfaitaire au titre de la contribution des communes au redressement des finances publiques ne s'applique pas à la dotation forfaitaire des communes nouvelles créées au plus tard le 1er janvier 2016 regroupant une population inférieure ou égale à 10 000 habitants ou toutes les communes membres d'un ou plusieurs EPCI à fiscalité propre. En outre, pour une durée de trois ans à compter du 1er janvier 2014, la dotation forfaitaire des communes nouvelles créées avant les élections municipales de mars 2014 n'est pas minorée. De plus, au cours des trois premières années suivant leur création, les communes nouvelles créées au plus tard le 1er janvier 2016 et regroupant entre 1 000 et 10 000 habitants voient leur dotation forfaitaire majorée de 5 %.

La loi du 16 novembre 2010 a également prévu la **possibilité pour des départements et des régions de fusionner**, une telle fusion requérant l'accord de toutes les assemblées concernées et de la population consultée par référendum.

Les dispositions de la loi du 16 décembre 2010 sur l'intercommunalité ont trouvé pleine application, avec l'objectif ambitieux de parvenir à une **couverture intégrale de l'ensemble du territoire par des intercommunalités au plus tard le 1er juin 2013**.

À cette fin, les préfets ont mené avec les élus locaux, dans chaque département, un travail d'élaboration de schémas de coopération intercommunale, qui devaient être achevés fin 2011 et mis en œuvre en 2012 et 2013, une commission départementale de coopération intercommunale (CDCI) pouvant amender les projets présentés par le préfet.

Depuis le 1er juin 2013, le préfet dispose du pouvoir d'intégrer d'office une commune isolée dans un établissement public de coopération intercommunale (EPCI) à fiscalité propre.

5. L'acte III de la décentralisation

A. L'évolution des modes d'élection

La **loi organique n° 2013-402 du 17 mai 2013** relative à l'élection des conseillers municipaux, des conseillers communautaires et des conseillers départementaux abroge l'institution des conseillers territoriaux et divise par deux le nombre de cantons, circonscription électorale dans le cadre de laquelle sont élus les conseillers généraux. Toutefois, les départements de plus de 500 000 habitants doivent compter au minimum 15 cantons.

Les conseils généraux sont rebaptisés « conseils départementaux » afin de rendre les institutions locales plus lisibles. Chaque département comptera un nombre impair de cantons afin de garantir l'émergence de majorités.

Afin de promouvoir la parité entre femmes et hommes en politique, les conseillers départementaux seront élus au scrutin binominal paritaire, un homme et une femme étant élus dans chaque canton et siégeant ensemble au conseil départemental. Cette réforme s'est appliquée pour la première fois à l'élection des conseils départementaux de mars 2015.

La durée du mandat des conseillers départementaux demeure fixée à 6 ans, mais le renouvellement par moitié de l'assemblée départementale tous les trois ans est aboli, les élections étant désormais organisées simultanément dans l'ensemble des cantons.

Pour les élections municipales, le scrutin de liste « mixte » majoritaire et proportionnel jusqu'alors en vigueur dans les communes de 3 500 habitants et plus est désormais appliqué à toutes les communes à partir de 1 000 habitants, ce qui permet à la fois de développer encore davantage la parité entre femmes et hommes et de mettre en œuvre dès ce niveau le « fléchage » des élus communautaires. Ainsi, à l'élection au suffrage indirect des membres des organes délibérants des institutions intercommunales, membres désignés en leur sein par les conseils municipaux, est substituée une élection directe par les électeurs de ceux des conseillers municipaux qui sont « fléchés » sur les listes municipales soumises aux suffrages. Cette réforme a pris effet aux élections municipales de mars 2014.

B. La loi MAPTAM du 27 janvier 2014, premier volet de la réforme des territoires

La loi n° 2014-58 du 27 janvier 2014 de modernisation de l'action publique territoriale et d'affirmation des métropoles (MAPTAM ou MAPAM) rétablit la clause de compétence générale pour les régions et départements que la loi du 16 décembre 2010 faisait disparaître à compter du 1er janvier 2015.

Les communes, les départements et les régions disposent en effet de la clause de compétence générale, les articles L. 2121-29, L. 3211-1 et L. 4221-1 du code général des collectivités territoriales (CGCT) prévoyant respectivement que le conseil municipal, le conseil départemental et le conseil régional règlent par leurs délibérations les affaires de la commune, du département et de la région.

« L'enjeu de la nouvelle étape de la décentralisation réside dans un approfondissement de la coopération entre les collectivités territoriales en vue d'une clarification de l'exercice des compétences. Si la coopération institutionnelle peut reposer sur des outils bien maîtrisés, à travers les structures intercommunales et les syndicats mixtes, la coopération matérielle, c'est-à-dire la coopération concernant l'exercice concret des compétences, souffre de dispositifs incomplets. Le projet de loi, à travers l'instauration du pacte de gouvernance territoriale, vise à remédier à ces difficultés en créant les conditions d'une véritable appropriation partenariale de l'exercice des compétences par les collectivités territoriales. » *(Étude d'impact du projet de modernisation de l'action publique territoriale et d'affirmation des métropoles)*

La loi MAPTAM entend clarifier les conditions d'exercice de certaines compétences des collectivités territoriales en instaurant des **chefs de file** :

- la région, pour l'aménagement et le développement durable du territoire, le développement économique, les aides aux entreprises, l'intermodalité et la complémentarité des modes de transport, le soutien à l'enseignement supérieur et à la recherche ;
- le département pour l'action sociale, le développement social, l'autonomie des personnes et la solidarité territoriale ;
- les communes pour la mobilité durable, l'organisation des services publics de proximité, l'aménagement de l'espace, le développement local.

Le tourisme demeure une compétence partagée entre communes, départements et régions.

Des conventions territoriales d'exercice concerté des compétences fixent les modalités d'action commune pour ces diverses compétences.

Le texte institue au niveau régional une **conférence territoriale de l'action publique**, qui établira un pacte de gouvernance territoriale. Elle sera présidée par le président du conseil régional et rassemblera les représentants de l'ensemble des exécutifs locaux – régions, départements, métropoles, agglomérations –, ainsi que des délégués de maires et de communautés de communes, et un représentant de l'État (le préfet).

La loi opère la fusion, au 1er janvier 2016, de six intercommunalités au sein de la **métropole d'Aix-Marseille-Provence** ; institue, à compter du 1er janvier 2015, la **métropole de Lyon**, dotée du statut de collectivité territoriale (fusion de la communauté urbaine de Lyon et de la partie urbaine du département du Rhône) ; crée un établissement public de coopération intercommunale à statut particulier dénommé **métropole du Grand Paris** à compter de 2016, regroupant la commune de Paris et l'ensemble des communes des trois départements de petite couronne et les communes franciliennes appartenant à un EPCI comprenant au moins une commune de la petite couronne. La loi ne prévoit pas « la suppression des trois départements de la petite couronne », a affirmé le Premier ministre, mais « la fusion des intercommunalités de la petite couronne au sein d'une superstructure intégrant également le territoire de la Ville de Paris » ». Cette métropole est compétente en matière d'habitat, d'environnement, d'aménagement et de politique de la ville, les transports continuant à relever de la région Ile-de-France. Des conseils de territoires prennent en charge les services de proximité.

La loi prévoit **l'élection au suffrage universel direct à partir de 2020 des conseillers communautaires des métropoles.**

Dans le monde rural sont institués des **pôles d'équilibre et de coordination territoriaux** (PECT), établissements publics (syndicats mixtes) constitués par accord entre plusieurs EPCI à fiscalité propre au sein d'un périmètre d'un seul tenant et sans enclave, correspondant à un bassin de vie ou à un bassin de population. Dans les dix-huit mois suivant sa mise en place, le PECT élabore un projet de territoire définissant les conditions d'un développement économique, écologique, culturel et social du périmètre du pôle.

Des **métropoles de droit commun** sont créées par décret (Toulouse, Lille, Bordeaux, Nantes, Strasbourg, Rennes, Rouen, Grenoble, Nice ; Montpellier et Brest pourront obtenir le même statut pour leur EPCI), se substituant aux intercommunalités existantes avec des compétences étendues (développement économique, tourisme, transports, habitat, environnement, eau, etc.).

Sont automatiquement transformées en métropoles les intercommunalités de plus de 400 000 habitants si elles se situent au centre d'une aire urbaine de plus de 650 000 habitants, ou sont des capitales régionales.

Toutes les métropoles sont dotées de compétences très larges, au-delà des compétences communales traditionnelles, le département ou la région pouvant en outre leur transférer l'exercice de certaines de leurs compétences.

Enfin, le **pays** se transforme en **pôle d'équilibre territorial et rural**, établissement public constitué par accord entre plusieurs EPCI à fiscalité propre, au sein d'un périmètre d'un seul tenant et sans enclave. Géré par une conférence des maires, il élabore un projet de territoire pour les EPCI qui le composent et en partenariat avec eux.

C. La loi du 16 janvier 2015, deuxième volet

La loi relative à la délimitation des régions, aux élections régionales et départementales et modifiant le calendrier électoral du 16 janvier 2015 abaisse de vingt-deux à **treize** le nombre de régions métropolitaines. Cette réforme entend remplacer le modèle d'une France essentiellement constituée depuis deux siècles de communes et de départements par une France constituée de régions renforcées, de métropoles (loi MAPTAM du 27 janvier 2014) et d'intercommunalités élargies.

D. La loi du 7 août 2015 portant nouvelle organisation territoriale de la République du (loi NOTRe), troisième volet de la réforme territoriale

Cette loi supprime la clause générale de compétence des départements et des régions. Elle accorde aux régions un pouvoir réglementaire, en disposant qu'« un conseil régional ou, par délibérations concordantes, plusieurs conseils régionaux peuvent présenter des propositions tendant à modifier ou à adapter des dispositions législatives ou réglementaires, en vigueur ou en cours d'élaboration, concernant les compétences, l'organisation et le fonctionnement d'une, de plusieurs ou de l'ensemble des régions ».

Les 13 grandes régions créées en métropole ont compétence sur le développement économique, l'aménagement du territoire, la formation professionnelle, la gestion des lycées et les transports, y compris les transports scolaires. Elles pourront jouer un rôle de coordination en matière d'emploi : (« la région participe à la coordination des acteurs du service public de l'emploi sur son territoire » ; « les départements, les communes et leurs groupements peuvent concourir au service public de l'emploi ») et en matière d'environnement.

En matière de développement économique, les régions seront notamment responsables de la politique de soutien aux petites et moyennes entreprises et aux entreprises de taille intermédiaire. Elles devront présenter un schéma régional de développement économique, d'innovation et d'internationalisation (SRDEII) qui fixera les orientations régionales pour une durée de cinq ans.

S'agissant de l'aménagement durable du territoire, les régions rédigeront un schéma régional d'aménagement durable et d'égalité des territoires (SRADDET) dans lequel figureront les orientations stratégiques en matière d'aménagement du territoire, mobilité, lutte contre la pollution de l'air, maîtrise et valorisation de l'énergie, logement et gestion des déchets.

Il est également prévu que les compétences des départements en matière de transports routiers non urbains soient transférées à la région dix-huit mois après la promulgation de la loi. Les services de transport routier départementaux et les transports scolaires seront confiés à la région. Il sera néanmoins possible aux régions de déléguer leur compétence en matière de transport scolaire aux départements. La voirie départementale demeure compétence du département.

La gestion des collèges reste de la compétence du département. Il demeure également responsable des compétences de solidarité.

La loi prévoit des transferts et délégations de compétences des départements aux métropoles (aides au titre du fonds de solidarité pour le logement, action sociale, programme départemental d'insertion, aides aux jeunes en difficulté, prévention spécialisée, personnes âgées, tourisme, collèges, routes départementales).

La culture, les sports, le tourisme, l'éducation populaire et les langues régionales relèveront à la fois des régions et des départements. Les ports pourront relever, selon les cas, d'un type ou d'un autre de collectivité territoriale.

Par ailleurs, la loi vise à renforcer les intercommunalités. Les intercommunalités à fiscalité propre passeront de 5 000 à 15 000 habitants et seront organisées autour de bassins de vie. Des dérogations pour les zones de montagne et les territoires peu denses seront possibles avec un seuil minimal à 5 000 habitants. En outre, les intercommunalités de 12 000 habitants au moins récemment constituées pourront être maintenues. Elles seront obligatoirement chargées de la collecte et du traitement des déchets, de la promotion touristique, des aires d'accueil des gens du voyage, et, à partir du 1er janvier 2020, de l'eau et de l'assainissement. Les autres compétences se répartiront avec les communes.

La métropole du Grand Paris (MGP), créée comme les autres métropoles par la loi MAPTAM, voit formellement le jour au 1er janvier 2016, mais ne se voit attribuer l'essentiel de ses compétences qu'un an plus tard, début 2017.

À compter du 1er janvier 2018, la collectivité de Corse devient une collectivité à statut particulier en lieu et place de la collectivité territoriale de Corse et des départements de Corse-du-Sud et de Haute-Corse.

Enfin, **la loi NOTRe** abaisse de 3 500 habitants à 1 000 habitants le seuil de population des communes au sein desquelles l'opposition municipale peut disposer d'une tribune dans le bulletin municipal ou dans les moyens d'information municipale. Désormais, dans les communes de 1 000 habitants et plus, lorsque des informations générales sur les réalisations et sur la gestion du conseil municipal sont diffusées par la commune, un espace est réservé à l'expression des conseillers élus sur une autre liste que celle ayant obtenu le plus de voix lors du dernier renouvellement du conseil municipal ou ayant déclaré ne pas appartenir à la majorité municipale. Les modalités d'application de cette mesure sont définies par le règlement du conseil municipal. Cet abaissement de seuil n'est entré en vigueur qu'à compter du renouvellement général des conseils municipaux de 2020.

E. La loi du 27 décembre 2019 relative à l'engagement dans la vie locale et à la proximité de l'action publique

Elle porte principalement sur les petites communes : elle renforce les pouvoirs des maires au sein des intercommunalités, notamment au moyen d'un pacte de gouvernance réglant les relations entre les intercommunalités et les maires. Elle renforce les pouvoirs de police du maire pour les infractions simples. Elle encourage l'engagement dans la vie publique locale, notamment en aidant les petites communes à financer la formation des élus, en généralisant la protection fonctionnelle des maires, en ouvrant aux collectivités territoriales la possibilité de demander aux préfets des « conseils de légalité » permettant de prévenir les déférés préfectoraux, en augmentant le niveau des indemnités versées aux maires des communes de moins de 3 500 habitants.

2. Le service public, grands principes, principaux modes de gestion

1. Définition et grands principes du service public

A. Définition

Une activité constitue un service public quand elle est assurée ou assumée par une personne publique en vue d'un intérêt public. C'est une activité d'intérêt général gérée par une personne publique ou sous son contrôle par une personne privée, soumise, à des degrés variables suivant les catégories de services, au droit administratif.

B. Grands principes

Le service public obéit aux « lois de Rolland », du nom du juriste Louis Rolland qui les a systématisées dans les années 1930.

Premier principe : la **continuité**. Un service public doit fonctionner de manière continue et régulière, sans autres interruptions que celles prévues par la réglementation. Ce principe a une valeur constitutionnelle. Corollaire de ce principe, l'**adaptabilité** ou **mutabilité** : afin de continuer à poursuivre l'intérêt général, le service public doit s'adapter aux mutations techniques et à l'évolution de la demande sociale. Cette nécessité d'adaptation fonde l'administration à modifier unilatéralement le service public pour répondre à l'évolution de l'intérêt général.

Le principe d'**égalité** impose que tous les usagers, à situation égale, bénéficient des mêmes prestations. Toute discrimination est donc exclue dans l'accès au service comme dans l'usage du service. Les différences de traitement sont possibles dans le respect de la loi et pour des motifs d'intérêt général, sous réserve de ne pas être arbitraires ou discriminatoires.

La **neutralité** signifie que le service public doit être sous-tendu par l'intérêt général sans être influencé par les intérêts privés. Elle interdit à tous les agents des services publics d'exprimer leurs opinions politiques ou religieuses dans l'exercice de leurs missions. En découle le principe de l'égal accès aux emplois publics.

La **laïcité** est inscrite tant dans le préambule de la Constitution de 1946 que dans la Constitution du 4 octobre 1958 : l'article 1er du titre premier du préambule de la Constitution de 1946 fixe en effet que « la France est une République indivisible, laïque, démocratique et sociale ». La Constitution de 1946 précise également que « l'organisation de l'enseignement public, gratuit et laïque à tous les degrés, est un devoir de l'État ». Ces termes sont repris et complétés par l'article 1 de la Constitution du 4 octobre 1958 : « La France est une République indivisible, laïque, démocratique et sociale. Elle assure l'égalité devant la loi de tous les citoyens sans distinction d'origine, de race ou de religion. Elle respecte toutes les croyances. [...] ».

La jurisprudence a également affirmé d'autres principes comme l'obligation de fonctionnement correct des services publics.

2. Les modes de gestion des services publics

A. Les marchés publics

Les marchés publics permettent à l'administration de recourir à une personne publique ou privée pour répondre à ses besoins en matière de travaux, de fournitures ou de services, nécessaires à l'exécution d'un service public, en échange d'un prix qu'elle acquitte.

Ce sont des contrats conclus par l'État et ses établissements publics administratifs (ceux à caractère industriel et commercial en sont exclus) ou les collectivités territoriales et les établissements publics locaux.

Il existe plusieurs types de marchés publics : les marchés de travaux publics pour la construction de bâtiments publics, les marchés de fourniture nécessaire au fonctionnement de l'administration (ex. : papier, équipements divers), les marchés de services pour la réalisation de prestations (ex. : nettoyage de locaux administratifs).

B. Les délégations de service public

La loi n° 2001-1168 du 11 décembre 2001 portant mesures urgentes de réformes à caractère économique et financier définit comme suit la délégation de service public.

Son article 3 dispose « qu'une délégation de service public est un contrat par lequel une personne morale de droit public confie la gestion d'un service public dont elle a la responsabilité à un délégataire public ou privé, dont la rémunération est substantiellement liée aux résultats de l'exploitation du service. Le délégataire peut être chargé de construire des ouvrages ou d'acquérir des biens nécessaires au service ».

Par convention, une personne morale de droit public confie ainsi pour une durée limitée à une personne publique – une autre administration publique ou privée – qui peut être un particulier ou une entreprise –, la gestion d'un service public dont elle a la responsabilité. Ce mode de gestion de services publics est aujourd'hui répandu tant pour ceux qui relèvent de l'autorité de l'État que des collectivités territoriales.

Le bénéficiaire de la DSP (délégataire) peut être chargé de construire des ouvrages ou d'acquérir des biens nécessaires au service. Contrairement aux marchés, le délégataire n'est pas rémunéré par un prix versé par l'administration (le déléguant), mais par les recettes d'exploitation du service.

L'expression « délégation de service public » est apparue dans la **loi « Sapin » du 29 janvier 1993**. Elle regroupe plusieurs procédés qui existaient déjà auparavant et qui constituent aujourd'hui les différents types de DSP :

- **La concession de travaux publics** avec service public pour la construction d'un ouvrage (ex. : autoroutes, ponts à péage), la **concession de service public** (non liée à la construction d'un ouvrage public).

La concession est un mode de gestion dans lequel l'entreprise finance, réalise et exploite les équipements pour le compte de la collectivité. La concession fait l'objet d'un contrat qui fixe les modalités d'exécution du service et les tarifs applicables. Le contrat établit notamment la nature des ouvrages ; délai d'exécution ; modalités d'exploitation du service ; respect des normes de qualité.

- **L'affermage** (gestion de structures déjà réalisées).

C'est une convention par laquelle une personne publique confie la gestion d'un service public à une personne publique ou privée (le fermier), qui se voit remettre pour la durée du contrat, les ouvrages nécessaires à l'exploitation du service, moyennant le versement d'une contrepartie, prélevée sur les ressources tirées de l'exploitation du service. L'entreprise (ou le fermier) exploite et entretient le réseau, mais la collectivité décide et finance les investissements et reste propriétaire des équipements. Les opérations de recettes et de dépenses effectuées par la commune doivent être décrites dans un budget annexe qui retrace également les opérations financières effectuées avec l'entreprise (ou fermier).

- **La régie intéressée**

Le régisseur n'a pas la propriété de l'installation, il est rémunéré par la collectivité en fonction des résultats, par le biais d'une prime de gestion ou d'une participation aux bénéfices.

La loi Sapin, parmi de nombreuses autres dispositions, a eu pour objet et pour effet d'instaurer une procédure contraignante de publicité explicite visant à organiser une mise en concurrence réelle avant l'attribution de la délégation de service public à un tiers par rapport à l'autorité délégante.

Elle n'a pas modifié le caractère *intuitu personnae* des contrats de délégation de service public, selon lequel l'autorité délégante attribue la délégation : le cocontractant est toujours choisi en fonction de ses qualités propres qui sont jugées selon leur adéquation par rapport au cahier des charges de la délégation.

C. Le partenariat public-privé

Le partenariat public-privé (PPP) est un mode de financement par lequel une autorité publique fait appel à des prestataires privés pour financer et gérer un équipement assurant ou contribuant au service public. Le partenaire privé reçoit en contrepartie un paiement du partenaire public et/ou des usagers du service qu'il gère.

La loi d'orientation et de programmation pour la sécurité intérieure du 29 août 2002 a relancé ce mode contractuel en autorisant l'État à confier au secteur privé la construction et la maintenance d'immeubles utilisés par la police, la gendarmerie et la défense nationale. La justice et le secteur hospitalier ont suivi avant que ce régime fasse l'objet d'un régime général à travers **les contrats de partenariat public-privé** institués par une ordonnance du 17 juin 2004.

Il s'agit de contrats administratifs par lesquels la personne publique peut confier à une entreprise une mission globale relative :

– au financement d'investissements immatériels, d'ouvrages ou d'équipements nécessaires au service public ;

– à la construction et à la transformation des ouvrages ou équipements ;

– à leur entretien, leur maintenance, leur exploitation ou leur gestion ;
– le cas échéant, à d'autres prestations de service concourant à l'exercice par la personne publique de la mission de service public dont elle est chargée.

De manière facultative, tout ou une partie de la conception peut être confiée au partenaire privé.

Le contrat de partenariat se conclut pour une période longue, généralement **entre 20 et 30 ans**, déterminée en fonction de la durée d'amortissement des investissements ou des modalités de financement retenues.

Les contrats de partenariat présentent des modalités de rémunération originales puisque ces dernières peuvent :
– être étalées sur la durée du contrat ;
– être liées à des objectifs de performances ou de disponibilité du bien/service ;
– intégrer des recettes annexes.

Une décision du Conseil constitutionnel du 26 juin 2003, précise que le **projet concerné doit présenter un caractère d'urgence et ou de complexité** qui justifie le recours à un partenaire privé.

En outre, l'ordonnance du 17 juin 2004 en son article 2 a prévu que les contrats de partenariat soient conclus pour la réalisation de projets pour lesquels une évaluation réalisée par la personne publique démontre que le contrat de partenariat offre une solution alternative moins coûteuse et/ou plus avantageuse. Cette évaluation préalable ou analyse comparative a pour objectif de comparer le coût global pour la personne publique en maîtrise d'ouvrage et en contrat de partenariat, afin de déterminer l'alternative présentant le meilleur couple coût/risque pour la personne publique.

Une loi du 28 juillet 2008 a précisé les critères posés par l'ordonnance de 2004 : l'**efficience** justifiant le recours au partenariat s'apprécie en examinant si le contrat de partenariat offre une solution alternative moins coûteuse et/ou plus avantageuse en termes de coût global, de partage des risques (économiques et juridiques) et de performance (par exemple énergétique).

3. Les grands axes du système juridictionnel français

Le principe de séparation des pouvoirs, affirmé par Montesquieu, repose sur trois pouvoirs distincts dont l'équilibre permet un bon gouvernement. À côté du pouvoir législatif, distincts du pouvoir exécutif, les tribunaux participent au gouvernement de la nation au sein de laquelle ils constituent le pouvoir judiciaire. La codification du droit depuis la Révolution française affaiblit le rôle du juge comme créateur du droit ; la multiplication des juridictions, l'évolution du rôle de l'État contribuent également à la péremption de l'idée d'un pouvoir autonome : la Constitution de 1958 prend acte de cette évolution en ne parlant que de « l'autorité judiciaire » et non du pouvoir judiciaire. Cependant, l'existence d'un véritable pouvoir judiciaire, indépendant par rapport aux autres pouvoirs publics, est la condition nécessaire pour que l'État lui-même soit soumis au droit.

On distingue **deux ordres de juridiction, l'ordre judiciaire** et **l'ordre administratif** en application de la tradition française, dans laquelle la justice est composée de deux systèmes autonomes comprenant chacun leur propre hiérarchie, leur propre organisation de la magistrature et leur propre Cour suprême, au nom d'une interprétation extensive de la séparation des pouvoirs.

1. Les juridictions judiciaires

Elles comprennent deux types de juridictions, organiquement identiques pour les juridictions de droit commun (même siège, même personnel), mais aux fonctions différentes :

- **Les juridictions civiles**, composées de juridictions de droit commun qui jugent les litiges entre particuliers mettant en jeu l'application du droit civil (tribunaux judiciaires, ex-tribunaux d'instance ou de grande instance) et de juridictions d'exception qui ne connaissent que des matières dans lesquelles un texte leur attribue expressément compétence (tribunaux de commerce, conseil de prud'hommes, tribunaux paritaires des baux ruraux, tribunaux des affaires de la sécurité sociale). Les juridictions civiles les plus connues étaient évidemment le tribunal d'instance et le tribunal de grande instance, qui ont fusionné et sont devenus les tribunaux judiciaires, le 1er janvier 2020.

Le tribunal d'instance était une juridiction composée de magistrats professionnels, qui statuait à juge unique. Il exerçait une compétence exclusive dans certains domaines, comme l'injonction de payer. Sa compétence générale était partagée avec le tribunal de grande instance en fonction de l'importance de l'affaire : les petites affaires civiles (de 4000 à 10000 euros) étaient de sa compétence. On comptait un tribunal d'instance par arrondissement.

Le tribunal de grande instance était une juridiction collégiale composée de magistrats professionnels : les jugements étaient rendus par un président et deux juges. Il jugeait des affaires civiles portant sur des sommes supérieures à 10 000 euros ou qui n'étaient pas de la compétence d'autres juridictions. Il exerçait une compétence exclusive en matière d'état des personnes (état civil, droit de la famille), de protection de l'enfant, de propriété immobilière. Siège d'un parquet, il comprenait au moins un juge des enfants, un juge aux affaires familiales, un juge de l'expropriation, un juge de l'exécution des décisions civiles. Le président ou un juge désigné par lui faisait office de juge des référés. On comptait au moins un tribunal de grande instance par département.

La juridiction de proximité a été créée par la loi d'orientation et de programmation sur la justice du 9 septembre 2002, afin de désengorger les tribunaux d'instance.

Le juge de proximité, praticien du droit recruté dans la société civile, était compétent en matière pénale pour les contraventions des quatre premières classes et en matière civile pour les affaires portant sur un montant inférieur à 4 000 euros.

Les juges de proximité n'existent plus depuis le 1er juillet 2017, remplacés par des magistrats exerçant à titre temporaire, pouvant siéger comme juges au tribunal de grande instance et au tribunal de police ou comme assesseurs au tribunal de grande instance. Les litiges de moins de 4 000 euros relèvent désormais tous de la compétence du tribunal d'instance.

■ **Les juridictions pénales**, composées de magistrats appartenant aux mêmes corps, sanctionnent les auteurs de contraventions (tribunaux de police. Contravention : amende inférieure ou égale à 3 000 euros), de délits (tribunaux correctionnels) ou de crimes (cours d'assises : le nombre de non-professionnels, neuf citoyens tirés au sort, est supérieur au nombre de magistrats [3 juges] au sein du jury).

Les cours d'assises se réunissent périodiquement dans chaque département.

La loi du 23 mars 2019 de programmation 2018-2022 et de réforme pour la justice regroupe à compter du 1er janvier 2020 les tribunaux d'instance et les tribunaux de grande instance situés sur une même commune en une nouvelle juridiction : les « tribunaux judiciaires ». Les tribunaux d'instance situés dans une commune différente des tribunaux de grande instance deviennent des chambres de proximité du tribunal judiciaire, appelées tribunaux de proximité. La loi prévoit que les juges d'instance seront renommés, s'ils le souhaitent, dans les nouvelles fonctions statutaires de juge des contentieux de la protection, magistrats spécialisés dans les problématiques liées aux vulnérabilités économiques et sociales (tutelle des majeurs, surendettement, contentieux des crédits à la consommation et des baux d'habitation).

En outre, la loi du 23 mars 2019 instaure l'expérimentation dans dix départements de **cours criminelles** siégeant en cour d'assises, composées de cinq magistrats professionnels, compétentes pour juger en première instance les crimes punis de quinze ou vingt ans de réclusion par des majeurs, sans récidive.

2. Les juridictions administratives

Les juridictions administratives sont des tribunaux à part entière, distincts des tribunaux judiciaires, qui jugent les litiges nés de l'action administrative.

Saisi d'un recours pour excès de pouvoir, le juge administratif est compétent pour annuler une décision administrative après en avoir constaté l'illégalité. Dans certains domaines, le juge administratif dispose du pouvoir de plein contentieux (également baptisé « de pleine juridiction ») qui lui permet de substituer sa propre décision à celle de l'administration et de condamner celle-ci à indemniser des victimes sur le fondement de la faute ou du risque.

Juridiction suprême de l'ordre administratif, le **Conseil d'État** est juge de cassation des décisions des cours administratives d'appel ou des tribunaux administratifs lorsqu'ils jugent en premier et dernier ressort. Il est aussi juge d'appel (par exemple des élections municipales et cantonales), mais cette activité a fortement décru depuis l'institution des cours administratives d'appel.

Il est enfin juge de premier et dernier ressort pour certains actes administratifs (recours contre des décrets, par exemple).

Les membres du Conseil d'État sont pour l'essentiel recrutés par la voie de l'École nationale d'administration (ENA). Une partie d'entre eux est recrutée au tour extérieur, par nomination du gouvernement. Ils sont inamovibles.

Les **cours administratives d'appel** ont été instituées par la loi du 31 décembre 1987 pour désencombrer le Conseil d'État : elles constituent les juges d'appel de droit commun de l'ordre administratif.

Les **tribunaux administratifs**, créés en 1953, sont les juges administratifs de droit commun en premier ressort.

Les membres des tribunaux administratifs et des cours administratives d'appel sont des fonctionnaires recrutés par concours, inamovibles, comme les membres du Conseil d'État.

4. Quelques notions sur les normes juridiques et leur hiérarchie

1. La hiérarchie des normes

Les normes juridiques constituent entre elles un ordre cohérent, les plus détaillées viennent préciser les plus générales sans les contredire, aucune norme ne pouvant transgresser celles qui lui sont supérieures. Une décision administrative doit ainsi respecter les lois, les traités internationaux et la Constitution.

2. Les différentes normes juridiques

A. La Constitution et le « bloc de constitutionnalité »

La Constitution est, dans l'ordre juridique français, la norme suprême, également baptisée « loi fondamentale ». La supériorité de la Constitution sur tout traité ou engagement international explique que, lorsque la France signe un traité ou souscrit à un engagement international comportant des dispositions contraires à la Constitution, celle-ci doit être révisée pour que le traité produise ses effets en droit interne.

Les lois doivent être conformes à la Constitution et le Conseil constitutionnel est chargé de le vérifier, pour chaque loi qui lui est déférée.

Le « bloc de constitutionnalité », outre la Constitution, comprend la Déclaration des droits de l'homme et du citoyen de 1789 (décision du Conseil constitutionnel du 27 décembre 1973), le préambule de la Constitution de 1946, les principes à valeur constitutionnelle et les principes fondamentaux reconnus par les lois de la République et solennellement réaffirmés par le préambule de la Constitution de 1958 (décision du Conseil constitutionnel du 16 juillet 1971).

B. Les traités et accords internationaux

La France a signé de nombreux traités et accords internationaux pour la plupart soumis au Parlement en vue d'autoriser par voie législative leur ratification ou leur approbation.

Le droit communautaire s'insère de manière aujourd'hui déterminante dans l'ordre juridique national, notamment depuis l'entrée en vigueur, en 1987, de l'Acte unique européen achevant l'intégration du marché intérieur. L'article 55 de la Constitution précise que les traités et accords ont, sous certaines conditions, une autorité supérieure à celle des lois.

C. La loi organique

Adoptée selon une procédure spécifique et précisant les modalités d'organisation et de fonctionnement des pouvoirs publics dans les cas prévus par la Constitution, la loi organique est située dans la hiérarchie des normes entre la Constitution et la loi ordinaire.

Ainsi, les lois de finances annuelles doivent notamment respecter les dispositions de la loi organique relative aux lois de finances (LOLF) du 1er août 2001.

D. La loi

À l'exception des lois référendaires (adoptées par référendum), la loi est votée par le Parlement. Mais, contrairement aux Constitutions de la IIIe et de la IVe République, la Constitution de 1958 limite strictement, par son article 34, le domaine de la loi et donc le champ de compétence du Parlement.

E. L'acte administratif réglementaire

L'acte administratif peut être réglementaire ou individuel : réglementaire, il s'applique à tous. Des décrets, des arrêtés sont ainsi édictés unilatéralement par le pouvoir exécutif. Individuel, il concerne nommément une ou plusieurs personnes.

Le gouvernement dispose à la fois d'un pouvoir réglementaire d'application de la loi, mais aussi d'un pouvoir réglementaire autonome dans les domaines qui ne relèvent pas constitutionnellement de la loi.

Les règlements sont supérieurs aux actes individuels émanant de la même autorité administrative. Les règlements autonomes sont subordonnés à la Constitution et aux traités alors que les actes administratifs appliquant les lois doivent, par définition, être directement subordonnés à la loi.

Les juridictions administratives (Conseil d'État, cours administratives d'appel et tribunaux administratifs) sont chargées de faire respecter le principe de légalité, c'est-à-dire de veiller au respect des normes de référence supérieures par les actes administratifs.

Les décisions administratives réglementaires ou individuelles, prises par le Premier ministre ou par un simple fonctionnaire, doivent toujours respecter toutes les normes supérieures : les lois, les traités, la Constitution.

5. La responsabilité administrative

La tradition a longtemps été celle de l'impossibilité de rechercher la responsabilité de l'administration, afin d'empêcher que la poursuite de l'intérêt général ne soit entravée par l'action judiciaire.

Cette tradition a évolué avec l'arrêt Blanco (1873), qui reconnaît que l'administration peut voir sa responsabilité engagée en cas de dommage aux usagers du service public ou aux tiers, cette responsabilité ne pouvant être mise en cause devant les juridictions civiles, mais seulement devant les juridictions administratives.

La responsabilité administrative n'a ainsi pu pendant des décennies être engagée que pour faute lourde de l'administration, le juge administratif se refusant en outre à prendre en compte le *pretium doloris* (le prix de la douleur) et n'indemnisant pas le dommage moral ; en outre, les indemnités demeuraient très peu élevées.

La jurisprudence a cependant peu à peu évolué, d'abord en admettant la réparation du préjudice moral (arrêt Letisserand, Conseil d'État, 1961), puis en abandonnant la faute lourde pour la faute simple, notamment en matière médicale.

Ainsi, la faute de service donne droit à réparation pour faute simple, la faute lourde demeurant requise pour que soit engagée la responsabilité de services en raison de difficultés réelles à exercer la mission de service public.

Le juge a également développé la théorie de la **responsabilité sans faute**, qui permet l'indemnisation de la victime dès lors qu'il y a dommage (par exemple du fait d'un ouvrage public) même sans faute. Dans ce cas, la victime doit seulement prouver le préjudice subi.

La responsabilité sans faute a peu à peu été étendue par la jurisprudence : la création par l'administration d'un risque particulier, une rupture d'égalité entre administrés, un préjudice causé « par un acte légalement fait », certains dommages causés par des ouvrages ou des travaux publics… peuvent entraîner la responsabilité sans faute de l'administration.

Que la responsabilité soit engagée pour faute ou sans faute, il faut un dommage, un préjudice, et un lien de causalité entre le dommage et le préjudice. Si le dommage est causé par une faute personnelle d'un agent public, celui-ci pourra être attaqué devant le juge judiciaire. En revanche, si une **faute de service** est à l'origine du dommage, c'est le juge administratif qui est compétent. La difficulté pour les victimes de savoir quel juge saisir a conduit les juges à admettre que les victimes attaquent l'administration devant le juge administratif, celle-ci pouvant, en cas de faute personnelle d'un de ses agents, se retourner contre lui (action dite « récursoire ») pour obtenir remboursement de tout ou partie des indemnités qu'elle aura versées à la victime du dommage.

Une **faute de service** est le résultat d'un service qui fonctionne mal, ou fonctionne tardivement ou ne fonctionne pas du tout. S'agissant d'une responsabilité pour faute, la victime doit démontrer la faute, mais, dans la réalité, le juge demande souvent à l'administration de démontrer qu'il n'y a pas eu faute.

6. Les principales compétences des collectivités territoriales

1. Les fondements de la répartition des compétences

A. Compétence générale et compétence d'attribution

La collectivité territoriale qui bénéficie de la **clause générale de compétence** dispose d'une capacité d'intervention générale, sans qu'il soit nécessaire que la loi procède à une énumération de ses attributions : ce n'est plus désormais le cas que de **la commune**.

La **loi n° 215-991 du 7 août 2015 portant nouvelle organisation territoriale de la République (NOTRe)** a en effet supprimé cette clause générale de compétence pour les régions et les départements.

Ainsi, le Code général des collectivités territoriales (CGCT) fixe :

– article L. 2121-29 : « Le **conseil municipal** règle par ses délibérations **les affaires de la commune.** »

– article L. 3211-1 : « Le **conseil départemental** règle par ses délibérations les affaires du département dans les domaines de compétences que la loi lui attribue.

Il est compétent pour mettre en œuvre toute **aide ou action relative à la prévention ou à la prise en charge des situations de fragilité**, au **développement social**, à l'**accueil des jeunes enfants** et à l'**autonomie des personnes**. Il est également compétent pour **faciliter l'accès aux droits et aux services** des publics dont il a la charge.

Il a compétence pour **promouvoir les solidarités et la cohésion territoriale** sur le territoire départemental, dans le respect de l'intégrité, de l'autonomie et des attributions des régions et des communes. »

– article L. 4221-1 : « Le **conseil régional** règle par ses délibérations les affaires de la région dans les domaines de compétences que la loi lui attribue.

Il a compétence pour promouvoir le développement économique, social, sanitaire, culturel et scientifique de la région, le soutien à l'accès au logement et à l'amélioration de l'habitat, le soutien à la politique de la ville et à la rénovation urbaine et le soutien aux politiques d'éducation et l'aménagement et l'égalité de ses territoires, ainsi que pour assurer la **préservation de son identité** et la promotion des langues régionales, dans le respect de l'intégrité, de l'autonomie et des attributions des départements et des communes.

Il peut engager des actions complémentaires de celles de l'État, des autres collectivités territoriales et des établissements publics situés dans la région, dans les domaines et les conditions fixés par les lois déterminant la répartition des compétences entre l'État, les communes, les départements et les régions. »

En outre, l'article L. 1111-4 du CGCT dispose que « les **compétences en matière de culture, de sport, de tourisme, de promotion des langues régionales et d'éducation populaire sont partagées** entre les communes, les départements, les régions et les collectivités à statut particulier ».

B. Les collectivités « chefs de file »

La loi n° 2014-58 du 27 janvier 2014 de modernisation de l'action publique territoriale et d'affirmation des métropoles (MAPTAM) attribue aux collectivités territoriales, par son article 3, des missions de « chef de file ».

Cette mission a été introduite dans la Constitution du 4 octobre 1958 par une réforme constitutionnelle de 2003 (loi constitutionnelle n° 2003-276 du 28 mars 2003 relative à l'organisation décentralisée de la République).

L'article 72 de la Constitution fixe désormais qu'« aucune collectivité territoriale ne peut exercer une tutelle sur une autre. Cependant, **lorsque l'exercice d'une compétence nécessite le concours de plusieurs collectivités territoriales, la loi peut autoriser l'une d'entre elles ou un de leurs groupements à organiser les modalités de leur action commune** ».

Ainsi :

– la **commune** ou l'établissement public de coopération intercommunale à fiscalité propre auquel elle a transféré ses compétences est chargé d'organiser, en qualité de chef de file, les modalités de l'action commune des collectivités territoriales et de leurs établissements publics pour l'exercice des compétences relatives :

- 1° à la mobilité durable,
- 2° à l'organisation des services publics de proximité,
- 3° à l'aménagement de l'espace,
- 4° au développement local ;

– le **département** est chargé d'organiser, en qualité de chef de file, les modalités de l'action commune des collectivités territoriales et de leurs établissements publics pour l'exercice des compétences relatives à :

- 1° l'action sociale, le développement social et la contribution à la résorption de la précarité énergétique,
- 2° l'autonomie des personnes,
- 3° la solidarité des territoires.

Il est consulté par la région en préalable à l'élaboration du contrat de plan conclu entre l'État et la région en application de la loi n° 82-653 du 29 juillet 1982 portant réforme de la planification afin de tenir compte des spécificités de son territoire ;

– la **région** est chargée d'organiser, en qualité de chef de file, les modalités de l'action commune des collectivités territoriales et de leurs établissements publics pour l'exercice des compétences relatives :

- 1° à l'aménagement et au développement durable du territoire,
- 2° à la protection de la biodiversité,
- 3° au climat, à la qualité de l'air et à l'énergie,
- 4° au développement économique,

- 5° au soutien de l'innovation,
- 6° à l'internationalisation des entreprises,
- 7° à l'intermodalité et à la complémentarité entre les modes de transports,
- 8° au soutien à l'enseignement supérieur et à la recherche.

C. L'exercice concerté des compétences

La loi n° 2014-58 du 27 janvier 2014 de modernisation de l'action publique territoriale et d'affirmation des métropoles (MAPTAM) institue, par son article 4, une « conférence territoriale de l'action publique » :

« Dans chaque région, la **conférence territoriale de l'action publique** est chargée de favoriser un exercice concerté des compétences des collectivités territoriales, de leurs groupements et de leurs établissements publics.

La conférence territoriale de l'action publique peut débattre et rendre des avis sur tous les sujets relatifs à l'exercice de compétences et à la conduite de politiques publiques nécessitant une coordination ou une délégation de compétences entre les collectivités territoriales et leurs groupements. »

Cette conférence territoriale de l'action publique, **présidée par le président du conseil régional**, a essentiellement pour **membres** :

- le président du conseil régional ;
- les présidents des conseils départementaux ;
- les présidents des établissements publics de coopération intercommunale à fiscalité propre de plus de 30 000 habitants ayant leur siège sur le territoire de la région ;
- un représentant élu des établissements publics de coopération intercommunale à fiscalité propre de moins de 30 000 habitants ayant leur siège sur le territoire de chaque département – un représentant élu des communes de plus de 30 000 habitants de chaque département ;
- un représentant élu des communes comprenant entre 3 500 et 30 000 habitants de chaque département ;
- un représentant élu des communes de moins de 3 500 habitants de chaque département.

La conférence territoriale de l'action publique organise librement ses travaux, au travers de commissions thématiques, et leur publicité dans le cadre de son règlement intérieur. Elle débat des projets visant à coordonner les interventions des personnes publiques, qui lui sont présentés par les collectivités territoriales ou les établissements publics de coopération intercommunale à fiscalité propre.

Elle examine les projets de **conventions territoriales d'exercice concerté d'une compétence** qui fixent les objectifs de rationalisation et les modalités de l'action commune pour chacune des compétences concernées.

Chaque projet de convention comprend notamment :

- les niveaux de collectivités territoriales concernés ou les collectivités compétentes définies par des critères objectifs sur l'ensemble du territoire de la région ;
- les délégations de compétences entre collectivités territoriales, ainsi que les délégations de la région ou du département à un établissement public de coopération intercommunale à fiscalité propre ;

– les créations de services unifiés ;

– les modalités de la coordination, de la simplification et de la clarification des interventions financières des collectivités territoriales ;

– la durée de la convention, qui ne peut excéder six ans.

À l'issue de son examen par la conférence territoriale de l'action publique, le projet de convention est transmis au représentant de l'État dans la région, ainsi qu'aux collectivités territoriales et établissements publics appelés à prendre les mesures nécessaires à sa mise en œuvre. Les organes délibérants des collectivités territoriales et des établissements publics concernés disposent d'un délai de trois mois pour approuver la convention, qui est signée par le maire ou par le président.

Les stipulations de la convention sont opposables aux seules collectivités territoriales et établissements publics qui l'ont signée. Elles les engagent à prendre les mesures et à conclure les conventions nécessaires à sa mise en œuvre.

2. Les compétences de la commune

La commune exerce principalement des compétences de proximité, fondées sur les services publics communaux.

Toutefois, en renforçant les compétences obligatoires et optionnelles reconnues aux communautés de communes et aux communautés d'agglomération, la loi NOTRe du 7 août 2015 réduit d'autant les compétences des communes membres de ces EPCI :

– compétences en matière de développement économique ;

– promotion du tourisme et création d'offices du tourisme ;

– aménagement, entretien et gestion des aires d'accueil des gens du voyage ;

– gestion des milieux aquatiques et prévention contres les inondations (GEMAPI) depuis le 1er janvier 2018 ;

– eau et assainissement, collecte et traitement des déchets ménagers depuis 2020.

A. Urbanisme et aménagement

La décentralisation a considérablement accu les pouvoirs de la commune en matière d'urbanisme puisque le maire délivre les permis de construire au nom de la commune et non plus au nom de l'État dès lors que la commune est dotée d'un plan local d'urbanisme (PLU), héritier des anciens plans d'occupation des sols (POS).

Les communes jouent un rôle déterminant en matière d'urbanisme puisque c'est à elles qu'il appartient d'élaborer et d'approuver les plans locaux d'urbanisme (PLU), sous réserve de la compétence éventuelle des établissements publics de coopération intercommunale (EPCI) et des métropoles. Les communes peuvent également exercer leur compétence en matière d'urbanisme dans le cadre des zones d'action concertée (ZAC). La loi du 24 mars 2014 pour l'accès au logement et un urbanisme raisonné (Alur) a instauré le transfert automatique de la compétence PLU aux intercommunalités, la loi NOTRe maintenant le mécanisme de la minorité de blocage permettant aux maires de reporter ce transfert.

Elles participent également, par l'intermédiaire des établissements publics de coopération intercommunale (EPCI) qu'elles constituent, à l'élaboration des schémas de cohérence territoriale (SCOT), successeurs, en application de la loi relative à la solidarité et au renouvellement urbains du 13 décembre 2000 (SRU), des schémas directeurs, qui fixent pour plusieurs communes ou groupements de communes les grandes orientations de l'organisation du territoire et de l'évolution des zones urbaines, afin de préserver un équilibre entre zones urbaines, industrielles, touristiques, agricoles et naturelles, dans le cadre d'un projet d'aménagement et de développement durables (PADD).

B. Logement

Au sein des EPCI, les communes participent à la définition des programmes locaux de l'habitat (PLH), établis pour six ans, qui fixent les objectifs et les actions permettant de répondre aux besoins de logements et de **renouvellement urbain**, tout en poursuivant un objectif de mixité sociale.

Depuis la loi SRU (loi de solidarité et de renouvellement urbain) du 21 novembre 2000, les communes ont l'obligation que 20 % des logements sur leur territoire soient des logements sociaux (25 % depuis la loi « Duflot » du 18 janvier 2013 relative à la mobilisation du foncier public en faveur du logement et au renforcement des obligations de production de logement social).

Les communes jouent un rôle important dans l'attribution des logements sociaux : toutes les attributions de logements sociaux sont décidées par une commission d'attribution composée de six membres désignés par le conseil d'administration de l'organisme auprès duquel une demande de logement a été formulée. Le maire de la commune où sont situés les logements, ou son représentant, est également membre de droit de cette commission, avec voix délibérative.

La loi ALUR du 24 mars 2014 prévoit notamment la construction de 500 000 logements par an, dont 150 000 logements sociaux, l'encadrement des loyers et l'instauration d'une garantie universelle des loyers, la généralisation des plans locaux d'urbanisme intercommunaux (PLUi) au moyen d'un transfert automatique de la compétence PLU dans un délai de trois ans après la promulgation de la loi, la création du projet d'intérêt majeur (PIM) pour accélérer la construction de logements.

C. Action économique

Les communes et leurs groupements pouvaient, depuis la loi du 27 février 2002 sur la démocratie de proximité, contribuer au financement d'aides directes aux entreprises dans le cadre d'une convention avec la région et accorder des aides indirectes.

La loi du 13 août 2004 sur les libertés et responsabilités locales a accru leurs compétences : elles pouvaient désormais, avec l'accord de la région, instaurer leur propre régime d'aide dans le cadre de conventions avec les entreprises. Avec la loi NOTRe, c'est la région qui acquiert une compétence exclusive pour définir les régimes d'aide et décider de l'octroi des aides aux entreprises de son ressort géographique.

Avant la loi NOTRe, dans les communautés de communes comme dans les communautés d'agglomération, la compétence en matière de développement économique était partagée entre communes et communautés.

La loi NOTRe renforce le rôle des communautés en matière de développement économique avec, au 1er janvier 2017, le transfert obligatoire aux communautés de la totalité des **zones d'activité**, de la **promotion du tourisme**, de la **politique locale du commerce**.

Toutefois, si la gestion des offices de tourisme est transférée aux communautés, les communes gardent une compétence en matière d'activités touristiques. De même, en matière de commerce, certaines actions qui ne sont pas d'intérêt communautaire peuvent continuer à relever des communes.

D. Action sociale et santé

La politique sociale légale ou facultative des communes est conduite au moyen des centres communaux d'action sociale (CCAS) ou des centres intercommunaux d'action sociale (CIAS).

Le CCAS anime une action générale de prévention et de développement social dans la commune en liaison avec les institutions publiques et privées. Il est de ce fait l'institution locale de l'action sociale par excellence. À ce titre, il développe différentes activités et missions légales ou facultatives, directement orientées vers les populations concernées.

Le CCAS se mobilise dans les principaux champs suivants, par ordre décroissant d'implication : lutte contre l'exclusion (en particulier, aide alimentaire), services d'aide à domicile, prévention et animation pour les personnes âgées, gestion d'établissements d'hébergement pour personnes âgées, soutien au logement et à l'hébergement, petite enfance, enfance/jeunesse, soutien aux personnes en situation de handicap.

À cette fin :

- il gère des équipements et services : établissements et services pour personnes âgées, centres sociaux, crèches, haltes-garderies, centres aérés, etc. ;
- il apporte son soutien technique et financier à des actions sociales d'intérêt communal gérées par le secteur privé ;
- il participe à l'instruction des demandes d'aide sociale légale (aide médicale, RSA, aide aux personnes âgées...) et les transmet aux autorités décisionnelles compétentes telles que le conseil départemental, la préfecture ou les organismes de sécurité sociale ;
- il intervient également dans l'aide sociale facultative qui constitue souvent l'essentiel de la politique sociale de la commune : secours d'urgence, prêts sans intérêt, colis alimentaires, chèques d'accompagnement personnalisé, etc. ;

– il peut être délégataire de compétences sociales globales sur le territoire communal par convention avec le conseil départemental.

La loi du 13 août 2004 relative aux libertés et responsabilités locales a permis en outre aux départements de confier aux communes la gestion des fonds d'aide aux jeunes (FAJ).

Elle a également ouvert aux communes la possibilité d'expérimenter l'exercice de la politique de résorption de l'habitat insalubre. Les pouvoirs de police du maire lui permettent d'obliger un propriétaire de logements insalubres ou dangereux à réaliser des travaux et, en cas de défaillance, à se substituer à lui pour exécuter d'office les travaux.

Elles peuvent aussi, en convention avec l'État, exercer des activités en matière de vaccination, de lutte contre la tuberculose, le sida et les maladies sexuellement transmissibles.

E. Éducation et enseignement

a. La petite enfance

La petite enfance désigne une étape du développement humain. On parle de petite enfance pour les enfants, de leur naissance à l'âge de 6 ans.

La commune ou les groupements de communes bénéficient d'une compétence facultative en matière d'accueil des jeunes enfants.

L'article R. 2324-17 du Code de la santé publique (CSP) fixe que « les établissements et les services d'accueil veillent à la santé, à la sécurité et au bien-être des enfants qui leur sont confiés, ainsi qu'à leur développement. Ils concourent à l'intégration sociale de ceux de ces enfants ayant un handicap ou atteints d'une maladie chronique. Ils apportent leur aide aux parents afin que ceux-ci puissent concilier leur vie professionnelle et leur vie familiale.

Ils comprennent les établissements assurant l'accueil collectif non permanent d'enfants et les services assurant l'accueil familial non permanent d'enfants au domicile d'assistantes maternelles ».

L'accueil collectif de jeunes enfants

Les structures d'accueil collectif permettent de recevoir, pendant la journée, des enfants de moins de 6 ans dont les parents travaillent, suivent une formation ou sont à la recherche d'un emploi. Elles sont le plus souvent gérées directement par les communes qui peuvent également verser des subventions, mettre à disposition des locaux ou payer des places à d'autres organismes gestionnaires, au premier rang desquels des associations.

Ces établissements et services sont soumis au contrôle et à la surveillance du médecin responsable du service départemental de protection maternelle et infantile (PMI).

Le maire (ou le président de la communauté de communes) donne l'autorisation d'ouverture de la structure après avis du président du conseil départemental s'il s'agit d'une structure gérée directement par la collectivité. Il émet un avis auprès du président du conseil départemental s'il s'agit d'une structure parentale ou privée (article L. 2324-1 du CSP).

Lorsqu'il estime que la santé physique ou mentale ou l'éducation des enfants sont compromises ou menacées, le préfet de département ou le président du conseil départemental peut adresser des injonctions aux établissements. En cas d'inexécution, le préfet peut ordonner leur fermeture après avis du président du conseil départemental.

Il existe plusieurs catégories de structures pouvant accueillir les jeunes enfants :

- l'établissement multi-accueil (établissement qui offre au moins deux types d'accueil différents, régulier ou occasionnel), la capacité de chaque unité d'accueil ne pouvant dépasser 60 places ;
- la crèche parentale, gérée par une association de parents et qui ne peut dépasser 25 places ;
- la halte-garderie, qui accueille des enfants de manière ponctuelle ;
- la crèche familiale, qui allie accueil chez une assistante maternelle et accueil en structure collective ;
- la micro-crèche qui ne peut accueillir que 10 enfants au maximum ;
- le jardin d'enfants (accueil des enfants de plus de 2 ans non scolarisés ou scolarisés à temps partiel), dont la capacité d'accueil est limitée à 80 places par unité d'accueil.

L'accueil individuel des jeunes enfants

Les **assistants maternels** assurent l'accueil des enfants à leur domicile moyennant rémunération, après avoir obtenu un agrément délivré par le président de conseil départemental (Code de l'action sociale et des familles, articles L. 421-1 et L. 421-3 du CASF). Ce dernier informe le maire de la commune de résidence de l'assistant maternel de toute décision d'agrément, de suspension, de retrait ou de modification de l'agrément délivré.

Ils ne peuvent accueillir plus de quatre enfants simultanément.

Les assistants maternels peuvent se regrouper dans des maisons d'assistants maternels (articles L. 424-1 et suivants du CASF), dans la limite de quatre assistants maternels dans une même maison, nécessitant un agrément du président du conseil départemental. Le maire est responsable de la sécurité des locaux puisqu'il autorise l'ouverture de la maison au public.

« Il peut être créé, dans toutes les communes ou leurs groupements, un relais assistants maternels, qui a pour rôle d'informer les parents et les assistants maternels sur ce mode d'accueil [...] et d'offrir aux assistants maternels un cadre pour échanger sur leur pratique professionnelle ainsi que leurs possibilités d'évolution de carrière » (article L. 214-2-1 du CASF).

b. Les écoles primaires

Depuis la loi Jules Ferry du 16 juin 1881, les communes ont la charge des écoles publiques. C'est ainsi que les communes construisent, entretiennent, équipent les écoles primaires (c'est-à-dire les écoles maternelles et élémentaires).

La loi du 13 août 2004 a permis aux communes d'expérimenter la création d'établissements publics d'enseignement primaire.

« L'ouverture d'une classe ou d'une école est de fait le résultat de l'exercice de compétences partagées entre l'État et les communes : d'une part, sa création et son implantation par le conseil municipal, c'est-à-dire le choix de la localisation, la construction, l'appropriation ou l'aménagement de locaux à des fins d'enseignement et, d'autre part, l'affectation du ou des emplois d'enseignants correspondants par l'inspecteur d'académie. Ces deux décisions peuvent être simultanées ou distinctes dans le temps. » *(circulaire du 3 juillet 2003 du ministère de l'Éducation nationale)*

Les communes prennent en outre part à l'élaboration de la carte scolaire.

Le décret relatif à l'organisation du temps scolaire dans les écoles maternelles et élémentaires du 24 janvier 2013 a fixé de nouveaux principes, qui devaient être mis en œuvre à la rentrée 2013 : l'étalement des 24 heures d'enseignement hebdomadaire sur neuf demi-journées, incluant le mercredi matin ; une journée de classe au maximum de 5 heures 30 et une demi-journée au maximum de 3 heures 30 ; une pause méridienne de 1 heure 30 au minimum.

Les maires pouvaient, au plus tard le 31 mars 2013, faire part au directeur académique des services de l'Éducation nationale (DASEN) de leur souhait de reporter l'application de la réforme à la rentrée 2014 pour toutes les écoles de leur commune.

Les activités périscolaires prolongeant le service public de l'éducation peuvent être organisées dans le cadre d'un projet éducatif territorial (PEDT). Le PEDT est élaboré à l'initiative de la collectivité territoriale et associe à cette dernière l'ensemble des acteurs intervenant dans le domaine de l'éducation : administrations de l'État concernées (Éducation nationale, sports, jeunesse, éducation populaire et vie associative, culture, famille, ville...), associations, institutions culturelles et sportives, etc.

À partir de la rentrée 2017, un décret du 29 juin 2017 rend possible l'organisation de la semaine scolaire sur quatre jours dans les écoles maternelles et élémentaires publiques par dérogation au cadre général de 4,5 jours. Lorsque la communauté éducative et la commune ou intercommunalité sont satisfaites de l'organisation sur 4,5 jours, elles peuvent continuer à fonctionner selon les mêmes modalités. En revanche, lorsque émerge un consensus local entre conseil d'école, municipalité et service académique en faveur d'une organisation sur quatre jours, une dérogation au cadre général est possible.

F. Culture

Outre le rôle traditionnel des communes en matière culturelle au moyen des bibliothèques ou médiathèques publiques, des musées et des conservatoires municipaux de musique et de danse, les communes et leurs groupements sont, depuis la loi du 13 août 2004, responsables de l'organisation et du financement de l'enseignement artistique initial. Elles peuvent aussi se voir transférer la propriété de monuments classés ou inscrits.

G. Sports et loisirs

Dans ce domaine, la commune crée et gère les équipements sportifs, subventionne les activités sportives, es en charge des aménagements touristiques.

H. Autres missions

Aux compétences ci-dessus s'ajoutent des compétences correspondant à des missions traditionnelles des communes, comme l'entretien de la voirie communale, la protection de l'ordre public au moyen des pouvoirs de police du maire, l'état civil et les fonctions électorales.

3. Les compétences du département

La loi du 13 août 2004 relative aux libertés et responsabilités locales avait fait du département le « chef de file » de l'action sanitaire et sociale. Depuis le 1er janvier 2005, en effet, « le département définit et met en œuvre la politique d'action sociale ».

La loi du 27 janvier 2014 de modernisation de l'action publique locale et d'affirmation des métropoles (MAPTAM) désigne le département « **chef de file** » en matière d'aide sociale, d'autonomie des personnes et de solidarité des territoires.

En mettant fin à la clause générale de compétence des départements, la loi portant nouvelle organisation territoriale de la République (NOTRe) réduit les compétences du département qui n'en conserve pas moins l'action sociale, l'aide sociale et les routes départementales.

A. L'action sociale et l'aide sociale

Rappelons les principales compétences du département :

- Aide sociale à l'enfance (ASE), protection maternelle et infantile (PMI), adoption, soutien aux familles en difficulté financière.
- Personnes handicapées : politiques d'hébergement et d'insertion sociale, prestation de compensation du handicap.
- Personnes âgées : création et gestion de maisons de retraite, maintien des personnes âgées à domicile (APA : allocation personnalisée d'autonomie).
- Insertion sociale et professionnelle, avec la prise en charge du revenu de solidarité active (RSA) (qui a remplacé le RMI et RMA au 1er juillet 2009) et du fonds d'aide aux jeunes (FAJ).
- Aide au logement, avec le fonds de solidarité pour le logement (FSL).
- Contribution à la résorption de la précarité énergétique.
- Protection judiciaire de la jeunesse, initialement dans le cadre d'expérimentations pour cinq ans. L'État, à la suite de la promulgation de la loi du 5 mars 2007 sur la protection de l'enfance et dans le cadre de la révision générale des politiques publiques (RGPP), a en effet décidé en 2008 de généraliser le retrait de la PJJ de l'assistance éducative pour la recentrer sur la prise en charge des mineurs délinquants, l'assistance éducative étant désormais confiée aux départements.

La loi NOTRe confie également au département, conjointement avec l'État, l'élaboration d'un **schéma départemental d'amélioration de l'accessibilité des services**, qui vise à renforcer l'offre de services dans les zones présentant un déficit d'accessibilité.

B. L'aménagement de l'espace et l'équipement

- Équipement rural, remembrement, aménagement foncier, gestion de l'eau et de la voirie rurale, en tenant compte des priorités définies par les communes.
- Services de transport spécial des élèves handicapés vers les établissements scolaires.

La loi NOTRe transfère à la région, à compter du 1er janvier 2017, les transports routiers non urbains des personnes, réguliers ou à la demande ; les transports scolaires ; la desserte des îles ; la construction, l'aménagement et l'exploitation des gares publiques routières de voyageurs relevant du département.

- Gestion de la voirie départementale, à savoir toutes les routes n'entrant pas dans le domaine public national.
- SDIS (service départemental d'incendie et de secours) chargé de la protection contre les incendies, qui gère les corps de sapeurs-pompiers du département. Il participe également aux opérations de secours en cas d'accidents, de catastrophes naturelles...

C. L'éducation, la culture et le patrimoine

- Construction, entretien et équipement des collèges.

La loi du 13 août 2004 a transféré aux départements la gestion des personnels techniciens, ouvriers et de service (couramment appelés « TOS ») exerçant dans les collèges, qui relevaient jusqu'alors de l'État.

- Responsabilité des bibliothèques départementales de prêt (anciennes bibliothèques centrales de prêt qui avaient été transférées de l'État aux départements par les premières lois de décentralisation), des archives départementales et des musées départementaux.
- Adoption, depuis la loi du 13 août 2004, en concertation avec les communes, d'un schéma départemental de développement des enseignements artistiques.
- Expérimentation de la gestion des crédits d'entretien et de restauration du patrimoine classé ou inscrit n'appartenant pas à l'État.
- Comme les communes et leurs groupements, il peut également sur sa demande se voir transférer la propriété des monuments classés ou inscrits appartenant à l'État.

La compétence culturelle est qualifiée par la loi NOTRe de compétence partagée entre les communes, les départements, les régions et les collectivités à statut particulier, de même que les compétences en matière de sport, de tourisme, de promotion des langues régionales et d'éducation populaire.

D. Les actions économiques

Comme les communes et leurs groupements, les départements pouvaient financer des aides directes aux entreprises dans le cadre d'une convention passée avec la région. Le département pouvait aussi attribuer des aides indirectes aux entreprises. La loi du 13 août 2004, lui permettait de mettre en œuvre ses propres régimes d'aides avec l'accord de la région. Avec la loi NOTRe, c'est la région qui acquiert une compétence exclusive pour définir les régimes d'aide et décider de l'octroi des aides aux entreprises de son ressort géographique.

4. Les compétences de la région

Autorité décentralisée depuis 1982, la région n'a trouvé place dans la Constitution aux côtés de la commune et du département qu'avec la loi constitutionnelle du 28 mars 2003.

Pour autant, la région, dont la compétence générale avait été, on l'a vu, affirmée par la loi du 2 mars 1982 (« le conseil régional règle par ses délibérations les affaires de la région ») exerce depuis 1982 d'importantes compétences, notamment en matière économique, que la loi du 13 août 2004 vient renforcer.

La loi NOTRe met fin à la compétence générale de la région dont les compétences sont désormais limitativement énumérées par la loi. En même temps, elle renforce les compétences régionales.

A. Les compétences économiques

La région, responsable de la définition des orientations en matière de développement économique, élabore un schéma régional de développement économique, d'innovation et d'internationalisation (SRDEII), élaboré en collaboration avec les EPCI à fiscalité propre, et soumis à l'approbation du préfet de région. Ce schéma définit « les orientations en matière d'aides aux entreprises, de soutien à l'internationalisation et d'aides à l'investissement immobilier et à l'innovation des entreprises, ainsi que les orientations relatives à l'attractivité du territoire régional. Il définit les orientations en matière de développement de l'économie sociale et solidaire ». Les actes des collectivités territoriales et de leurs groupements doivent être compatibles avec le SRDEII.

En application des dispositions de l'article L. 1511-2 du CGCT, « **le conseil régional est seul compétent pour définir les régimes d'aides et pour décider de l'octroi des aides aux entreprises dans la région**. Dans le cadre d'une convention passée avec la région, la métropole de Lyon, les communes et leurs groupements peuvent participer au financement des aides et des régimes d'aides mis en place par la région.

Ces aides revêtent la forme de prestations de services, de subventions, de bonifications d'intérêts, de prêts et d'avances remboursables, à taux nul ou à des conditions plus favorables que les conditions du marché ».

Les **aides aux entreprises en difficulté** constituent également une compétence exclusive de la région : « Lorsque la protection des intérêts économiques et sociaux de la population l'exige, le conseil régional peut accorder des aides à des entreprises en difficulté. Les modalités de versement des aides et les mesures qui en sont la contrepartie font l'objet d'une convention entre la région et l'entreprise. »

B. L'aménagement du territoire

La région voit également renforcées ses compétences en matière d'aménagement du territoire, par l'élaboration d'un **schéma régional d'aménagement, de développement durable et d'égalité des territoires** (SRADDET), élaboré dans les mêmes conditions que le SRDEII.

Elle acquiert aussi compétence pour élaborer un **plan régional de prévention et de gestion des déchets**, à caractère prévisionnel.

Enfin, la région acquiert une compétence auparavant départementale, celle de la **gestion des services non urbains de transport**, réguliers ou à la demande. S'agissant des transports scolaires, la région peut, par convention, en confier l'organisation aux départements ou à un EPCI.

Les régions continuent à exercer d'anciennes compétences :

– élaboration et exécution de la partie régionale du contrat de plan ;

– gestion des transports régionaux de voyageurs, notamment ferroviaires (réseau des trains express régionaux, TER), et participation au financement des infrastructures, comme la construction de nouvelles lignes de TGV.

C. Les compétences en matière d'éducation et de formation

La région met en œuvre des actions de formation professionnelle continue et d'apprentissage, dont l'insertion des jeunes en difficulté et les formations en alternance.

La **loi n° 2014-288 du 5 mars 2014 relative à la formation professionnelle, à l'emploi et à la démocratie sociale** a achevé le transfert de l'ensemble de la compétence formation aux régions.

Selon les dispositions de l'article 21 de la loi, la région est notamment chargée de la **politique régionale d'accès à l'apprentissage et à la formation professionnelle des jeunes et des adultes à la recherche d'un emploi ou d'une nouvelle orientation professionnelle** :

– elle définit et met en œuvre la politique d'apprentissage et de formation professionnelle, élabore le contrat de plan régional de développement des formations et de l'orientation professionnelles et adopte la carte régionale des formations professionnelles initiales ;

– dans le cadre du **service public régional de la formation professionnelle**, elle peut accorder des aides individuelles à la formation et coordonne les interventions contribuant au financement d'actions de formation ;

– elle conclut, avec les départements qui souhaitent contribuer au financement de formations collectives pour la mise en œuvre de leur programme départemental d'insertion une convention qui détermine l'objet, le montant et les modalités de ce financement ;

– elle organise l'accompagnement des jeunes et des adultes à la recherche d'un emploi qui sont candidats à la validation des acquis de l'expérience et participe à son financement.

Les compétences de la région en matière d'apprentissage sont profondément modifiées par la **loi n° 2018-771 du 5 septembre 2018 pour la liberté de choisir son avenir professionnel**. La loi prévoit de nombreux changements en matière d'apprentissage, dont le basculement d'un système administré actuellement par l'État et les régions à un système géré en majorité par les branches professionnelles, à partir de 2020. Les régions se voient ainsi privées de leur pouvoir d'autorisation administrative pour toute ouverture de centre de formation pour apprentis (CFA) et de financement des CFA au moyen de la fraction régionale de la taxe d'apprentissage. L'apprentissage est piloté par les branches professionnelles qui fixent le coût des contrats d'apprentissage et récoltent la taxe d'apprentissage.

La région construit, entretient et assure le fonctionnement des lycées d'enseignement général et des lycées et établissements d'enseignement agricole.

La loi du 13 août 2004 a transféré aux régions la gestion des personnels techniciens, ouvriers et de service (couramment appelés « TOS ») exerçant dans les lycées, qui relevaient jusqu'alors de l'État.

La région participe également au financement des universités, qui demeurent de la compétence de l'État.

D. Les compétences culturelles

Les régions sont depuis 2003 chargées de l'organisation et du financement des musées régionaux, de la conservation et de la mise en valeur des archives régionales.

La loi du 13 août 2003 leur a transféré la responsabilité de l'inventaire général du patrimoine culturel qu'elle peuvent confier, par convention, aux collectivités territoriales et à leurs groupements.

Elles peuvent exercer les mêmes compétences que les communes et les départements en matière de patrimoine.

E. En matière sanitaire

Les régions peuvent, comme les communes et les départements, prendre en charge des politiques de vaccination et de lutte contre la tuberculose, le sida et les maladies sexuellement transmissibles. Les régions peuvent en outre expérimenter la participation au financement et à la réalisation d'équipements sanitaires.

7. L'élection des organes délibérants et exécutifs des collectivités territoriales

1. Le cumul des mandats

Un parlementaire ne peut pas être député européen, ministre, ou siéger dans une autre chambre du Parlement. Il ne peut pas cumuler plus d'un mandat local parmi les fonctions suivantes : conseiller général, régional, assemblée de Corse, conseiller municipal d'une ville d'au moins 3 500 habitants.

Le parlement a définitivement adopté, le 22 janvier 2014, deux projets de loi : le premier (loi organique 2014-125 du 14 février 2014 interdisant le cumul des fonctions exécutives locales avec le mandat de député ou de sénateur) interdit le cumul de fonctions exécutives locales – maire, président ou vice-président d'un conseil départemental, président ou vice-président de conseil régional ou d'une intercommunalité – avec un mandat de député ou de sénateur à compter de 2017 (juillet pour les députés et octobre pour les sénateurs). Le deuxième texte concerne les parlementaires européens, qui, à partir de 2019, sont soumis aux mêmes interdictions de cumul.

2. La commune

Les institutions communales sont généralement assez bien connues des citoyens : même si le conseil qui gère la commune n'est pas baptisé conseil communal mais conseil municipal, si son exécutif n'est pas le président du conseil municipal mais le maire, ces institutions sont suffisamment anciennes (la commune date du 14 décembre 1789) et proches des habitants pour que ceux-ci les connaissent.

L'article L. 2121-1 du Code général des collectivités territoriales dispose que « le corps municipal de chaque commune se compose du conseil municipal, du maire et d'un ou plusieurs adjoints ».

On parle souvent de manière impropre de « la mairie » en confondant commune et mairie. La mairie ne jouit évidemment pas de la personnalité juridique et n'est rien d'autre que le bâtiment qui accueille tout ou partie des services de la commune, où siège le conseil municipal et où se trouve le bureau du maire.

Autre terme souvent mal employé, celui de « municipalité » : la municipalité n'est pas la commune, mais une instance composée du maire et ses adjoints, qui siège généralement une fois par semaine en mairie pour prendre les principales décisions qui concernent l'administration de la commune et préparer l'ordre du jour du conseil municipal.

A. L'élection du conseil municipal

Le principe de l'élection du conseil municipal date de la loi du 21 mars 1831. Ainsi, les membres du conseil municipal sont élus au suffrage universel direct. Leur mandat est de six ans et le renouvellement est intégral (à la différence des conseils généraux qui étaient renouvelés par moitié tous les trois ans, on y reviendra).

Participent à l'élection tous les électeurs inscrits sur la liste électorale de la commune, circonscription unique. L'âge d'éligibilité est, pour tous les mandats locaux, de 18 ans. On croit parfois à tort qu'il faut être âgé de 21 ans pour être élu maire : ce n'est plus vrai aujourd'hui.

Le nombre de conseillers municipaux dépend du nombre d'habitants de la commune ; il est fixé comme suit par l'article L. 2121-2 du code général des collectivités territoriales :

Nombre d'habitants	Nombre de conseillers
Moins de 100	7*
100 à 499	11
500 à 1 499	15
1 500 à 2 499	19
2 500 à 3 499	23
3 500 à 4 999	27
5 000 à 9 999	29
10 000 à 19 999	33
20 000 à 29 999	35
30 000 à 39 999	39
40 000 à 49 999	43

Nombre d'habitants	Nombre de conseillers
50 000 à 59 999	45
60 000 à 79 999	49
80 000 à 99 999	53
100 000 à 149 999	55
150 000 à 199 999	59
200 000 à 249 999	61
250 000 à 299 999	65
300 000 et plus	69
Lyon	73
Marseille	101
Paris	163

**modifié par la loi n° 2013-403 du 17 mai 2013, art. 28, qui a abaissé de 9 à 7 le nombre de conseillers dans les communes de moins de 100 habitants.*

L'article 38 de la loi du 27 décembre 2019 relative à l'engagement dans la vie locale et à la proximité de l'action publique dispose en outre que « par dérogation à l'article L. 2121-2, dans les communes de **moins de 100 habitants**, le conseil municipal est réputé complet dès lors que le conseil municipal compte au moins **cinq membres** à l'issue du second tour du renouvellement général du conseil municipal ou d'une élection complémentaire ».

« Il en va de même dans les **communes de 100 à 499 habitants**, dès lors que le conseil municipal compte au moins **neuf membres** à l'issue du second tour du renouvellement général du conseil municipal ou d'une élection complémentaire ».

Le nombre d'habitants détermine aussi le mode de scrutin, majoritaire dans les communes de moins de 1 000 habitants, « mixte » (à la fois proportionnel et majoritaire) dans les communes de 1 000 habitants et plus depuis la loi du 17 mai 2013, qui s'est appliquée pour la première fois aux élections municipales de mars 2014.

Dans les communes de 1 000 habitants et plus

Les conseillers municipaux sont élus au scrutin proportionnel, de liste, à deux tours avec prime majoritaire accordée à la liste arrivée en tête (art. L. 260 et suivants du Code électoral). Les listes doivent être complètes, sans modification de l'ordre de présentation.

Les listes doivent être composées d'autant de femmes que d'hommes, avec alternance obligatoire une femme/un homme ou inversement.

Au premier tour, la liste qui obtient la majorité absolue des suffrages exprimés reçoit un nombre de sièges égal à la moitié des sièges à pourvoir. Les autres sièges sont répartis à la représentation proportionnelle en fonction du nombre de suffrages obtenus entre toutes les listes ayant obtenu plus de 5 % des suffrages exprimés.

Lors de l'éventuel second tour (lorsqu'aucune liste n'a obtenu la majorité absolue au premier tour), seules les listes ayant obtenu au premier tour au moins 10 % des suffrages exprimés sont autorisées à se maintenir. Elles peuvent connaître des modifications, notamment par fusion avec d'autres listes pouvant se maintenir ou fusionner. En effet, les listes ayant obtenu au moins 5 % des suffrages exprimés peuvent fusionner avec une liste ayant obtenu plus de 10 %. La répartition des sièges se fait alors comme lors du premier tour.

Pour expliquer simplement le système (sans entrer dans les subtilités du mode de calcul de la répartition proportionnelle à la plus forte moyenne), prenons l'exemple d'une commune de 39 000 habitants : la liste qui obtient au premier tour 56 % des voix obtient la moitié des 39 sièges à pourvoir, soit 20 sièges, et 56 % des 19 sièges restant à pouvoir, soit de 10 à 11 sièges ; les autres listes qui ont obtenu au moins 5 % des suffrages vont participer, selon le nombre de suffrages exprimés qu'elles ont recueillis, à la répartition des sièges restants. Une liste qui a obtenu 31 % des suffrages obtiendra ainsi 31 % des 19 sièges restant à pourvoir, soit de 5 à 6 sièges.

Ce mode de scrutin présente le double avantage de permettre à la fois des majorités fortes au sein des conseils municipaux et une représentation des minorités.

La loi n° 2007-128 du 31 janvier 2007 tendant à promouvoir l'égal accès des femmes et des hommes aux mandats électoraux et fonctions électives avait modifié la présentation des listes aux élections municipales dans les communes de 3 500 habitants et plus. Jusqu'alors, au total de la liste, « l'écart entre le nombre de candidats de chaque sexe ne (pouvait) être supérieur à un », et « au sein de chaque groupe entier de six candidats dans l'ordre de présentation de la liste [devait] figurer un nombre égal de candidats de chaque sexe ».

Désormais, et depuis les élections municipales de mars 2008, il doit y avoir une alternance stricte dans la présentation de la liste entre « un homme, une femme, un homme, une femme », etc., ou, bien sûr, « une femme, un homme, une femme, un homme », etc. (c'est le principe dit « chabadababa »).

Deuxième mesure, l'institution de la parité pour la désignation des adjoints au maire. Pour ce faire, l'élection des adjoints est déconnectée de l'élection du maire : dans les communes de 3 500 habitants et plus, limite abaissée depuis à 1 000 habitants et plus, les adjoints au maire sont élus au scrutin de liste, « l'écart entre le nombre de candidats de chaque sexe au sein de chaque liste ne pouvant être supérieur à un », disposition modifiée par la loi du 27 décembre 2019 relative à l'engagement dans la vie locale et à la proximité de l'action publique : désormais, « la liste est composée alternativement d'une personne de chaque sexe ».

Dans les communes de moins de 1 000 habitants

Les conseillers municipaux sont élus au scrutin majoritaire, plurinominal, à deux tours.

Le dépôt d'une déclaration de candidature est désormais obligatoire, quelle que soit la taille de la commune. L'obligation de la parité femmes hommes n'est pas requise.

Les candidats peuvent se présenter doit de façon isolée, soit de façon groupée sur une liste. Les bulletins de vote peuvent être modifiés par les électeurs (panachage). Il n'est plus possible d'élire une personne qui ne s'est pas déclarée candidate.

Les suffrages sont décomptés individuellement par candidat et non par liste. Pour obtenir un siège au conseil municipal dès le premier tour, le candidat doit avoir obtenu la majorité absolue des suffrages exprimés et recueilli au moins un quart des suffrages des électeurs inscrits.

Un second tour est organisé pour les sièges restants à pourvoir. Seuls peuvent se présenter les candidats présents au premier tour, sauf si le nombre de candidats au premier tour est inférieur au nombre de sièges à pourvoir. Pour être élu, la majorité relative suffit, quel que soit le nombre des votants. En cas d'égalité de suffrages, le plus âgé des candidats est élu.

B. L'élection du maire

Le maire est élu par le conseil municipal qui se réunit au plus tôt le vendredi et au plus tard le dimanche qui suit l'élection du conseil au complet. Il est élu à bulletin secret. La séance est présidée par le doyen (le conseiller municipal le plus âgé) du conseil.

La majorité (c'est-à-dire plus de la moitié) des conseillers municipaux en exercice doit être présente. À défaut, le conseil reconvoqué à trois jours d'intervalle élit valablement le maire, quel que soit le nombre de conseillers présents.

On dit parfois que le maire est élu « par les habitants de la commune », ce qui n'est pas juridiquement exact : si les électeurs peuvent légitimement augurer de l'élection comme maire de la « tête de liste » de la liste majoritaire, le futur maire est d'abord, comme une partie de ses colistiers, élu conseiller municipal, mais il ne deviendra maire qu'une fois élu par le conseil municipal. Il est donc élu maire au suffrage universel indirect, et non directement par les électeurs de la commune.

Pour être élu maire, il faut obtenir la majorité absolue des suffrages exprimés des conseillers municipaux aux deux premiers tours. Si, après deux tours, aucun candidat n'a obtenu la majorité, on procède à un troisième tour et l'élection a lieu à la majorité relative.

Après l'élection du maire, le conseil municipal fixe par délibération, le nombre des adjoints (au maximum 30 % de l'effectif légal du conseil municipal) puis procède à leur élection.

C. L'élection des adjoints au maire

Les adjoints au maire, souvent improprement baptisés « maires adjoints », sont également élus par le conseil municipal en son sein, avec les mêmes règles de majorité que le maire.

Dans les communes de 1 000 habitants et plus, les adjoints au maire sont, depuis la loi du 13 mai 2013 qui s'est appliquée pour la première fois aux élections municipales de mars 2014, élus au scrutin de listes bloquées et paritaires à la majorité absolue, la liste étant désormais composée alternativement d'une personne de chaque sexe.

Si, après deux tours, aucune liste n'a obtenu la majorité absolue, il est procédé à un troisième tour et l'élection a lieu à la majorité relative.

Ainsi, on ne devient pas adjoint au maire par délégation du maire, on devient adjoint au maire parce qu'on est élu adjoint au maire par le conseil municipal avant de bénéficier d'une délégation de pouvoir du maire.

À noter que le retrait par le maire d'une délégation à un adjoint ne le prive pas de son mandat d'adjoint. Elle le prive en revanche des indemnités qu'il perçoit en tant qu'adjoint au maire.

3. Le département

Le conseil général, qui, avec la loi du 17 mai 2013, devient le conseil départemental, constitue l'organe délibérant du département, le président du conseil départemental et les vice-présidents du conseil départemental l'exécutif du département.

Il était très fréquent que les départements se fassent appeler « conseil général », sans doute pour éviter toute confusion avec le département circonscription administrative déconcentrée de l'État. Des fonctionnaires territoriaux se disaient ainsi souvent « agents du conseil général de... » alors que, en toute rigueur, ils sont agents du département de...

Indéniablement, la terminologie n'était pas de nature à faciliter la compréhension du fonctionnement de nos institutions : une assemblée baptisée conseil général réglait par ses délibérations les affaires du département, les conseillers généraux étant élus lors d'élections cantonales. Élire les conseillers départementaux lors d'élections départementales est certainement beaucoup plus clair... Sans parler du renouvellement par moitié du conseil général tous les trois ans, qui était loin d'être compris de tous, auquel la réforme de 2010 avait mis fin avec l'institution des conseillers territoriaux. La loi du 17 mai 2013 confirme l'abolition de ce renouvellement par moitié, tous les conseillers départementaux étant élus à compter de 2015 pour six ans dans tous les cantons.

A. L'élection du conseil départemental

Le canton a été créé par la loi du 22 décembre 1789. Il n'est plus aujourd'hui que la circonscription électorale dans le cadre de laquelle les conseillers départementaux sont élus. Le principe de l'élection du conseil général, devenu conseil départemental, remonte à la loi du 22 juin 1833.

Depuis 1871, les conseillers généraux, aujourd'hui départementaux, sont élus au suffrage universel direct, pour six ans. L'élection s'effectue dans le cadre du canton à raison d'un représentant par canton.

Les conseils généraux étaient, jusqu'à la réforme de 2010, renouvelables par moitié tous les trois ans : cela signifiait concrètement que, dans un département donné, on votait l'année N dans un canton sur deux afin d'élire pour six ans un conseiller général, et, l'année N+3, pour l'autre canton. Le conseil général étant ainsi renouvelé par moitié tous les trois ans, la durée du mandat du président du conseil général n'était que de trois ans. Les conseillers généraux étaient élus au scrutin uninominal (ce qui signifie que l'on votait pour une personne et non pour une liste) majoritaire à deux tours : la majorité absolue est requise au premier tour ; seuls peuvent accéder au second tour les candidats qui se sont présentés au 1er tour et qui ont obtenu au moins 10 % du nombre d'électeurs inscrits. La réforme des collectivités territoriales opérée par la loi du 16 décembre 2010 a porté ce pourcentage à 12,5 % des inscrits, modification mise en œuvre dès les élections cantonales de mars 2011.

Les conseillers départementaux élus en 2015 ont été élus au scrutin binominal (une personne de chaque sexe) majoritaire à deux tours dans le cadre de cantons élargis.

Les conseillers généraux élus en mars 2011 avaient vu leur mandat réduit à trois ans, jusqu'en mars 2014, date à laquelle devaient être élus pour six ans les **conseillers territoriaux** qui auraient remplacé conseillers généraux et conseillers régionaux. **La règle du renouvellement par moitié des conseillers généraux tous les trois ans a ainsi pris fin.** La loi du 17 mai 2013 confirme l'abolition de ce renouvellement par moitié tous les trois ans, les conseillers départementaux étant désormais élus pour six ans simultanément dans tous les cantons.

B. L'élection du président du conseil départemental

L'élection du président du conseil général avait (jusqu'à la réforme de 2010) lieu à l'issue de tout renouvellement triennal. Son mandat était de trois ans.

Le président du conseil départemental est élu par les membres du conseil général devenu conseil départemental : comme pour l'élection du maire, la majorité absolue est requise aux deux premiers tours, et la majorité relative suffit en cas de troisième tour.

Comme dans l'élection du maire par le conseil municipal, un quorum est requis : le conseil départemental ne peut, dans ce cas, délibérer que si les deux tiers de ses membres sont présents. Si cette condition n'est pas remplie, la réunion se tient de plein droit trois jours plus tard. La réunion peut alors avoir lieu sans condition de quorum.

Depuis les élections départementales de 2015, le président du conseil départemental est élu pour six ans.

C. L'élection des vice-présidents, de la commission permanente et du bureau

La commission permanente

Le conseil départemental élit les membres de la commission permanente.

La commission permanente est composée du président du conseil départemental, de quatre à quinze vice-présidents, sous réserve que le nombre de ceux-ci ne soit pas supérieur à 30 % de l'effectif du conseil, et éventuellement d'un ou plusieurs autres membres.

Aussitôt après l'élection du président et sous sa présidence, le conseil départemental fixe le nombre des vice-présidents et des autres membres de la commission permanente.

Les membres de la commission permanente autres que le président sont élus au scrutin de liste. Chaque conseiller départemental peut présenter une liste de candidats, qui doit être composée alternativement d'un candidat de chaque sexe.

Les listes sont déposées auprès du président dans l'heure qui suit la décision du conseil départemental relative à la composition de la commission permanente. Si, à l'expiration de ce délai, une seule liste a été déposée, les différents sièges de la commission permanente sont alors pourvus immédiatement dans l'ordre de la liste et il en est donné lecture par le président.

Dans le cas contraire, le conseil départemental procède d'abord à l'élection de la commission permanente, à la représentation proportionnelle à la plus forte moyenne, sans panachage ni vote préférentiel. Les sièges sont attribués aux candidats dans l'ordre de présentation sur chaque liste. Si plusieurs listes ont la même moyenne pour l'attribution du dernier siège, celui-ci revient à la liste qui a obtenu le plus grand nombre de suffrages. En cas d'égalité de suffrages, le siège est attribué au plus âgé des candidats susceptibles d'être proclamés élus. Si le nombre de candidats figurant sur une liste est inférieur au nombre de sièges qui lui reviennent, le ou les sièges non pourvus sont attribués à la ou aux plus fortes moyennes suivantes.

Après la répartition des sièges de la commission permanente, le conseil départemental procède à l'élection des vice-présidents au scrutin de liste à la majorité absolue, sans panachage ni vote préférentiel. Sur chacune des listes, l'écart entre le nombre des candidats de chaque sexe ne peut être supérieur à un. Si, après deux tours de scrutin, aucune liste n'a obtenu la majorité absolue, il est procédé à un troisième tour de scrutin et l'élection a lieu à la majorité relative. En cas d'égalité de suffrages, les candidats de la liste ayant la moyenne d'âge la plus élevée sont élus.

Les membres de la commission permanente autres que le président sont nommés pour la même durée que le président.

Le bureau

Le bureau du conseil départemental est composé du président du conseil départemental et des vice-présidents, ainsi qu'éventuellement des autres membres de la commission permanente, auxquels le président a délégué l'exercice d'une partie de ses fonctions (articles L. 3122 8 et L. 3221 3 du Code général des collectivités territoriales).

4. La région

Le conseil qui gère la région est le conseil régional, l'exécutif de la région le président du conseil régional.

A. L'élection du conseil régional

Jusqu'à la décentralisation, la région était un établissement public aux compétences limitativement énumérées par la loi, administré par un simple conseil d'administration. La loi du 2 mars 1982 transforme la région en collectivité territoriale en instituant l'élection des conseillers régionaux au suffrage universel direct. Les premières élections régionales ont eu lieu en 1986. Les conseillers régionaux sont élus pour six ans au suffrage universel direct.

Jusqu'aux élections régionales de 2004, les conseillers régionaux étaient élus au scrutin de liste proportionnel à un tour, les listes étant établies dans le cadre du département. Pour remédier à l'éparpillement des sièges entre de nombreuses listes rendant difficile l'administration des régions faute de majorités stables et aboutissant parfois à l'élection d'exécutifs peu représentatifs du vote des électeurs, la loi du 11 avril 2003 modifie fondamentalement le mode de scrutin. Ainsi, les listes sont établies au niveau régional, mais les candidats sont répartis en sections départementales.

Lors du premier tour de scrutin, si une liste obtient la majorité absolue des suffrages exprimés, elle obtient le quart des sièges à pourvoir. Les autres sièges sont répartis à la représentation proportionnelle entre toutes les listes ayant obtenu au moins 5 % des suffrages, dont la liste ayant obtenu la majorité absolue.

Si aucune liste n'obtient la majorité absolue, au second tour, la liste qui arrive en tête obtient le quart des sièges, les autres sièges étant répartis à la proportionnelle entre toutes les listes ayant obtenu au moins 5 % des suffrages, dont la liste arrivée en tête.

Seules peuvent se maintenir au deuxième tour les listes qui ont obtenu 10 % ou plus des suffrages exprimés.

On le voit, ce mode de scrutin est proche de celui aujourd'hui en vigueur dans les communes de 1 000 habitants et plus, à la différence que la « prime majoritaire » n'est pas, pour l'élection du conseil régional, de la moitié mais du quart des sièges.

Les listes doivent être composées alternativement d'un candidat de chaque sexe. La parité est également étendue aux listes de candidats vice-présidents et membres de la commission permanente.

B. L'élection du président du conseil régional

Le président du conseil régional est élu selon les mêmes conditions que le maire et le président du conseil général (majorité absolue pour les deux premiers tours et majorité relative pour le troisième tour). La durée de son mandat est de six ans, comme celui du maire, et, désormais, du président du conseil départemental.

C. L'élection des vice-présidents, de la commission permanente et du bureau

Les modes de désignation sont identiques à ceux de l'exécutif départemental.

8. Les modes de fonctionnement des collectivités territoriales et de leurs établissements publics

1. La commune

A. Le fonctionnement et les attributions du conseil municipal

Le conseil municipal se réunit **au minimum une fois par trimestre** (donc quatre fois par an) sur **convocation du maire**. Le délai de convocation est de 5 jours francs dans les communes de 3 500 habitants et plus et 3 jours francs dans les communes de moins de 3 500 habitants. La convocation contient l'ordre du jour du conseil municipal. Dans les communes de 3 500 habitants et plus, l'ordre du jour est accompagné de notes explicatives de synthèse sur les affaires soumises à délibération.

La convocation est transmise de manière dématérialisée ou, si les conseillers en font la demande, adressée par écrit à leur domicile ou à une autre adresse.

Le maire peut réunir l'assemblée chaque fois qu'il le juge utile. Il est tenu de réunir le conseil municipal, dans les trente jours qui suivent la demande motivée :

– d'un tiers au moins des conseillers (communes de 1 000 habitants et plus) ou de la moitié (communes de moins de 1 000 habitants) ;

– du préfet.

Le Code général des collectivités territoriales dispose (article L. 2121-29) que « le conseil municipal règle par ses délibérations les affaires de la commune ». Le conseil municipal ne peut délibérer que lorsque la majorité absolue des membres en exercice assiste à la séance. Si le quorum n'est pas atteint, une seconde convocation est adressée aux membres du conseil. Dans ce cas, quel que soit le nombre des membres présents, le conseil peut valablement délibérer.

Les séances du conseil municipal sont publiques. Toutefois, le conseil municipal peut décider sur demande du maire ou de trois conseillers, par un vote acquis sans débat, dans les conditions de l'article 2121.18 du Code général des collectivités territoriales, qu'il se réunit à huis clos. Le président peut donner la parole à un citoyen présent dans la salle du conseil : cette décision vaut suspension de séance.

Le conseil municipal exerce ainsi ses compétences au moyen de **délibérations**, acte juridique fondamental en matière de gestion des collectivités territoriales, prises à la majorité absolue des suffrages exprimés. Les délibérations sont exécutoires de plein droit dès qu'il a été procédé à leur publication ou à leur notification aux intéressés ainsi qu'à leur transmission au représentant de l'État dans le département ou à son délégué dans l'arrondissement.

Le conseil municipal peut aussi émettre des avis, lorsqu'ils sont requis par une loi ou un règlement ou sur invitation du préfet.

Il peut enfin émettre des vœux sur toute question d'intérêt local. Par ailleurs, les questions orales permettent à tout conseiller municipal de poser des questions en cours de séance sur les affaires de la commune. Le règlement intérieur du conseil municipal fixe notamment les règles applicables à ces questions orales.

Ainsi, le conseil municipal :

– assure la gestion financière de la commune : il discute et vote le budget. Il fixe notamment les taux d'imposition ainsi que les principes et modalités des emprunts. Il approuve le compte de gestion et le compte administratif ;

– gère le patrimoine communal (administration du patrimoine privé et public de la commune : acquisition, location, aliénation des propriétés communales ; travaux communaux) ;

– crée et organise les services publics municipaux. Certains services sont obligatoires (état civil, pompes funèbres, aide sociale…), d'autres sont facultatifs ;

– prend les décisions de principe concernant les contrats et travaux ;

– autorise les actions en justice intentées au nom de la commune ;

– est chargé de la création des écoles et classes maternelles et élémentaires, après avis du représentant de l'État ;

– désigne des membres ou des délégués pour siéger dans des organismes extérieurs.

Le conseil municipal peut également **déléguer une partie de ses attributions**, limitativement énumérées par l'article L. 2122-20 du Code général des collectivités territoriales au maire, qui doit alors prendre personnellement les décisions entrant dans le champ de cette délégation sans pouvoir les déléguer à son tour.

Parmi les compétences qui peuvent être déléguées au maire par le conseil municipal, citons par exemple :

– la fixation et la modification de l'affectation des propriétés communales utilisées par les services municipaux ;

– la fixation de certains droits de voirie et de droits prévus au profit de la commune qui n'ont pas un caractère fiscal, dans les limites fixées par le conseil municipal ;

– la réalisation d'emprunts destinés au financement des investissements prévus au budget, dans les limites fixées par le conseil municipal ;

– la passation et le règlement de certains marchés de gré à gré, lorsque les crédits sont prévus au budget ;

– la passation de contrats d'assurance ;

– la création de régies comptables ;

– la délivrance et la reprise des concessions dans les cimetières ;

– la création de classes dans les établissements d'enseignement ;

– l'exercice au nom de la commune des droits de préemption définis par le Code de l'urbanisme ;

– l'exercice des actions en justice au nom de la commune dans les cas définis par le conseil municipal.

Le maire doit rendre compte au conseil municipal à chacune de ses réunions obligatoires des décisions qu'il a prises sur délégation. Le conseil municipal peut toujours décider de mettre fin aux délégations qu'il a accordées au maire.

Les affaires examinées par le conseil municipal sont préalablement étudiées par des commissions municipales (consultatives).

Le maire préside le conseil municipal, ouvre et clôt les séances, exerce la « police de l'assemblée ».

Le conseil municipal adopte à la majorité absolue des délibérations, des avis et des vœux. Le scrutin peut être à main levée (ordinaire), public ou secret.

Les délibérations sont rendues publiques grâce au compte-rendu et au registre des délibérations.

Les communes de 3 500 habitants et plus sont soumises à des obligations de publicité.

B. Les attributions du maire

Le maire est un élu local traditionnellement caractérisé par sa « double casquette », celle d'agent de l'État d'une part, celle d'agent de la commune d'autre part.

Le maire, agent de l'État

Le maire est chargé d'attributions qu'il exerce au nom de l'État sur le territoire de la commune, soit sous l'autorité du préfet, soit sous celle du procureur de la République.

Sous l'autorité du préfet, le maire :

- publie et exécute les lois et règlements dans la commune, et assure l'exécution des mesures de sûreté générale ;
- organise les élections politiques et professionnelles et révise les listes électorales ;
- participe aux opérations de recensement démographique et militaire ;
- est le correspondant de différents services de l'État et délivre à titre différents documents administratifs (cartes nationales d'identité, passeports, validation annuelle des permis de chasser…).

Le préfet peut, dans le cadre de l'exercice de ces pouvoirs, adresser des instructions et des injonctions au maire et se substituer à lui en cas de carence. Les décisions prises par le maire engagent la responsabilité de l'État et le préfet peut les modifier ou les annuler.

Sous l'autorité du procureur de la République, le maire :

- exerce les fonctions d'officier de police judiciaire (OPJ) ;
- est officier d'état civil : il célèbre les mariages, enregistre les naissances et les décès, délivre des copies et extraits des registres d'état civil.

Le maire, représentant de la commune

Il est l'exécutif de la commune et détient des pouvoirs :

- financiers (il prépare, propose et exécute le budget) ;
- patrimoniaux (il gère le patrimoine de la commune, dirige les services municipaux en régie et contrôle les établissements publics communaux) ;
- juridiques (il conclut les marchés et les contrats au nom de la commune).

Le maire est également le chef du personnel communal et l'autorité de police municipale, garant du bon ordre, de la sécurité et de la salubrité publique.

2. Le département

A. Le fonctionnement et les attributions du conseil départemental

Le Code général des collectivités territoriales (article L. 3211-1) dispose que « le conseil départemental règle par ses délibérations les affaires du département dans le domaine de compétences que la loi lui attribue ».

Le conseil départemental se réunit à l'initiative de son président, au moins une fois par trimestre, ou sur demande de la commission permanente, ou du tiers des conseillers départementaux.

Le président convoque le conseil, en adressant douze jours avant la séance aux conseillers départementaux un ordre du jour accompagné d'un rapport sur chacune des affaires soumises à délibération. L'ordre du jour est arrêté par le président et par la commission permanente.

Le conseil départemental ne peut valablement délibérer que si la majorité absolue de ses membres est présente. Pour être valables, les décisions doivent être adoptées à la majorité des suffrages exprimés.

Les séances sont publiques (sauf si le conseil départemental décide le huis clos ou si le président du conseil départemental, dans le cadre de ses pouvoirs de « police des séances », restreint l'accès du public). Avec l'accord du président ou sur demande du premier ministre, le préfet du département peut être entendu.

Le conseil départemental :

- discute et vote le budget départemental ;
- statue sur l'acceptation des dons et legs faits au département ;
- crée et supprime les services publics départementaux et en fixe les règles d'organisation.

B. Les attributions du président du conseil départemental

Exécutif du conseil départemental, le président du conseil départemental prépare et exécute les délibérations de ce conseil. Il exerce la police de l'assemblée départementale en assurant le maintien de l'ordre public pendant les séances. Il peut déléguer, comme le maire à ses adjoints, l'exercice d'une partie de ses fonctions aux vice-présidents. Ensemble, ils constituent le bureau. Les délégations peuvent être annulées à tout moment.

Ordonnateur des dépenses du département, il prescrit l'exécution des recettes. Chaque année, il rend compte au conseil de la situation du département.

Le président gère le domaine du département et est titulaire du pouvoir de police domaniale. Il dispose aussi de pouvoirs de police particuliers, notamment en matière de circulation.

Le président du conseil départemental est « seul chargé de l'administration ». Il est donc le chef des services du département. Il peut cependant disposer, en cas de besoin, des services déconcentrés de l'État.

Chaque année, le président rend compte au conseil départemental par un rapport spécial de la situation du département, qui précise notamment l'état d'exécution des délibérations adoptées et la situation financière du département. Le préfet quant à lui informe aussi chaque année le conseil départemental de l'activité des services de l'État dans le département.

3. La région

A. Le fonctionnement et les attributions du conseil régional

Le Code général des collectivités territoriales (article L. 4221-1) dispose que « le conseil régional règle par ses délibérations les affaires de la région dans le domaine de compétences que la loi lui attribue ».

Comme le conseil départemental, le conseil régional se réunit à l'initiative de son président, au moins une fois par trimestre, ou sur demande de la commission permanente, ou du tiers des conseillers régionaux.

Le président convoque le conseil, en adressant douze jours avant la séance aux conseillers régionaux un ordre du jour accompagné d'un rapport sur chacune des affaires soumises à délibération. L'ordre du jour est arrêté par le président et par la commission permanente.

Le conseil régional ne peut valablement délibérer que si la majorité absolue de ses membres est présente. Pour être valables, les décisions doivent être adoptées à la majorité des suffrages exprimés.

Les séances sont publiques (sauf si le conseil régional décide le huis clos ou si le président du conseil régional, dans le cadre de ses pouvoirs de « police des séances », restreint l'accès du public). Avec l'accord du président ou sur demande du premier ministre, le préfet du département peut être entendu.

Le conseil régional :

- discute et vote le budget régional ;
- statue sur l'acceptation des dons et legs faits à la région ;
- crée et supprime les services publics régionaux et en fixe les règles d'organisation.

B. Les attributions du président du conseil régional

À l'instar du président du conseil départemental, le président du conseil régional :

- prépare et exécute les délibérations du conseil régional ;
- est l'ordonnateur des dépenses de la région et prescrit l'exécution des recettes ;
- est seul chargé de l'administration ;
- gère le domaine de la région ;
- intente les actions en justice au nom de la région en vertu d'une décision du conseil régional.

C. Le Conseil économique, social et environnemental régional (CESER)

Le Conseil économique, social et environnemental régional (CESER) est une assemblée consultative souvent méconnue représentant les « forces vives » de la région ou « la société civile organisée de la région ». Il comprend entre 40 et 110 membres suivant les régions, appartenant à quatre collèges :

– le collège des entreprises et activités non salariées (35 % des sièges) ;

– le collège des organisations syndicales de salariés (35 % des sièges) ;

– le collège des organismes participant à la vie collective de la région (25 % des sièges) ;

– le collège des personnalités qualifiées participant au développement régional (5 % des sièges).

Ses membres sont désignés pour six ans renouvelables par les différents collèges.

Le CESR est obligatoirement saisi pour avis, avant examen par le conseil régional, notamment des documents relatifs à la préparation et à l'exécution dans la région du plan national, du projet de plan de la région et à son bilan annuel d'exécution, ainsi qu'à tout document de planification et aux schémas directeurs, des documents budgétaires de la région.

Le président du conseil régional peut aussi demander au CESR des avis sur des projets économiques, sociaux ou culturels.

Le CESR peut aussi, de sa propre initiative, émettre des avis sur toute question relevant des compétences de la région.

4. Les établissements publics de coopération intercommunale (EPCI)

A. Intercommunalité de gestion et intercommunalité de projet

L'intercommunalité désigne les différentes formes de coopération entre les communes par transfert de compétences au bénéfice des établissements qu'elles créent.

L'article L. 5111-1 du Code général des collectivités territoriales (CGCT) fixe en effet que « les collectivités territoriales peuvent s'associer pour l'exercice de leurs compétences en créant des organismes publics de coopération dans les formes et conditions prévues par la législation en vigueur ».

Étant des établissements publics, les EPCI sont régis par le principe général de spécialité, c'est-à-dire qu'ils n'exercent que les compétences limitativement énumérées par la loi et ne bénéficient pas de la clause générale de compétence.

L'EPCI agit en lieu et place de ses communes-membres. Disposant de ses propres organes (conseil, président) et d'un budget propre, il prend des décisions en son nom propre, indépendamment des conseils municipaux.

On distingue traditionnellement deux types d'intercommunalité :

– **l'intercommunalité de gestion**, par laquelle les communes gèrent en commun des services publics locaux. Il s'agit d'une intercommunalité dite **associative**, mise en œuvre par des **établissements publics de coopération intercommunale (EPCI) sans fiscalité propre**, c'est-à-dire dont les ressources dépendent des contributions budgétaires des communes ou d'une contribution fiscalisée (des taux additionnels aux taxes directes locales calculés par l'État, sur la base du produit voté par le syndicat, s'ajoutent aux taux votés par la commune) ;

– **l'intercommunalité de projet**, qui permet la mise en œuvre de projets de développement local, est une intercommunalité **fédérative**, gérée par des **EPCI à fiscalité propre** qui disposent de **recettes fiscales directes.**

Parmi les EPCI à fiscalité propre, on distingue les EPCI à fiscalité professionnelle unique (FPU) (les métropoles, la plupart des communautés urbaines, les communautés d'agglomération et les syndicats d'agglomération nouvelle) et les EPCI à fiscalité additionnelle (la plupart des communautés de communes appliquent, en principe, la fiscalité additionnelle mais peuvent opter pour la FPU).

B. Commission départementale de coopération intercommunale et schéma départemental de coopération intercommunale

La loi n° 2010-1563 du 16 décembre 2010 de réforme des collectivités territoriales (dite loi RCT) a renforcé le rôle de la **commission départementale de coopération intercommunale** (CDCI) et prévu l'élaboration d'un **schéma départemental de coopération intercommunale** (SDCI), à caractère prescriptif, visant une rationalisation de la carte intercommunale et la couverture intégrale du territoire par des EPCI à fiscalité propre, sans enclaves ni discontinuités territoriales.

La **commission départementale de coopération intercommunale (CDCI)** a été instituée par la loi n° 99-586 du 12 juillet 1999 relative au renforcement et à la simplification de la coopération intercommunale, dite loi Chevènement.

La CDCI compte un nombre minimum de 40 sièges, avec des sièges supplémentaires en fonction de la démographie du département, du nombre et de la taille des communes et des EPCI à fiscalité propre.

Sa composition est la suivante :

- collège des communes : 40 % ;
- collège des EPCI à fiscalité propre : 40 % ;
- collège des syndicats mixtes et syndicats de communes : 5 % ;
- collège du conseil départemental : 10 % ;
- collège du conseil régional : 5 %.

Présidée par le représentant de l'État dans le département, elle joue un rôle essentiel dans **l'élaboration du schéma départemental de coopération intercommunale (SDCI)** :

- elle établit et tient à jour un état de la coopération intercommunale dans le département ;

- elle peut formuler toute proposition pour renforcer cette coopération et à cet effet, entend, à leur demande, les représentants des collectivités locales concernées.

Le représentant de l'État dans le département la consulte sur :

- tout projet de création d'un établissement public de coopération intercommunale ;
- tout projet de création d'un syndicat mixte ;
- tout projet de modification du périmètre d'un établissement public de coopération intercommunale ou de fusion de tels établissements qui diffère des propositions du schéma départemental de la coopération intercommunale ;
- tout projet d'association de communes en vue de l'élaboration d'une charte intercommunale de développement et d'aménagement.

Elle est saisie par le représentant de l'État dans le département ou à la demande de 20 % de ses membres. Ses propositions et observations sont rendues publiques.

Le **schéma départemental de coopération intercommunale (SDCI)**, institué par loi n° 2010-1563 du 16 décembre 2010 de réforme des collectivités territoriales, sert de cadre de référence à l'évolution de la carte intercommunale dans chaque département ; il donne une représentation cartographiée de l'ensemble des établissements publics de coopération intercommunale et en fixe les orientations d'évolution. Il doit être arrêté avant le 31 décembre 2011.

Il a pour objectif :

- « la **couverture intégrale du territoire par des établissements publics de coopération intercommunale à fiscalité propre** et la suppression des enclaves et discontinuités territoriales » (article L. 5210-1-1.-I de la loi du 16 décembre 2010) ;
- la rationalisation des périmètres des EPCI à fiscalité propre ;
- la réduction du nombre de syndicats intercommunaux ou mixtes.

Un **projet de schéma est élaboré par le représentant de l'État dans le département**. Il est **adressé pour avis aux conseils municipaux des communes et aux organes délibérants des établissements publics de coopération intercommunale** et des syndicats mixtes concernés par les propositions de modification de la situation existante en matière de coopération intercommunale. Ils se prononcent dans un délai de trois mois à compter de la notification. À défaut de délibération dans ce délai, celle-ci est réputée favorable.

Le projet de schéma, ainsi que l'ensemble des avis sont ensuite **transmis pour avis à la commission départementale de la coopération intercommunale** qui, à compter de cette transmission, dispose d'un délai de quatre mois pour se prononcer. À défaut de délibération dans ce délai, celle-ci est réputée favorable. Les propositions de modification du projet de schéma adoptées par la commission départementale de la coopération intercommunale à la majorité des deux tiers de ses membres sont intégrées dans le projet de schéma.

Le schéma est arrêté par décision du représentant de l'État dans le département.

Il est révisé selon la même procédure au moins tous les six ans à compter de sa publication.

Cette « clause de revoyure » a ensuite été avancée à 2015.

Chaque département devait être couvert par un ensemble d'**EPCI à fiscalité propre regroupant initialement au moins 5 000 habitants.** La **loi portant nouvelle organisation du territoire de la République (NOTRe) du 7 janvier 2015** a relevé ce seuil du nombre minimum d'habitants des établissements intercommunaux à fiscalité propre de 5 000 à 15 000 habitants, avec des exceptions pour les zones rurales peu denses et les zones de montagne. Ainsi, sauf exception, aucun EPCI à fiscalité propre ne peut regrouper moins de 15 000 habitants : les communautés de communes comptant moins de 15 000 habitants doivent fusionner pour atteindre ce nombre.

La commission départementale de coopération intercommunale, sous l'impulsion du préfet et du sous-préfet, est chargée d'étudier les propositions de ces communautés de communes pour atteindre ce nombre d'habitants. La CDCI peut proposer un schéma prescriptif en la matière. Ce schéma est soumis au vote des conseils communautaires et des conseils municipaux des communes adhérentes à cette communauté de communes (ce vote se fera à la majorité absolue des conseils municipaux (50 % des communes représentant deux tiers de la population de l'ensemble des conseils municipaux, ou deux tiers des conseils municipaux représentant au moins 50 % de la population totale des communes adhérentes à la communauté de communes concernée).

C. Le processus de création d'un EPCI

Cette procédure, régie par l'article L. 5211-5 du CGCT, est commune à l'ensemble des catégories d'EPCI. Elle comporte **trois étapes** :

- **Première étape : la délimitation du périmètre de l'EPCI**

Un arrêté préfectoral délimite le projet de périmètre du futur EPCI.

L'initiative de la création peut venir des communes désireuses de créer l'EPCI ou du préfet lui-même.

Si le préfet s'écarte du schéma adopté, ou si aucun schéma n'a été adopté dans le département, il saisit la CDCI, qui dispose alors d'un pouvoir d'amendement à la majorité des deux tiers de ses membres.

- **Deuxième étape : la consultation des communes**

Elle intervient dans un délai de trois mois. Les communes doivent approuver le périmètre et les statuts avec les règles de majorité suivantes : deux tiers des communes représentant la moitié de la population totale concernée ou la moitié des communes représentant deux tiers de la population totale, avec, de plus, l'accord obligatoire des communes comptant plus du quart de la population totale de l'EPCI (pour les syndicats), ou l'accord obligatoire de la commune dont la population est la plus nombreuse, si celle-ci est supérieure à un quart de la population totale de l'EPCI (pour les EPCI à fiscalité propre).

- **Troisième étape : l'arrêté préfectoral de création**

Le préfet a l'obligation d'attendre l'expiration du délai de trois mois si toutes les communes ne se sont pas prononcées.

Sous le contrôle du juge de l'excès de pouvoir, le préfet peut :
- ne pas donner suite à la demande de création ;

– la modifier, par exemple en incluant une commune, contre son gré, au nom de l'intérêt général, dans le périmètre du futur EPCI ;

– refuser de créer l'EPCI même si la majorité est atteinte.

En revanche, il ne peut pas créer l'EPCI sur un périmètre différent de celui qui a été soumis au vote des conseils municipaux.

D. Typologie des EPCI

a. Les EPCI sans fiscalité propre

Les syndicats de communes

L'article L. 5212-1 du Code général des collectivités territoriales (CGCT) dispose que « le syndicat de communes est un établissement public de coopération intercommunale associant des communes en vue d'œuvres ou de services d'intérêt intercommunal ».

Les communes disposent d'une totale liberté dans le choix des compétences transférées.

Le syndicat « à la carte »

Le syndicat « à la carte » a la faculté d'exercer des compétences distinctes sur le territoire de ses différentes communes membres. Les communes décident individuellement de lui transférer ou non les compétences qu'il est habilité, par ses statuts, à exercer.

b. Les EPCI à fiscalité propre

Au 1er janvier 2019, on recense 1 258 EPCI à fiscalité propre sur le territoire français :

– 1 001 communautés de communes ;
– 223 communautés d'agglomération ;
– 13 communautés urbaines ;
– 21 métropoles.

La communauté de communes

Créée par la loi du 6 février 1992, la communauté de communes (article L. 5214-1 du CGCT) est « un établissement public de coopération intercommunale regroupant plusieurs communes d'un seul tenant et sans enclave. Elle a pour objet d'associer des communes au sein d'un espace de solidarité, en vue de l'élaboration d'un projet commun de développement et d'aménagement de l'espace ».

Elle exerce de plein droit, en lieu et place des communes membres, des compétences obligatoires en matière :

– d'**aménagement de l'espace**, dont le plan local d'urbanisme intercommunal (PLUI) sauf opposition des communes ;

– de **développement économique** : création et entretien des zones d'activités, politique locale du commerce et soutien aux activités commerciales d'intérêt communautaire, promotion du tourisme, dont la création d'offices de tourisme, zones d'activités touristiques ;

– d'aménagement, entretien et gestion des **aires d'accueil des gens du voyage** ;

– de **collecte et traitement des déchets** ;

– de **gestion des milieux aquatiques et préventions des inondations** (GEMAPI) depuis le 1er janvier 2018 ;

– d'**assainissement**, à partir du 1er janvier 2020 ;

– de **gestion de l'eau**, à partir du 1er janvier 2020.

Elle exerce également des **compétences optionnelles** relevant au moins de trois des neuf groupes de compétences suivants :

– protection et mise en valeur de l'environnement et soutien aux actions de maîtrise de la demande d'énergie ;

– politique du logement et du cadre de vie ;

– création, aménagement et entretien de la voirie ;

– construction, entretien et fonctionnement d'équipements culturels et sportifs et d'équipements de l'enseignement pré-élémentaire et élémentaire ;

– action sociale d'intérêt communautaire ;

– création et gestion des maisons de services publics ;

– assainissement, jusqu'au 1er janvier 2020 ;

– gestion de l'eau, jusqu'au 1er janvier 2020 ;

– politique de la ville : élaboration du diagnostic du territoire et définition des orientations du contrat de ville ; animation et coordination des dispositifs contractuels de développement urbain, de développement local et d'insertion économique et sociale ainsi que des dispositifs locaux de prévention de la délinquance ; programmes d'actions définis dans le contrat de ville.

La communauté d'agglomération

Créée par la loi du 6 février 1992, la communauté d'agglomération (article L. 5216-1 du CGCT) est « un établissement public de coopération intercommunale regroupant plusieurs communes formant, à la date de sa création, un ensemble de plus de 50 000 habitants d'un seul tenant et sans enclave, autour d'une ou plusieurs communes centre de plus de 15 000 habitants.

Le seuil démographique de 15 000 habitants ne s'applique pas lorsque la communauté d'agglomération comprend le chef-lieu du département ou la commune la plus importante du département. Le seuil démographique de 50 000 habitants est réduit à 30 000 habitants lorsque la communauté d'agglomération comprend le chef-lieu du département ».

Elle exerce de plein droit, en lieu et place des communes membres, des compétences obligatoires :

– en matière de **développement économique** : création, aménagement, entretien et gestion de zones d'activité industrielle, commerciale, tertiaire, artisanale, touristique, portuaire ou aéroportuaire qui sont d'intérêt communautaire ; actions de développement économique d'intérêt communautaire ;

– en matière d'**aménagement de l'espace communautaire** : schéma de cohérence territoriale et schéma de secteur ; création et réalisation de zones d'aménagement concerté d'intérêt communautaire ; organisation de la mobilité ;

– en matière d'**équilibre social de l'habitat** : programme local de l'habitat ; politique du logement d'intérêt communautaire ; actions et aides financières en faveur du logement social d'intérêt communautaire ; réserves foncières pour la mise en œuvre de la politique communautaire d'équilibre social de l'habitat ;

action, par des opérations d'intérêt communautaire, en faveur du logement des personnes défavorisées ; amélioration du parc immobilier bâti d'intérêt communautaire ;

– en matière de **politique de la ville** : élaboration du diagnostic du territoire et définition des orientations du contrat de ville ; animation et coordination des dispositifs contractuels de développement urbain, de développement local et d'insertion économique et sociale ainsi que des dispositifs locaux de prévention de la délinquance ; programmes d'actions définis dans le contrat de ville.

Elle exerce, dans les mêmes conditions, des **compétences optionnelles** relevant au moins de trois des six groupes de compétences suivants :

– création ou aménagement et entretien de la voirie d'intérêt communautaire ; création ou aménagement et gestion des parcs de stationnement d'intérêt communautaire ;

– assainissement ;

– gestion de l'eau ;

– en matière de protection et de mise en valeur de l'environnement et du cadre de vie : lutte contre la pollution de l'air, lutte contre les nuisances sonores, élimination et valorisation des déchets des ménages et déchets assimilés ou partie de cette compétence ;

– construction, aménagement, entretien et gestion d'équipements culturels et sportifs d'intérêt communautaire ;

– action sociale d'intérêt communautaire.

La communauté urbaine

Les premières communautés urbaines ont été créées par la loi n° 66-1069 du 31 décembre 1966 relative aux communautés urbaines.

Elles relèvent aujourd'hui, pour l'essentiel, des dispositions de la loi du 12 juillet 1999 relative au renforcement et à la simplification de la coopération intercommunale (dite loi Chevènement).

Depuis la loi n° 2010-1563 du 16 décembre 2010 de réforme des collectivités territoriales, la communauté urbaine est (article L. 5215-1 alinéa 1 du CGCT) « un établissement public de coopération intercommunale regroupant plusieurs communes d'un seul tenant et sans enclave qui forment, à la date de sa création, un ensemble de **plus de 450 000 habitants** et qui s'associent au sein d'un espace de solidarité, pour élaborer et conduire ensemble un projet commun de développement urbain et d'aménagement de leur territoire ».

Ce seuil été ramené à **250 000 habitants** par la loi n° 2014-58 du 27 janvier 2014 de modernisation de l'action publique territoriale et d'affirmation des métropoles (MAPTAM).

Elle exerce de plein droit, en lieu et place des communes membres, des compétences obligatoires (pas de compétences optionnelles) :

– en matière de **développement et d'aménagement économique, social et culturel de l'espace communautaire** : création, aménagement, entretien et gestion de zones d'activité industrielle, commerciale, tertiaire, artisanale, touristique, portuaire ou aéroportuaire ; actions de développement économique ; construction ou aménagement, entretien, gestion et animation d'équipements, de réseaux d'équipements ou d'établissements culturels, socioculturels, socio-éducatifs, sportifs, lorsqu'ils sont d'intérêt communautaire ; lycées et collèges ; promotion du tourisme, dont la création d'offices de tourisme ; programme de soutien et d'aides aux établissements d'enseignement supérieur et de recherche et aux programmes de recherche ;

– en matière d'**aménagement de l'espace communautaire** : schéma de cohérence territoriale et schéma de secteur ; plan local d'urbanisme et documents d'urbanisme en tenant lieu ; définition, création et réalisation d'opérations d'aménagement d'intérêt communautaire ; et après avis des conseils municipaux, constitution de réserves foncières ; organisation de la mobilité ; création, aménagement et entretien de voirie ; signalisation ; parcs et aires de stationnement ; plan de déplacements urbains ;

– en matière d'**équilibre social de l'habitat** sur le territoire communautaire : programme local de l'habitat ; politique du logement ; aides financières au logement social ; actions en faveur du logement social ; action en faveur du logement des personnes défavorisées ; opérations programmées d'amélioration de l'habitat, actions de réhabilitation et résorption de l'habitat insalubre ;

– en matière de **politique de la ville** : élaboration du diagnostic du territoire et définition des orientations du contrat de ville ; animation et coordination des dispositifs contractuels de développement urbain, de développement local et d'insertion économique et sociale ainsi que des dispositifs locaux de prévention de la délinquance ; programmes d'actions définis dans le contrat de ville ;

– en matière de **gestion des services d'intérêt collectif** : assainissement et eau ; création, extension et translation des cimetières, ainsi que création et extension des crématoriums et des sites cinéraires ; abattoirs, abattoirs marchés et marchés d'intérêt national ; services d'incendie et de secours ; contribution à la transition énergétique ; création, aménagement, entretien et gestion de réseaux de chaleur ou de froid urbains ; concessions de la distribution publique d'électricité et de gaz ; création et entretien des infrastructures de charge de véhicules électriques ;

– en matière de **protection et mise en valeur de l'environnement et de politique du cadre de vie** : collecte et traitement des déchets des ménages et déchets assimilés ; lutte contre la pollution de l'air ; lutte contre les nuisances sonores ; soutien aux actions de maîtrise de la demande d'énergie.

– **aménagement, entretien et gestion des aires d'accueil des gens du voyage**.

La métropole

Il s'agit de la catégorie d'EPCI la plus intégrée (articles L. 5217-1 et suivants du CGCT). Instituée par la loi n° 2010-1563 du 16 décembre 2010 de réforme des collectivités territoriales, elle a été fortement modifiée par la loi n° 2014-58 du 27 janvier 2014 de modernisation de l'action publique territoriale et d'affirmation des métropoles (MAPTAM). Elle présente la particularité de résulter de la transformation d'un EPCI à fiscalité propre préexistant.

« La métropole est un établissement public de coopération intercommunale à fiscalité propre regroupant plusieurs communes d'un seul tenant et sans enclave au sein d'un espace de solidarité pour élaborer et conduire ensemble un projet d'aménagement et de développement économique, écologique, éducatif, culturel et social de leur territoire afin d'en améliorer la cohésion et la compétitivité et de concourir à un développement durable et solidaire du territoire régional. Elle valorise les fonctions économiques métropolitaines, ses réseaux de transport et ses ressources universitaires, de recherche et d'innovation, dans un esprit de coopération régionale et interrégionale et avec le souci d'un développement territorial équilibré. » (article L. 5217-1 du CGCT).

Sont transformés en métropole au 1er janvier 2015 l'ensemble des EPCI à fiscalité propre qui forment, à la date de la création de la métropole, un ensemble de **plus de 400 000 habitants dans une aire urbaine de plus de 650 000 habitants**. De plus, par accord des deux tiers au moins des conseils municipaux des communes intéressées représentant plus de la moitié de la population totale de celles-ci ou par la moitié au moins des conseils municipaux des communes représentant les deux tiers de la population, peuvent obtenir par décret le statut de métropole, à leur demande :

1° les établissements publics de coopération intercommunale à fiscalité propre qui forment, à la date de la création de la métropole, un ensemble de plus de 400 000 habitants et dans le périmètre desquels se trouve le chef-lieu de région ;

2° les établissements publics de coopération intercommunale centres d'une zone d'emplois de plus de 400 000 habitants, au sens de l'Institut national de la statistique et des études économiques, et qui exerçaient, en lieu et place des communes, les compétences obligatoires d'une métropole à la date de l'entrée en vigueur de la loi n° 2014-57 du 27 janvier 2014.

La métropole exerce de plein droit, en lieu et place des communes membres, des **compétences obligatoires** :

– en matière de **développement et d'aménagement économique, social et culturel** : création, aménagement et gestion des zones d'activité industrielle, commerciale, tertiaire, artisanale, touristique, portuaire ou aéroportuaire ; actions de développement économique ainsi que participation au copilotage des pôles de compétitivité et au capital des sociétés d'accélération du transfert de technologie ; construction, aménagement, entretien et fonctionnement d'équipements culturels, socioculturels, socio-éducatifs et sportifs d'intérêt métropolitain ; promotion du tourisme, dont la création d'offices de tourisme ; programme de soutien et d'aides aux établissements d'enseignement supérieur et de recherche et aux programmes de recherche, en tenant compte du schéma régional de l'enseignement supérieur, de la recherche et de l'innovation ;

– en matière d'**aménagement de l'espace métropolitain** : schéma de cohérence territoriale et schéma de secteur ; plan local d'urbanisme et documents d'urbanisme en tenant lieu ; définition, création et réalisation d'opérations d'aménagement d'intérêt métropolitain ; actions de valorisation du patrimoine naturel et paysager ; constitution de réserves foncières ; organisation de la mobilité ; création, aménagement et entretien de voirie ; signalisation ; abris de voyageurs ; parcs et aires de stationnement et plan de déplacements urbains ; création, aménagement et entretien des espaces publics dédiés à tout mode de déplacement urbain ainsi qu'à leurs ouvrages accessoires ; participation à la gouvernance et à l'aménagement des gares situées sur le territoire métropolitain ;

établissement, exploitation, acquisition et mise à disposition d'infrastructures et de réseaux de télécommunications ;

– en matière de **politique locale de l'habitat** : programme local de l'habitat ; politique du logement ; aides financières au logement social ; actions en faveur du logement social ; actions en faveur du logement des personnes défavorisées ; amélioration du parc immobilier bâti, réhabilitation et résorption de l'habitat insalubre ; aménagement, entretien et gestion des aires d'accueil des gens du voyage ;

– en matière de **politique de la ville** : élaboration du diagnostic du territoire et définition des orientations du contrat de ville ; animation et coordination des dispositifs contractuels de développement urbain, de développement local et d'insertion économique et sociale ainsi que des dispositifs locaux de prévention de la délinquance ; programmes d'actions définis dans le contrat de ville ;

– en matière de **gestion des services d'intérêt collectif** : assainissement et eau ; création, gestion, extension et translation des cimetières et sites cinéraires d'intérêt métropolitain ainsi que création, gestion et extension des crématoriums ; abattoirs, abattoirs marchés et marchés d'intérêt national ; services d'incendie et de secours ; service public de défense extérieure contre l'incendie ;

– en matière de **protection et de mise en valeur de l'environnement et de politique du cadre de vie** : gestion des déchets ménagers et assimilés ; lutte contre la pollution de l'air ; lutte contre les nuisances sonores ; contribution à la transition énergétique ; soutien aux actions de maîtrise de la demande d'énergie ; élaboration et adoption du plan climat-énergie territorial, en cohérence avec les objectifs nationaux en matière de réduction des émissions de gaz à effet de serre, d'efficacité énergétique et de production d'énergie renouvelable ; concession de la distribution publique d'électricité et de gaz ; création, aménagement, entretien et gestion de réseaux de chaleur ou de froid urbains ; création et entretien des infrastructures de charge nécessaires à l'usage des véhicules électriques ou hybrides rechargeables ; gestion des milieux aquatiques et prévention des inondations ; autorité concessionnaire de l'État pour les plages.

Elle peut également exercer, à l'intérieur de son périmètre, des compétences en lieu et place des départements et des régions par transfert conventionnel.

9. Les principaux modes de recrutement des agents publics fonctionnaires et contractuels

Les employeurs des fonctionnaires territoriaux comptent 35 000 communes, 20 000 établissements publics locaux, 101 départements et 13 régions métropolitaines, soit plus de 55 000 employeurs différents.

Les fonctionnaires territoriaux exercent environ 250 métiers différents. Pour autant, à la différence de l'État qui compte environ 600 corps dont il a réduit le nombre en les réorganisant, la fonction publique territoriale ne compte que **54 cadres d'emplois** (par exemple ceux des attachés territoriaux, des ingénieurs territoriaux ou encore des conservateurs des bibliothèques territoriaux).

Un cadre d'emplois regroupe des agents dont les emplois et les métiers sont très proches. Chaque cadre d'emplois est régi par un décret portant statut particulier du cadre d'emplois qui précise notamment les missions incombant au cadre d'emplois et les moyens d'y accéder.

Les **filières** sont un moyen aisé de regrouper les cadres d'emplois au sein de « grandes familles » de métiers. On recense ainsi huit filières différentes dans la fonction publique territoriale :

- administrative ; technique ; culturelle ; sportive ; médico-sociale ; animation ; police municipale (parfois nommée filière « sécurité ») ; sapeurs-pompiers.

À titre d'exemple, la filière animation contient les cadres d'emplois d'adjoint d'animation et d'animateur.

Chaque cadre d'emplois est divisé en **grades** qui distinguent les agents en fonction de leur expérience, de leur ancienneté, de leur qualification ou de leur responsabilité. Parmi ces grades, on distingue le grade de recrutement et les grades d'avancement. Au sein d'un grade, un fonctionnaire bénéficie en fonction de son ancienneté d'avancements d'échelon.

Par exemple, le cadre d'emplois des animateurs territoriaux comprend les grades d'animateur, d'animateur principal de 2e classe et d'animateur principal de 1re classe.

Le grade d'animateur est un grade de recrutement, accessible par concours de même que le grade d'animateur principal de 2e classe, tandis que le grade d'animateur de 1re classe est un grade d'avancement, accessible par examen professionnel ou par ancienneté. À noter que le grade d'animateur principal de 2e classe est également un grade accessible au titre de l'avancement de grade, par exemen ou ancienneté et de la promotion interne, par examen ou ancienneté.

Les cadres d'emplois sont répartis en trois **catégories hiérarchiques**, qui correspondent :

- pour la catégorie A, à des fonctions de conception et de direction ;
- pour la catégorie B, à des fonctions d'application ;
- pour la catégorie C, à des fonctions d'exécution.

Au cours de sa carrière, un fonctionnaire peut accéder à un cadre d'emplois de catégorie supérieure, soit par concours, soit par promotion interne avec ou sans examen professionnel. Ainsi, un adjoint d'animation (catégorie C) peut devenir animateur (catégorie B) par concours ou par promotion interne sans examen ou après réussite de l'examen professionnel d'animateur principal par voie de promotion interne. De même, un animateur territorial (catégorie B) accédera au grade d'attaché territorial (catégorie A) par concours ou par promotion interne au choix (sans examen professionnel).

Le **recrutement par concours** est la règle en matière de recrutement dans la fonction publique territoriale, même si cette règle connaît des dérogations.

On distingue :

- **Les concours internes**, ouverts à tous les agents publics titulaires ou non titulaires avec pour condition une certaine durée de services publics, généralement 1 an pour l'accès aux cadres d'emplois de catégorie C et 4 ans pour ceux de catégories A et B.
- **Les concours externes**, dont l'accès est conditionné à la détention de titres ou diplômes, ou, depuis la loi du 17 février 2007, à la reconnaissance de l'expérience professionnelle en complément ou en lieu et place de diplôme.

Le niveau de diplôme requis est lié à la catégorie hiérarchique du cadre d'emplois.

Pour un cadre d'emplois de catégorie A, le concours externe est accessible à partir du niveau minimum de la licence (niveau II). En catégorie B, le recrutement par concours externe s'effectue à partir du niveau baccalauréat (niveau IV). En catégorie C, des diplômes de type brevet, CAP et BTS sont requis (niveau V).

- **Les concours de troisième voie** (ou troisièmes concours), sont ouverts au titre d'une activité professionnelle dans le secteur privé, quelle qu'en soit la nature, généralement pendant 4 ans ; ils sont également accessibles aux personnes qui ont exercé, généralement également pendant 4 ans, des responsabilités associatives, ainsi qu'aux personnes qui ont exercé des mandats électifs locaux.

À noter que certains cadres d'emplois sont ouverts au recrutement direct sans concours : c'est par exemple le cas du recrutement au grade d'adjoint administratif ou d'adjoint d'animation ou encore d'adjoint du patrimoine.

L'organisation des concours d'accès à la fonction publique territoriale repose à la fois sur l'obligation (sauf exceptions) pour l'employeur de recruter des lauréats de concours et sur la liberté de recruter librement un lauréat de concours. Les candidats qui réussissent un concours sont ainsi inscrits par l'autorité organisatrice du concours sur une **liste d'aptitude** (valable deux années renouvelable deux fois pour un an à la demande du lauréat, soit quatre ans au total), qui leur donne vocation à être nommés dans la collectivité ou l'établissement public qu'ils auront choisi et/ou qui les aura choisis.

La fonction publique, et notamment la fonction publique territoriale, peut également recruter des **agents non titulaires**, désormais qualifiés d'**agents contractuels**. Les emplois répondant à un besoin permanent sont, conformément à la loi, occupés par des fonctionnaires. Toutefois, un certain nombre de dérogations sont prévues, fixant les conditions d'emploi d'agents contractuels en leur lieu et place : remplacement, absence de candidature de fonctionnaires, handicapés… Les emplois ne correspondant pas à un besoin permanent – emplois occasionnels, saisonniers, de cabinet – ne peuvent être, quant à eux, occupés que par des agents contractuels ou, pour le dernier cas, par des fonctionnaires en détachement.

La **loi n° 2019-828 du 6 août 2019 de transformation de la fonction publique** élargit les possibilités de recrutement d'agents contractuels :

Emplois de direction

Peuvent être pourvus par la voie du recrutement direct les emplois suivants :

- directeur général des services et, lorsque l'emploi est créé, directeur général adjoint des services des départements et des régions ou des collectivités exerçant les compétences des départements ou des régions ;
- directeur général des services, directeur général adjoint des services et directeur général des services techniques des communes de plus de 40 000 habitants et des établissements publics de coopération intercommunale à fiscalité propre de plus de 40 000 habitants ;
- directeur général des établissements publics dont les caractéristiques et l'importance le justifient.

Emplois de catégorie B

Il devient possible de recruter par contrat sur les emplois de catégorie B, lorsque la nature des fonctions ou les besoins des services le justifient, dans les mêmes conditions que pour les emplois de catégorie A.

Emplois dans les « petites » communes et intercommunalités

Dans les communes de moins de 1 000 habitants et dans les EPCI de moins de 15 000 habitants, tous les emplois peuvent être pourvus au moyen du contrat.

Contrat de projet

Selon les termes de l'exposé des motifs de la loi :

« L'article 8 crée un nouveau type de **contrat à durée déterminée** au sein de la fonction publique, le contrat de projet. Il permet aux services d'être en capacité de mobiliser des profils divers pour la conduite de projets ou d'opérations identifiés s'inscrivant dans une durée limitée. Ce nouveau contrat, spécifique à la fonction publique et n'ouvrant droit ni à un contrat à durée indéterminée, ni à titularisation, est ouvert à l'ensemble des catégories hiérarchiques. Conclu pour une **durée déterminée minimale d'un an et ne pouvant excéder six ans maximum**, il prend fin :

- lorsque le projet ou l'opération pour lequel ce contrat a été conclu ne peut se réaliser ;
- lorsque le projet ou l'opération arrive à son terme ;
- lorsque le projet ou l'opération se termine de manière anticipée.

Une indemnité spécifique est prévue en cas de rupture anticipée du contrat. »

10. Les finances publiques locales et les budgets locaux

Il n'est évidemment pas possible de développer ici un cours entier de finances publiques locales, mais on posera tout de même quelques repères, utiles pour répondre à des questions sur l'environnement territorial dans le cadre de l'épreuve orale d'entretien ainsi que, le cas échéant, pour maîtriser la dimension financière de propositions dans l'épreuve de rapport avec propositions opérationnelles.

1. Qu'est-ce que l'autonomie financière des collectivités territoriales ?

Depuis la révision constitutionnelle du 28 mars 2003, l'article 72-2 de la Constitution précise le principe d'autonomie financière des collectivités territoriales qui constitue une des conditions de leur libre administration.

L'**article 72-2** dispose en effet que :

> « Les collectivités territoriales bénéficient de **ressources dont elles peuvent disposer** librement dans les conditions fixées par la loi.
> Elles peuvent recevoir tout ou partie du produit des impositions de toutes natures. La loi peut les autoriser à en **fixer l'assiette et le taux** dans les limites qu'elle détermine.
> **Les recettes fiscales et les autres ressources propres** des collectivités territoriales représentent, pour chaque catégorie de collectivités, une **part déterminante de l'ensemble de leurs ressources**. La loi organique fixe les conditions dans lesquelles cette règle est mise en œuvre.
> Tout **transfert de compétences** entre l'État et les collectivités territoriales s'accompagne de l'**attribution de ressources équivalentes** à celles qui étaient consacrées à leur exercice. Toute création ou extension de compétences ayant pour conséquence d'augmenter les dépenses des collectivités territoriales est accompagnée de ressources déterminées par la loi.
> La loi prévoit des dispositifs de **péréquation** destinés à favoriser l'égalité entre les collectivités territoriales. »

La **loi organique du 29 juillet 2004** définit les ressources propres des collectivités locales et fixe un plancher en deçà duquel le taux d'autonomie financière des collectivités locales ne peut pas descendre.

L'article 3 de cette loi organique précise ainsi que :

> « Au sens de l'article 72-2 de la Constitution, les **ressources propres des collectivités territoriales** sont constituées du produit des impositions de toutes natures dont la loi les autorise à fixer l'assiette, le taux ou le tarif, ou dont elle détermine, par collectivité, le taux ou une part locale d'assiette, des redevances pour services rendus, des produits du domaine, des participations d'urbanisme, des produits financiers et des dons et legs. »
> Pour la catégorie des communes, les ressources propres sont augmentées du montant de celles qui, mentionnées au premier alinéa, bénéficient aux établissements publics de coopération intercommunale.

2. Quels sont les principes budgétaires qui s'imposent aux collectivités territoriales ?

Par principe budgétaire, on entend les grandes règles, fixées par la loi (et le plus souvent inscrites dans le Code général des collectivités territoriales), destinées à assurer une bonne utilisation des fonds publics et un contrôle efficace de l'assemblée délibérante.

A. L'unité budgétaire

Pour exercer leur pouvoir de bonne façon, les assemblées délibérantes doivent avoir une vision d'ensemble des recettes et des dépenses de la collectivité, ce qui impose leur inscription sur un document unique. Afin que ce document soit clair, des documents sont annexés au budget.

Les budgets autonomes et les budgets annexes constituent une exception au principe d'unité budgétaire.

B. L'universalité budgétaire

Afin que les assemblées délibérantes puissent déterminer librement les dépenses, le budget ne doit pas établir de lien entre recettes et dépenses. il lui faut donc respecter :

- la règle du produit brut ou de la non-compensation ;
- la règle de la non-affectation des recettes.

Les budgets annexes, l'affectation de certaines recettes sont une exception à ce principe.

C. L'annualité budgétaire

Le budget des collectivités territoriales doit être voté avant le début de l'exercice. Les collectivités territoriales sont toutefois autorisées à voter leur budget jusqu'au 15 avril, afin de prendre en compte des données contenues dans la loi de finances.

L'exécution du budget s'étend en outre du 1er janvier au 31 décembre.

Les reports de crédits et les autorisations de programme, notamment, constituent une exception à ce principe.

D. La spécialité des crédits

Les assemblées délibérantes décident de l'utilisation des crédits. À cette fin, les opérations comptables sont regroupées sous une nomenclature budgétaire qui permet aux élus d'identifier les crédits votés.

Les virements et transferts de crédits font exception à ce principe.

E. L'équilibre

Les collectivités territoriales sont astreintes à l'équilibre de leurs dépenses et de leurs recettes par section (section de fonctionnement et section d'investissement).

Le respect de ce principe requiert une évaluation sincère des recettes et des dépenses. En outre, les collectivités territoriales ne peuvent pas emprunter pour financer la charge de la dette.

F. La sincérité

Les collectivités territoriales sont tenues d'établir des prévisions strictes : elles ne peuvent en effet ni surestimer les recettes, ni sous-estimer les dépenses.

3. Quels sont les différents documents budgétaires d'une collectivité territoriale ?

A. Le budget primitif (BP)

Document budgétaire de base, le budget primitif doit être voté avant le début de l'exercice budgétaire auquel il se rapporte.

La loi avait toutefois fixé au 31 mars la date limite de vote du budget primitif par l'assemblée délibérante, cette date étant repoussée au 15 avril les années de renouvellement des assemblées locales.

NOTE DU FORMATEUR

L'article 37 de la loi n° 2012-1510 du 29 décembre 2012 de finances rectificatives pour 2012 a prévu qu'à compter de l'exercice 2013 et de façon pérenne la date limite de vote des budgets locaux est fixée au 15 avril au lieu du 31 mars. Cette date est reportée au 30 avril l'année de renouvellement des assemblées locales.

Le budget primitif prévoit et autorise les recettes et les dépenses de la commune en section de fonctionnement et en section d'investissement.

B. Le budget supplémentaire (BS)

Adopté par l'assemblée délibérante en cours d'année d'exécution du BP, il apporte des correctifs au budget, en incorporant les différentes décisions modificatives, en rectifiant les prévisions budgétaires (majorations ou annulations de crédits), en reprenant les résultats (excédent ou déficit) et les reports (pour l'essentiel des dépenses engagées mais non mandatées) de l'exercice précédent.

À noter que le BS n'est pas obligatoire.

C. Les décisions modificatives (DM)

Des dépenses imprévues peuvent nécessiter l'ouverture de crédits ou des ajustements s'avérer nécessaires en fin d'exercice. Des DM peuvent ainsi intervenir tout au long de l'exercice budgétaire.

D. Les budgets annexes

Le Code général des collectivités territoriales dispose que « les produits des régies dotées de la seule autonomie financière, y compris les taxes ainsi que les charges, font l'objet d'un budget spécial annexé au budget de la commune voté par le conseil municipal ».

Le service des eaux et de l'assainissement, par exemple, lorsque la collectivité locale décide de l'exploiter elle-même en régie, fait l'objet d'un budget annexe.

E. Le compte administratif (CA)

Il est présenté comme le BP, avec une section de fonctionnement et une section d'investissement, chaque section étant séparée en recettes et en dépenses. Il retrace les opérations réalisées au cours de l'exercice en dépenses et en recettes, ainsi que les « restes à réaliser ». Il permet ainsi de comparer, ligne par ligne, les évaluations initiales et les réalisations.

Il doit être approuvé par l'organe délibérant avant le 30 juin de l'exercice suivant celui auquel il s'applique, en même temps que le compte de gestion établi par le comptable.

L'excédent ou le déficit de gestion qu'il fait apparaître est repris dans l'exercice suivant (BS ou DM). La reprise de ce résultat fera l'objet d'une délibération spécifique de l'assemblée délibérante : l'affectation du résultat.

F. Le compte de gestion

Établi par le comptable, c'est un document de synthèse des flux financiers (dépenses et recettes) de la collectivité concernée. Il justifie l'exécution du budget et présente l'évolution patrimoniale et financière de la commune.

4. Comment est présenté le budget des collectivités territoriales ?

Les opérations budgétaires sont réparties en deux sections équilibrées, la **section de fonctionnement** et la **section d'investissement**, qui comprennent chacune les recettes et les dépenses.

■ La **section de fonctionnement** correspond à l'exploitation courante des services. On y trouve **en dépenses** :

– les frais de personnel ;

– les frais de travaux, fournitures et services extérieurs qui n'ont pas le caractère d'équipement ;

– les transferts versés (subventions de fonctionnement à des organismes dotés de l'autonomie financière…) ;

– la charge de la dette (intérêts).

Elle comprend **en recettes** :

– les transferts et dotations affectés au fonctionnement (par exemple la dotation globale de fonctionnement) ;

– les recettes fiscales : taxe d'habitation, taxe sur le foncier bâti, taxe sur le foncier non bâti, contribution économique territoriale ;

– les produits de l'exploitation et du domaine.

■ La **section d'investissement** correspond aux opérations modifiant le patrimoine de la collectivité, soit :

– **en dépenses** :

• le remboursement du capital de la dette,

• les charges d'investissement réalisées directement par la collectivité,

• les subventions d'équipement versées par la collectivité.

– **en recettes** :

• l'épargne brute dégagée par différence entre les charges et les produits de fonctionnement,

• les subventions d'équipement reçues (dotation globale d'équipement, fonds de compensation de la TVA, subventions des autres collectivités territoriales…),

• les produits d'emprunts.

Ainsi, lorsque les recettes de fonctionnement sont supérieures aux dépenses de fonctionnement, l'épargne brute ou autofinancement permet le financement des investissements.

5. Comment le budget est-il préparé et voté ?

A. La préparation du budget

La préparation du budget incombe à l'exécutif de la collectivité (et, par délégation, à ses services qui réunissent les éléments nécessaires).

Pour préparer le budget de l'année n, les services disposent du budget de l'année précédente (n – 1) et le dernier compte administratif arrêté (n – 2). Pour confectionner le budget, il est en outre nécessaire de connaître l'état du personnel, l'état de la dette (créances à long terme de la commune), les éléments fournis par l'État en matière fiscale (dotation globale de fonctionnement, dotation globale d'équipement...).

La préparation budgétaire requiert l'évaluation des recettes de fonctionnement et d'investissement, des dépenses de fonctionnement et d'investissement, la recherche de l'équilibre budgétaire, l'inscription prioritaire des dépenses obligatoires.

Dans les communes de 3 500 habitants et plus, les départements et les régions, le vote du budget est obligatoirement précédé d'un **débat d'orientation budgétaire** (débat de l'assemblée délibérante) qui doit intervenir dans les deux mois précédant le vote du budget (10 semaines s'agissant de la région). Ce débat permet l'information des élus locaux sur la situation financière de la collectivité ainsi que sur les grandes orientations budgétaires de l'exercice. Il constitue une formalité substantielle préalable à l'adoption du budget.

La loi du 7 août 2015 portant nouvelle organisation de la République (NOTRe) fixe que le débat d'orientation budgétaire se fonde sur un **rapport d'orientation budgétaire** (ROB).

S'agissant des communes, l'article L. 2312-1 du Code général des collectivités territoriales (CGCT) dispose que le ROB porte sur « les orientations budgétaires, les engagements pluriannuels envisagés ainsi que sur la structure et la gestion de la dette ». Dans les communes de 10 000 habitants et plus, « le rapport comporte, en outre, une présentation de la structure et de l'évolution des dépenses et des effectifs. Il précise notamment l'évolution prévisionnelle et l'exécution des dépenses de personnel, des rémunérations, des avantages en nature et du temps de travail ».

Un décret du 24 juin 2016 apporte des précisions sur le contenu, les modalités de publication et de transmission du ROB pour les communes, les départements et les régions. S'agissant des communes, il précise notamment : « Les orientations budgétaires envisagées par la commune portant sur les évolutions prévisionnelles des dépenses et des recettes, en fonctionnement comme en investissement. Sont notamment précisées les hypothèses d'évolution retenues pour construire le projet de budget, notamment en matière de concours financiers, de fiscalité, de tarification, de subventions ainsi que les principales évolutions relatives aux relations financières entre la commune et l'établissement public de coopération intercommunale à fiscalité propre dont elle est membre. »

De plus, la loi du 12 juillet 2010 portant engagement national pour l'environnement a institué un **rapport sur le développement durable** dans les collectivités territoriales et EPCI de plus de 50 000 habitants : préalablement aux débats sur le projet de budget, l'exécutif présente un rapport sur la situation en matière de développement durable intéressant le fonctionnement de la collectivité, les politiques qu'elle mène sur son territoire et les orientations et programmes de nature à améliorer cette situation. Il s'agit également d'une formalité substantielle préalable à l'adoption du budget.

B. Le vote du budget

Le budget est voté par l'assemblée délibérante de chaque collectivité territoriale.

Le budget primitif doit être voté au 1er janvier de l'exercice auquel il s'applique. Ce délai est théorique, puisque la date limite de vote du budget est fixée au 15 avril.

Voter un budget supplémentaire n'est pas obligatoire. Lorsqu'un budget supplémentaire est voté par l'assemblée délibérante, il l'est souvent au troisième trimestre.

Le budget est voté par chapitres, ou, à la demande de l'assemblée délibérante, par articles. La section de fonctionnement est adoptée avant la section d'investissement.

Les communes de plus de 10 000 habitants, les départements et les régions peuvent désormais recourir au vote par fonction, c'est-à-dire à un vote des dépenses de fonctionnement et d'investissement par grandes familles de dépenses.

6. Quelles sont les principales ressources des collectivités territoriales ?

Les ressources des collectivités territoriales désignent les recettes dont elles bénéficient pour assurer leurs missions.

L'article 72-2 de la Constitution fixe que « les collectivités territoriales bénéficient de ressources dont elles peuvent disposer librement dans les conditions fixées par la loi. [...] Les recettes fiscales et les autres ressources propres des collectivités territoriales représentent, pour chaque catégorie de collectivités, une part déterminante de l'ensemble de leurs ressources ». Ces règles constituent la base de l'« **autonomie financière** » des collectivités territoriales.

On peut présenter les ressources des collectivités territoriales en distinguant leurs **ressources propres** et leurs **ressources extérieures**.

A. Les ressources propres

Les recettes fiscales constituent la majorité des recettes des collectivités territoriales (138,5 milliards d'euros fin 2016, soit 55,1 % de leurs recettes totales.

Environ les deux tiers de ces recettes fiscales proviennent de la fiscalité directe.

a. La fiscalité directe

Elle repose sur six taxes qui se sont élevées en 2016 à 80,6 milliards d'euros :

- trois taxes « ménages », qui sont en réalité des impôts et non des taxes, la taxe d'habitation, la taxe foncière sur les propriétés bâties, la taxe foncière sur les propriétés non bâties :

– la **taxe d'habitation** s'applique à chaque personne (propriétaire ou locataire ou occupant à titre gratuit) disposant d'un bien immobilier. Elle est payée par la personne ayant la disposition ou la jouissance à titre privatif des locaux imposables au 1er janvier de l'année d'imposition,

LA SUPPRESSION DE LA TAXE D'HABITATION

La taxe d'habitation (TH) sur les résidences principales a été modifiée par la loi de finances pour 2018. Depuis 2018, elle baisse progressivement pour 80 % des Français et devrait être, pour ces 80 % de Français, totalement supprimée en 2020.

La mesure prévoit un effet de lissage avec une première baisse de 30 % en 2018 et 65 % en 2019. Cela signifie que les Français concernés par l'exonération ont bénéficié d'un abattement de 30 % sur leur taxe d'habitation en 2018, que ceux concernés par l'exonération en 2019 bénéficient d'un abattement de 65 % en 2019 puis d'une exonération totale en 2020.

Pour les 20 % de contribuables restants (les contribuables les plus aisés), il est prévu que la suppression intervienne en trois étapes à partir de 2021, soit une suppression totale en 2023 pour les résidences principales. Les habitations principales n'étant à terme plus soumises à la TH, elle est renommée « taxe d'habitation sur les résidences secondaires et autres locaux meublés non affectés à l'habitation principale » (THRS).

Pour compenser cette suppression, représentant pour les collectivités un « manque à gagner » estimé par le gouvernement à 17 milliards d'euros par an, la loi de finances pour 2020 prévoit le versement de l'intégralité de la fraction départementale de la taxe foncière aux communes à partir de 2021. En compensation, les départements se voient affecter une partie de la TVA.

– la **taxe foncière sur les propriétés bâties** concerne les propriétaires d'un bien immobilier ou les usufruitiers. Pour les particuliers, il s'agit essentiellement des locaux d'habitation, des sols des bâtiments et des terrains formant une dépendance indispensable et immédiate à ces constructions et des parkings, qu'ils soient occupants ou non des lieux,

– la **taxe foncière sur les propriétés non bâties** : la taxe foncière sur les propriétés non bâties (TFPNB) est due par les propriétaires ou usufruitiers de propriétés non bâties, au 1er janvier de l'année d'imposition. Elle est encaissée par la collectivité territoriale (la commune ou l'EPCI à fiscalité propre), sur le territoire de laquelle le terrain est situé ;

- la **contribution économique territoriale** (CET), instituée par la loi de finances 2010 en remplacement de la taxe professionnelle. Il s'agit également d'un impôt et non d'une taxe.

Elle comprend :

– la **cotisation foncière des entreprises** (CFE), collectée au seul profit des communes et de leurs groupements qui en fixent le taux, assise sur la valeur locative des biens passibles d'une taxe foncière (terrains, constructions, installations…) situés en France,

– la **cotisation sur la valeur ajoutée des entreprises** (CVAE), partagée entre les différents niveaux de collectivités (25 % pour les communes et leurs groupements, 25 % pour les régions, 50 % pour les départements). Son taux est fixé nationalement selon un barème progressif en fonction du chiffre d'affaires.

En 2016, 7,4 milliards d'euros ont été collectés au titre de la CFE et 16,9 milliards d'euros au titre de la CVAE, en baisse par rapport au produit de la taxe professionnelle (31,3 milliards d'euros avant sa suppression) ;

- **l'imposition forfaitaire sur les entreprises de réseaux** (IFER).

Également instituée dans le cadre de la suppression de la taxe professionnelle, l'IFER vise certaines entreprises dont l'activité est exercée dans les secteurs de l'énergie, des transports ferroviaires et des télécommunications et est répartie entre le bloc communal, les départements et les régions.

b. La fiscalité indirecte

Elle représente une part limitée des ressources fiscales des collectivités. En 2016, elle s'élevait à 51,1 milliards d'euros.

Il s'agit principalement des droits de mutation à titre onéreux (DMTO) et de la part locale de la taxe intérieure de consommation sur les produits énergétiques (TICPE).

On peut citer également la taxe sur les cartes grises, la taxe sur l'électricité et la taxe différentielle sur les véhicules de société à moteur.

c. Les redevances

Les redevances liées à l'utilisation d'un service public (eau, transports, ramassage des ordures ménagères...).

d. La gestion du domaine

La gestion par une collectivité de son domaine privé comme de son domaine public génère des recettes. On peut citer par exemple le stationnement payant ou les redevances pour occupation du domaine public.

B. Les ressources extérieures

a. Les transferts financiers de l'État

Ces transferts financiers de l'État en faveur des collectivités territoriales s'élèvent à 104,8 milliards d'euros en 2018 (99,9 milliards d'euros en 2017).

Ils comprennent :

- **les concours de l'État aux collectivités territoriales** (48,3 milliards d'euros en 2018), essentiellement composés des **dotations**, orientés à la baisse. Ils ont pour objet de contribuer au financement global des collectivités (dépenses de fonctionnement et d'investissement).

Ils constituent l'essentiel de l'effort financier de l'État en faveur des collectivités, regroupant :

– les prélèvements sur les recettes de l'État (PSR) (40,3 milliards d'euros) ;

– les crédits budgétaires relevant de la mission « Relations avec les collectivités territoriales » (3,8 milliards d'euros) ;

– la fraction de la taxe sur la valeur ajoutée affectée aux régions (4,1 milliards d'euros).

Au sein de cette enveloppe, les deux principaux transferts sont la **dotation globale de fonctionnement**, principal concours de l'État finançant les charges de fonctionnement du bloc communal et des départements (27 milliards d'euros), et les dépenses du **fonds de compensation de la TVA** (FCTVA) qui vient en aide à l'investissement des collectivités territoriales (5,6 milliards d'euros) ;

LA BAISSE DE LA DOTATION GLOBALE DE FONCTIONNEMENT

À compter de 2014, les concours financiers de l'État aux collectivités territoriales ont connu une forte diminution du fait de l'association de ces dernières à l'effort de redressement des finances publiques.

Cette contribution a pris la forme d'une **minoration de la dotation globale de fonctionnement** (DGF) du bloc communal, des départements et des régions. La baisse de la DGF a atteint 1,4 milliard d'euros en 2014, 3,5 milliards d'euros en 2015, 3,3 milliards d'euros en 2016 et 2,4 milliards d'euros en 2017, soit une baisse de près de 10,6 milliards d'euros entre 2013 et 2017.

Cette baisse a été stoppée à compter de 2018.

- les compensations des exonérations et dégrèvements d'impôts locaux ainsi que les subventions spécifiques versées par les ministères :

  – les dégrèvements d'impôts locaux représentent 15 milliards d'euros pour 2018,

  – les subventions spécifiques versées par les ministères s'élèvent à 3 milliards d'euros en 2018, versés aux collectivités territoriales dans le cadre de leurs politiques publiques (missions « Politique des territoires », « Écologie, développement et mobilités durables », « Outre-mer », etc.) ;

- la **fiscalité transférée**, pour laquelle le législateur détermine une part locale d'assiette, destinée à accompagner les transferts de compétences aux collectivités territoriales prévus par les lois de décentralisation, conformément à l'article 72-2 de la Constitution, qui dispose que « **tout transfert de compétences entre l'État et les collectivités territoriales s'accompagne de l'attribution de ressources équivalentes** à celles qui étaient consacrées à leur exercice. Toute création ou extension de compétences ayant pour conséquence d'augmenter les dépenses des collectivités territoriales est accompagnée de ressources déterminées par la loi ».

b. L'emprunt

L'emprunt constitue une ressource temporaire à laquelle les collectivités ne peuvent recourir que pour financer leurs dépenses d'investissement.

En 2016, l'emprunt des collectivités territoriales et de leurs groupements à fiscalité propre a représenté 14,2 milliards d'euros, soit environ 7 % de leurs recettes totales. L'encours de la dette des collectivités est relativement stable, même s'il tend à augmenter d'année en année (120 milliards d'euros fin 2009, 148,5 milliards d'euros fin 2016).

c. Les fonds européens

Gérés par l'Union européenne, les fonds structurels européens visent à favoriser le rattrapage des régions les moins avancées et aider les régions en crise à se reconvertir.

Ils sont au nombre de deux :

– le Fonds social européen (FSE), qui sert à promouvoir la cohésion sociale et à soutenir l'emploi ;

– le Fonds européen de développement régional (FEDER), qui vise à réaliser des investissements dans les secteurs porteurs de croissance, dans les grandes infrastructures (autoroutes) et à soutenir le développement local.

LA PÉRÉQUATION

L'article 72-2 de la Constitution fixe que « la loi prévoit des dispositifs de péréquation destinés à favoriser l'égalité entre les collectivités territoriales ».

Il s'agit d'un mécanisme de redistribution qui vise à réduire les écarts de richesse entre les différentes collectivités territoriales.

On distingue :

- la **péréquation horizontale**, qui s'effectue entre collectivités, consistant à attribuer aux collectivités défavorisées une partie des ressources des collectivités les plus « riches ».

  Quatre fonds de péréquation ont été créés à partir de 2011 : le fonds national de péréquation des droits de mutation à titre onéreux (DMTO) perçus par les départements ; le fonds national de péréquation des ressources intercommunales et communales (FPIC) ; le fonds national de péréquation de la cotisation sur la valeur ajoutée des entreprises (CVAE) des départements ; le fonds national de péréquation des ressources des régions et de la collectivité territoriale de Corse.

- la **péréquation verticale** assurée par les dotations de l'État aux collectivités. La dotation globale de fonctionnement (DGF) en est le principal instrument.

La péréquation est à environ 70 % verticale.

7. Quelles sont les dépenses obligatoires et les dépenses facultatives des collectivités ?

Certaines dépenses sont obligatoires, c'est-à-dire qu'elles doivent obligatoirement être inscrites dans le budget. À défaut, le préfet, ou le comptable public, ou toute personne y ayant intérêt peut saisir la chambre régionale des comptes qui dispose d'un mois pour constater le défaut d'inscription et mettre la collectivité en demeure d'inscrire la dépense. Si la collectivité ne se conforme pas à l'avis, la chambre régionale des comptes peut demander au préfet de procéder à l'**inscription d'office** de la dépense.

A. Les dépenses obligatoires

L'article L. 162-15 du Code général des collectivités territoriales dispose que « ne sont obligatoires pour les collectivités territoriales que les dépenses nécessaires à l'acquittement de dettes exigibles et les dépenses pour lesquelles la loi l'a expressément décidé ».

Les dépenses de fonctionnement correspondent à l'exploitation courante et régulière des services.

Il s'agit des frais de personnel, du remboursement de la dette (intérêts des emprunts), de la participation communale due au titre des contingents (exemple : les frais de casernement de la brigade des sapeurs-pompiers, aide sociale), des charges foncières réglées par la collectivité en tant que propriétaire, des cotisations versées à divers organismes au titre d'une affiliation.

Les dépenses d'investissement traduisent les opérations modifiant le patrimoine de la collectivité territoriale. Elles comprennent le remboursement de la dette en capital (financé par les ressources propres de la section d'investissement et le prélèvement sur les recettes de fonctionnement), les charges d'investissement réalisées par la collectivité territoriale (acquisitions, travaux), les subventions d'équipement versées à d'autres collectivités, les participations à des sociétés d'économie mixte d'aménagement.

B. Les dépenses facultatives

Elles comprennent notamment les dépenses de travaux, de fournitures et de services extérieurs n'ayant pas le caractère d'équipement nécessaire au bon fonctionnement du service public. Ces dépenses correspondent généralement à la passation de marchés (nettoyage, restauration, maintenance du matériel…).

8. Engager, liquider, mandater, payer ?

On distingue, en matière de procédure de dépense publique locale, deux phases distinctes baptisées phase administrative, mise en œuvre par l'ordonnateur, et phase comptable, qui incombe au comptable.

La **phase administrative** comprend l'engagement, la liquidation, l'ordonnancement ou mandatement :

- **engager une dépense**, c'est, pour un organisme public, « créer ou constater à son encontre une obligation de laquelle résulte une charge ». L'engagement comptable, au moyen d'un bon d'engagement, permet de « vérifier les crédits et d'en faire la réservation », tandis que l'engagement juridique traduit la décision d'effectuer une dépense (signature d'un marché, par exemple). C'est l'exécutif de la collectivité qui engage les dépenses ;
- **liquider une dépense** consiste, après constat de la réalité du service fait, à vérifier le montant précis de la somme due et la conformité du document comptable ;

– **ordonnancer** (ou mandater) **une dépense**, c'est, pour l'ordonnateur, donner l'ordre au comptable, par un mandat, de procéder au paiement. Le mandat s'accompagne d'un ordre de virement au fournisseur.

Pendant la **phase comptable**, le comptable vérifie la régularité comptable avant de procéder au paiement de la dépense :

– la **prise en charge du mandat** engage (personnellement et pécuniairement) le comptable qui vérifie la qualité de l'ordonnateur, la disponibilité des crédits, l'exacte imputation de la dépense, les pièces justificatives, la liquidation et le caractère libératoire du règlement. Il vise ensuite le mandat et le met en paiement ;

– le **paiement de la dépense** est alors également réalisé par le comptable qui décaisse les fonds.

L'ordonnateur et le comptable sont ainsi strictement séparés : celui qui décide les opérations ne détient pas les fonds, celui qui détient les fonds ne décide pas les opérations.

9. Quel contrôle sur les comptes des collectivités territoriales ?

Le contrôle de la chambre régionale des comptes s'exerce sur toutes les collectivités territoriales de son ressort géographique, ainsi que sur les établissements publics (hôpitaux, lycées, collèges…), les groupements intercommunaux, sociétés d'économie mixte locales, et certaines associations subventionnées. Il convient de distinguer le contrôle budgétaire, dans lequel le préfet joue un rôle essentiel, du contrôle juridictionnel et du contrôle de gestion.

A. Le contrôle budgétaire

Le contrôle budgétaire est assuré par la chambre régionale des comptes dans quatre cas :

– sur saisine du préfet lorsque le budget n'a pas été transmis dans un délai de quinze jours après la date limite fixée pour son adoption ou lorsqu'il n'a pas été adopté avant cette date limite. La chambre régionale des comptes dispose alors d'un mois pour faire des propositions pour le règlement du budget. Le préfet peut ensuite, sur la base de ces propositions, régler le budget et le rendre exécutoire ;

– sur saisine du préfet, du comptable public ou de toute personne y ayant intérêt lorsque des dépenses obligatoires n'ont pas été inscrites au budget. La chambre régionale des comptes adresse alors à la collectivité concernée une mise en demeure dans un délai d'un mois. À défaut de réaction de la personne publique dans un délai d'un mois, la chambre régionale des comptes demande au préfet l'inscription de la dépense au budget et propose éventuellement les modifications budgétaires nécessaires pour couvrir cette dépense ;

– sur saisine du préfet, lorsque le budget ne fait pas apparaître un équilibre réel. La chambre régionale des comptes dispose alors de trente jours pour proposer les mesures nécessaires au rétablissement de l'équilibre. Si la collectivité ne prend pas, dans le mois qui suit, des mesures jugées suffisantes par la chambre régionale des comptes, c'est le préfet qui règle et rend le budget exécutoire ;

– sur saisine du préfet lorsque le compte administratif ne lui est pas transmis dans un délai de 15 jours ou lorsque les comptes font apparaître un déficit d'au moins 5 % des recettes de la section de fonctionnement (10 % dans les communes de moins de 20 000 habitants). La chambre régionale des comptes propose des solutions dans un délai d'un mois et le budget primitif de l'exercice suivant lui est automatiquement transmis par le préfet. Si la chambre régionale des comptes constate dans ce nouveau budget des propositions insuffisantes, elle propose dans le mois au préfet les mesures nécessaires au rétablissement de l'équilibre. Celui-ci rend alors le budget exécutoire.

B. Le contrôle juridictionnel

Il s'agit du contrôle exercé par la chambre régionale des comptes sur **l'ensemble des comptes des comptables publics des collectivités territoriales et de leurs établissements publics**. Entre aussi dans ce contrôle la gestion de fait des deniers des collectivités territoriales.

Les comptables des collectivités territoriales et des établissements publics locaux doivent rendre compte chaque année de leurs activités en produisant les comptes résumant les opérations exécutées sous leur responsabilité.

À l'issue de la procédure, la chambre régionale des comptes rend un arrêt définitif qui, soit décharge le comptable en cas de réparation des omissions ou irrégularités, soit condamne le comptable à rembourser sur ses deniers personnels.

La chambre régionale des comptes peut d'elle-même réviser ses jugements. Le jugement définitif de la chambre régionale des comptes est susceptible d'appel à la Cour des comptes. Il est cependant possible de se pourvoir en cassation devant le Conseil d'État contre les arrêts définitifs de la Cour des comptes.

C. Le contrôle de gestion

Le contrôle de gestion est assuré par la chambre régionale des comptes de manière rétrospective et se traduit par des lettres d'observation sur la qualité de la gestion de l'ordonnateur. La mise en route de ce type de contrôle est une compétence discrétionnaire de la chambre.

Les observations formulées par la chambre régionale des comptes, qui portent sur la régularité des actes de gestion, l'économie des moyens et l'évaluation des résultats et non sur l'opportunité, sont communiquées aux ordonnateurs qui peuvent répliquer. Si les explications fournies ne la satisfont pas, elle communique ses observations à l'organe délibérant, par l'intermédiaire des ordonnateurs.

L'article L. 241-9 du Code des juridictions financières dispose que « lorsque des observations sont formulées, le dirigeant ou l'ordonnateur concernés, y compris, le cas échéant, celui qui était en fonctions au cours de l'exercice examiné, disposent d'un délai de deux mois pour remettre au greffe de la chambre régionale des comptes une réponse écrite. Les observations ne peuvent être arrêtées définitivement qu'après réception de cette réponse ou, à défaut, à l'expiration du délai précité ».

Toute personne contrôlée ou nominativement ou explicitement mise en cause peut saisir la chambre régionale des comptes d'une demande de rectification d'observations définitives sur la gestion.

10. Qu'est-ce que la « gestion de fait » ?

L'article 60-XI de la loi de finances n° 63-156 du 23 février 1963 dispose que :

« Toute personne qui, sans avoir la qualité de comptable public ou sans agir sous contrôle et pour le compte d'un comptable public, s'ingère dans le recouvrement de recettes affectées ou destinées à un organisme public doté d'un poste comptable ou dépendant d'un tel poste doit, nonobstant les poursuites qui pourraient être engagées devant les juridictions répressives, rendre compte au juge financier de l'emploi des fonds ou des valeurs qu'elle a irrégulièrement détenus ou maniés.

Il en est de même pour toute personne qui reçoit ou manie directement ou indirectement des fonds ou des valeurs extraits irrégulièrement de la caisse d'un organisme public, et pour toute personne qui, sans avoir la qualité de comptable public, procède à des opérations portant sur des fonds ou des valeurs n'appartenant pas aux organismes publics mais que les comptables publics sont exclusivement chargés d'exécuter en vertu de la réglementation en vigueur.

Les gestions de fait sont soumises aux mêmes juridictions et entraînent les mêmes obligations et responsabilités que les gestions régulières. »

La procédure de gestion de fait vise à rétablir les formes comptables, en assujettissant le comptable de fait aux mêmes obligations qu'un comptable public, ainsi que les formes budgétaires, en faisant délibérer l'organe ayant le pouvoir d'autoriser les dépenses.

Le développement d'associations para-administratives, afin de pallier les rigidités de la comptabilité publique, a favorisé le développement de la gestion de fait, par exemple lorsqu'une association subventionnée par la commune prend en charge des factures libellées au nom de la commune ou verse des rémunérations à du personnel communal.

Lorsque l'association ne jouit d'aucune autonomie, les fonds versés demeurent des fonds publics puisque c'est, de fait, la collectivité qui décide de leur utilisation. Pour apprécier l'autonomie de l'association par rapport à la collectivité, la chambre régionale des comptes examine si l'association est ou non le simple relais des services de la collectivité. Si tel est le cas, la gestion de fait est établie. Des régularisations peuvent parfois être mises en œuvre sans sanction. Aux sanctions financières peuvent s'ajouter la démission d'office et l'inéligibilité.

11. Quelques notions sur la commande publique

La **commande publique** est un terme générique relatif à l'ensemble des contrats passés par les personnes publiques pour satisfaire leurs besoins. Ces contrats peuvent ou non être soumis au Code des marchés publics.

Elle regroupe ainsi les marchés publics, les marchés soumis à l'ordonnance n° 2005-649 du 6 juin 2005 relative aux marchés passés par certaines personnes publiques ou privées non soumises au Code des marchés publics, les délégations de service public, les contrats de partenariat.

Pour sa part, le **Code de la commande publique** publié au Journal officiel de la République française le 5 décembre 2018, entré en vigueur le 1er avril 2019, intègre les marchés publics (qui relevaient antérieurement de l'ordonnance n° 2015-899 du 23 juillet 2015 relative aux marchés publics) et les contrats de concession (ancienne ordonnance n° 2016-65 du 29 janvier 2016 relative aux contrats de concession).

1. Les principes fondamentaux de la commande publique

L'article L. 3 du Code de la commande publique fixe que « les acheteurs et les autorités concédantes respectent le principe d'**égalité de traitement des candidats** à l'attribution d'un contrat de la commande publique. Ils mettent en œuvre les principes de **liberté d'accès** et de **transparence des procédures**, dans les conditions définies dans le présent code.

Ces principes permettent d'assurer l'efficacité de la commande publique et la bonne utilisation des deniers publics ».

A. Le principe d'égalité de traitement des candidats

Le principe d'égalité de traitement découle de l'idée selon laquelle tous les citoyens sont égaux devant la loi. Ainsi, de la même manière, tous les candidats à un marché public doivent :

– bénéficier d'un même traitement ;

– recevoir les mêmes informations ;

– aucune entreprise ou fournisseur ne peut être favorisé, le délit de favoritisme étant d'ailleurs pénalement sanctionné.

B. Le principe de liberté d'accès

Quels que soient leur taille et leur statut, les candidats doivent pouvoir accéder librement à une consultation.

Ce principe implique de :

– choisir une durée de marché raisonnable de manière à relancer régulièrement la mise en concurrence entre les candidats ;

– procéder à une publicité la plus large possible ;

– rédiger les termes du marché avec objectivité pour ne pas privilégier certains candidats ;

– ne pas exclure une entreprise qui répondrait à toutes les conditions annoncées.

C. Le principe de transparence des procédures

Le principe de transparence correspond à l'idée selon laquelle les règles de la consultation doivent être déterminées au moment du lancement de la procédure et rendues publiques par l'acheteur public. Elles sont intangibles durant la consultation.

Il se traduit par :

– une publicité afin de garantir une vraie mise en concurrence ;

– la conservation de tous les documents qui ont abouti à la sélection du candidat et de son offre ;

– la justification du choix du titulaire du marché et la motivation du rejet des autres candidatures.

2. Les marchés publics

A. Qu'est-ce qu'un marché public ?

L'article L. 1111-1 du Code de la commande publique dispose qu'« un marché est un contrat conclu par un ou plusieurs acheteurs soumis au présent code avec un ou plusieurs opérateurs économiques, pour répondre à leurs besoins en matière de **travaux**, de **fournitures** ou de **services**, en contrepartie d'un prix ou de tout équivalent ».

Les **acheteurs publics** sont : l'État, les collectivités territoriales et les établissements publics. D'autres organismes privés créés pour satisfaire des besoins d'intérêt général doivent aussi respecter les règles de passation des marchés publics.

- « Un **marché de travaux** a pour objet :

  – 1° soit l'exécution, soit la conception et l'exécution de travaux dont la liste figure dans un avis annexé au présent code,

  – 2° soit la réalisation, soit la conception et la réalisation, par quelque moyen que ce soit, d'un ouvrage répondant aux exigences fixées par l'acheteur qui exerce une influence déterminante sur sa nature ou sa conception.

Un ouvrage est le résultat d'un ensemble de travaux de bâtiment ou de génie civil destiné à remplir par lui-même une fonction économique ou technique » (article L. 1111-2) ;

- « un **marché de fournitures** a pour objet l'achat, la prise en crédit-bail, la location ou la location-vente de produits ;
- il peut comprendre, à titre accessoire, des travaux de pose et d'installation » (article L. 1111-3) ;
- « un **marché de services** a pour objet la réalisation de prestations de services » (article L. 1111-4) ;
- « lorsqu'un marché porte sur des travaux et sur des fournitures ou des services, il est un marché de travaux si son objet principal est de réaliser des travaux ;
- lorsqu'un marché a pour objet des services et des fournitures, il est un marché de services si la valeur de ceux-ci dépasse celle des fournitures achetées » (article L. 1111-5).

B. Les procédures de passation des marchés publics

La procédure de passation s'effectue en fonction du montant du marché, de son objet ou des circonstances de sa conclusion :

- soit **sans publicité ni mise en concurrence préalables** : un marché sans publicité ni mise en concurrence préalables peut être passé dans des cas limitativement énumérés par les textes. Le Code de la commande publique précise les cas des marchés passés sans publicité ni mise en concurrence, en raison de **leur montant** ou de **leur objet** :
  - urgence impérieuse,
  - absence d'offre, candidatures irrecevables, offres inappropriées,
  - prestations qui ne peuvent être fournies que par un opérateur économique déterminé,
  - livraisons complémentaires ou achat de matières premières particulières,
  - cessation définitive d'activité ou certaines procédures,
  - marché avec le ou l'un des lauréats d'un concours,
  - réalisation de prestations similaires,
  - **réponse à un besoin estimé inférieur à 25 000 euros,**
  - fournitures de livres non scolaires ou enrichissement des collections inférieurs à 90 000 euros ;
- soit selon une **procédure adaptée** : une procédure adaptée est une procédure par laquelle l'acheteur définit librement les modalités de passation du marché, dans le respect des principes de la commande publique. L'acheteur peut passer un marché selon une procédure adaptée :
  - 1° lorsque la valeur estimée hors taxe du besoin est inférieure aux seuils européens mentionnés dans un avis qui figure en annexe du Code de la commande publique,
  - 2° en raison de l'objet de ce marché, dans les conditions fixées par décret en Conseil d'État,

– 3° lorsque, alors même que la valeur estimée du besoin est égale ou supérieure aux seuils de procédure formalisée, la valeur de certains lots est inférieure à un seuil fixé par voie réglementaire ;

- soit selon une procédure formalisée : les trois procédures formalisées sont l'appel d'offres, la procédure avec négociation et le dialogue compétitif :

– l'**appel d'offres**, ouvert ou restreint, est la procédure par laquelle l'acheteur choisit l'offre économiquement la plus avantageuse, sans négociation, sur la base de critères objectifs préalablement portés à la connaissance des candidats,

– l'appel d'offres est dit ouvert lorsque tout opérateur économique intéressé peut soumissionner, restreint lorsque seuls les candidats sélectionnés par l'acheteur sont autorisés à soumissionner,

– la **procédure avec négociation** est la procédure par laquelle l'acheteur négocie les conditions du marché avec un ou plusieurs opérateurs économiques,

– le **dialogue compétitif** est la procédure par laquelle l'acheteur dialogue avec les candidats admis à y participer en vue de définir ou développer les solutions de nature à répondre à ses besoins et sur la base desquelles ces candidats sont invités à remettre une offre.

3. Les marchés de partenariat

L'article L. 1112-1 du Code de la commande publique fixe qu'« un marché de partenariat est un marché public qui a pour objet de confier à un opérateur économique ou à un groupement d'opérateurs économiques une mission globale ayant pour objet la construction, la transformation, la rénovation, le démantèlement ou la destruction d'ouvrages, d'équipements ou de biens immatériels nécessaires au service public ou à l'exercice d'une mission d'intérêt général et tout ou partie de leur financement. Le titulaire du marché de partenariat assure la maîtrise d'ouvrage de l'opération à réaliser.

Cette mission globale peut en outre comprendre :

– tout ou partie de la conception des ouvrages, équipements ou biens immatériels ;

– l'aménagement, l'entretien, la maintenance, la gestion ou l'exploitation d'ouvrages, d'équipements ou de biens immatériels ou une combinaison de ces éléments ;

– la gestion d'une mission de service public ou des prestations de services concourant à l'exercice, par la personne publique, de la mission de service public dont elle est chargée ».

4. Les contrats de concession

L'article L. 1121-1 du Code de la commande publique fixe qu'« un contrat de concession est un contrat par lequel une ou plusieurs autorités concédantes soumises au présent code confient l'exécution de travaux ou la gestion d'un service à un ou plusieurs opérateurs économiques, à qui est transféré un risque lié à l'exploitation de l'ouvrage ou du service, en contrepartie soit du droit d'exploiter l'ouvrage ou le service qui fait l'objet du contrat, soit de ce droit assorti d'un prix.

La part de risque transférée au concessionnaire implique une réelle exposition aux aléas du marché, de sorte que toute perte potentielle supportée par le concessionnaire ne doit pas être purement théorique ou négligeable. Le concessionnaire assume le risque d'exploitation lorsque, dans des conditions d'exploitation normales, il n'est pas assuré d'amortir les investissements ou les coûts, liés à l'exploitation de l'ouvrage ou du service, qu'il a supportés ».

12. Le contrôle des actes des collectivités territoriales

Les modalités de contrôle de légalité des actes jouent un rôle déterminant dans le processus de décentralisation.

Comment pourrait-on véritablement parler de décentralisation si le contrôle de la légalité des actes permettait à l'État d'empêcher les collectivités territoriales d'exercer leurs compétences ?

Les lois de décentralisation ont inventé un dispositif qui permet à l'État de demeurer le garant de l'unicité de la République, en s'assurant que les actes pris par les collectivités territoriales ne portent pas atteinte au droit qui s'impose à tous.

La loi du 2 mars 1982 a ainsi mis fin à la tutelle administrative que l'État exerçait jusqu'alors sur les collectivités territoriales et modifié fondamentalement son contrôle sur la légalité de leurs actes. Le préfet ne dispose plus du pouvoir d'annuler lui-même les actes des autorités locales avant qu'ils ne produisent leurs effets (contrôle *a priori*) ; il peut en revanche saisir le juge administratif à fin d'annulation d'un acte illégal (contrôle *a posteriori*).

Les collectivités territoriales et leurs établissements publics ont donc l'obligation de transmettre au préfet leurs actes juridiques « les plus importants par leurs conséquences » (délibérations, principaux contrats, décisions réglementaires et individuelles prises par le maire dans le cadre de l'exercice de ses pouvoirs de police, conventions relatives aux marchés et aux emprunts, conventions de concession et d'affermage des services publics locaux, décisions individuelles prises en matière de gestion du personnel, décisions individuelles en matière d'urbanisme…).

La transmission au contrôle de légalité rend les actes opposables aux tiers et fait courir les délais dans lequel le préfet peut saisir le tribunal administratif (délai de deux mois à compter de la réception de l'acte en préfecture). Les actes des collectivités territoriales et de leurs établissements publics sont **exécutoires de plein droit** dès leur publication (actes réglementaires) ou leur notification (actes individuels) dès lors qu'ils ont fait l'objet d'une transmission au contrôle de légalité.

On appelle **déféré administratif** ou **déféré préfectoral** le recours intenté par le préfet en vue d'obtenir l'annulation par le juge administratif d'un acte qu'il juge illégal.

Le représentant de l'État peut assortir son recours d'une demande de suspension de l'acte. Le juge des référés (président du tribunal administratif ou magistrat délégué par lui) fait droit à cette demande si l'un des moyens invoqués paraît, en l'état de l'instruction, propre à créer un doute sérieux quant à la légalité de l'acte attaqué. Il est statué sur cette demande dans le délai d'un mois.

Le représentant de l'État peut également introduire dans le délai de dix jours suivant réception d'un acte relatif à des marchés publics, délégations de service public ou d'urbanisme, une demande de suspension. L'acte est alors suspendu et redevient exécutoire si le juge des référés n'a pas statué dans le délai d'un mois.

Lorsque l'acte attaqué est de nature à compromettre l'exercice d'une liberté publique ou individuelle, la suspension est prononcée par le juge des référés dans les quarante-huit heures.

Le préfet fait connaître à la collectivité sa décision de déférer l'acte.

Si le préfet sollicite des précisions ou des pièces manquantes ou s'il entame des négociations avec la collectivité en faisant valoir ses observations, le délai de deux mois court à partir de la réponse de la collectivité territoriale et non du jour de la réception. La formation du recours gracieux a pour effet de proroger le délai du recours contentieux.

Enfin, l'article 74 de la loi du 27 décembre 2019 relative à l'engagement dans la vie locale et à la proximité de l'action publique dispose qu'« avant d'adopter un acte susceptible d'être déféré au tribunal administratif, les collectivités territoriales ou leurs groupements ainsi que leurs établissements publics peuvent saisir le représentant de l'État chargé de contrôler la légalité de leurs actes d'une **demande de prise de position formelle** relative à la mise en œuvre d'une disposition législative ou réglementaire régissant l'exercice de leurs compétences ou les prérogatives dévolues à leur exécutif. La demande est écrite, précise et complète. Elle comporte la transmission de la question de droit sur laquelle la prise de position formelle est demandée ainsi que du projet d'acte.

Le silence gardé par le représentant de l'État pendant trois mois vaut absence de prise de position formelle.

Si l'acte est conforme à la prise de position formelle, le représentant de l'État ne peut pas, au titre de la question de droit soulevée et sauf changement de circonstances, le déférer au tribunal administratif ».

13. Notions sur la démocratie consultative et participative

L'article 10 de la **loi du 6 février 1992 sur l'administration territoriale de la République** dispose que « le droit des habitants de la commune à être informés des affaires de celle-ci et à être consultés sur les décisions qui les concernent, indissociable de la libre administration des collectivités territoriales, est un principe essentiel de la démocratie locale [...] ».

La participation s'exerce au moyen des **commissions consultatives des services publics locaux** (qui doivent comprendre des représentants des usagers) et des **comités consultatifs**, comprenant des représentants des associations, qui peuvent être créés par le conseil municipal pour tout problème d'intérêt communal concernant tout ou partie du territoire de la commune.

La **loi du 27 février 2002 sur la « démocratie de proximité »**, mise en œuvre à la suite du rapport Mauroy, vise à créer de nouvelles conditions d'exercice de la démocratie locale. Elle comporte plus de 300 mesures portant sur la participation des habitants, le statut de l'élu, le patrimoine, le régime PLM (Paris, Lyon, Marseille), les compétences des régions, les SDIS (services départementaux d'incendie et de secours, les enquêtes publiques, le recensement, le conservatoire du littoral.

Le chapitre consacré à la **participation des habitants à la vie locale** rend obligatoire la création de **conseils de quartier** et d'**adjoints de quartier** (dans la limite de 10 % du nombre de conseillers municipaux) dans les villes de plus de 80 000 habitants (49 villes). La création est facultative dans les villes de 20 000 à 79 999 habitants (351 villes). Leur composition et leur mode de fonctionnement sont fixés par le conseil municipal sur proposition du maire : les conseils de quartier peuvent être consultés par le maire et associés aux actions intéressant le quartier, en particulier celles menées au titre de la politique de la ville. Des **mairies annexes** doivent obligatoirement être créées dans les quartiers des villes de plus de 100 000 habitants (37 villes). Les **commissions consultatives des services publics locaux** deviennent obligatoires dans les régions, les départements, les villes de plus de 10 000 habitants ainsi que les établissements publics de coopération intercommunale.

1. Le référendum décisionnel local

La loi ATR de 1992 avait instauré ce qu'on appelait parfois le « **référendum communal** » : il s'agit en fait d'une consultation directe des électeurs sur les décisions entrant dans la compétence communale ; la décision d'organiser cette consultation, à la demande du maire ou d'un tiers des conseillers municipaux (la moitié dans les communes de moins de 3 500 habitants), est prise par délibération du conseil municipal, les résultats du référendum ne liant alors pas l'autorité communale.

Le **référendum décisionnel local** a été créé par la **loi constitutionnelle du 28 mars 2003**. Ses modalités ont été précisées par une loi **organique du 1er août 2003**. Jusque-là, seules les communes pouvaient organiser un « référendum local », c'est-à-dire un vote sur un sujet d'intérêt communal. Mais celui-ci n'était que consultatif, le conseil municipal n'étant pas tenu par le résultat du vote. Aujourd'hui, toutes les collectivités territoriales, y compris celles à statut particulier et d'outre-mer, peuvent organiser des référendums locaux et ils ont valeur de décision.

L'assemblée délibérante d'une collectivité territoriale peut soumettre à référendum local tout projet de délibération tendant à régler une affaire de la compétence de cette collectivité. Par ailleurs l'exécutif peut seul soumettre à référendum local tout projet d'acte relevant des attributions qu'il exerce au nom de la collectivité, à l'exception des projets d'acte individuel.

L'assemblée délibérante de la collectivité territoriale concernée par le référendum fixe le jour du scrutin. Celui-ci ne peut avoir lieu moins de deux mois après la transmission du texte, sur lequel portera le vote, au représentant de l'État (préfet). Par ailleurs, un référendum local ne peut avoir lieu pendant les campagnes ou le jour des élections locales, législatives, sénatoriales, européennes, présidentielle, ou d'un référendum décidé par le président de la République Un dossier d'information sur le sujet du référendum est mis à la disposition du public.

Seuls les électeurs de la collectivité concernée peuvent participer au vote et non ses habitants. Les ressortissants des États membres de l'Union peuvent seulement participer aux référendums organisés par les communes. Le projet de texte soumis au référendum est adopté si au moins la moitié des électeurs inscrits ont participé au vote et s'il réunit la majorité des voix.

2. La consultation des électeurs

Outre le référendum local, **la loi organique du 1er août 2003** relative à l'expérimentation par les collectivités territoriales (article 122) prévoit un nouveau mode de participation des électeurs aux décisions locales, la **consultation des électeurs**. « Les électeurs d'une collectivité territoriale peuvent être consultés sur les décisions que les autorités envisagent de prendre pour régler les affaires relevant de la compétence de celle-ci. La consultation peut être limitée aux électeurs d'une partie du ressort de la collectivité, pour les affaires intéressant spécialement cette partie de la collectivité. »

La décision de consulter appartient à l'assemblée délibérante, mais un cinquième des électeurs d'une commune inscrits sur les listes électorales (1/10 des électeurs dans les autres collectivités territoriales) peuvent demander à ce que soit inscrite à l'ordre du jour de l'assemblée délibérante de la collectivité l'organisation d'une consultation sur toute affaire relevant de sa décision. Pas de confusion : il se s'agit là en aucune manière d'un référendum décisionnel : la loi précise à cet égard que « la délibération (par laquelle l'assemblée délibérante de la collectivité territoriale arrête le principe et les modalités d'organisation de la consultation) indique expressément que cette consultation n'est qu'une demande d'avis ».

3. Le droit de pétition

L'article 72-1 de la Constitution dispose que « les électeurs de chaque collectivité territoriale peuvent, par l'exercice du droit de pétition, demander linscription à l'ordre du jour de l'assemblée délibérante de cette collectivité d'une question relevant de sa compétence ». Cette disposition introduite dans la Constitution en mars 2003 n'a fait l'objet d'aucune loi qui en précise les modalités d'application. À défaut de texte spécifique, ce droit relève des dispositions de l'article L. 1112-16 du code général des collectivités territoriales.

Une pétition doit être signée, s'agissant d'une commune ou d'un EPCI, par un cinquième des électeurs inscrits sur les listes électorales ; pour toute autre collectivité, par un dixième des électeurs inscrits sur les listes électorales. Un électeur ne peut signer qu'une pétition par an, pour chacun des niveaux de collectivités.

La pétition ne peut concerner une compétence d'une autre collectivité, *a fortiori* l'État, même si la demande porte sur les conséquences pour la collectivité de l'exercice de cette compétence. C'est notamment le cas pour le tracé d'une autoroute, l'extension d'un aéroport, les conditions d'attribution de logements sociaux...

4. Les conseils citoyens dans le cadre de la politique de la ville

La loi du 21 février 2014 de programmation pour la ville et la cohésion urbaine permet de concentrer les moyens vers les territoires qui en ont le plus besoin et d'arrêter la dispersion en resserrant la géographie prioritaire. Environ 1 300 quartiers populaires sont ciblés en fonction du revenu par habitant en lieu et place des 2 500 quartiers bénéficiant de CUCS. Par ailleurs, la nature même des contrats passés entre l'État et les collectivités territoriales change. Alors qu'auparavant les interventions étaient cloisonnées (rénovation urbaine, actions sociales...), les nouveaux contrats de ville sont des contrats globaux à l'échelle d'un quartier, qui doivent prendre en compte le bâti, mais aussi le développement économique et l'action sociale, pour passer de la notion de contrat avec des programmes ciblés à un véritable projet de territoire. Enfin, les habitants sont davantage associés aux décisions concernant leur quartier et participent directement à l'élaboration et à la mise en œuvre des contrats de ville au sein des **conseils citoyens**.

L'article 7-1 de la loi du 21 février 2014 dispose qu'« **un conseil citoyen** est mis en place dans chaque quartier prioritaire de la politique de la ville, sur la base d'un diagnostic des pratiques et des initiatives participatives. [...] Ces conseils citoyens sont associés à l'élaboration, à la mise en œuvre et à l'évaluation des contrats de ville. Des représentants du conseil citoyen participent à toutes les instances de pilotage du contrat de ville, y compris celles relatives aux projets de renouvellement urbain. Les conseils citoyens exercent leur action en toute indépendance vis-à-vis des pouvoirs publics et inscrivent leur action dans le respect des valeurs de liberté, d'égalité, de fraternité, de laïcité et de neutralité ».

14. Quelques éléments de management

1. Qu'est-ce que le management ?

Le « management » désigne le fait de piloter une organisation. Plus précisément, on définit aujourd'hui couramment le management comme la **capacité de diriger un service ou une organisation en motivant les personnes**.

Henri Fayol (1841-1925), ingénieur et chef d'entreprise, auteur d'*Administration industrielle et générale* (1916), définit ainsi le management :

« – Prévoir,
– organiser,
– commander,
– coordonner,
– contrôler ».

Si la notion de « commandement » traduit une conception aujourd'hui dépassée du management, cette définition n'en demeure pas moins pertinente.

On peut toutefois lui préférer d'autres définitions du management :

- prospective et fixation des objectifs ;
- répartition des tâches et allocations des ressources ;
- vérification du travail effectué.

Ou encore :

- définition des buts à atteindre ;
- mise au point des stratégies à suivre ;
- élaboration et suivi des plans d'action.

2. Qu'est-ce qu'encadrer ?

L'**encadrement** est une expression du pouvoir hiérarchique. Il consiste à :

- clarifier les responsabilités (et les élargir pour faire évoluer les collaborateurs) ;
- fixer des objectifs motivants permettant de renforcer les compétences professionnelles ou relationnelles ;
- clarifier l'autonomie et les délégations accordées à chacun.

Encadrer, c'est travailler à faire travailler les autres, « cadrer » leur travail de manière à ce qu'ils réalisent les objectifs fixés en respectant certaines règles.

Encadrer une équipe, c'est la diriger, c'est-à-dire lui donner une direction en définissant des objectifs et en vérifiant s'ils sont ou non atteints.

On dit aussi : **encadrer, c'est donner le sens** (la direction et la signification).

Encadrer (par exemple dans l'expression : « encadrer un texte »), c'est aussi « mettre en valeur ».

3. Qu'est-ce que la régulation ?

Quotidiennement, un chef de service pratique la **régulation** de son équipe :

– la **régulation professionnelle** consiste à rappeler les objectifs, c'est-à-dire les actions concrètes à réaliser dans un délai convenu et défini ;

– la **régulation hiérarchique** est nécessaire pour recadrer un collaborateur s'affranchissant des repères fondant la relation contractuelle de subordination : le respect des disciplines de travail, des horaires, des temps de pause, des délais, la disponibilité, la réalisation du travail demandé et des objectifs et la présence au poste de travail ;

– la **régulation personnelle** est la plus difficile à réaliser et prend la forme d'un entretien de face à face dont l'objectif est de réaffirmer son autorité hiérarchique, le respect des disciplines de travail et des collègues.

4. Quelques conseils en matière d'encadrement

Définir des objectifs clairs, concrets et mesurables renforçant les compétences et acceptés par chacun de vos collaborateurs.

Définir un cadre de travail clair comportant au moins :

– la définition des responsabilités et des objectifs ;

– la définition des règles du jeu dans l'équipe : partage de l'information, entraide, allocation des moyens, respect du temps, modalités d'évaluation, rémunération et primes, exercice du pouvoir disciplinaire.

Donner des signes de reconnaissance clairs.

Pratiquer la reprise d'autorité dès que la règle n'est pas respectée en trois temps :

– rappel de la règle ;
– constat et validation des faits ;
– demande d'action.

5. Les modes d'encadrement et de régulation

Deux modes d'encadrement se distinguent :

– « Je vous demande » (mode imposition) ;
– « Je vous écoute » (mode coach).

De même, il existe deux modes de régulation :

– « Je vous propose » (mode négociation) ;
– « Je vous invite » (mode animation).

6. Les différents types de management

Le management participatif

Fondement : ouverture, négociation.
Fonction : mobiliser, impliquer.
Objectif : que les collaborateurs soient partie prenante.
Point positif : génère de l'engagement.
Écueil : la démagogie.

Le management délégatif

Fondement : initiative, autonomie, confiance.
Fonction : responsabiliser.
Objectif : que les collaborateurs se responsabilisent.
Point positif : génère du développement.
Écueil : retrait ; laisser-faire.

Le management directif

Fondement : organisation, consignes.
Fonction : structurer.
Objectif : que les collaborations soient efficaces.
Point positif : génère de la sécurité.
Écueil : autoritarisme.

Le management persuasif

Fondement : explication, persuasion, conviction.
Fonction : accompagner, associer.
Objectif : que les collaborateurs adhèrent.
Point positif : génère de la confiance.
Écueil : paternalisme, autoritarisme.

7. L'évaluation des fonctionnaires

Traditionnellement, la valeur professionnelle des fonctionnaires se traduisait par l'attribution d'une note.

La loi n° 2014-58 du 27 janvier 2014 de modernisation de l'action publique territoriale et d'affirmation des métropoles (MAPTAM) dispose que « l'appréciation, par l'autorité territoriale, de la valeur professionnelle des fonctionnaires se fonde sur un **entretien professionnel annuel** conduit par le supérieur hiérarchique direct qui donne lieu à l'établissement d'un compte rendu ».

Le décret n° 2014-1526 du 16 décembre 2014 relatif à l'appréciation de la valeur professionnelle des fonctionnaires territoriaux rend obligatoire, à compter du 1er janvier 2015, l'entretien professionnel, en lieu et place de la notation.

Le nouveau dispositif d'entretien professionnel s'impose à toutes les collectivités et à l'ensemble des cadres d'emplois. Cet entretien annuel constitue un moyen privilégié pour évaluer l'atteinte des objectifs individuels et collectifs fixés au précédent entretien, examiner la cause des écarts entre objectifs atteints et fixés, s'accorder sur de nouveaux objectifs et les moyens nécessaires pour les atteindre. L'expression des besoins en formation de l'agent évalué, les appréciations de l'encadrant, son avis sur l'évolution de la carrière et du régime indemnitaire de l'agent sont évidemment au cœur de l'entretien et jouent un rôle déterminant dans le développement de la motivation.

L'entretien d'évaluation peut ainsi notamment permettre de déterminer le niveau du **régime indemnitaire** alloué à chaque agent et de faire ainsi varier une part de la rémunération de l'agent évalué en fonction des résultats de l'agent évalué.

Le régime indemnitaire constitue un levier efficace, grâce à des éléments de différenciation indemnitaire en lien avec l'évaluation des résultats professionnels. Ce régime est fixé par l'organe délibérant de la collectivité territoriale, après avis du comité technique. Cette mise en place n'est pas obligatoire.

Le régime indemnitaire fixé par une collectivité peut tenir compte des conditions d'exercice des fonctions, de l'engagement professionnel des agents et, si la collectivité le souhaite, des résultats collectifs du service. Le régime indemnitaire tenant compte des fonctions, des sujétions, de l'expertise et de l'engagement professionnel (RIFSEEP) de l'État sert de référence au régime indemnitaire pour la plupart des cadres d'emplois dans la fonction publique territoriale.

Article 20 de la loi du 13 juillet 1983 modifiée portant droits et obligations des fonctionnaires :

« Les fonctionnaires ont droit, après service fait, à une rémunération comprenant le traitement, l'indemnité de résidence, le supplément familial de traitement ainsi que les indemnités instituées par un texte législatif ou réglementaire. **Les indemnités peuvent tenir compte des fonctions et des résultats professionnels des agents ainsi que des résultats collectifs des services.** S'y ajoutent les prestations familiales obligatoires.

Le montant du traitement est fixé en fonction du grade de l'agent et de l'échelon auquel il est parvenu, ou de l'emploi auquel il a été nommé. »

8. Les sanctions disciplinaires dans la fonction publique territoriale

Les sanctions sont réparties entre quatre groupes :

Premier groupe :

– l'avertissement (non inscrit au dossier du fonctionnaire) ;

– le blâme (inscrit au dossier et effacé au bout de trois ans sauf nouvelle sanction) ;

– l'exclusion de trois jours maximum, sans traitement.

Deuxième groupe :

– la radiation du tableau d'avancement ;

– l'abaissement d'échelon ;

– l'exclusion temporaire pour une durée de quatre à quinze jours, sans traitement.

Troisième groupe :

– la rétrogradation ;

– l'exclusion temporaire de fonctions pour une durée de seize jours à deux ans, sans traitement.

Quatrième groupe :

– la mise à la retraite d'office ;

– la révocation.

En cas de procédure disciplinaire, l'agent concerné doit être averti qu'il a droit à communication de son dossier et un délai raisonnable doit lui être laissé pour préparer sa défense.

S'il encourt une sanction autre que celle du premier groupe, la commission administrative paritaire de sa catégorie se réunit en conseil de discipline, présidée par un juge administratif. La procédure est contradictoire et le fonctionnaire peut être accompagné d'un défenseur. Le rapport d'enquête établi par l'administration relatant les faits est présenté et discuté. L'avis du conseil de discipline ne lie pas l'administration.

La sanction doit être motivée. Jusqu'à peu, elle était susceptible d'un recours juridictionnel devant le tribunal administratif et d'un recours devant le conseil de discipline de recours. La saisine du conseil de discipline de recours était toujours possible si la sanction était du quatrième groupe. Pour les sanctions des deuxième et troisième groupes, il fallait que l'autorité ait prononcé une sanction plus sévère que celle proposée par le conseil de discipline.

Contrairement à l'avis donné par le conseil de discipline de premier degré, l'autorité était pour partie liée par l'avis du conseil de discipline de recours : elle ne pouvait prendre de sanction plus sévère que celle proposée par celui-ci.

La loi du 6 août 2019 a supprimé la procédure d'appel devant le conseil de discipline de recours. L'agent conserve la possibilité d'exercer un recours gracieux auprès de l'autorité qui a prononcé la sanction ou de saisir directement le juge administratif.

9. Les risques psychosociaux

Environ 20 % des salariés européens estiment que leur santé est affectée par des problèmes de stress au travail. En France, un salarié sur six estime être l'objet de comportements hostiles dans le cadre de son travail.

Les risques psychosociaux comprennent :

– le stress au travail ;

– les violences internes (commises au sein de l'entreprise par des salariés : conflit, brimades, harcèlement moral…) ;

– les violences externes (commises sur des salariés par des personnes externes à l'entreprise) ;

– l'épuisement professionnel (ou *burn out*) ;

– les formes de mal-être, de souffrance, de malaise, ressentis par les salariés.

Pour l'Agence européenne pour la sécurité et la santé au travail de Bilbao, le stress « survient lorsqu'il y a un déséquilibre entre la perception qu'une personne a des contraintes imposées par son environnement et la perception qu'elle a de ses propres ressources pour y faire face ».

L'expression « risques psychosociaux » renvoie à des contextes de travail et de risques qui vont au-delà du seul stress : surcharge de travail, contraintes excessives de temps mais aussi perte de repères, manque de sens au travail, conflit de valeurs.

La santé psychique des salariés dépend largement de la relation aux autres : la reconnaissance, la possibilité d'échanges et de coopération dans le travail, le soutien des collègues et de la hiérarchie jouent un rôle déterminant dans la prévention de ces risques.

L'encadrement joue un rôle déterminant dans la prévention de ces risques : mieux organiser le travail, atténuer la charge de travail, clarifier la répartition des tâches, donner du sens aux activités, pratiquer un management respectueux des personnes..., autant de pistes à explorer.

L'Agence nationale d'amélioration des conditions de travail (ANACT) met son expertise au service tant de diagnostics que de préconisations.

SUJET

DIFFICULTÉ : ××× / DURÉE : 3 HEURES

Sujet national
Concours externe, interne et 3e concours, session 2019
Animateur principal de 2e classe

Énoncé

Vous êtes animateur territorial principal de 2e classe en qualité de responsable du service éducation et jeunesse au sein de la commune d'Animville, qui compte 15 000 habitants. La ville comprend deux quartiers définis comme prioritaires dans le cadre de la politique de la ville. Le territoire comporte un tissu associatif dense, ainsi que plusieurs écoles, un collège et un lycée. Les services locaux de prévention spécialisée font le constat de nombreuses situations inquiétantes chez les jeunes : défiance vis-à-vis des valeurs républicaines, repli identitaire et possible radicalisation.

Dans ce contexte, le maire vous demande, exclusivement à l'aide des éléments du dossier, de rédiger à son attention un rapport faisant état de la situation actuelle.

10 points

Dans un second temps, le maire souhaite que vous lui présentiez des propositions opérationnelles, afin de prévenir les radicalismes et favoriser le vivre-ensemble au sein d'Animville.

Pour traiter cette seconde partie, vous mobiliserez également vos connaissances.

Liste des documents joints :

Document 1 : « Déclaration des droits de l'homme et du citoyen de 1789 » et « Constitution du 4 octobre 1958 » (extraits) - *legifrance.gouv.fr* - mars 2019 - 2 pages.

Document 2 : « Plan local de sécurité et de prévention de la délinquance 2019 à 2023 » (extraits) - Ville de Bourges - 2019 - 6 pages.

Document 3 : « Laïcité et prévention de la radicalisation. Guide pratique pour les enseignants et les professionnels de terrain » (extrait) - *counterextremism.com / European Foundation for Democracy* - novembre 2018 - 2 pages.

Document 4 : « Les territoires vivants de la laïcité mis à l'honneur lors de la journée nationale » - *lagazette.fr* - 11 décembre 2018 - 1 page.

Document 5 : « L'Observatoire de la laïcité rend un rapport annuel sous le signe de la pédagogie » - *lagazette.fr* - 9 juin 2016 - 2 pages.

Document 6 : « La laïcité et la citoyenneté au cœur des PEDT » - Contribution de la Ligue de l'enseignement - *observatoire-reussite-educative.fr* - Mai 2015 - 5 pages.

Document 7 : Plaquette du Comité interministériel de prévention de la délinquance et de la radicalisation - Septembre 2018 - 2 pages.

Document 8 : « Comment appliquer la laïcité au quotidien ? » - *Le Journal de l'Animation* - n° 166 - Février 2016 - 1 page.

Document 9 : « Laïcité et citoyenneté dans les projets éducatifs territoriaux (PEDT) » (extrait) - Fédération nationale des Francas - Avril 2015 - 4 pages.

Document 10 : « Laïcité et vivre-ensemble » (extrait) - *JPA Spécial Directeur ACM* - 2016 - 1 page.

Document 11 : « Formation à la laïcité : la boîte à outils des collectivités » - *lagazette.fr* - 11 octobre 2018 - 3 pages.

Document 1

DÉCLARATION DES DROITS DE L'HOMME ET DU CITOYEN DE 1789

Les Représentants du Peuple Français, constitués en Assemblée Nationale, considérant que l'ignorance, l'oubli ou le mépris des droits de l'Homme sont les seules causes des malheurs publics et de la corruption des Gouvernements, ont résolu d'exposer, dans une Déclaration solennelle, les droits naturels, inaliénables et sacrés de l'Homme, afin que cette Déclaration, constamment présente à tous les Membres du corps social, leur rappelle sans cesse leurs droits et leurs devoirs ; afin que les actes du pouvoir législatif, et ceux du pouvoir exécutif, pouvant être à chaque instant comparés avec le but de toute institution politique, en soient plus respectés ; afin que les réclamations des citoyens, fondées désormais sur des principes simples et incontestables, tournent toujours au maintien de la Constitution et au bonheur de tous.

En conséquence, l'Assemblée Nationale reconnaît et déclare, en présence et sous les auspices de l'Être suprême, les droits suivants de l'Homme et du Citoyen.

Art. 1er. Les hommes naissent et demeurent libres et égaux en droits. Les distinctions sociales ne peuvent être fondées que sur l'utilité commune.

Art. 2. Le but de toute association politique est la conservation des droits naturels et imprescriptibles de l'Homme. Ces droits sont la liberté, la propriété, la sûreté, et la résistance à l'oppression.

Art. 3. Le principe de toute Souveraineté réside essentiellement dans la Nation. Nul corps, nul individu ne peut exercer d'autorité qui n'en émane expressément.

Art. 4. La liberté consiste à pouvoir faire tout ce qui ne nuit pas à autrui : ainsi, l'exercice des droits naturels de chaque homme n'a de bornes que celles qui assurent aux autres Membres de la Société la jouissance de ces mêmes droits. Ces bornes ne peuvent être déterminées que par la Loi.

Art. 5. La Loi n'a le droit de défendre que les actions nuisibles à la Société. Tout ce qui n'est pas défendu par la Loi ne peut être empêché, et nul ne peut être contraint à faire ce qu'elle n'ordonne pas.

Art. 6. La Loi est l'expression de la volonté générale. Tous les Citoyens ont droit de concourir personnellement, ou par leurs Représentants, à sa formation. Elle doit être la même pour tous, soit qu'elle protège, soit qu'elle punisse. Tous les Citoyens étant égaux à ses yeux sont également admissibles à toutes dignités, places et emplois publics, selon leur capacité, et sans autre distinction que celle de leurs vertus et de leurs talents.

Art. 7. Nul homme ne peut être accusé, arrêté ni détenu que dans les cas déterminés par la Loi, et selon les formes qu'elle a prescrites. Ceux qui sollicitent, expédient, exécutent ou font exécuter des ordres arbitraires, doivent être punis ; mais tout citoyen appelé ou saisi en vertu de la Loi doit obéir à l'instant : il se rend coupable par la résistance.

Art. 8. La Loi ne doit établir que des peines strictement et évidemment nécessaires, et nul ne peut être puni qu'en vertu d'une Loi établie et promulguée antérieurement au délit, et légalement appliquée.

Art. 9. Tout homme étant présumé innocent jusqu'à ce qu'il ait été déclaré coupable, s'il est jugé indispensable de l'arrêter, toute rigueur qui ne serait pas nécessaire pour s'assurer de sa personne doit être sévèrement réprimée par la loi.

Art. 10. Nul ne doit être inquiété pour ses opinions, même religieuses, pourvu que leur manifestation ne trouble pas l'ordre public établi par la Loi.

Art. 11. La libre communication des pensées et des opinions est un des droits les plus précieux de l'Homme : tout Citoyen peut donc parler, écrire, imprimer librement, sauf à répondre de l'abus de cette liberté dans les cas déterminés par la Loi.

Art. 12. La garantie des droits de l'Homme et du Citoyen nécessite une force publique : cette force est donc instituée pour l'avantage de tous, et non pour l'utilité particulière de ceux auxquels elle est confiée.

Art. 13. Pour l'entretien de la force publique, et pour les dépenses d'administration, une contribution commune est indispensable : elle doit être également répartie entre tous les citoyens, en raison de leurs facultés.

Art. 14. Tous les Citoyens ont le droit de constater, par eux-mêmes ou par leurs représentants, la nécessité de la contribution publique, de la consentir librement, d'en suivre l'emploi, et d'en déterminer la quotité, l'assiette, le recouvrement et la durée.

Art. 15. La Société a le droit de demander compte à tout Agent public de son administration.

Art. 16. Toute Société dans laquelle la garantie des Droits n'est pas assurée, ni la séparation des Pouvoirs déterminée, n'a point de Constitution.

Art. 17. La propriété étant un droit inviolable et sacré, nul ne peut en être privé, si ce n'est lorsque la nécessité publique, légalement constatée, l'exige évidemment, et sous la condition d'une juste et préalable indemnité.

Constitution du 4 octobre 1958

Version consolidée au 28 mai 2019

Le Gouvernement de la République, conformément à la loi constitutionnelle du 3 juin 1958, a proposé, Le Peuple français a adopté, Le Président de la République promulgue la loi constitutionnelle dont la teneur suit :

Article PREAMBULE
Modifié par Loi constitutionnelle n°2005-205 du 1 mars 2005 - art. 1

Le Peuple français proclame solennellement son attachement aux Droits de l'Homme et aux principes de la souveraineté nationale tels qu'ils ont été définis par la Déclaration de 1789, confirmée et complétée par le préambule de la Constitution de 1946, ainsi qu'aux droits et devoirs définis dans la Charte de l'environnement de 2004.
En vertu de ces principes et de celui de la libre détermination des peuples, la République offre aux territoires d'outre-mer qui manifestent la volonté d'y adhérer des institutions nouvelles fondées sur l'idéal commun de liberté, d'égalité et de fraternité et conçues en vue de leur évolution démocratique.

Article 1
Modifié par LOI constitutionnelle n°2008-724 du 23 juillet ... - art. 1

La France est une République indivisible, laïque, démocratique et sociale. Elle assure l'égalité devant la loi de tous les citoyens sans distinction d'origine, de race ou de religion. Elle respecte toutes les croyances. Son organisation est décentralisée.
La loi favorise l'égal accès des femmes et des hommes aux mandats électoraux et fonctions électives, ainsi qu'aux responsabilités professionnelles et sociales.

Titre premier : De la souveraineté
Article 2
Modifié par Loi constitutionnelle n°95-880 du 4 août 1995 - art. 8

La langue de la République est le français.
L'emblème national est le drapeau tricolore, bleu, blanc, rouge.
L'hymne national est la "Marseillaise".
La devise de la République est "Liberté, Égalité, Fraternité".
Son principe est : gouvernement du peuple, par le peuple et pour le peuple.

Document 2

PLAN LOCAL DE SÉCURITÉ ET DE LA PRÉVENTION DE LA DÉLINQUANCE 2019 À 2023 VILLE DE BOURGES

(...) **3. Un diagnostic en vue de la réalisation d'une stratégie**

La réalisation d'un diagnostic local de sécurité est un préalable à la mise en place d'une stratégie territoriale de sécurité et de prévention de la délinquance. En effet, selon la circulaire du ministre de l'intérieur du 4 décembre 2006, le Plan Local de Sécurité et de Prévention de la Délinquance doit intégrer les points suivants afin d'obtenir une action locale, opérationnelle et ciblée :

- Un diagnostic local de sécurité sur le périmètre déterminé par le Contrat de Ville,
- Un plan d'actions, pilotage et animation,
- Une liste indicative d'actions structurantes,
- Des indicateurs d'évaluation.

Les spécificités territoriales et le contexte local en matière de sécurité et de prévention de la délinquance sont mis en exergue comme un impératif préalable à la définition de la stratégie locale. C'est pourquoi la réalisation de ce diagnostic de territoire a été littéralement primordiale. Il a été l'occasion de faire une analyse aussi précise que possible des contextes dans lesquels devra s'inscrire la stratégie locale à venir.

La Ville de Bourges a souhaité que ce diagnostic soit un processus de travail participatif qui met en évidence les points forts, les points faibles, les potentialités et les menaces du territoire. Ce diagnostic s'est donc établi sur la participation des institutionnels et des acteurs locaux afin de confronter les points de vue de chacun et de rechercher des solutions communes.
Par conséquent, cette relation entre les partenaires s'est articulée en trois groupes de travail selon les thématiques suivantes :

- La prévention de la délinquance et la lutte contre les atteintes à la tranquillité publique ;
- La lutte contre les violences faites aux femmes, les violences intrafamiliales et l'aide aux victimes ;
- La prévention de la radicalisation.

Cette démarche a débuté en septembre 2017 par une collecte de données statistiques pour apprécier l'état et l'évolution du territoire. C'est pourquoi en amont a été collectée une série de données auprès de la Police Nationale, au niveau communal, intercommunal et départemental afin de permettre une analyse aussi précise que possible des faits constatés en matière de délinquance ainsi que des auteurs de ces infractions enregistrées sur les années 2014, 2015, 2016 et 2017.

Parallèlement, une série d'entretiens a été réalisé avec les acteurs institutionnels ainsi que les acteurs associatifs. Ces entretiens ont été l'occasion d'appréhender les attentes et les besoins de chacun, de même que d'aborder les premières pistes d'amélioration du dispositif existant et des dynamiques partenariales.

Dans un deuxième temps, des réunions de travail se sont organisées pour étudier ces données statistiques. Cette étape a été en effet plus pertinente du moment où elle a été réalisée collectivement. La multiplication et la confrontation des points de vue ont ainsi enrichis l'étude du diagnostic. Cette analyse a permis de déterminer ensemble des enjeux qui ont été utiles pour construire une stratégie et des actions adaptées à notre territoire.

Ce document de travail a été exposé à la commission restreinte en mars 2018 et cette dernière a validé à l'unanimité les orientations stratégiques pour notre plan local.

4 Un plan local basé sur un cadre national

La politique de prévention de la délinquance a profondément évolué depuis son origine. Au-delà de la prévention dite « primaire » à caractère éducatif et social et s'adressant à de larges publics, complétée ces dernières années par une approche « situationnelle » et par le développement de la vidéo protection, elle s'appuie désormais sur des approches plus individualisées en vue d'actions ciblées de prévention « secondaire », ce qui signifie des actions tournées vers les publics les plus exposés à un premier passage à l'acte délinquant, et « tertiaire », c'est-à-dire de prévention de la récidive.

Après la loi du 5 mars 2007 consacrée à la responsabilité centrale des maires en matière de prévention de la délinquance et d'aide aux victimes, la dimension partenariale prédomine au sein de la stratégie nationale.

Ensuite, l'élaboration d'un nouveau programme est recommandée auprès des politiques locales pour une mise en place en 2014. Son architecture d'interventions est structurée autour de trois programmes d'actions :

- Programme d'actions à l'intention des jeunes exposés à la délinquance ;
- Programme d'actions pour améliorer la prévention des violences faites aux femmes, des violences intrafamiliales et l'aide aux victimes ;
- Programme d'actions pour améliorer la tranquillité publique.

Enfin, le décret du 6 mai 2016 portant modifications de dispositions relatives à la prévention de la radicalisation, mentionne qu'en fonction de la situation locale, les compétences du conseil local de sécurité et de prévention de la délinquance peuvent s'étendre aux actions de prévention de la radicalisation définies conjointement avec le représentant de l'Etat.

Et depuis février 2018, l'Etat a présenté un nouveau plan national de prévention de la radicalisation dans lequel 60 mesures reposent sur la mobilisation et la coordination entre acteurs de l'Etat, des collectivités territoriales et de la société civile.

A retenir :

- **Quatre programmes d'actions nationales à décliner au niveau local** :
  - La prévention à l'intention des jeunes exposés à la délinquance ;
  - Les violences faites aux femmes, des violences intrafamiliales et l'aide aux victimes ;
  - La lutte contre les atteintes à la tranquillité publique ;
  - Des actions de prévention de la radicalisation en direction des jeunes concernés et d'accompagnement de leurs familles.

(...)

AXE N° 5	Des actions de prévention de la radicalisation en direction des jeunes concernés et d'accompagnement de leurs familles
Objectif	Prévenir auprès des professionnels
FICHE ACTION N° 24	**Nomination d'un référent au sein de la Ville de Bourges**

PILOTE DU PROJET	Le coordonnateur du CLSPD
PARTENAIRES	La Préfecture du Cher Le Service Départemental du Renseignement Territorial – DDSP La cellule de prévention de la radicalisation et d'accompagnement des familles (CPRAF) Le CCAS de la Ville de Bourges
BESOIN INITIAL ET CONTEXTE	La radicalisation s'est affirmée en France à l'instar d'autres pays européens et au-delà, comme une menace durable pour notre sécurité et notre cohésion sociale. Face à cette menace, une politique publique nouvelle de prévention de la radicalisation, qui articule logiques sociale et sécurité, a été construite à partir de 2014. Le plan de lutte anti-terroriste (PLAT) du 29 avril 2014 et la plan d'action contre la radicalisation et le terrorisme (PART) du 9 mai 2016 ont développé cette politique de prévention autour de la détection, la formation, la prise en charge en milieux ouvert et fermé et le développement de la recherche. Le vendredi 23 février 2018, le Premier Ministre a présenté le nouveau plan national de prévention de la radicalisation. Ce plan « prévenir pour protéger » repose sur la mobilisation et la coordination entre acteurs de l'Etat, collectivités territoriales et société civile. Par conséquent, ce plan formule 60 mesures dont certaines à l'attention des collectivités territoriales telle que : - **Mesure 21** : *En fonction de la situation locale, inciter les collectivités territoriales à nommer des référents (élus et/ou coordonnateur de conseils locaux ou intercommunaux de sécurité et de prévention de la délinquance (CLSPD / CISPD) afin de renforcer et sécuriser l'échange d'informations avec les cellules de prévention de la radicalisation et d'accompagnement des familles (CPRAF) et améliorer les dispositifs de détection, de signalement et de prise en charge des personnes radicalisées.* ***** Au niveau local, le diagnostic local de sécurité a constaté un partenariat imprécis entre la collectivité et l'Etat. Cette refonte du CLSPD est par conséquent l'occasion de renforcer cette coordination entre la Préfecture et la Ville, notamment sur la prévention de la radicalisation. En outre, les travailleurs sociaux de la Ville de Bourges se posent la question du cadre juridique en cas de demande de renseignement et/ou d'échange d'information dès lors qu'ils ont pour obligation de préserver le secret professionnel. Enfin, les agents municipaux s'interrogent sur l'aspect du signalement, notamment sur la formalisation entre « dénonciation » et « prévention ».
OBJECTIFS VISES / RESULTATS ATTENDUS	➢ Améliorer la coordination des éléments d'information avec les services de la Préfecture et de la Direction du Renseignement Territorial ; ➢ Améliorer les dispositifs de détection et de signalement auprès des agents municipaux et du CCAS ; ➢ Renforcer et sécuriser l'échange d'informations au sein de la collectivité.

PUBLIC CIBLE	Les agents de la Ville de Bourges Les agents du CCAS
DESCRIPTIF ET MODALITES DE MISE EN OEUVRE	**Nommer le coordonnateur du CLSPD comme « référent ».** Mission / rôle : - Interface entre les agents municipaux / CCAS et les organismes partenaires, - Recueil d'informations, - Accompagnement des agents : écoute, apport de réponse. Activités : - Piloter, coordonner et évaluer des dispositifs de prévention primaire et secondaire : conseils / informations ; écoute ; soutien aux familles ; - Procéder aux signalements auprès de la Préfecture, du Procureur, des Renseignements Territoriaux, de la cellule de prévention de la radicalisation et d'accompagnement des familles (CPRAF) ; - Réunir et animer le comité technique « Prévention de la radicalisation ».
MOYENS	En termes de communication : Informer les agents de l'existence d'un référent en interne au sein de la Ville de Bourges et du CCAS.
INDICATEURS D'EVALUATION	Nombre d'échange avec les agents Nombre de prise de contact avec la Préfecture Nombre de prise de contact avec les Renseignements Territoriaux Nombre de rencontre avec le comité technique « prévention de la radicalisation » Une instance de suivi sera intégrée dans la mise en place des comités techniques avec des rencontres trimestrielles des partenaires et la réalisation d'un bilan annuel des dispositifs mis en place.

CALENDRIER : PROGRAMMATION DE L'ACTION

	2018		2019				2020				2021				2022				2023	
	T3	T4	T1	T2	T3	T4	T1	T2	T3	T4	T1	T2	T3	T4	T1	T2	T3	T4	T1	T2
Etude																				
Mise en œuvre																				
Evaluation																				

AXE N° 4	Des actions de prévention de la radicalisation en direction des jeunes concernés et d'accompagnement de leurs familles
Objectif	Prévenir auprès des professionnels
FICHE ACTION N° 25	**Formation des agents municipaux recevant du public**

PILOTE(s) DU PROJET	Le service Formation de la Ville de Bourges
PARTENAIRES	La Préfecture du Cher Le service départemental du Renseignement Territorial – DDSP Le CNFPT
BESOIN INITIAL ET CONTEXTE	La radicalisation s'est affirmée en France à l'instar d'autres pays européens et au-delà, comme une menace durable pour notre sécurité et notre cohésion sociale. Face à cette menace, une politique publique nouvelle de prévention de la radicalisation, qui articule logiques sociale et sécurité, a été construite à partir de 2014. Le plan de lutte anti-terroriste (PLAT) du 29 avril 2014 et la plan d'action contre la radicalisation et le terrorisme (PART) du 9 mai 2016 ont développé cette politique de prévention autour de la détection, la formation, la prise en charge en milieux ouvert et fermé et le développement de la recherche. Le vendredi 23 février 2018, le Premier Ministre a présenté le nouveau plan national de prévention de la radicalisation. Ce plan « prévenir pour protéger » repose sur la mobilisation et la coordination entre acteurs de l'Etat, collectivités territoriales et société civile. Par conséquent, ce plan formule 60 mesures dont certaines à l'attention des collectivités territoriales telle que : - **Mesure 22** : *Elaborer un cadre national de formation en direction des élus, destiné à être décliné au niveau territorial en vue d'intensifier les actions de formation des agents territoriaux, en liaison avec le Centre National de la fonction publique territoriale (CNFPT), le Conseil national de la formation des élus locaux et les organismes agréés.* La formation apparaît comme une condition de compréhension du phénomène et comme un gage d'appropriation du dispositif. De plus, la compréhension du phénomène et les modes opératoires évoluent. Il est donc impératif que les professionnels associés à la réponse publique bénéficient d'une formation sur la prévention de la radicalisation. Au niveau local, les acteurs de terrains de la Ville de Bourges et du CCAS manquent de connaissances et de sensibilisation face à cette problématique et aux enjeux de ce phénomène, notamment pour repérer en amont les signes ou les situations.
OBJECTIFS VISES / RESULTATS ATTENDUS	➢ Apporter une information aux agents sur les concepts de ce phénomène et les éléments clés du processus de radicalisation ; ➢ Sensibiliser les agents municipaux et du CCAS sur les dispositifs de détection, de signalement et de prise en charge des personnes radicalisées ; ➢ Prévenir les agents recevant du public dans le but d'apporter un soutien aux familles.
PUBLIC CIBLE	Les professionnels de la Ville de Bourges et du CCAS : directeurs, chefs de service et agents en contact avec le public.

DESCRIPTIF ET MODALITES DE MISE EN OEUVRE	**Proposer des formations d'information et de sensibilisation à destination des directeurs, des chefs de service et des agents recevant du public.** Ces formations peuvent être prises en charge par : • Les services de la Préfecture et le service départemental du Renseignement Territorial, • Le Centre National de la fonction publique territoriale (CNFPT). Organiser des sessions d'une à deux journées par an. La répartition des agents sur des cycles pluriannuels sera à la charge du service Formation. Communiquer aux agents les dates des sessions en amont pour les inscriptions.
MOYENS	Prévoir la réservation d'un amphithéâtre dans le cas où le choix des intervenants est ceux des services de l'Etat.
INDICATEURS D'EVALUATION	Nombre de séance proposée sur une année Nombre d'agents inscrits à la formation Nombre d'agents présents à la formation Nombre de formation pris en charge par les services de l'Etat Nombre de formation pris en charge par le CNFPT Retour d'expérience des agents Retour d'expérience des responsables de service

CALENDRIER : PROGRAMMATION DE L'ACTION																				
	2018		2019				2020				2021				2022				2023	
	T3	T4	T1	T2	T3	T4	T1	T2	T3	T4	T1	T2	T3	T4	T1	T2	T3	T4	T1	T2
Etude																				
Mise en œuvre																				
Evaluation																				

(...)

Document 3

LAÏCITÉ ET PRÉVENTION DE LA RADICALISATION

GUIDE PRATIQUE POUR LES ENSEIGNANTS ET LES PROFESSIONNELS DE TERRAIN

Toufik BOUARFA / Francesco FARINELLI

(...)

25. Que faire face aux théories conspirationnistes/complotistes ?

Ce qui est constaté :

Les théories conspirationnistes/complotistes ne sont pas un phénomène nouveau. Cependant, l'avènement d'Internet et des réseaux sociaux permettent à ces théories, de toucher un public beaucoup plus large et beaucoup plus jeune. Depuis les attentats du 11 septembre 2001, les théories les plus farfelues inondent Internet.

Par ailleurs, elles sont souvent relayées par des chaînes de télévision telles qu'Al Jazeera, Al Manar TV ou encore Al Aqsa TV, sont regardées par des milliers de familles au sein des quartiers populaires. Ces théories sont souvent basées sur des postulats antioccidentaux et/ou antisémites.

Des élèves/jeunes sont clairement sous l'influence de ces théories conspirationnistes car leur appétence pour la recherche d'information sur Internet, associée à la fragilité liée à l'âge, les difficultés familiales (ruptures, familles monoparentales...) accentuent leur perméabilité aux théories du complot et au « relativisme scientifique ».

Le web se transforme alors en un « incubateur de la pensée extrême » qui offre un accès facile à des contenus et des idéologies extrémistes et à de fausses informations.

Les réponse(s) possible(s) :

- Les informations et les images permettant de diffuser ces théories conspirationnistes inondent le monde des adolescents et des jeunes adultes. Face à cela, les établissements scolaires peuvent monter des projets pédagogiques en interne ou avec l'aide de partenaires extérieurs sur des faits d'actualités choisis avec les jeunes.
- Dans le cadre des apprentissages (histoire-géographie, philosophie...) vous pouvez travailler sur l'analyse et la compréhension-contextualisation de l'information. Dans ce cas de figure et toujours dans le cadre des apprentissages, une des matières que l'enseignant peut également mettre à profit est l'Éducation aux Médias et à l'Information (EMI) qui est une matière d'enseignement dans le secondaire. L'EMI, portée dans le cadre d'actions transdisciplinaires et par le professeur-documentaliste, est un ensemble de compétences transversales. Il ne constitue pas un enseignement à part. L'EMI a pour objectif de développer l'esprit critique des élèves, en particulier dans l'usage des réseaux sociaux qui sont un des vecteurs privilégiés des réseaux djihadistes pour repérer les jeunes vulnérables.
- L'objectif étant de permettre aux élèves de se construire un esprit critique et une analyse distanciée afin de mieux comprendre comment ces faits sont utilisés, interprétés et relayés par les propagandes conspirationnistes.
- Vous trouverez également des outils à votre disposition en consultant les ressources sur Canopé, Eduscol, ou encore le site educ.gouv.fr.
- Les travailleurs sociaux tels que les éducateurs spécialisés, les moniteurs éducateurs ou encore les animateurs socioculturel (comme les enseignants d'ailleurs) ont la possibilité d'avoir des outils très intéressants leur permettant de déconstruire ces théories conspirationnistes en consultant le site du Centre de Liaison de L'Enseignement et des Médias d'Information (CLEMI). D'autres sites Internet tels que Spicee, Conspihunter, theorieducomplot.be, sont conseillés. Le travail de ces sites est de démonter, point par point et démonstration à l'appui, l'incohérence et la dangerosité des théories complotistes/conspirationnistes.

26. Face à des propos/préjugés antisémites, quelles sont les outils à ma disposition pour tenter de déconstruire ce discours ?

Ce qui est constaté :

Aujourd'hui, l'antisémitisme en France, n'est plus du seul fait de l'extrême droite. Il existe également un antisémitisme corrélé aux conflits du Moyens Orient, notamment entre l'État d'Israël et les Territoires Palestiniens.

Les mouvements islamistes et terroristes ont fait de la question palestinienne un étendard permettant de recruter des sympathisants. Selon eux, ce conflit est la preuve de l'injustice que subissent les musulmans de cette région du monde. Ils suggèrent qu'il est du devoir de chaque musulman à défendre cette terre sainte. Par ailleurs, les chaines satellitaires telles qu'Al Manar TV ou Al Aqsa TV pourtant interdites de diffusion en France (suivies par des milliers de personnes dans les quartiers populaires via Internet par exemple) véhiculent les stéréotypes les plus dégradants sur la communauté juive.

Réponse(s) possible(s) :

- L'antisémitisme est un mal qui ronge nos sociétés depuis suffisamment longtemps pour savoir qu'il n'est pas aisé de le combattre. Notre objectif n'est pas d'apporter LA solution. Notre (modeste) ambition consiste à vous apporter les premiers éléments de réponse vous permettant de déconstruire ce discours.
- Dans le cadre scolaire, vous pouvez utiliser les nombreux outils à votre disposition. En premier lieu, l'Enseignement Moral et Civique (EMC) qui permet de comprendre le bien-fondé des règles régissant les comportements individuels et collectifs (principe de discipline), de faire reconnaître le pluralisme des opinions, des convictions et des modes de vie (principe de coexistence des libertés), et de construire du lien social et politique (principe de la communauté des citoyens).
- Vous pouvez également utiliser les outils du réseau Canopé notamment le site « Eduquer contre le racisme et l'antisémitisme », Eduscol, Cahiers Pédagogiques...
- Il existe également des actions menées sur l'ensemble du territoire qui peuvent éventuellement correspondre à ce que vous cherchez et que vous pouvez adapter.
- De plus, les enseignants peuvent bénéficier de formations particulières sur le sujet de l'antisémitisme et du racisme (formation continue) proposée notamment dans le cadre des plans académiques de formation (PAF), le plus souvent au titre de la transmission des valeurs de la République.
- Pour être plus complet, la politique éducative de prévention du racisme, de l'antisémitisme et de la xénophobie s'inscrit dans le cadre du nouveau plan national d'action 2018-2020[32] que pilote la délégation interministérielle à la lutte contre le racisme, l'antisémitisme et la haine anti-LGBT (DILCRAH). Ce plan mobilise l'ensemble des ministères pour lutter contre la haine sur Internet, éduquer contre les préjugés et les stéréotypes, mieux accompagner les victimes et investir de nouveau champs de mobilisation.
- Dans le cadre scolaire comme dans le cadre d'un accompagnement socioéducatif, vous pouvez être à l'initiative d'une participation avec vos élèves à des journées d'actions permettant de pouvoir échanger sur la question de l'antisémitisme (exemples : journée de la mémoire des génocides et de la prévention des crimes contre l'humanité le 27 janvier, la semaine nationale d'éducation contre le racisme et l'antisémitisme autours du 21 mars, la journée des mémoires de la traite négrière, de l'esclavage et de leurs abolitions le 10 mai).
- Enfin, n'hésitez pas à nouer des coopérations avec des institutionnels extérieurs (les collectivités territoriales, l'administration européenne, les organisations non gouvernementale, etc..) et les structures associatives œuvrant dans la lutte contre le racisme et l'antisémitisme. Ce type d'association dispose d'une expertise et de ressources très précieuses. Les enseignants devront vérifier au préalable si ces structures bénéficient d'un agrément de l'Éducation nationale.

Document 4

la gazette·fr

LAÏCITÉ

Les territoires vivants de la laïcité mis à l'honneur lors de la journée nationale

Nathalie Levray | France | Publié le 11/12/2018

L'anniversaire de la loi du 9 décembre 1905 a donné l'occasion à l'Observatoire de la laïcité de promouvoir ce qui vit et se vit sur le terrain en 2018.

C'est sous le signe de la « vivacité » des territoires que l'Observatoire de la laïcité (OL) a placé la journée anniversaire de la loi du 9 décembre 1905 de séparation des églises et de l'Etat et la remise du Prix de la laïcité de la République française 2018. Lundi 10, dans les locaux de la Ligue de l'Enseignement à Paris, le prix et ses 4 mentions spéciales ont distingué des actions de terrain et des projets portant sur la protection et la promotion effectives de la laïcité. « La preuve que la loi marche très bien comme elle est », ont repris en chœur plusieurs intervenants à la tribune. « Le ministre de l'Intérieur nous a assuré qu'elle serait confortée et non pas remise en cause », a répondu Jean-Louis Bianco, le président de l'OL.

Vivante par la diversité des acteurs

Les territoires de la laïcité sont vivants par la diversité des acteurs récompensés : établissements scolaires, associations, collectivités territoriales et, nouveauté de ce cru 2018, établissements de santé. Cette année, la municipalité de Mont-Saint-Martin (8 400 habitants) en Meurthe-et-Moselle est primée pour son jeu télé, « La laïcité, ce que j'en sais », créé pour « honorer un engagement du contrat de ville », précise le maire. Une vidéo de questions/réponses sur la laïcité est projetée devant un public de citoyens disposant de livrets sur lesquels cocher les bonnes réponses selon eux, et suivie d'interventions expliquant les bonnes réponses. Si la séance permet de débusquer les erreurs répandues dans la population sur la laïcité et d'y revenir de façon claire et précise, elle révèle aussi que « les citoyens vivent la laïcité sans le savoir ».

Vivante par les vecteurs de diffusion

Les territoires sont vivants par la diversité des modes d'expression et de diffusion utilisés pour promouvoir la laïcité. Le jury a été conquis par le jeu de rôle de la fédération des œuvres laïques (FOL) d'Eure-et-Loir à utiliser dans le cadre du BAFA et de la formation civique et citoyenne, le jeu TV de Mont-Saint-Martin, le groupe « laïcité » du Centre hospitalier de Saint-Denis (93) et son enquête auprès du personnel soignant. Le vecteur culturel prend aussi sa place, notamment avec le clip de rap chorégraphié, sur un texte écrit par les élèves de classe de Première maintenance nautique du lycée d'enseignement professionnel Jacques Dolle d'Antibes (06). Les actions récompensées dans les établissements de l'Education nationale s'appuient sur une transmission par les pairs : les lycéens vers les collégiens à Antibes, et les collégiens vers les enfants de classe primaire au collège Marie Noël de Joigny (89).

Un mini-MOOC pour témoigner

La journée nationale a été l'occasion pour le CNFPT d'annoncer la reprise de la formation en ligne « Les clés de la laïcité », co-créée avec le CGET pour février 2019 (3e session). En mars, sortira un mini-MOOC à destination des agents des collectivités, « la laïcité au quotidien, paroles de territoires » : deux heures pour rappeler les grands principes et valoriser ce qui vit et se vit sur le terrain.

Le Prix de la laïcité de la République française revient à Promofemmes

Cette association bordelaise accueille des femmes en situation de migration provenant de plus d'une soixantaine de pays, depuis 1994. C'est après bien des interrogations en interne sur la laïcité qu'une charte de la laïcité est rédigée avec les femmes accueillies « pour répondre à leurs interrogations qui jamais ne revendiquaient », précise la directrice. Un travail qui associe deux sociologues et répond « de manière collective ». La charte est traduite dans l'ensemble des langues parlées à l'association et aussi sous la forme de pictogrammes. « L'aventure continue » avec un artiste : un spectacle, réalisé spécifiquement sur la laïcité et le respect des différences avec les mères de famille volontaires, porte le débat à l'extérieur de l'association.

Document 5

lagazette.fr

LAÏCITÉ

L'Observatoire de la laïcité rend un rapport annuel sous le signe de la pédagogie

Brigitte Menguy | France | Toute l'actu RH | Publié le 09/06/2016

Pédagogie. Tel est le maître mot de ce troisième rapport d'activité de l'Observatoire de laïcité. Rendu public, jeudi 9 juin 2016, le rapport 2015-2016 fait état du travail effectué par cette instance au service de Matignon mais consacre aussi de nombreux chapitres à l'action des collectivités territoriales en matière de formation et de promotion du principe de laïcité. Auto-congratulations en perspective.

Observatoire de la laïcité

L'Observatoire de la laïcité a rendu public, jeudi 9 juin 2016, son troisième rapport d'activités. Au menu du cru 2015-2016, beaucoup de pédagogie. Car selon son Rapporteur général, Nicolas Cadène, l'Observatoire de la laïcité doit « faire œuvre de pédagogie, pour que chaque citoyenne et chaque citoyen puisse s'approprier la laïcité et la faire vivre au quotidien ».

Ainsi, durant l'année 2015, l'Observatoire de la laïcité a répondu à de nombreuses sollicitations sur les règles d'application du principe de laïcité, et est à l'origine ou partenaire de nombreuses formations qui sont organisées sur la laïcité et la gestion du fait religieux partout en France. Que ce soit afin de réaliser des modules de formation et des kits pédagogiques à l'usage de tous les acteurs de terrain ou dans la promotion de la laïcité auprès des usagers du service public et aux côtés des collectivités. Car celles-ci ne sont pas en reste quand il s'agit de former ses agents ou encore de diffuser une culture laïque dans ses services publics. Le rapport annuel de l'Observatoire en fait état.

Former les agents du service public

Parce que le principe de laïcité concerne l'ensemble des fonctionnaires, à qui s'applique dans l'exercice de leurs fonctions une neutralité religieuse stricte, un module « découverte de la laïcité » peut être dispensé dans toutes les formations initiales des agents publics.

A ce titre, le rapport annuel de l'Observatoire de la laïcité met en valeur plusieurs initiatives locales ayant eu pour finalité en 2015 de former les agents territoriaux.

Tout d'abord, la ville de Dijon qui a mis en place une formation intitulée « gérer le fait religieux sans discriminer ». À Roubaix, un processus de qualification des agents au contact du public a été engagé où les animateurs en charge des temps d'accueil périscolaires ont été les premiers formés. Pour construire ces cycles de formation, la ville a établi un partenariat avec le CNFPT et l'INSET.

Enfin, de nombreuses collectivités, disposant pour la plupart de conseil local de sécurité et prévention de la délinquance (CLSPD), ont prévu une formation à la laïcité, notamment pour les responsables de structures périscolaires et extra scolaires en 2016.

Promouvoir la laïcité pour sensibiliser les usagers du service public

L'Observatoire de la laïcité fait également état dans son rapport annuel des initiatives des collectivités territoriales dans la promotion du principe de laïcité auprès des usagers du service public.

En ligne de mire principalement, l'ensemble des instances créées par les collectivités, qu'elles soient dénommées « conseils de la laïcité », « observatoire régionale de la laïcité » ou encore « délégation de la laïcité ». A titre d'exemples, sont notamment cités :

- le conseil de la laïcité installé en avril 2015 par la mairie de Toulouse « Toulouse Fraternité », qui rassemble des élus, des religieux et des responsables associatifs ;
- la délégation à la laïcité la ville de Marseille ;
- l'instance « Bordeaux Partages », constituée en 2008 par la commune de Bordeaux qui réunit mensuellement l'ensemble des représentants des différentes communautés religieuses de la métropole bordelaise ;
- le comité consultatif laïcité de la ville de Rennes composé de représentants de la collectivité, des communautés religieuses, de courants de libre pensée, de personnalités qualifiées et de l'État (référent laïcité) ;
- l'observatoire régional de la laïcité de la région Rhône-Alpes a été installé.

De nombreuses collectivités ont aussi initié des actions de promotion et de pédagogie sur la laïcité. Ainsi, dans le cadre des temps d'activités périscolaires, la mairie de Marseille dispense aux jeunes élèves une formation à la citoyenneté et à la laïcité sous forme pédagogique ou ludique. Et le conseil départemental de l'Hérault participe quant à lui, à la promotion des valeurs républicaines et de la laïcité par les actions éducatives menées dans 80 collèges. Enfin, le conseil départemental de la Haute-Loire a mené en 2015 une campagne de communication en direction de ses usagers sur les dispositions prévues par la loi du 11 octobre 2010 interdisant la dissimulation du visage dans l'espace public.

Les acteurs de la politique de la ville en première ligne

Le rapport annuel de l'Observatoire de la laïcité revient également sur le un plan national de formation à la laïcité destiné aux acteurs de terrain de la politique de la ville, de la jeunesse et des sports, déployé par le CGET suite aux attentats de janvier 2015.

Pour rappel, le plan de formation « Valeurs de la République et laïcité » est une mesure des CIEC de mars et octobre 2015. Ses contenus ont été élaborés au cours de l'année 2015 pour un déploiement dès le premier trimestre 2016 avec l'objectif de former 10 000 personnes par an. Compte tenu de l'ampleur des publics visés, un dispositif de formation de formateurs en cascade a été mis en place.

Les formations seront déployées auprès des acteurs de terrain par l'État, via les DRJSCS, pour les agents de l'État et les acteurs associatifs, et par le CNFPT pour les agents de la fonction publique territoriale.

Pour s'assurer tant du niveau d'expertise que de la cohérence des messages diffusés dans le cadre de ces formations, un kit pédagogique unique a été élaboré par un groupe de travail partenarial piloté par le CGET, réunissant différents ministères ainsi que l'Observatoire de la laïcité, le CNFPT et l'Union social pour l'habitat. Cet outil repose sur une approche pragmatique. À partir d'un cadrage historique et juridique, l'application du principe de laïcité est abordée au moyen de différents cas pratiques adaptés aux situations professionnelles des participants. Les formateurs disposent ainsi d'un outil « clé en mains », comprenant les contenus, les modalités d'animation pédagogique et les supports leur permettant d'animer une formation de deux jours.
En parallèle, un dispositif de suivi et de capitalisation des formations est mis en place afin de recenser les différentes situations que rencontrent quotidiennement les professionnels en lien avec l'application du principe de laïcité. Un groupe d'experts sera chargé d'y apporter des réponses qui seront mise à disposition des formateurs via une banque de cas pratiques. Ce dispositif permettra d'actualiser et d'enrichir le kit de formation initial, au regard de situations qui interrogent parfois autant le droit que la capacité des professionnels à instaurer les conditions d'un dialogue apaisé.

Au premier trimestre 2017, une première synthèse des situations professionnelles répertoriées et des analyses apportées par le comité d'experts sera réalisée.

Document 6

LA LAÏCITÉ ET LA CITOYENNETÉ AU CŒUR DES PEDT

Contribution de la Ligue de l'enseignement Mai 2015

Association d'éducation populaire, complémentaire de l'enseignement public, la Ligue de l'enseignement est résolument engagée au service d'une République sociale, laïque et solidaire. Elle milite au local pour accompagner la mobilisation de tous les acteurs dans la mise en place de la Refondation de l'école publique et de l'ensemble des politiques éducatives.

A l'heure où la réaffirmation et la mise en œuvre effective des principes républicains sont plus que jamais une nécessité, nous portons, avec l'ensemble des acteurs éducatifs, une approche laïque et citoyenne pour l'inclusion de tous dans la société.

Par l'action de nos 102 fédérations départementales, nous accompagnons l'élaboration, la mise en œuvre et l'évaluation de projets éducatifs territoriaux ambitieux, qui prennent en compte la globalité des temps éducatifs (scolaire, périscolaire et extrascolaire).
Dans des logiques de démocratie participative et de pédagogies actives, la Ligue de l'enseignement mobilise un important réseau local d'acteurs professionnels, volontaires et bénévoles en capacité de proposer des projets et des activités dans les domaines culturel, artistique, ou sportif, notamment via ses deux fédérations sportives, l'Usep et l'Ufolep.

Qu'il s'agisse de politiques d'accueil de la petite enfance, de politiques éducatives en territoires prioritaires, ou de prévention et de lutte contre le décrochage scolaire, l'apprentissage de la citoyenneté active et du vivre ensemble, par le développement indissociable de l'autonomie et de la solidarité, sont au cœur de notre projet.

Nous ambitionnons ainsi de renforcer le pouvoir d'agir collectif de l'ensemble des acteurs par des projets éducatifs partenariaux, qui mobilisent enseignants, élus et professionnels des collectivités territoriales, services de l'État et de la CNAF, acteurs associatifs, parents et jeunes eux-mêmes, dans une perspective de développement local, de cohésion sociale et intergénérationnelle, et de démocratie implicative.

LA LAÏCITÉ, PILIER DE LA CITOYENNETÉ

Pour la Ligue de l'enseignement, la laïcité est un principe de liberté publique qu'il convient de promouvoir, de faire vivre dans tous les espaces éducatifs et sur tous les territoires. La laïcité demeure un pilier de la citoyenneté et d'un vivre ensemble qui a vocation à inclure tous les citoyens. Faire société est le défi actuel qui doit être relevé et c'est pourquoi la Ligue de l'enseignement a la conviction qu'il est important, voire urgent, de repartager sens et ambition autour de projets éducatifs communs.

La Ligue de l'enseignement s'engage pour promouvoir la liberté de conscience, l'esprit critique et la défense de la liberté de pensée et d'expression comme pilier de la République et de l'idéal démocratique. Elle agit pour retrouver un équilibre entre revendications de reconnaissance, liberté d'expression publique des convictions de chacun et principe de neutralité de l'action publique.

La mise en œuvre d'une nouvelle **éducation morale et civique** à l'Ecole à la rentrée 2016 nous invite à articuler cette dimension sur l'ensemble des temps éducatifs.

Dans le cadre d'une politique éducative territoriale, trois axes doivent être conduits ensemble.
• Il faut avant tout, sur le long terme, **lutter contre les discriminations sociales et culturelles**, et promouvoir une **politique d'égalité réelle**, notamment en termes de réussite éducative.
• Cela nécessite également de **promouvoir le vivre ensemble** dans les actions éducatives, notamment par **l'expérience concrète de la mixité sociale et culturelle**, et non par une seule approche théorique.
• Il est important enfin de renforcer une **pédagogie active de la laïcité** et des libertés publiques **auprès des jeunes et de leurs familles.**

Pour favoriser une laïcité partagée et vécue, les approches éducatives que développe la Ligue de l'enseignement s'appuient sur l'éducation à la citoyenneté, l'apprentissage de l'autonomie, la coopération et la lutte contre toutes les formes de rejet et de discrimination.

L'affirmation d'une citoyenneté européenne est également une priorité.

INSCRIRE LA LAÏCITÉ ET LA CITOYENNETÉ AU CŒUR DES PEDT

1/ Agir auprès des acteurs pour une laïcité en actes, par la formation et l'accompagnement

• La mise en œuvre de la réforme des rythmes éducatifs a modifié la configuration des équipes d'intervenants, notamment dans les nouveaux temps périscolaires : arrivée de nouveaux intervenants, aux côtés des agents et/ou animateurs présents avant la réforme, nouvelles missions confiées aux personnes déjà en place.
Ces équipes réunissent des professionnels de cultures différentes, des permanents, et des bénévoles... Il est donc indispensable, en plus de la qualification professionnelle et fonctionnelle de ces acteurs éducatifs, de **les sensibiliser, les outiller et les amener à faire partager une laïcité mise en œuvre dans tous les temps éducatifs.**

• La prise en compte des enjeux citoyens passe également par l'information et la formation des acteurs éducatifs que sont les parents, les élus, les enseignants, les acteurs du champ social, les acteurs associatifs locaux,... Elles s'organisent au travers **de temps de rencontres, de construction de démarches, de mise en œuvre d'outils et de procédures** prenant en compte les enjeux de mixité, de reconnaissance, d'inclusion et de co éducation.

• **Mobiliser largement la société civile et le grand public autour de la laïcité est une nécessité.** C'est ce qui conduit la Ligue de l'enseignement à élargir son action par l'organisation de rencontres citoyennes et de débats publics, d'animation de cafés philosophiques ...
Cette mobilisation passe, entre autres, par l'action des cercles Condorcet, universités populaires...
Elle se décline également par l'implication de la Ligue de l'enseignement dans l'accompagnement des bénévoles de la Réserve citoyenne.

2/ Mettre la citoyenneté au cœur de l'élaboration, de la mise en œuvre et du suivi des projets éducatifs de territoire

• Pour une éducation globale ambitieuse, basée sur des dimensions laïques et citoyennes, la Ligue de l'enseignement propose **une élaboration véritablement partagée des projets de territoire**, sur tous les temps éducatifs de l'enfant et du jeune. Le réseau des fédérations

départementales accompagne les collectivités qui souhaitent évaluer, réorienter, redynamiser ou élaborer leur politique éducative.
La Ligue fait volontairement le choix d'une méthode d'accompagnement basée, sur une démarche participative et implicative, contributive d'une éducation globale à la citoyenneté.

Partant du postulat de l'éducabilité de tous, et par ses pratiques d'agir collectif, la Ligue de l'enseignement propose des **espaces de créativité et de reconnaissance des capacités de chacun**. L'investissement de la Ligue de l'enseignement vise à instaurer une cohérence dans la prise en charge des enfants et dans tous les espaces éducatifs qu'ils traversent.

3/ Concevoir des espaces éducatifs au service du vivre ensemble

• La Ligue de l'enseignement accompagne ou gère la mise en place **d'accueils de loisirs mais aussi de séjours de vacances**, qui s'adressent à tous les publics et proposent des activités éducatives riches et diversifiées, permettant **l'expérience de la mobilité** et du départ. Elle vise à renforcer la qualité des actions qui se déploient dans les temps périscolaires, dans le cadre spécifique de la pause méridienne, ainsi que dans les temps extrascolaires.

• Les projets pédagogiques reposent sur des ateliers d'éducation à la citoyenneté, des activités sportives, culturelles, artistiques, d'expression, d'éducation à l'environnement et au développement durable, d'éducation à l'image et aux média, d'éducation au numérique, d'éducation contre le racisme et les discriminations,...
Ces projets offrent un cadre socialisant, dans le respect des rythmes de l'enfant, etsurtout une ouverture culturelle et un enrichissement de son environnement. Nous favorisons l'implication des enfants pour construire ensemble des espaces harmonieux favorables à l'échange et au vivre ensemble. L'idée centrale de toutes ces activités vise ainsi à **l'acquisition de l'expérience de la rencontre, de l'ouverture culturelle et de la mixité pour faire vivre et partager les pratiques démocratiques et la citoyenneté.**

Ces principes sont au cœur des actions de formation et d'accompagnement des équipes locales.

DES OUTILS POUR UNE PÉDAGOGIE ACTIVE DE LA LAÏCITÉ ET DE LA CITOYENNETÉ

Des outils supports à un projet éducatif

Charte de la laïcité expliquée aux enfants

Outil conçu pour accompagner l'appropriation par les enfants de la charte du Ministère de l'éducation nationale, ce support pédagogique peut être utilisé dans tous les temps éducatifs (scolaire, péri et extrascolaire). Il permet d'expliquer, de mobiliser et d'engager les enfants dans une compréhension partagée de la laïcité au quotidien. La charte permet d'ouvrir également le dialogue avec les parents. Il peut servir de base à l'élaboration de chartes de la laïcité propres aux accueils collectifs de mineurs.

www.laligue.org/wp-content/uploads/2014/12/Charte-la%C3%AFcit%C3%A9-Milan.jpg

Jouons la carte de la fraternité

Cette opération est basée sur un outillage pédagogique d'éducation à l'image : les enfants écrivent des cartes postales, comportant un message de fraternité rédigé lors d'ateliers d'écriture, adressées à des citoyens locaux, qui sont invités à leur répondre. Cette initiative initie l'échange et le débat sur les valeurs fondamentales de la République.
www.laligue.org/jouons-la-carte-de-la-fraternite-2015 (campagne 2015)

La Fabrique de la paix

Exposition itinérante, cet outil interactif permet de mobiliser fortement en amont et en aval des temps événementiels, les enfants et les éducateurs sur la lutte contre les stéréotypes et les préjugés. Animations, construction de parcours citoyenneté, rencontres, la Fabrique favorise une approche multiple et une participation active des enfants. Un site dédié permet de compléter les ressources locales
www. lafabriquedelapaix.org

Pas d'éducation pas d'avenir

Cette campagne nationale organisée par la Ligue de l'enseignement et Solidarité Laïque permet chaque année de soutenir des projets internationaux développés par des associations et visant au développement de l'éducation pour tous les enfants. Portée par les fédérations départementales, cette initiative participe à sensibiliser et à mobiliser une communauté éducative locale, les enfants en premier lieu, sur les enjeux d'une démarche de solidarité internationale pour une citoyenneté partagée.
www.pasdeducationpasdavenir.org

DES ESPACES POUR DÉVELOPPER LA PRISE DE RESPONSABILITÉ ET L'ENGAGEMENT

Accompagnement de projets d'enfants et de jeunes sur les territoires

Favoriser l'engagement des enfants et des jeunes dans le temps scolaires et périscolaires, permet de vivre concrètement des actions d'éducation à la citoyenneté active.
Les Fédérations départementales accompagnent sur les territoires urbains et ruraux un ensemble de dispositifs (Conseils de vie collégienne, Conseils de vie lycéenne, Maisons des lycéens, conseils municipaux d'enfants, Conseils locaux de jeunes, Juniors associations...) qui permettent, de l'école primaire jusqu'au lycée, et sur des temps de loisirs, de mobiliser les énergies et l'envie d'agir des enfants et des jeunes. Elles promeuvent une éducation à la démocratie dans diverses structures éducatives ou en toute autonomie. L'accompagnement des enfants et des jeunes dans ces différents cadres participe à l'émergence de projets citoyens.

Sport et citoyenneté : les associations sportives USEP et UFOLEP

L'USEP, première fédération sportive scolaire, permet aux enfants d'être actifs dans leur association scolaire, non seulement dans leur école, mais également en lien avec les activités périscolaires et les autres écoles, notamment via le principe de la rencontre sportive. L'association sportive se pense comme un espace d'apprentissage de la citoyenneté, de la solidarité et du débat démocratique. Dans le cadre d'un « parcours sportif » cohérent sur tous les temps, cette logique d'action invite les enfants à prendre des initiatives, elle facilite la rencontre, elle stimule le sens de l'engagement citoyen et constitue le lieu d'apprentissage d'une citoyenneté active et du vivre ensemble.
www.usep.org

L'UFOLEP, première fédération sportive affinitaire multisports, s'inspire des mêmes principes d'accès de tous (enfants, jeunes et adultes) à la citoyenneté par les activités sportives.
www.ufolep.org

Lire et faire lire

Porté par la Ligue de l'enseignement et l'UNAF, Lire et faire lire intervient dans toute structure éducative grâce à l'implication de centaines de bénévoles accompagnés par les fédérations départementales. La découverte de la littérature enfance et jeunesse sert de prétexte pour échanger, découvrir l'autre, se construire une vision du monde dans laquelle les diversités sont reconnues, et où la dimension interculturelle des histoires découvertes renforce la citoyenneté.
www.lireetfairelire.org

Des démarches pour engager une réflexion citoyenne

Demain en France

Ces chantiers d'expression, initiés par la Ligue de l'enseignement, invitent les jeunes à dévoiler leur vision de la France de demain au travers d'un mode d'expression artistique. Rencontres, échanges et collaboration intergénérationnelle construisent une vision partagée pour mieux vivre ensemble. Ces chantiers amènent les jeunes à aller plus loin que le simple constat des difficultés, de les conduire à être plus critiques et à trouver les moyens d'exprimer leurs idées et leurs propositions

Usages citoyens du numérique

Pour une approche citoyenne et critique des outils médias, la Ligue de l'enseignement développe des fiches ressources et organise des formations, à destination des jeunes comme des adultes. Cette action de promotion des enjeux citoyens vient en complément des interventions de terrains. Les engagements de la Ligue de l'enseignement se poursuivent dans le cadre du collectif Enjeux e-média.

La démarche Citoyenneté Environnement Développement Durable (CED)

Conduite par des centres de loisirs et de vacances de la Ligue de l'enseigne-ment, cette démarche globale s'appuie sur la formation des acteurs, l'animation de temps de découverte, le partage d'outils et de ressources au sein du réseau de la Ligue de l'enseignement. Elle permet d'initier les enfants aux enjeux de développement durable et à la citoyenneté. Elle s'articule notamment avec les logiques participatives d'Agenda 21.
blog-eedd.laligue.org

Document 7

Le Comité interministériel de prévention de la délinquance et de la radicalisation

Un comité interministériel pour animer, coordonner et soutenir financièrement les politiques de prévention de la délinquance et de la radicalisation.

Le Comité interministériel de prévention de la délinquance et de la radicalisation (CIPDR) fixe les orientations de la politique gouvernementale en matière de prévention de la délinquance et de la radicalisation et veille à sa mise en œuvre. Présidé par le Premier ministre ou, par délégation par le ministère de l'Intérieur, il réunit 14 ministères. Depuis septembre 2016, Muriel Domenach est Secrétaire générale du CIPDR.

Nos partenaires de terrain

La réponse publique en matière de prévention de la délinquance et de la radicalisation est construite selon une logique d'interministérialisation et de pluridisciplinarité croissante, avec la volonté d'associer le maximum de partenaires au niveau local :

- Les préfectures qui jouent un rôle pivot et qui sont pourvues de 2 cellules opérationnelles : l'une, dans le cadre des états-majors de sécurité des préfets, chargée de l'évaluation et du suivi des situations de radicalisation ; l'autre de suivi, pluridisciplinaire prend en charge les personnes radicalisées ou en voie de radicalisation et leurs familles.
- Les collectivités territoriales avec notamment les communes et les conseils départementaux, compétents sur la délinquance et l'aide sociale à l'enfance et de plus en plus sur la prévention de la radicalisation ; les associations d'élus.

Nos politiques

Prévenir la délinquance, selon les 3 programmes d'action de la stratégie pluriannuelle 2013-2017 :

- Programme d'action à l'intention des jeunes exposés à la délinquance.
- Programme d'action pour améliorer la prévention des violences faites aux femmes, des violences intrafamiliales et l'aide aux victimes.
- Programme d'action pour améliorer la tranquillité publique.

Prévenir la radicalisation, selon le Plan national de prévention de la radicalisation du 23 février 2018 autour de 5 axes :

- Prémunir les esprits face à la radicalisation.
- Compléter le maillage détection / prévention.
- Comprendre et anticiper l'évolution de la radicalisation.
- Professionnaliser les acteurs locaux et évaluer les pratiques.
- Adapter le désengagement.

0 800 005 696 Service & appel gratuits

Centre national d'assistance et de prévention de la radicalisation

- Les grands acteurs de droit commun, notamment : les directions académiques des services de l'éducation nationale ; les directions régionales de la Protection judiciaire de la jeunesse (PJJ) ; les services pénitentiaires d'insertion et de probation, les représentants d'établissement pénitentiaires ; Pôle Emploi ; les missions locales ; les directions départementales de la Cohésion sociale ; les agences régionales de santé ; les caisses d'allocation familiales ; les Réseaux d'Écoute, d'appui et d'accompagnement des parents, etc.

- Les grands réseaux associatifs présents sur l'ensemble du territoire, notamment : les Maisons des adolescents ; les Écoles des parents et des éducateurs ; les Points d'accueil écoute jeunes ; l'Union nationale des associations familiales ; les acteurs de la prévention spécialisée et le Comité national de liaison des acteurs de la prévention spécialisée ; la Fédération française de psychiatrie, etc.

Nos outils

Prévention de la radicalisation et de la délinquance :

- Le Fonds interministériel de prévention de la délinquance (FIPD) créé en 2007 destiné à financer la réalisation d'actions dans le cadre des plans de prévention de la délinquance et de la radicalisation. Le CIPDR est chargé de fixer les orientations et de coordonner l'utilisation des crédits de ce fonds. Ces orientations sont fixées chaque année dans une circulaire signée par le Secrétaire général du CIPDR et adressée aux préfets de départements.

- Une évaluation de nos actions de terrain avec un triple objectif : mesurer les conditions d'application des politiques publiques de prévention de la délinquance et de prévention de la radicalisation, identifier les difficultés rencontrées et faire connaître les bonnes pratiques.

Prévention de la radicalisation :

- Une cellule nationale de coordination et d'appui à l'action territoriale des préfets de département, des collectivités et des réseaux d'opérateurs associatifs. Elle rassemble des personnels expérimentés des ministères de l'éducation nationale, de la famille, de la santé et de la justice, pour permettre un renforcement de la mobilisation des acteurs locaux et leur apporter une aide.

- Un soutien aux cellules préfectorales pluridisciplinaires de prise en charge des personnes radicalisées.

- Un guide interministériel de prévention de la radicalisation, des indicateurs de basculement et un kit de formation.

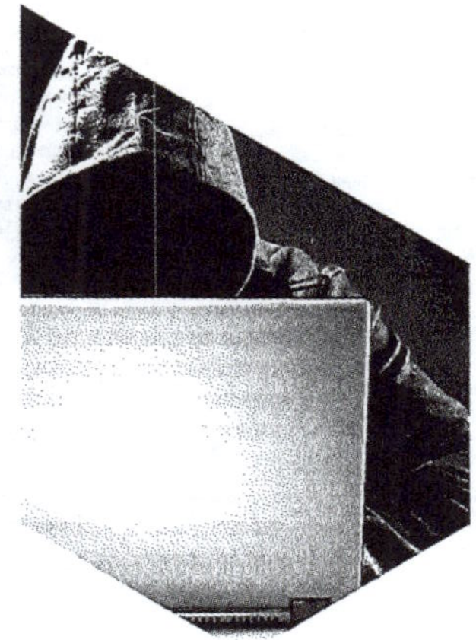

Prévention de la délinquance :

- Publication de nombreux guides et de documents pratiques visant à faciliter l'application de la politique de prévention de la délinquance par les acteurs de terrain.

- Une cellule nationale visant à l'amélioration du lien entre la population et les forces de sécurité de l'État.

- Un guide relatif à l'amélioration des relations entre la population et les forces de sécurité de l'État.

©MI/SG/DICOM/A.LEJEUNE

Document 8

© EP

La difficulté ne réside pas tant dans l'énoncé des grands principes que dans leur application sur le terrain. Que faire de cette théorie que d'aucuns trouvent formidable mais que beaucoup peinent à concrétiser, sans tomber dans l'excès ou le laxisme ?

Comment appliquer la laïcité au quotidien ?

L'un des principes de la laïcité impose donc l'interdiction d'afficher ses convictions. Cette prescription impérative concerne les personnels des établissements scolaires et de santé, ainsi que les fonctionnaires des trois fonctions publiques. Ce n'est pas le cas des associations de droit privé. Pour autant se pose la question pour les accueils collectifs de mineurs, à défaut de l'application à la lettre de la démarche laïque, du respect de son esprit. À ceux-là, on peut proposer trois principes à décliner en cohérence avec le projet éducatif fondateur : la neutralité, l'égalité de traitement et l'universalité.

LA NEUTRALITÉ

La neutralité concerne au premier chef les animateurs qui doivent se montrer des plus discrets quant à leurs convictions intimes. Tout prosélytisme doit être proscrit : que l'on soit végétarien ou carnivore, engagé dans une religion ou fervent athée, militant d'un parti ou apolitique, ses choix personnels n'ont pas à être étalés et encore moins propagés. On peut les présenter comme une option parmi tant d'autres, quand un échange spontané, voire organisé, se produit avec les jeunes. Ce dont il s'agit, ce n'est pas d'essayer de les tenir à tout prix en dehors des débats qui traversent la société, mais d'éviter toute instrumentalisation. Le public auquel on s'adresse véhicule des convictions souvent influencées par le milieu dont il est issu. S'il est difficile d'exiger de lui la même retenue que pour les adultes, son expression peut néanmoins être tempérée et relativisée, en favorisant l'ouverture d'esprit à l'égard des idées contraires.

L'ÉGALITÉ DE TRAITEMENT

Et c'est cette tolérance qui doit guider un second principe incontournable : la stricte équité dans la façon dont on se comporte face aux enfants et adolescents, quelles que soient les positions qu'ils défendent. Il pourrait être tentant d'accorder moins de temps et de bienveillance à celle ou à celui qui défend des points de vue aux antipodes de ses propres valeurs. Les réactions hostiles au vaste mouvement d'indignation provoqué par les attentats contre Charlie en sont une parfaite illustration. L'ostracisme et le rejet se seraient alors avérés contre-productifs. S'il n'est pas question ici de tolérer des propos faisant l'apologie du terrorisme, de l'antisémitisme ou du racisme qui ne sont pas des opinions, mais des délits, il convient d'accueillir les discours dans leur diversité pour mieux les placer en perspective et en faire un support à la confrontation démocratique. Seul le dialogue permet de faire évoluer la pensée. Tous les enfants méritent notre sollicitude, sans distinction de religion, de conviction ou d'idéologie.

L'UNIVERSALITÉ

L'esprit de la laïcité ne fait aucunement obstacle à l'expression des spécificités culturelles : fêter Noël ou la fin du ramadan ne constituent pas seulement des célébrations religieuses. Ce sont aussi des coutumes festives, conviviales et intégratives. Chaque culture est riche d'usages qui organisent la cohésion de ses membres. Élargir ces rituels en les partageant avec ses voisins appartenant à une autre tradition permet de se retrouver, au-delà des particularismes, autour d'une même humanité. Organiser une soirée en accueil collectif de mineurs pour ces occasions n'a rien de choquant, dès lors où elles ne sont pas utilisées pour séparer les communautés et les renfermer sur elles-mêmes, mais pour favoriser les échanges réciproques et la reconnaissance des habitudes propres à chacun. L'aspiration à vivre selon son mode de vie est ce qu'il y a de plus partagé dans le monde. Cela n'exclut pas d'accueillir celui d'autrui. Ce qui compte, c'est l'ajustement respectueux entre les deux, sans que l'un prenne le pas sur l'autre. Et c'est justement là tout l'enjeu de la laïcité. Sa promotion est gage du vivre ensemble. ▸

© LF

Fêter Noël est aussi une coutume festive et intégrative.

Les accueils collectifs de mineurs face à la laïcité

Du fait de leur statut, les fonctionnaires travaillant au sein des services enfance des municipalités, de l'animation sportive cantonale dépendant des conseils départementaux, ou encadrant les activités de loisirs menées dans les internats de l'Éducation nationale, sont tenus aux règles de la laïcité. Les associations intervenant dans le secteur de l'animation n'y sont pas soumises. C'est d'autant plus le cas pour les ACM confessionnels. Il est légitime quand on est croyant de vouloir que ses enfants fréquentent des écoles et centres de loisirs les accueillant dans l'esprit de sa foi. Les familles les confient alors en connaissance de cause.

Document 9

les Francas

L'éducation en mouvement !

« Laïcité et citoyenneté » dans les projets éducatifs territoriaux (PEdT)

Contribution des Francas à la mesure du plan de grande mobilisation de l'Ecole et de ses partenaires

REPÈRES

LAÏCITÉ, CITOYENNETÉ ET ÉDUCATION

Avril 2015

La laïcité : un principe au cœur du pacte républicain

« La république est laïque ». Cette déclaration de la constitution de 1958 fait de **la laïcité un principe républicain qui a conforté deux principes politiques** : celui de la séparation des églises et de l'État, acté par la loi de 1905 ; et celui de la neutralité du service public.

- Par le **principe de séparation**, l'État ne reconnaît et ne finance aucun culte. Il garantit, en retour, la liberté de conscience et de culte, de convictions philosophiques, religieuses ou politiques à tous. La République laïque peut cependant, par la loi, en interdire l'expression au nom de l'ordre public, de la dignité et de l'intégrité des personnes ou de l'égal accès et exercice des droits.
- Le **principe de neutralité** découle également du principe de laïcité et assure l'égal traitement de tous les citoyens, quelles que soient leurs convictions.

En qualifiant la République de laïque, les rédacteurs de la constitution de la 5e République ont fait de la laïcité un **principe qui garantit la mise en vie des valeurs fondatrices de la République** sur l'ensemble du territoire.

- **La liberté**, tout d'abord, en garantissant la liberté de conscience de chacun, politique, philosophique comme religieuse.
- **L'égalité**, ensuite, en garantissant l'égalité d'accès et d'exercice des droits pour tous : égalité de tous les citoyens devant la loi (sans distinction d'origine, de race ou de religion), mais aussi égalité politique (accès de tous aux droits civiques).
- **La fraternité**, enfin, en garantissant le respect de l'intégrité et de la dignité de chaque femme et chaque homme.

« *L'idéal laïque est ainsi explicité comme union des hommes sur la base de leur liberté de conscience, de leur égalité en droits et de la fraternité qui permet une loi commune exclusivement consacrée à la visée de l'intérêt général. [...] Elle ne signifie donc pas relativisme et indifférence, mais volonté politique de promouvoir les valeurs et les principes que fondent la liberté et l'égalité.*»

La laïcité : un principe qui fonde la citoyenneté

Pour les Francas, la laïcité implique la liberté des appartenances et le respect de la diversité. Elle invite à comprendre l'autre, à prendre en compte les autres dans leurs singularités. Elle engage également au **respect mutuel**. Il importe par ailleurs de faire confiance aux individus et à leur capacité à puiser dans leurs singularités les références communes et universelles qui unissent la communauté humaine.

La laïcité est donc un principe qui garantit :

- l'égal accès aux droits et à leur exercice et au premier titre les Droits de l'homme,
- la liberté d'opinion et de croyance,
- l'expression démocratique de toutes les opinions et philosophies dans la limite de l'ordre public, conditions de la paix civile et sociale.

En définitive, la laïcité garantit à chacun de pouvoir vivre et agir en citoyen et d'exercer ses droits. Elle constitue en cela la **condition de l'effectivité des droits de l'homme et du citoyen, et de la réalisation de l'idéal démocratique.**

Laïcité, citoyenneté et action éducative

La laïcité n'est pas un principe abstrait, mais un mode d'organisation de la République. La laïcité, comme la démocratie, n'est donc pas un état de fait, mais bien **une construction et une conquête universalistes permanentes** qui doivent être rendues possibles par l'action éducative. En effet, en termes de fonctionnement démocratique, de citoyenneté, de vivre ensemble et de participation des enfants, il ne s'agit pas d'enseigner des valeurs pour les faire comprendre et partager, mais bien de **les faire vivre aux enfants et aux adolescents dans et par l'action éducative et la vie sociale.**

Dans cette perspective, les Francas revendiquent d'inscrire l'action éducative locale et les enjeux éducatifs actuels dans une perspective partagée de société. Cette inscription est indispensable à la qualité même de l'action éducative. Les Francas promeuvent pour cela :

- **une action éducative qui transmette et fasse vivre les valeurs** (liberté, égalité, fraternité) **et les principes** (indivisible, laïque et sociale) qui constituent le socle de la République ainsi que les valeurs d'humanisme, de paix et de solidarité qui contribuent tout autant à la construction du vivre ensemble,
- **une action éducative qui permette à l'individu de se développer avec et par les autres** et qui s'enrichisse de la dimension inter sociale, interculturelle et intergénérationnelle,
- **une action éducative qui permette aux enfants de comprendre, de se situer et d'agir** du plus local au plus global et de se construire ainsi une citoyenneté réflexive et consciente par l'acquisition de connaissances, d'habiletés, de compétences et le développement de leurs sensibilités, de leur créativité et de leur imaginaire.

PISTES D'ACTIONS

PROJETS ÉDUCATIFS TERRITORIAUX ET ÉDUCATION RELATIVE À LA LAÏCITÉ

A l'heure de la généralisation des PEdT et de l'introduction d'un volet « Laïcité et citoyenneté », **l'enjeu pour les différents espaces éducatifs** (l'école et les espaces éducatifs des temps péri et extrascolaires) **consiste à (re)penser leurs actions de façon cohérente et à les inscrire dans un continuum éducatif.**

L'Ecole sera en charge d'apporter un corpus de connaissances à travers les enseignements d'éducation civique et morale, mais elle trouvera intérêt à développer avec les associations éducatives complémentaires de l'enseignement public des propositions éducatives permettant de concrétiser ceux-ci. Il s'agit alors de **rechercher une articulation entre les projets des temps scolaires et les projets d'école, les projets d'établissement.**

Une éducation relative à la laïcité doit **se vivre en principes et en pratiques.** Elle amène à (re)penser les projets des espaces éducatifs tant en termes de cadre d'éducation proposé, que des pratiques éducatives développées, mais également des démarches pédagogiques mises en œuvre.

Développer une éducation relative à la laïcité

Il y a un enjeu à développer une **éducation relative à la laïcité**, c'est-à-dire une éducation aux conditions humaines, une éducation *aux droits* (partant d'une réflexion sur les droits de l'enfant et de l'homme) pour aller vers une éducation *au droit* (c'est-à-dire à la culture et aux textes juridiques), une éducation à l'interculturel, une éducation aux sciences et techniques et une éducation aux faits religieux.

Cette éducation relative à la laïcité doit permettre aux enfants et aux adolescents de **s'ouvrir à la complexité du monde** (du plus local au plus global) par le développement d'éducations relatives à la démocratie, à l'économie, à la solidarité et au développement partagé, à l'altérité, à l'environnement... comme autant de facettes concourant à la construction de leur citoyenneté.

Une éducation relative à la laïcité doit prendre en compte :

- **Les visées éducatives** : situer sa propre culture par rapport à celle des autres, connaître et comprendre les autres cultures, les respecter, pouvoir prendre parti quant à leur pertinence, prendre conscience des a priori qui ressortent pour partie des impensés de sa propre culture et qui constituent des obstacles à la compréhension de l'autre.
- **Les enfants et les adolescents dans l'école, l'établissement, l'espace éducatif** : leur identité et la diversité de ces identités, leurs droits (de protection, de prestation et de participation), et leurs opinions.
- **La place des enfants dans l'élaboration du projet de l'espace éducatif** et du projet éducatif territorial : son organisation, son fonctionnement, ses règles de vie, son règlement intérieur, ses activités, ses espaces de participation...
- **L'articulation à faire entre la personne et le citoyen.**

Cinq registres de pratiques éducatives

Une éducation relative à la laïcité pourrait se décliner autour de cinq registres de **pratiques éducatives.** Ces registres sont sans nul doute constitutifs **des parcours citoyens** que la mobilisation pour les valeurs de l'école de la République appelle de ses vœux.

Il s'agit de :

- **L'éducation aux conditions humaines**, ici et ailleurs : pourquoi sommes-nous tous différents ? Qu'est-ce que la pauvreté, les inégalités sociales ? Quelles sont leurs origines ? Qu'est-ce que le handicap ? Comment agir contre les inégalités, les discriminations, le racisme, la xénophobie ? En quoi, au-delà de nos différences, sommes-nous égaux et parents en humanité ?

- **L'éducation aux droits et au droit** : quels sont mes droits, nos droits ? Comment puis-je les exercer, les promouvoir ? En quoi comportent-ils des devoirs, individuels et collectifs ? Comment se construisent-ils ? Pourquoi ?

- **L'éducation aux faits religieux** : qu'appelle-t-on une religion ? Quelles sont les religions à travers le monde ? Sur quelles pratiques cultuelles s'appuient-elles ? Quelles influences ont-elles eu sur les cultures humaines ou les territoires ? Qu'appelle-t-on athéisme, intégrisme, fondamentalisme, orthodoxie ou traditionalisme religieux ?

- **L'éducation à l'interculturel** : qu'est-ce que la culture, les cultures, savantes, populaires, légitimes ? Par quoi sont-elles influencées ? Comment se construisent-elles ? Comment agir pour faire se rencontrer des individus, des groupes de cultures différentes ?

- **L'éducation aux sciences et aux technologies** : qu'est-ce que la connaissance ? Comment se construit-elle ? Comment est-elle légitimée ? Quelle information sur le monde nous permet-elle d'avoir ? Par quoi et comment peut-elle être (re)questionnée ?

Faire vivre la laïcité dans les espaces éducatifs

L'éducation relative à la laïcité doit également être favorisée par la mise en vie de principe dans **la vie quotidienne au sein de l'école, du collège, des structures des temps péri et extrascolaire.**

Les espaces éducatifs doivent être pour tous des espaces de justice et d'équité, favorisant ainsi une période de construction personnelle et collective sereine. Il s'agit de **développer tous les espaces et toutes les situations qui peuvent favoriser l'expression et la participation** des enfants et des adolescents, donner à vivre la conflictualité si besoin et apprendre à la gérer pour favoriser le vivre-ensemble. Une animation plus collective et participative des foyers socio-éducatifs et des comités d'éducation à la santé et à la citoyenneté, associant les enfants et les adolescents, peut constituer une réponse pertinente, de même que la mise en place de conseils d'enfants dans chaque école. Le développement de conseils d'enfants et d'adolescents dans chaque centre de loisirs éducatifs ou d'associations temporaires d'enfants citoyens (ATEC) est à même de servir cette dynamique.

Repenser la posture des intervenants éducatifs

Une éducation relative à la laïcité interroge **le rôle et la posture des intervenants de l'action éducative,** personnels d'éducation et professionnels des temps péri et extrascolaires. Elle questionne notamment leur capacité à écouter, à prendre en compte la différence, à animer des temps de dialogue entre les enfants, à se positionner sur des situations concrètes qui questionnent le caractère laïque d'un espace éducatif.

C'est notamment sur cette posture que les acteurs éducatifs des PEdT auront à s'interroger, à partager,... afin d'**installer au plus près des territoires de vie des enfants et des adolescents,** dans chaque espace éducatif, **des attitudes éducatives cohérentes.**

Loin d'être un agent éducatif neutre, l'acteur d'un projet éducatif, doit en maîtriser le sens pour développer une posture et **proposer des situations et démarches pédagogiques adaptées.** Il mobilisera notamment des pratiques coopératives, des démarches favorisant les apprentissages entre pairs, la réciprocité, mettant en valeur la diversité au sein des collectifs, diversité terreau fertile pour mettre en actes la laïcité. Il proposera une multiplicité d'espaces d'apprentissage et de construction de projets favorisant l'expression, l'écoute, l'action.

(...)

Document 10

Dossier thématique

LAÏCITÉ ET « VIVRE ENSEMBLE »

En France, la laïcité est un principe républicain au même titre que le principe démocratique et social, qui rassemble les femmes et les hommes, libres et égaux en droit, quelles que soient leurs appartenances religieuses ou philosophiques ou de leurs non-appartenances.

Il n'existe pas de définition de la laïcité dans le droit français. De nombreux auteurs ont mobilisé l'étymologie, la loi, l'histoire et l'évolution des idées. C'est bien la multiplicité des réflexions sur la laïcité qui constitue sa force et sa richesse.

Quelques éléments de réflexion :

- la laïcité, c'est la liberté de conscience qui relève de la sphère privée et de l'intimité de chacun ;
- la laïcité permet la libre expression individuelle et/ou collective de ses convictions dans le respect de la loi et de l'ordre public ;
- la laïcité place toute opinion à égalité ;
- la laïcité permet d'avoir une opinion ou non, une conviction ou non ;
- la laïcité n'est ni pro-religieuse, ni anti religieuse ;
- la laïcité n'est pas une religion.

Les ACM sont des lieux privilégiés pour vivre ensemble dans un cadre commun *(réglementation du Ministère de La jeunesse et des sports : Code de l'action sociale et des familles)*, permettant l'écoute, l'attention et le respect des autres, tout en construisant sa propre personnalité. C'est bien sur les projets éducatifs et pédagogiques que le directeur devra s'appuyer pour faciliter le « vivre ensemble ». Certaines demandes individuelles ou collectives, pouvant venir des enfants, des jeunes, des parents, des animateurs, des personnels, sont susceptibles d'interroger les projets éducatifs et pédagogiques. Le directeur n'hésitera pas aussi à s'adresser à l'organisateur afin que ce dernier puisse se positionner sur des demandes spécifiques d'ordre religieux, philosophique ou politique.

Comment conjuguer l'intérêt collectif et les intérêts individuels est une question centrale pour construire du « mieux vivre ensemble ». D'autant plus que la mise en œuvre de la laïcité peut être mal comprise. Elle est parfois perçue comme un refus de la différence et un gommage de l'identité. Pourtant, elle peut parfaitement se comprendre à travers la découverte de l'autre.

1. Que disent les textes juridiques qui fondent le principe de laïcité ?

Une obligation de neutralité dans les services publics

Loi du 9 décembre 1905 : Séparation des églises et de l'État

Art. 1er *« La République assure la liberté de conscience. Elle garantit le libre exercice des cultes sous les seules restrictions édictées (…) dans l'intérêt de l'ordre public. »*

Constitution du 4 octobre 1958 : La France est une République laïque

Art. 1er *« La France est une République indivisible, laïque, démocratique et sociale. Elle assure l'égalité devant la loi de tous les citoyens, sans distinction d'origine, de race ou de religion. Elle respecte toutes les croyances ».*

Déclaration des droits de l'homme et du citoyen du 26 août 1789 :

Art. 10 *« Nul ne peut être inquiété pour ses opinions, mêmes religieuses, pourvu que leur manifestation ne trouble pas l'ordre public établi par la loi ».*

Quelques explications : ces articles sont issus des textes fondamentaux de la République française. Ils permettent de définir la laïcité comme une liberté de conscience pour chaque citoyen, respectueuse de ses droits, mais tout autant soucieuse de ses devoirs envers l'intérêt général et le respect de l'ordre public, notamment lorsque le citoyen exprime ses convictions religieuses ou philosophiques dans l'espace public et collectif.

Loi du 9 décembre 1905 : Séparation des églises et de l'État

Art. 2 *« La République ne reconnaît, ne salarie ni ne subventionne aucun culte (…) ».*

Quelques explications : cet article signifie que les églises sont, depuis l'entrée en vigueur de la loi de 1905, soumises au droit privé. Le culte devient une affaire privée. Tous les cultes sont juridiquement égaux et libres de s'organiser et d'assurer leur financement. Par ailleurs, les églises n'ont plus la possibilité d'intervenir dans le fonctionnement de l'État.

Cependant, la loi de 1905 ne s'applique dans les départements d'Alsace et de Moselle, où demeure le régime concordataire *(article 7 de la loi du 1er juin 1924)*. Pour en savoir plus sur le régime juridique applicable des cultes en Alsace et en Moselle, il convient de se reporter à l'avis rendu en 2015 par l'observatoire de la laïcité.

Spécial Directeur ACM 2016 - 35

(…)

Document 11

la gazette·fr

DÉONTOLOGIE

Formation à la laïcité : la boîte à outils des collectivités

Nathalie Levray | France | Toute l'actu RH | Publié le 11/10/2018 | Mis à jour le 08/10/2018

A l'obligation des agents de respecter le principe de laïcité répond celle des collectivités de former ces derniers. Elles imaginent ainsi des opérations variées tournées vers les agents afin de déclencher des envies de formation.

Branle-bas de combat autour de la laïcité. Si les attentats contre « Charlie Hebdo » ou le Bataclan et les questions concernant la radicalisation ont eu un rôle dans la démarche de sensibilisation des agents des collectivités, des signaux plus faibles sont aussi pointés du doigt. Audrey Ricci, responsable de la formation au service RH de Bagnols-sur-Cèze (460 agents, 18 200 hab., Gard), parle « de la prise d'assaut de la cantine en fonction des menus ou du départ d'enfants en colonies de vacances en période de ramadan ». Nicolas Ferrière, directeur adjoint du cabinet du maire, relativise : « La montée en puissance des pratiques religieuses et du port de signes extérieurs est, d'une manière générale, à l'origine de notre action de formation des agents. Nous devons reposer les bases de la neutralité du service public et donner les clés pour réagir aux situations liées au fait religieux. »

Au-delà du contexte national et des interrogations suscitées par des cas concrets sur leur territoire, les collectivités doivent, depuis l'intégration du principe de laïcité dans le statut des fonctionnaires, respecter l'injonction nationale de formation. La circulaire du 15 mars 2017 invite à la « diffusion d'une plus grande culture de la laïcité » au sein des administrations. A cette fin, des outils sont disponibles, parmi lesquels le kit pédagogique « VRL » du Commissariat général à l'égalité des territoires, le cours en ligne du CNFPT, l'enseignement à distance du Réseau des écoles de service public et le mode d'emploi « Laïcité et fonction publique ».

Crédit de formation en baisse du CNFPT

Mais il n'est pas toujours simple de répondre à cette obligation. Anne Thomas-Bedel, chargée de mission « éducation et territoires » au conseil départemental de Meurthe-et-Moselle (3 500 agents), se souvient de l'échec du premier appel à formation : « Avec zéro inscrit, nous avons compris que les agents n'avaient pas pris conscience de leur rôle de garant du principe de laïcité au quotidien. »

A Allones-sur-Sarthe, c'est le coût de l'effort pédagogique qui est pointé : il a fallu mobiliser 8 000 euros pour former les 90 agents en relation directe avec les usagers. En cause, un crédit de formation en baisse au CNFPT, conséquence de la réduction du taux de cotisation de 1 à 0,9 %. Cette préoccupation budgétaire est partagée par Viviane Cagnato, directrice adjointe de cabinet au conseil départemental de la Gironde (6 400 agents). Elle évoque le partenariat noué avec l'organisme pour obtenir la prise en charge des conférenciers. La directrice ajoute que « la disponibilité des agents peut être un obstacle malgré l'autorisation d'absence pour départ en formation ».

Mais les collectivités savent s'adapter. A Nancy, Anne Thomas-Bedel a choisi de « resserrer l'opération de sensibilisation dans le temps ». La campagne « laïcité : tous engagés », menée au dernier trimestre 2017, a d'abord motivé le personnel par un quiz et une vidéo en ligne pour déboucher sur deux forums auxquels ont participé 130 agents. L'idée est d'« inciter à se former », explique-t-elle. Par le biais du plan départemental de formation 2017-2019, 90 agents ont profité du catalogue du CNFPT. En outre, les formations proposées par le collectif interassociatif Laïcité de Meurthe-et-Moselle sont relayées par le conseil départemental. « Les agents ont besoin de réponses opérationnelles aux cas concrets qui se présentent à eux », assure Audrey Ricci. Une formation généraliste peut à la fois « laisser les agents sur leur faim » et « susciter leur envie d'aller plus loin parce qu'ils se seront questionnés », poursuit-elle.

Guide, vidéos...

A Rennes, ville, métropole et CCAS (5 300 agents, 438 865 hab.) marchent main dans la main. C'est l'élu municipal chargé de l'Education qui porte la casquette de la laïcité. Une plaquette dédiée, réalisée avec des territoriaux volontaires, accompagne une fois par an le bulletin de paie. Depuis 2016, la Ligue de l'enseignement est intervenue auprès de 444 agents de la direction « éducation enfance » ; un guide des bonnes pratiques sur les temps péri et extrascolaires aide professionnels et partenaires associatifs à se positionner. Cette année, 384 agents ont réfléchi en petits groupes à la résolution de cas pratiques, sous la houlette du consultant et formateur Edwin Hatton.

En 2017, année dédiée à la laïcité dans le département de la Gironde, Viviane Cagnato a choisi de construire une action lourde en direction du personnel : huit sessions de trois heures sur des approches différentes (historique, philosophique, sociologique, juridique, politique) auxquelles 250 agents du secteur social, tous volontaires, ont assisté. Une expérience réinvestie, notamment au moyen d'un film et de courtes vidéos, dans des opérations au long cours mais moins chronophages, auprès d'une cible élargie à tous les agents et aux élus. « L'idée est de partager un corpus juste et commun sur la laïcité », précise la directrice.

Partout, la nécessité d'un outillage au quotidien est reconnue. A cet égard, l'intranet est un support utile : vidéos en Gironde, espace ressources et actu en Meurthe-et-Moselle, foire aux questions ailleurs...

La mutualisation des services permet une sensibilisation plus globale

Emilie Desor, chargée de mission « citoyenneté, diversité, égalité et laïcité »

[Ville, CCAS et métropole d'Angers (Maine-et-Loire), 3 807 agents, 292 700 hab.] A Angers, l'approche opérationnelle de la laïcité est portée par un service mutualisé entre la ville, la métropole et le CCAS. Emilie Desor, chargée de mission « citoyenneté, diversité, égalité et laïcité », personne-ressource pour les agents, explique : « Nous voulons sensibiliser tous les agents : 3 030 personnes ont suivi des séances de deux heures et demie avec le sociologue Hicham Benaïssa. Des situations vécues étaient reprises sous forme de saynètes, puis analysées. Des principes de résolution des difficultés exposées en ont été tirés. »

« Notre livret pédagogique et sa grille de lecture, la promotion du dialogue avec l'usager et entre collègues, sont des outils pour désamorcer les tensions. » Elle veille à ce que des réponses soient apportées par le groupe projet ou le comité de pilotage. « L'idée est de redonner une assise et de la confiance, et de travailler avec les encadrants. Des modules d'approfondissement ou d'échanges de pratiques peuvent être organisés, poursuit-elle. La culture de la laïcité s'ancre sur le long terme. »

Tous les territoriaux sont concernés

Titulaires ou non, tous les agents sont concernés par le respect du principe de laïcité et visés par la formation. Mais les collectivités sont amenées à faire des choix. Elles focalisent leur action sur le personnel en relation avec l'usager : les travailleurs sociaux, les agents des écoles et des accueils de loisirs, des équipements sportifs, ceux qui travaillent à la sécurité, l'environnement et les cimetières, à la vie associative, et tous les agents d'accueil de la mairie, du centre d'action sociale, etc. Une sensibilisation transversale et décloisonnée entre directions et services, ainsi qu'au sein des services sans distinction de hiérarchie paraît être la clé de la réussite pour diffuser une culture partagée de la laïcité.

Plusieurs mises en situation pour sortir de l'impasse

Hugo Gaillard, doctorant, rattaché à la direction des ressources humaines

[Allones-sur-Sarthe (Sarthe) 300 agents, 11 100 hab.] L'action de la commune d'Allonnes-sur-Sarthe en matière de laïcité s'est inscrite dans un scénario pédagogique en trois temps : une conférence-débat à l'auditorium de la maison des arts, « parce que la laïcité a à voir avec la culture et l'émancipation », affirme Hugo Gaillard, doctorant en RH rattaché à direction des ressources humaines ; l'affichage de l'exposition de la Bibliothèque nationale de France « La Laïcité en questions », dans le même lieu ; la formation du personnel en lien avec les usagers. « La journée s'est concentrée sur la mise en œuvre de la laïcité au quotidien. Des agents ont raconté des situations concrètes. Elles ont été jouées par d'autres agents, puis décryptées avec l'aide d'une philosophe formée au CNFPT. Les agents ont cherché une solution commune pour sortir de l'impasse situationnelle tout en respectant la loi de 1905 », décrit le doctorant.

L'écoute par la collectivité lui paraît essentielle pour expliquer que le principe laïc marie neutralité des agents et liberté de conscience des usagers. « Ces échanges et discussions ont fait ressortir des questions d'éthique et de déontologie liées au sens du service public, du métier et du rôle de l'agent, explique-t-il. Nous avons rappelé l'engagement local sur ces questions. » La ville compte poursuivre dans cette voie. « Un rapport interne que je remettrai sous peu aux élus propose notamment l'instauration d'un ambassadeur de la laïcité. Les fiches de poste et la procédure de recrutement intègrent d'ores et déjà l'obligation de neutralité. »

REFERENCES

- Circulaire du 15 mars 2017, qui précise le sens et la portée du principe de laïcité et de l'obligation de neutralité et présente des outils de formation, de communication, de conseil et de veille.
- Loi « déontologie » du 20 avril 2016, qui inscrit dans la loi du 13 juillet 1983 le respect du principe de laïcité et de l'obligation de neutralité par les agents publics dans l'exercice de leurs fonctions.

CHIFFRES CLES

- 3 700 agents territoriaux ont été formés, au 1er janvier 2018, dans le cadre du plan « Valeurs de la République et laïcité », par le CNFPT.
- Les collectivités comptent 46 formateurs de formateurs territoriaux qualifiés et 162 formateurs territoriaux habilités.
- Près de 6 000 personnes se sont inscrites au MOOC « Les Clés de la laïcité » du CNFPT (800 attestations de réussite).

Comment aborder le sujet ?

Analysez le contexte et la commande

Les règles de présentation peuvent être facilement honorées.

La lecture de la liste signalétique des documents permet de repérer des textes fondateurs (Déclaration des droits de l'homme et du citoyen de 1789, Constitution du 4 octobre 1958), qui doivent évidemment trouver place dans la zone des « références ».

On sera attentif à repérer pendant la phase d'exploitation du dossier d'autres documents juridiques ou officiels de nature à être, le cas échéant, également « référencés ».

Commune d'Animville — Le *(date de l'épreuve)*

RAPPORT
à l'attention de Monsieur le Maire

Objet : Les radicalismes et leur prévention

Références : Déclaration des droits de l'homme et du citoyen de 1789
Constitution du 4 octobre 1958

Les éléments contextuels

Le contexte est rapidement décrit, mais on y trouve des éléments qui méritent d'être pris en compte pour rédiger le rapport demandé :

- la commune d'Animville compte **15 000 habitants** ;
- on sera attentif à cette précision dans l'élaboration des propositions opérationnelles de la seconde partie du rapport et on s'efforcera d'exploiter avant tout, si elles existent, les expériences relatées dans le dossier correspondant à cette strate démographique. Cette dernière serait essentielle si les dispositions juridiques en vigueur variaient selon que la commune compte 15 000 habitants ou plus, mais l'exploitation du dossier montrera qu'un tel « ressort » démographique n'existe pas en la matière ;
- le fait que le rapport soit commandé par **le maire** et non par le directeur général des services permet de proposer en seconde partie une politique de prévention des radicalismes que le maire pourra décider de mettre en œuvre ;
- si l'existence d'écoles, d'un collège et d'un lycée n'est guère surprenante, celle de deux quartiers prioritaires dans le cadre de la politique de la ville permet de supposer que cohabitent des personnes de cultures et de religions différentes, données qui devront être prises en compte dans les propositions opérationnelles de la seconde partie. L'existence d'« un tissu associatif dense » invite à impliquer les associations dans le projet de prévention des radicalismes.

Dans ce contexte, le problème essentiel à traiter est clairement présenté : on observe fréquemment chez les jeunes une défiance vis-à-vis des valeurs républicaines, un repli identitaire et une possible radicalisation.

La commande

Comme le plus souvent dans ce type d'épreuve, les deux parties du rapport sont très nettement indiquées dans la commande, ce qui facilite l'élaboration du plan :

- la première partie porte sur « **l'état de la situation actuelle** » ;
- ce n'est évidemment pas à la situation actuelle dans la commune d'Animville qu'il faut s'intéresser, l'épreuve n'étant pas une épreuve de « cas pratique » et le dossier ne contenant

pas d'autres informations contextuelles que celles que l'on vient de voir, mais au phénomène général de défiance des jeunes vis-à-vis des valeurs républicaines, de repli identitaire et de radicalisation ;

- la seconde partie doit présenter des propositions opérationnelles pour « **prévenir les radicalismes et favoriser le vivre-ensemble** ».

Il restera évidemment à trouver un plan pour structurer chacune de ces deux parties, le plan le plus classiquement retenu étant celui d'une première partie comportant deux sous-parties, la seconde partie pouvant en comprendre par exemple deux ou trois.

Il conviendra d'être attentif à éviter une redondance entre les arguments utilisés en première partie, si celle-ci traite des remèdes à la « situation actuelle », et ceux de la deuxième partie qui doit porter sur des propositions opérationnelles plus précises.

Exploitez le sommaire et opérez une lecture de survol du dossier

La **lecture de survol** du dossier permet aisément de repérer ceux des documents qui permettent d'alimenter la première partie et ceux qui contribueront à la rédaction de la seconde, la première étant exclusivement fondée sur des éléments du dossier et la seconde faisant en outre appel à des connaissances du candidat, comme indiqué dans le cadrage national de l'épreuve et rappelé sur le sujet lui-même.

Les titres des documents, reproduits dans la liste signalétique de la première page du sujet, peuvent être rendus plus explicites par la « titraille » (chapeaux, sous-titres, intertitres...) que la lecture de survol du dossier permet facilement d'identifier.

1re partie : la situation actuelle (défiance des jeunes vis-à-vis des valeurs républicaines, repli identitaire et radicalisation)	2e partie : des propositions pour prévenir les radicalismes et favoriser le vivre-ensemble
Document 1 Déclaration des droits de l'homme et du citoyen de 1789 Constitution du 4 octobre 1958	**Document 2** Plan local de sécurité et de la prévention de la délinquance 2019 à 2023 Un diagnostic en vue de la réalisation d'une stratégie Un plan local basé sur un cadre national
Document 4 Les territoires vivants de la laïcité mis à l'honneur lors de la journée nationale	**Document 3** Laïcité et prévention de la radicalisation : guide pratique pour les enseignants et les professionnels de terrain
Document 6 La laïcité et la citoyenneté au cœur des PEDT La laïcité, pilier de la citoyenneté Inscrire la laïcité et la citoyenneté au cœur des PEDT	**Document 5** L'Observatoire de la laïcité rend un rapport annuel sous le signe de la pédagogie Former les agents du service public Promouvoir la laïcité pour sensibiliser les usagers du service public
Document 7 Le Comité interministériel de prévention de la délinquance et de la radicalisation Un comité interministériel pour animer, coordonner et soutenir financièrement les politiques de prévention de la délinquance et de la radicalisation	**Document 6** La laïcité et la citoyenneté au cœur des PEDT Des outils pour une pédagogie active de la laïcité et de la citoyenneté Des espaces pour développer la prise de citoyenneté et l'engagement

Document 9	Document 8
Laïcité, citoyenneté et éducation La laïcité, un principe au cœur du pacte républicain La laïcité : un principe qui fonde la citoyenneté Laïcité, citoyenneté et action éducative	Comment appliquer la laïcité au quotidien
Document 10	**Document 11**
Laïcité et « vivre-ensemble » Que disent les textes juridiques qui fondent le principe de laïcité ?	Formation à la laïcité : la boîte à outils des collectivités Crédit de formation en baisse du CNFPT Guides, vidéos… La mutualisation des services permet une sensibilisation plus globale Tous les territoriaux sont concernés Plusieurs mises en situation pour sortir de l'impasse

Préconcevez un plan

L'exploitation du sommaire et la lecture de survol du dossier permettent assez facilement de dessiner un plan qui permet d'ordonner les différentes informations collectées.
La seconde partie reste à structurer davantage en utilisant tant des informations du dossier que des connaissances personnelles, dont les « incontournables » de la conduite de projet.

Introduction
Déclaration des droits de l'homme et du citoyen de 1789.
Constitution du 4 octobre 1958

I. La laïcité, un principe fondateur qu'il faut défendre
A. Un principe fondateur
B. La défense de la laïcité

II. Des propositions opérationnelles
- Un diagnostic
- Former les agents
- Sensibiliser les agents
- Établir un plan local
- …

Exploitez le dossier à partir du plan préconçu

NOTE DU FORMATEUR

Dans un but pédagogique, les fiches ci-après sont davantage rédigées qu'elles ne peuvent l'être réellement pendant les trois heures de l'épreuve. Dans la réalité de celle-ci, seule une prise de note rapide mais précise est possible, la rédaction aboutie s'effectuant directement sur la copie à partir des informations repérées dans le dossier, en étant attentif à éviter le « copié-collé » grâce à un effort de reformulation de ces informations.

FICHE 1

Introduction

L'article 10 de la Déclaration des droits de l'homme et du citoyen de 1789 fixe que « nul ne peut être inquiété pour ses opinions, même religieuses, pourvu que leur manifestation ne trouble pas l'ordre public établi par la loi ».
L'article 1 de la Constitution du 4 octobre 1958 dispose que « la France est une République indivisible, laïque, démocratique et sociale. Elle assure l'égalité devant la loi de tous les citoyens sans distinction d'origine de race et de religion. Elle respecte toutes les croyances » *(document 1)*.
La radicalisation s'est affirmée en France comme dans d'autres pays européens, menaçant la sécurité et la cohésion nationale *(document 2)*. Le développement d'internet et des réseaux sociaux à partir des années 2000 alimente les théories conspirationnistes qui constituent le terreau des idéologies extrémistes et des radicalisations *(document 3)*.
Dans la commune d'Animville, les services locaux de prévention spécialisée font le constat de nombreuses situations inquiétantes chez les jeunes : défiance vis-à-vis des valeurs républicaines, repli identitaire et possible radicalisation (commande).

FICHE 2

La laïcité, un principe fondateur (à l'opposé des radicalisations)

Le principe de laïcité interdit aux personnels des établissements scolaires et de santé ainsi qu'à tous les agents des trois fonctions publiques d'afficher leurs convictions. Il repose d'abord sur la neutralité, qui prohibe tout prosélytisme et toute instrumentalisation. L'égalité de traitement en constitue un autre pilier : les différents discours doivent être accueillis dans leur diversité pour être mis en perspective. La laïcité n'empêche toutefois nullement l'expression des spécificités culturelles, favorisant les échanges et la reconnaissance réciproque pour vivre ensemble *(document 8)*.
Affirmant par son article 1er que « la France est une République laïque », la Constitution de 1958 affirme le principe de séparation des Églises et de l'État, qui garantit la liberté de conscience et de culte et la neutralité, assurant l'égal traitement des citoyens quelles que soient leurs convictions. La laïcité implique ainsi la liberté des appartenances et le respect de la diversité, invitant au respect mutuel. Égal accès aux droits et à leur exercice, liberté d'opinion et de croyance, expression démocratique de toutes les opinions dans la limite de l'ordre public, ainsi peut se réaliser l'idéal démocratique *(documents 9, 10)*.
Ce n'est donc pas un principe abstrait, mais un mode d'organisation de la société qui requiert en permanence, pour demeurer opérationnel, une éducation : il s'agit non pas d'enseigner les valeurs, mais de les faire comprendre et partager par les enfants et les adolescents grâce à l'action éducative ; cette dernière doit transmettre et faire vivre les valeurs et les principes fondateurs de la République, permettre aux personnes de se développer avec et par les autres, aux enfants de comprendre le monde, de s'y situer et d'y agir, comme l'affirment les Francas *(document 9)*.
Principe républicain, la laïcité n'est cependant pas définie en droit français. Elle est parfois perçue comme un refus de la différence et un gommage de l'identité *(document 10)*.

FICHE 3

La défense de la laïcité

À partir de 2014, une politique de prévention de la radicalisation a été élaborée, associant logique sociale et sécurité. Après le plan de lutte anti-terroriste (PLAT) du 9 mai 2016 et le plan d'action contre la radicalisation et le terrorisme (PART) du 9 mai 2016, le Premier ministre a présenté le 23 février 2018 un nouveau plan national de prévention de la radicalisation reposant sur la coordination entre les acteurs de l'État, les collectivités territoriales et la société civile *(document 2)*.

Les professionnels de terrain, comme les enseignants, sont en première ligne pour apprendre aux jeunes à analyser et contextualiser les informations, afin de se construire un esprit critique et de comprendre comment les informations sont manipulées par les propagandes conspirationnistes. Le Centre de liaison de l'enseignement et des médias d'information (CLEMI) met à disposition notamment des animateurs socio-culturels des outils très utiles pour déconstruire les théories conspirationnistes *(document 3)*.
Le Commissariat général à l'égalité des territoires (CGET) a mis en œuvre en 2015 un plan national de formation à la laïcité destiné aux acteurs de terrain de la politique de la ville, de la jeunesse et des sports, avec l'objectif de former 10000 personnes par an, agents de l'État et acteurs associatifs au moyen des directions régionales de la jeunesse, des sports et de la cohésion sociale (DRJSCS), agents territoriaux au moyen du Centre national de la fonction publique territoriale (CNFPT) *(document 5)*.
Les projets éducatifs territoriaux (PEDT), qui prennent en compte la globalité des temps éducatifs (scolaire, périscolaire et extrascolaire), constituent des outils essentiels pour promouvoir le vivre-ensemble et renforcer une pédagogie active de la laïcité, l'expérience de la rencontre, de l'ouverture culturelle et de la mixité permettant de faire vivre et partager les pratiques démocratiques et la citoyenneté *(document 6)*.
Réunissant 14 ministères sous la présidence du Premier ministre, le Comité interministériel de prévention de la délinquance et de la radicalisation (CIPDR) est chargé de fixer les orientations de la politique gouvernementale en matière de prévention de la délinquance et de la radicalisation et de veiller à sa mise en œuvre : il anime, coordonne et soutient financièrement les politiques de prévention de la délinquance et de la radicalisation. Il associe les préfectures, les collectivités territoriales, les grands acteurs institutionnels (directions de l'Éducation nationale, de la protection judiciaire de la jeunesse, services pénitentiaires, Pôle emploi, missions locales…) et les grands réseaux associatifs. Un Fonds interministériel de prévention de la délinquance (FIPD) institué en 2007 est destiné à financer des actions de prévention de la délinquance et de la radicalisation *(document 7)*.
Une circulaire du 15 mars 2017 invite à la « diffusion d'une plus grande culture de la laïcité » au sein des administrations *(document 11)*.

FICHE 4

Des propositions opérationnelles

– Réaliser un diagnostic local de sécurité dans le périmètre déterminé par le contrat de ville est un préalable à la mise en place d'une stratégie territoriale de sécurité. Ce diagnostic peut être établi de manière participative, associant les institutionnels et les partenaires locaux. Les données peuvent être collectées auprès de la police nationale, au niveau communal, intercommunal et départemental. Des entretiens peuvent être réalisés avec les acteurs institutionnels et les acteurs associatifs, avant des réunions de travail permettant d'étudier les données statistiques. La multiplication et la confrontation des points de vue permettent ainsi d'enrichir le diagnostic. Un groupe de travail spécifique peut être consacré à la prévention de la radicalisation *(document 2)*.
– Nommer un référent, par exemple le coordonnateur du Conseil intercommunal de sécurité et de prévention de la délinquance (CISPD), permet de sécuriser et de renforcer les échanges d'informations avec les cellules de prévention de la radicalisation et d'accompagnement des familles (CPRAF) et d'améliorer les dispositifs de détection, signalement et prise en charge des personnes radicalisées. Il peut recueillir des informations, jouer un rôle d'interface entre les agents municipaux, le CCAS et les organismes paritaires, accompagner les agents. À cette fin, il anime un comité technique « Prévention de la radicalisation » *(document 2)*.
– Former les agents de la ville qui connaissent mal la problématique et les enjeux des radicalisations, afin qu'ils puissent en repérer les signes. La formation doit notamment leur permettre de connaître les dispositifs de détection, de signalement et de prise en charge des personnes radicalisées, et permettre aux agents recevant du public d'apporter un soutien aux familles. Ces formations peuvent être prises en charge d'une part par la préfecture

et le service départemental du renseignement territorial, d'autre part par le Centre national de la fonction publique territoriale (CNFPT) *(document 2)*.
L'Observatoire de la laïcité est également partenaire de nombreuses actions de formation et a mis en valeur, dans son rapport 2016, des formations mises en œuvre par des collectivités à destination de leurs agents *(document 5)*.
Il existe un kit pédagogique Valeurs de la République et Laïcité (VRL) du Commissariat général à l'égalité des territoires, un cours en ligne du CNFPT, un enseignement à distance du réseau des écoles de service public, et un mode d'emploi « Laïcité et fonction publique ».
Il faut parvenir à inciter le personnel à se former : la ville de Nancy a motivé ses agents par un quiz et une vidéo en ligne débouchant sur des forums *(document 11)*.
– Promouvoir la laïcité : la diversité des modes d'expression et de diffusion utilisés pour promouvoir la laïcité est essentielle. En 2018, l'Observatoire de la laïcité, dans le cadre du prix de la laïcité de la République française, a récompensé des initiatives d'acteurs de terrain promouvant la laïcité : jeu télé de la ville de Mont-Saint-Martin (8 400 habitants), jeu de rôle de la Fédération des œuvres laïques (FOL) d'Eure-et-Loir… *(document 4)*.
Dans son rapport annuel 2016, l'Observatoire de la laïcité recense les instances créées par les collectivités territoriales, « conseil de la laïcité », « observatoire régional de la laïcité », « délégation de la laïcité », instances souvent participatives, ainsi que de nombreuses actions de promotion et de pédagogie de la laïcité *(document 5)*.

La rédaction définitive du rapport

Une fois accompli le travail de prise de notes à partir des éléments du dossier autour des axes prédéterminés, l'élaboration de la première partie ne présente guère de difficultés.
Ici, la seconde partie repose également largement sur des éléments du dossier, tout en requérant une bonne maîtrise de la conduite de projet.

Commune d'Animville — Le *(date de l'épreuve)*

RAPPORT
à l'attention de Monsieur le Maire

Objet : Les radicalismes et leur prévention

Références : Déclaration des droits de l'homme et du citoyen de 1789
Constitution du 4 octobre 1958

La radicalisation s'est affirmée en France comme dans d'autres pays européens, menaçant la sécurité et la cohésion nationale. Le développement d'internet et des réseaux sociaux, à partir des années 2000, alimente les théories conspirationnistes qui constituent le terreau des idéologies extrémistes et des radicalisations.

Dans la commune d'Animville, les services locaux de prévention spécialisée font le constat de nombreuses situations inquiétantes chez les jeunes : défiance vis-à-vis des valeurs républicaines, repli identitaire et possible radicalisation.

Cette radicalisation va à l'encontre des grands principes de la République française : l'article 10 de la Déclaration des droits de l'homme et du citoyen de 1789 fixe que « nul ne peut être inquiété pour ses opinions, même religieuses, pourvu que leur manifestation ne trouble pas l'ordre public établi par la loi ». L'article 1 de la Constitution du 4 octobre 1958, pour sa part, dispose que « la France est une République indivisible, laïque, démocratique et sociale. Elle assure l'égalité devant la loi de tous les citoyens sans distinction d'origine de race et de religion. Elle respecte toutes les croyances ».

Qu'est-ce que la laïcité ? Quels dispositifs existent pour la préserver ? Que mettre en œuvre à Animville pour prévenir les radicalisations et préserver le vivre-ensemble ?

(I) La laïcité est un principe fondateur de la République **(A)** qu'une politique nationale de lutte contre la radicalisation entend préserver **(B)**.

(II) À Animville, la prévention des radicalismes requiert une conduite de projet fédératrice **(A)**, un diagnostic soigné et un repérage des bonnes pratiques **(B)**, avant de former et de sensibiliser tous les acteurs **(C)**.

I. Une laïcité fondatrice à préserver des radicalismes

A. La laïcité constitue un pilier du vivre-ensemble

Principe républicain, non définie en droit français, parfois perçue comme un refus de la différence et un gommage de l'identité, la laïcité est pourtant un principe fondamental de la construction du lien social inscrit au cœur des textes fondateurs de la République.

Affirmant par son article 1er que « la France est une République laïque », la Constitution de 1958 affirme le principe de séparation des Églises et de l'État, qui garantit la liberté de conscience et de culte et la neutralité, assurant l'égal traitement des citoyens quelles que soient leurs convictions. La laïcité implique ainsi la liberté des appartenances et le respect de la diversité, invitant au respect mutuel. Égal accès aux droits et à leur exercice, liberté d'opinion et de croyance, expression démocratique de toutes les opinions dans la limite de l'ordre public, ainsi peut se réaliser l'idéal démocratique.

Le principe de laïcité interdit aux personnels des établissements scolaires et de santé ainsi qu'à tous les agents des trois fonctions publiques d'afficher leurs convictions. Il repose d'abord sur la neutralité, qui prohibe tout prosélytisme et toute instrumentalisation. L'égalité de traitement en constitue un autre pilier : les différents discours doivent être accueillis dans leur diversité pour être mis en perspective. La laïcité n'empêche toutefois nullement l'expression des spécificités culturelles, favorisant les échanges et la reconnaissance réciproque pour vivre ensemble.

Ce n'est donc pas un principe abstrait, mais un mode d'organisation de la société qui requiert en permanence, pour demeurer opérationnel, une éducation : il s'agit non pas d'enseigner les valeurs, mais de les faire comprendre et partager par les enfants et les adolescents grâce à l'action éducative ; cette dernière doit transmettre et faire vivre les valeurs et les principes fondateurs de la République, permettre aux personnes de se développer avec et par les autres, aux enfants de comprendre le monde, de s'y situer et d'y agir, comme l'affirment les Francas.

B. Un dispositif national puissant entend lutter contre la radicalisation

Réunissant 14 ministères sous la présidence du Premier ministre, le Comité interministériel de prévention de la délinquance et de la radicalisation (CIPDR) est chargé de fixer les orientations de la politique gouvernementale en matière de prévention de la délinquance et de la radicalisation et de veiller à sa mise en œuvre : il anime, coordonne et soutient financièrement les politiques de prévention de la délinquance et de la radicalisation. Il associe les préfectures, les collectivités territoriales, les grands acteurs institutionnels (directions de l'Éducation nationale, de la protection judiciaire de la jeunesse, services pénitentiaires, Pôle emploi, missions locales...) et les grands réseaux associatifs. Un Fonds interministériel de prévention de la délinquance (FIPD) institué en 2007 est destiné à financer des actions de prévention de la délinquance et la radicalisation.

À partir de 2014, une politique de prévention de la radicalisation a été élaborée, associant logique sociale et sécurité. Après le plan de lutte anti-terroriste (PLAT) du 9 mai 2016 et le plan d'action contre la radicalisation et le terrorisme (PART) du 9 mai 2016, le Premier ministre a présenté le 23 février 2018 un nouveau plan national de prévention de la radicalisation reposant sur la coordination entre les acteurs de l'État, les collectivités territoriales et la société civile. Une circulaire du 15 mars 2017 invite à la « diffusion d'une plus grande culture de la laïcité » au sein des administrations.

En outre, le Commissariat général à l'égalité des territoires (CGET) a mis en œuvre en 2015 un plan national de formation à la laïcité destiné aux acteurs de terrain de la politique de la ville, de la jeunesse et des sports, avec l'objectif de former 10 000 personnes par an, agents de l'État et acteurs associatifs au moyen des directions régionales de la jeunesse, des sports et de la cohésion sociale (DRJSCS), agents territoriaux au moyen du Centre national de la fonction publique territoriale (CNFPT).

De plus, les projets éducatifs territoriaux (PEDT), qui prennent en compte la globalité des temps éducatifs (scolaire, périscolaire et extrascolaire), constituent des outils essentiels pour promouvoir le vivre-ensemble et renforcer une pédagogie active de la laïcité, l'expérience de la rencontre, de l'ouverture culturelle et de la mixité permettant de faire vivre et partager les pratiques démocratiques et la citoyenneté.

Ainsi, les professionnels de terrain, comme les enseignants, sont en première ligne pour apprendre aux jeunes à analyser et contextualiser les informations, afin de se construire un esprit critique et de comprendre comment les informations sont manipulées par les propagandes conspirationnistes. Le Centre de liaison de l'enseignement et des médias d'information (CLEMI) met à disposition notamment des animateurs socio-culturels des outils très utiles pour déconstruire les théories conspirationnistes.

La lutte contre les radicalisations est ainsi essentielle à la sauvegarde du pacte républicain. Il convient de l'inscrire dans la politique conduite par la commune d'Animville.

II. Un plan d'action concerté pour prévenir les radicalismes et favoriser le vivre-ensemble

A. Une conduite de projet fédératrice de tous les acteurs

Il convient d'adopter un mode de conduite du projet qui permette une action concertée des nombreux acteurs institutionnels de la lutte contre la radicalisation tout en offrant la possibilité aux agents de la commune d'Animville de se sentir impliqués dans le projet. La prévention des radicalismes est en effet tout autant l'affaire de tous les professionnels qui travaillent au contact des jeunes, comme les animateurs du périscolaire et de l'extrascolaire, que des agents au contact des familles, qui peuvent aussi bien être des agents travaillant dans les équipements sportifs ou les services culturels de la commune que des agents qui accueillent le public et gèrent les inscriptions, sans parler des agents de la police municipale. Aussi, il faut confier l'animation du projet à une personne parfaitement au fait du fonctionnement des différentes instances chargées de la prévention de la radicalisation, reconnue par elles, mais aussi identifiée et reconnue par les agents d'Animville comme une personne-ressource incontestée.

Il paraît ainsi pertinent de choisir comme référent le coordonnateur du Conseil intercommunal de sécurité et de prévention de la délinquance (CISPD), qui permet de sécuriser et de renforcer les échanges d'informations avec les cellules de prévention de la radicalisation et d'accompagnement des familles (CPRAF) et d'améliorer les dispositifs de détection, signalement et prise en charge des personnes radicalisées. Il peut recueillir des informations, jouer un rôle d'interface entre les agents municipaux, le CCAS et les organismes paritaires, accompagner les agents. À cette fin, il peut être chargé d'animer un comité technique « Prévention de la radicalisation », dont les membres comprendront des représentants des acteurs institutionnels ainsi que des agents de la collectivité. On veillera à sa représentativité en prenant le soin de proposer à des agents des différentes catégories hiérarchiques (A, B et C), représentatifs de tous les services concernés de la commune d'Animville, d'y participer.

B. Un plan d'action fondé sur un diagnostic précis et un repérage des bonnes pratiques

La réalisation d'un diagnostic précis des radicalismes dans la commune d'Animville, et plus largement dans la communauté de communes à laquelle elle appartient, constitue un préalable indispensable à la réussite d'une politique de prévention.

Réaliser un diagnostic local d'abord dans le périmètre déterminé par le contrat de ville, avant de l'élargir aux autres communes de la communauté de communes, constitue une première étape essentielle de la stratégie territoriale de prévention des radicalismes. Ce diagnostic peut être établi de manière participative, associant les institutionnels et les partenaires locaux. Les données peuvent être collectées auprès de la police nationale, au niveau communal, intercommunal et départemental. Des entretiens peuvent être réalisés avec les acteurs institutionnels et les acteurs associatifs, avant des réunions de travail permettant d'étudier les données statistiques. La multiplication et la confrontation des points de vue permettent ainsi d'enrichir le diagnostic. Ce travail de diagnostic peut être confié à un groupe de travail spécifique constitué au sein du comité technique.

En outre, le repérage des bonnes pratiques constitue une étape pertinente permettant de s'inspirer des politiques ou des actions réussies. Les initiatives visibles parce que médiatisées de différentes collectivités et institutions devraient permettre assez facilement de repérer des acteurs « en pointe » dans la prévention de la radicalisation et d'entrer en relation avec eux pour capitaliser à partir de leur expérience. Ce travail de *benchmarking* peut être réalisé par un autre groupe de travail formé de membres du comité technique.

C. Un plan d'action tourné vers la formation des acteurs et la sensibilisation de tous les usagers

L'essentiel du plan de prévention repose sur la formation des agents de la commune d'Animville : ils doivent avant tout être formés à repérer les signes de radicalisation et, de manière essentielle, savoir quels acteurs institutionnels ils doivent saisir s'ils identifient des comportements et des pratiques révélateurs d'une possible radicalisation.

Former les agents de la ville qui connaissent mal la problématique et les enjeux des radicalisations, afin qu'ils puissent en repérer les signes, est en effet primordial. La formation doit notamment leur permettre de connaître les dispositifs de détection, de signalement et de prise en charge des personnes radicalisées, et permettre aux agents recevant du public d'apporter un soutien aux familles. Ces formations peuvent être prises en charge d'une part par la préfecture et le service départemental du renseignement territorial, d'autre part par le Centre national de la fonction publique territoriale (CNFPT).

L'Observatoire de la laïcité est également partenaire de nombreuses actions de formation et a mis en valeur, dans son rapport 2016, des formations mises en œuvre par des collectivités à destination de leurs agents. Il existe également un kit pédagogique Valeurs de la République et Laïcité (VRL) du Commissariat général à l'égalité des territoires, un cours en ligne du CNFPT, un enseignement à distance du réseau des écoles de service public, et un mode d'emploi « Laïcité et fonction publique ».

La motivation ne se décrète toutefois pas, et plusieurs collectivités ont éprouvé des difficultés à convaincre leurs agents de la nécessité de se former. La ville de Nancy y est parvenue au moyen d'un quiz et d'une vidéo en ligne débouchant sur des forums.

Au-delà, ce sont tous les usagers susceptibles d'être témoins de radicalisations qu'il faut également sensibiliser : la diversité des modes d'expression et de diffusion utilisés pour promouvoir la laïcité est essentielle. En 2018, l'Observatoire de la laïcité, dans le cadre du prix de la laïcité de la République française, a récompensé des initiatives d'acteurs de terrain promouvant la laïcité : jeu télé de la ville de Mont-Saint-Martin (8400 habitants), jeu de rôle de la Fédération des œuvres laïques (FOL) d'Eure-et-Loir. Dans son rapport annuel 2016, l'Observatoire de la laïcité recense les instances créées par les collectivités territoriales,

« conseil de la laïcité », « observatoire régional de la laïcité », « délégation de la laïcité », instances souvent participatives, ainsi que de nombreuses actions de promotion et de pédagogie de la laïcité, dont la commune d'Animville pourra très utilement s'inspirer.

Il conviendra évidemment d'évaluer ces actions de formation et de sensibilisation pour les rendre le cas échéant plus efficaces.

La prévention des radicalismes constitue ainsi une politique essentielle pour préserver le pilier du vivre-ensemble que constitue la laïcité, politique dont une des conditions de réussite est la motivation de tous les agents de la collectivité, relais essentiels, qui ne se sentent pas toujours suffisamment concernés par cette problématique.

Note à partir d'un dossier

(concours interne, interne spécial et 3e concours d'animateur territorial)

DURÉE 3 HEURES

COEFFICIENT 1

Planning de révisions

Le planning ci-après entend vous proposer un mode d'acquisition méthodique des savoir-faire indispensables à la réussite de l'épreuve de note sur dossier.

La date à laquelle vous commencez à utiliser cet ouvrage pour vous préparer déterminera évidemment la durée de chaque période : si, par exemple, vous entamez votre préparation personnelle six mois avant le concours, chacune des périodes d'appropriation comptera de l'ordre de deux semaines. Il en ira tout différemment si vous pensez pouvoir préparer le concours en un mois : deux à trois jours seront alors consacrés à chaque période.

PÉRIODES	CONTENU DES RÉVISIONS	NOS OUTILS
Période 1	Comprendre les exigences de l'épreuve, savoir présenter clairement une note	pages 204 et 207
Période 2	Exploiter méthodiquement un sujet, savoir gérer le temps de l'épreuve	page 213
Période 3	Lire intégralement le dossier d'un sujet d'une trentaine de pages	page 213
Période 4	Identifier les éléments à valoriser, décider d'un plan	pages 213 à 216
Période 5	Rédiger intégralement la note demandée sans limite de temps	page 216
Période 6	Lire et analyser les indications de correction, mesurer et analyser les écarts de sa propre production avec ces indications	page 242
Période 7	Relire l'ensemble des conseils méthodologiques	page 203
Période 8	Traiter le sujet national d'annales de la session 2019	page 217

Nous vous invitons à lire également attentivement les conseils de méthode de l'épreuve de rapport avec propositions opérationnelles qui contiennent de nombreuses indications utiles à l'épreuve de note sur dossier.

Rappelons que cette épreuve est l'unique épreuve écrite (d'admissibilité) du concours interne, du concours spécial et du troisième concours d'animateur territorial.

INTITULÉ RÉGLEMENTAIRE

Concours interne, concours de 3e voie

Concours interne : la **rédaction d'une note** à partir des éléments d'un dossier portant sur l'animation sociale, socio-éducative ou culturelle dans les collectivités territoriales, permettant d'apprécier les capacités du candidat à analyser une situation en relation avec les missions dévolues aux membres du cadre d'emplois (durée : trois heures ; coefficient : 1).

Concours interne spécial

La **rédaction d'une note** à partir des éléments d'un dossier **portant sur l'animation périscolaire** permettant d'apprécier les capacités du candidat à analyser une situation en relation avec les missions dévolues aux membres du cadre d'emplois (durée : 3 heures ; coefficient 1).

L'intitulé de l'épreuve permet de prendre la mesure d'une partie des exigences de l'épreuve et des qualités que l'on cherche à évaluer chez les candidats aux concours internes et de troisième voie. Notons que le mot « synthèse » n'apparaît pas dans le libellé de l'épreuve. Il s'agit pourtant bien d'une épreuve de synthèse : les éléments identifiés par l'analyse doivent être présentés de manière organisée.

Les cadrages indicatifs officiels des épreuves ont été élaborés par les centres de gestion de la fonction publique territoriale, organisateurs des concours d'animateur et d'animateur principal de 2e classe. Ils sont accessibles en ligne sur les sites de nombreux d'entre eux.

Les encadrés grisés ci-après en reprennent les principales dispositions.

Extrait du rapport du Président du jury du concours d'animateur, session 2017, Centre de gestion de l'Eure (CDG 27)

« D'importantes lacunes ont été constatées : cela interpelle pour un agent de catégorie B ! Il a été constaté un **manque de méthodologie dans l'établissement d'une note** et une certaine méconnaissance de l'exercice. En effet, certains candidats ont établi leur note sous forme de liste. »

Extrait du rapport du Président du jury du concours d'animateur, session 2017, Centre de gestion de Seine-et-Marne (CDG 77)

« Certaines copies se démarquent car elles ont su faire des propositions ou identifier des actions, sinon la majorité des copies dénotent une lacune évidente en rédaction.

Les correcteurs dénoncent un manque absolu de méthodologie, pas ou peu de prise en compte ou d'adéquation au contexte.
De nombreuses copies inachevées et de trop nombreux « copier-coller ».
Il est primordial que les candidats se préparent pour ce type d'épreuve et suivent une mise à niveau en français. »

1. Présentation générale de l'épreuve

A. Une rédaction

La note est un document intégralement rédigé. La qualité de rédaction requise est la même qu'en composition. On y reviendra à propos des « qualités rédactionnelles ».

B. Un dossier

On attend de vous que vous produisiez la note demandée **à l'aide des seuls éléments du dossier, en excluant toute information extérieure à celui-ci**. On trouve souvent cette idée ainsi exprimée : « tout le dossier, rien que le dossier ». Ainsi, la note nécessite plus un savoir-faire qu'un savoir.

Le candidat doit montrer sa capacité à repérer par l'analyse les informations essentielles contenues dans le dossier. Cette analyse des documents ne sera opérationnelle que si le candidat a pris soin d'analyser préalablement le « sujet » en première page du dossier ; de même, une analyse de la liste des « documents joints » (Quel type de document ? Quelle date ?) permet au candidat d'arrêter sa stratégie d'approche du dossier en décidant d'en commencer la lecture par tel document qui lui semble plus important, plus informatif, plus récent… que tel autre ; la seule lecture de cette liste peut parfois permettre de pressentir, impression qu'il conviendra évidemment de vérifier par une analyse rapide du document, que certains documents sont moins utiles que d'autres.

L'expression « **tout le dossier, rien que le dossier** » peut alors être ainsi précisée : on doit utiliser tous les éléments du dossier, à l'exclusion de toute information extérieure à celui-ci, dans la mesure où ces éléments répondent aux attentes précisées dans le « sujet ». On trouve fréquemment dans le dossier des informations redondantes.

NOTE DU FORMATEUR

Le dossier rassemble au plus **une dizaine de documents et compte de l'ordre d'une vingtaine de pages**. Il peut comporter des **documents de nature** (documents juridiques, documents officiels, articles de presse spécialisée ou non…) et de forme (textes, documents graphiques ou visuels…) **variées** dont le candidat doit mesurer l'importance relative. **Le candidat n'a pas, pour traiter le sujet, à faire appel à des données (connaissances, expériences, opinions) extérieures au dossier** : toutes les informations dont il a besoin sont contenues dans celui-ci. L'utilisation d'informations qui ne figurent pas dans le dossier est pénalisable. L'expression fréquemment utilisée dans la commande de la note : « à l'aide des seuls documents joints », souligne cette exigence.

C. Un dossier portant sur l'animation sociale, socio-éducative ou culturelle dans les collectivités territoriales (concours interne), sur l'animation périscolaire (concours interne spécial)

Même si le dossier suffit à honorer la commande sans apport de connaissances personnelles, la familiarité avec les problématiques de l'animation facilite la compréhension et l'exploitation des informations au dossier.

L'épreuve revêt ainsi un caractère professionnel, même si son champ n'est pas circonscrit par un programme réglementaire.

D. Une note

Le document que vous devez produire dans cette épreuve est destiné à un responsable – administratif ou élu – situé plus haut dans la hiérarchie que le rédacteur du document. Il peut s'agir d'un directeur général des services, d'un maire adjoint, d'un maire, d'un président de conseil général, régional…

Vous devez toujours avoir à l'esprit que le destinataire de la note doit être à même de tout comprendre, sans avoir à recourir au dossier, des informations que vous lui communiquez, et que celles-ci ne doivent être ni partielles, ni partiales : l'approche exagérément optimiste d'un dispositif, d'un phénomène…, alors que le dossier comporte des éléments critiques, serait à la fois partielle et partiale et donc récusée.

La note est fréquemment destinée à éclairer les choix du destinataire.

> Le sujet indique précisément au candidat un contexte dans lequel il devra s'inscrire. La note vise à informer rapidement et efficacement un destinataire - en général en position d'autorité hiérarchique, sur un enjeu qui fait l'objet d'interrogations au sein d'une collectivité territoriale ou d'un établissement en matière d'animation sociale, socio-éducative ou culturelle (concours interne, 3e concours) d'animation périscolaire (concours interne spécial) ; elle peut s'inscrire dans un processus de prise de décision. Le destinataire est supposé ne pas connaître le sujet ni disposer du dossier, il n'a que la note pour s'informer et étayer sa réflexion, voire sa décision.

L'information transmise doit donc être efficace, concise, organisée, la présentation matérielle de la note doit contribuer à cette efficacité. La note ne doit être ni trop courte, ni trop longue : **cinq à six pages** (une copie double plus un intercalaire recto ou recto verso) sont nécessaires et suffisantes.

Concision, organisation, efficacité : au-delà de ses capacités à analyser, on apprécie également le candidat à ses aptitudes à synthétiser.

E. L'aptitude à l'analyse d'un dossier

Analyser la commande

Si vous ne devez pas introduire d'éléments extérieurs au dossier dans votre note, la compréhension de la commande requiert une familiarité suffisante avec le contexte territorial pour comprendre précisément la situation et, dans cette situation, les attentes du destinataire.

> **NOTE DU FORMATEUR**
>
> Le sujet indique précisément au candidat un contexte dans lequel il devra s'inscrire. Le candidat doit y être attentif afin de valoriser au mieux les informations du dossier qui répondent précisément à la commande.

■ **Analyser les documents**

Vous devez ensuite repérer, par l'analyse, les éléments du dossier indispensables pour répondre aux attentes du destinataire.

> **NOTE DU FORMATEUR**
>
> Il est attendu du candidat qu'il analyse dans sa note le (ou les) question(s) posé(s) et les pistes de réponses proposées par le dossier, en sélectionnant et hiérarchisant les informations contenues dans le dossier.

F. L'aptitude à la synthèse

Une fois les éléments essentiels repérés, vous devez les synthétiser en procédant à un travail de réécriture synthétique des informations et d'organisation de celles-ci à l'intérieur d'un plan rigoureux. « **Copier coller** » **sans reformuler n'est pas plus acceptable qu'une juxtaposition inorganisée de résumés successifs des documents.**

> **NOTE DU FORMATEUR**
>
> Il est exclu de restituer les informations de manière allusive ou de faire référence aux textes pour se dispenser d'en exprimer le contenu. Il est donc malvenu de mentionner les références aux documents dans la note (document 1, document 2...). On considère que le dossier disparaît en tant que tel lors de la rédaction de la note : le candidat n'en conserve que les informations essentielles. La note n'est pas un résumé des textes, il ne s'agit pas de présenter succinctement et successivement les documents du dossier.
>
> Le candidat élabore, après avoir repéré les informations essentielles apportées par le dossier, un plan qui reflète l'importance relative qu'il donne aux différents aspects de ce qu'il doit transmettre.

Élaborer un plan pertinent, savoir l'annoncer et le **suivre** constituent des aptitudes essentielles à la réussite de l'épreuve, d'autant que le sujet ne donne généralement pas d'indication de plan.

G. Des qualités rédactionnelles

La concision et l'efficacité requises nécessitent que la note soit parfaitement lisible : cette lisibilité requiert une écriture simple, précise, une **orthographe** et une **syntaxe** les plus irréprochables possible. Même si l'on peut légitimement juger efficace un style télégraphique, une rédaction intégrale (pas de phrases sans verbe, pas d'accumulation de tirets…) est ici exigée.

NOTE DU FORMATEUR

La note doit être intégralement rédigée (pas de style télégraphique ou « prise de notes »).
Le niveau attendu en matière de maîtrise de la langue (orthographe, syntaxe) est le même que dans les épreuves de composition ou dissertation.
Le style doit être neutre, sobre, précis. La note a pour vocation première d'informer le destinataire avec efficacité.

La qualité de l'orthographe et de la syntaxe est déterminante dans la note obtenue. Parmi les différents critères d'attribution des notes, le cadrage national indique :

– une note devrait obtenir la moyenne ou plus lorsqu'elle fait preuve d'une maîtrise correcte de la langue (orthographe, syntaxe, ponctuation, vocabulaire.

– *a contrario*, une note ne devrait pas obtenir la moyenne lorsqu'elle témoigne d'une maîtrise linguistique insuffisante (trop nombreuses erreurs d'orthographe, de syntaxe, de ponctuation, de vocabulaire).

2. Une note clairement présentée

A. Un certain formalisme

La note obéit à un formalisme dont le respect est souhaitable. Une excellente copie qui ne respecterait pas ces règles n'en demeurerait pas moins excellente, une copie très mauvaise qui les respecterait n'en serait pas meilleure, mais le non-respect de ces règles s'ajoutant à d'autres défauts mineurs dans une copie moyenne pourrait coûter le demi-point fatidique qui sépare l'admissible du « collé ».

NOTE DU FORMATEUR

La mise en situation sera exploitée pour satisfaire aux exigences formelles de présentation de la note (timbre, destinataire, objet…).

Le schéma type de présentation est le suivant :

Collectivité émettrice | Le (date de l'épreuve)
(Ville de… ou service de…)

Remarque : aucun nom de collectivité ni de service, existant ou fictif, autre que celui indiqué dans le sujet ne doit être utilisé sous peine d'annulation de la copie.
Remarque : la mention du lieu dans le timbre n'est pas ici nécessaire. Un nom de lieu existant ou fictif non précisé dans le sujet pourrait constituer un motif d'annulation.

NOTE

à l'attention de monsieur (ou madame) le (la)... (destinataire)

Exemple : à l'attention de Monsieur le directeur de la jeunesse

Objet : *(thème de la note)*
Exemple : les dispositifs d'insertion des jeunes

Références : uniquement celles des principaux textes juridiques fondant la note
(cette mention est facultative)
Remarque : la prudence impose l'abandon de toute mention de signature afin d'éviter une rupture d'anonymat entraînant l'annulation de la copie. De même, aucun paraphe ne devra apparaître sur la copie.

Le barème de correction peut pénaliser faiblement (de 0,5 point, par exemple) le non-respect des règles formelles de présentation de la note.

L'objet vise simplement à décrire le thème (le sujet) de la note : il ne s'agit en aucun cas de la thèse (ce que la note va dire sur ce sujet) : l'objet doit être concis et précis.

La zone des « références » est facultative, mais doit être entendue comme la seule référence des textes juridiques (loi, décret, circulaire, jurisprudence ou officielle [rapports, etc]...) qui fondent la note, lorsqu'ils sont reproduits ou analysés dans le dossier fourni. Cette zone n'est donc pas une bibliographie (liste des documents du dossier), qui n'a pas à apparaître. L'utilisation bien comprise de cette zone permet par exemple, une fois les références complètes d'une loi essentielle données en « références », d'évoquer ensuite simplement dans le corps du développement « la loi de (année) » sans aucune ambiguïté possible.

Ne signez jamais votre note : l'indication de la qualité que le sujet vous confère, généralement celle d'animateur, tout comme un paraphe, pourraient être interprétés comme un **signe distinctif**, et entraîner l'annulation de votre copie par le jury.

B. Une organisation visible

Organisée, la note doit, comme une composition, comporter une introduction, un développement visiblement structuré en parties et sous-parties, une conclusion.

a. Une introduction

Introduire, c'est :
(l'introduction de la note doit être courte : 20 lignes suffisent généralement)

– « **Entrer en matière** », c'est-à-dire situer le sujet dans un contexte plus général, et partir de ce contexte pour arriver au sujet. On emploie parfois l'image de l'entonnoir pour traduire la nature de l'introduction qui « commence large » avant de restreindre son champ au sujet. On peut également reprendre l'image de l'entrée dans le port : on « vient du large » avant de se glisser (pas « se couler ! ») entre les balises dont il convient de connaître la définition sous peine de s'échouer (d'échouer).

Un conseil pour ne pas « démarrer trop vite » : n'utiliser dans la première phrase aucun mot du sujet. Cette entrée en matière sera évidemment nourrie d'éléments puisés dans le dossier.

– Permettre au destinataire de comprendre rapidement et sans ambiguïté, au-delà de l'objet nécessairement bref, « de quoi » la note va traiter : ceci peut nécessiter une définition, une approche comparative dans le temps et dans l'espace, la description rapide d'un phénomène, la précision du contexte juridique, etc.

– Proposer une ou plusieurs problématiques qui précisent les approches possibles de la question (poser une problématique, c'est se demander : « dans quelle mesure... ? »).

– Annoncer le plan suivi pour répondre aux interrogations (problématique) posées par le sujet.

L'annonce du plan est le « morceau » essentiel de la note :

• Elle permet au destinataire/lecteur/correcteur d'apprécier instantanément si vous avez pris l'exacte mesure du sujet qui vous est proposé. Quelle que soit la pertinence des développements qui la suivent, une annonce de plan qui n'en rend pas assez précisément compte fait courir le risque d'une appréciation défavorable de l'ensemble.

L'annonce de plan doit non seulement permettre le repérage le plus facile possible de la structure du développement, mais aussi, dans toute la mesure du possible, donner les indications les plus précises possibles sur son contenu.

L'annonce de plan doit permettre une claire perception du contenu des parties. Vous pouvez également aller jusqu'à annoncer le contenu des sous-parties de vos parties.

Rappelons que la règle du plan binaire en deux parties comportant chacune deux sous-parties s'est imposée dans cette épreuve comme dans celle de la composition de culture générale.

• Il est aussi une sorte d'indexation de la note qui doit permettre au destinataire/lecteur/correcteur d'aller droit à l'information dont il a besoin.

Parfois, des candidats ajoutent une ou deux phrases après l'annonce de plan, sorte de transition entre l'introduction et le développement ou début de développement : c'est inutile et dangereux dans la mesure où cela obscurcit l'annonce de plan. Pas d'ambiguïté : l'annonce de plan est le dernier paragraphe de l'introduction, nettement identifiable, le dernier paragraphe de l'introduction est l'annonce de plan.

b. Un développement visiblement organisé

Il est vivement conseillé de **matérialiser le plan suivi** en titrant les parties et les sous-parties : ceci permet non seulement de vérifier si le plan annoncé « fonctionne » réellement mais aussi de repérer très facilement l'information à laquelle on veut accéder.

La numérotation des parties et sous-parties au niveau de l'annonce des plans *(exemple : (I) (A) Si Internet permet de développer la démocratie locale (B) et de contribuer au rayonnement de la collectivité, (II) (A) la création d'un site est inutile si ses objectifs ne sont pas clairement définis (B) ni les risques juridiques et financiers nettement mesurés.)* est possible, même si certains correcteurs jugent parfois qu'elle alourdit inutilement la présentation : mieux vaut être un peu lourd et clair qu'élégant et confus.

Le défaut de coïncidence entre le plan annoncé et les titres choisis pour les parties et les sous-parties est assez fréquent chez les candidats : on peut l'expliquer par une crainte de la répétition qui conduit à reformuler. Ce souci est louable, mais une reformulation ratée conduit souvent à « dire » autre chose dans les titres que ce qui a été annoncé dans l'annonce de plan. On ne court pas ce risque si l'on rédige une annonce de plan qui peut se découper en autant de « tranches » que de titres de parties et sous-parties.

La **présentation de la copie** est également un outil essentiel dont vous devez savoir vous servir pour améliorer la lisibilité de votre copie en rendant sa structure la plus évidente possible. Le destinataire/lecteur/correcteur pourrait « passer à côté » d'une organisation qui ne serait pas suffisamment apparente.

Au-delà des titrages, il faut aussi utiliser de façon logique les sauts de ligne(s), les retraits par rapport à la marge.

Exemple :

- sautez 3 lignes entre l'introduction et le développement comme entre le développement et la conclusion ;
- sautez 2 lignes entre la première partie et la deuxième partie ;
- sautez 1 ligne entre chaque sous-partie ;
- ne sautez pas de ligne entre les paragraphes de chaque sous-partie mais marquez un retrait (toujours le même) par rapport à la marge pour la première ligne de chaque paragraphe.

Notons qu'une phrase de transition est requise entre chacune des parties.

c. Un développement réellement organisé

Une note organisée n'est pas seulement une note clairement structurée en parties et en sous-parties : encore faut-il que les sous-parties ne soient ni le lieu d'un déversement d'informations en vrac ni une juxtaposition d'informations. Il est indispensable que les informations soient elles-mêmes organisées et que cette organisation soit rendue évidente par des **mots de liaison** sans lesquels ces informations apparaissent juxtaposées.

La juxtaposition d'informations procède souvent d'une synthétisation insuffisante qui conduit les candidats à « coller » de façon parfois hasardeuse des informations diverses sur un même sujet recueillies dans le dossier.

La rédaction attentive de chaque fiche de synthèse sur chaque aspect différent du sujet (voir ci-dessous) doit permettre :

- de ne rien écrire lorsque l'on « tient » déjà une reformulation pertinente à partir d'un document et lorsque les informations dans d'autres documents sur le même aspect du sujet n'apportent rien ;
- de réécrire partiellement ou totalement une reformulation lorsque celle-ci est périmée par une information plus pertinente trouvée ensuite dans un autre document.

d. Une conclusion

Si la conclusion est considérée comme facultative dans les épreuves de synthèse, elle est généralement appréciée par les correcteurs : mieux vaut donc la tenir pour obligatoire.

La conclusion, dans la forme, doit être facilement identifiable : les règles de présentation adoptées (par exemple 3 lignes sautées entre la fin du développement et le début de la conclusion), un premier mot nettement conclusif (Ainsi, pour en terminer, au total, finalement…) permettent de lever toute ambiguïté.

Un conseil : mieux vaut rédiger la conclusion tôt dans l'épreuve (rien, logiquement, ne devrait empêcher qu'elle le soit juste après la mise au point définitive de l'introduction) : trop de conclusions trahissent la fatigue et le manque de temps.

Sur le fond, la conclusion n'est pas un résumé du rapport mais une reformulation rapide (quelques lignes suffisent) de l'essentiel du message qu'il contient : vous disposez ici d'un espace de liberté pour apporter sur le sujet l'éclairage qui, tout bien considéré, vous paraît le plus pertinent, dans la logique des réflexions que vous avez préalablement conduites ; c'est aussi l'endroit où, de manière nuancée, vous pouvez, lorsque le sujet s'y prête, accentuer le caractère d'aide à la décision de son approche.

Remarquons qu'un développement qui présente les avantages, les potentialités, les chances… avant les inconvénients, les limites, les risques… induit une conclusion moins optimiste que le développement qui a choisi le parti inverse. Cette remarque permet de toucher du doigt les limites de l'**objectivité** requise chez le candidat : la seule disposition des arguments change la tonalité de la synthèse.

La conclusion n'est jamais le lieu du « repentir » où l'on placerait des éléments importants qu'on aurait oubliés dans le développement : si l'on a laissé de côté une information, laissons croire qu'on l'a fait en toute connaissance de cause et n'allons pas pointer du doigt notre propre erreur : il n'est pas rare que des candidats démarrent ce type de conclusion par un « sans oublier… » particulièrement révélateur !

NOTE DU FORMATEUR

La note doit comporter une introduction d'une vingtaine de lignes, qui s'apparente à celle d'une composition ou dissertation (entrée en matière, reformulation du sujet, présentation de la problématique dans son contexte) et doit impérativement comprendre une annonce de plan. Le développement est organisé en parties et en sous-parties. Le plan est impérativement matérialisé par des titres comportant des numérotations en début des parties et sous-parties.
La conclusion est facultative. Elle peut toutefois brièvement souligner l'essentiel, sans jamais valoriser des informations oubliées.

3. Des conseils de méthode

Les ouvrages consacrés aux épreuves de synthèse donnent de nombreux conseils… rarement suivis. Nous ne proposerons pas ici une énième méthode, mais plutôt quelques conseils de méthode destinés à vous aider à tirer votre épingle du jeu.

La difficulté majeure que de nombreux candidats disent rencontrer est celle de la longueur du dossier (une vingtaine de pages) et, en conséquence, du manque de temps. Comment s'en sortir ?

A. Analyser le sujet

Les candidats ne consacrent généralement que trop peu de temps à cette analyse qui détermine pourtant les informations à trouver dans les « documents joints ».

– L'analyse du sujet vous permet d'abord de déterminer à qui vous vous adressez, et qui vous êtes.

– Elle vous permet de déterminer l'objet de votre note, et, plus précisément, les questions qui conduisent le destinataire de la note à attendre une aide à la décision.

Il ne sera pas inutile, pendant la phase d'exploitation des documents du dossier, de revenir régulièrement au sujet pour vérifier que l'on ne s'éloigne pas du « cahier des charges ».

B. Analyser la liste des « documents joints » et leur titre

Les documents peuvent être de nature diverse :

– documents juridiques : loi, décret, arrêté, circulaire ; décision jurisprudentielle (tribunal administratif, Conseil d'État…) ;

– documents officiels ;

– articles de presse spécialisée ;

– articles de presse « généraliste » ;

– extraits d'ouvrages.

L'analyse de la composition du dossier vous permet d'adopter une stratégie (par quel document commencer ?) que la lecture de survol du dossier vous permettra de valider ou d'invalider.

Si le dossier comporte des documents juridiques, on aura généralement intérêt à commencer par la circulaire qui précise les modalités d'application de la loi : dans la plupart des cas, les informations de la circulaire dispenseront d'utiliser celles de la loi qui seraient redondantes (ce qu'il faudra tout de même vérifier !).

C'est souvent dans les documents commentant les documents juridiques que l'on trouvera le « **document pivot** », celui qui fournit le maximum d'informations sur le sujet et à partir duquel on pourra ouvrir le plus grand nombre de « fiches » sur ce sujet (voir ci-dessous).

C'est généralement dans la presse, spécialisée ou non, que l'on trouve des approches problématiques de la question faisant l'objet de la synthèse.

Les titres et les dates des documents peuvent par ailleurs permettre une première approche problématique du sujet :

– Il n'est pas rare que les seuls titres des documents vous donnent déjà une idée de sous-partie, voire plus.

– Les dates peuvent être également très éclairantes : si des articles sont antérieurs à la création d'une institution, à l'instauration d'un dispositif, il y a tout lieu de penser qu'on va y trouver une analyse des causes de la réforme.

Par ailleurs, avant même d'aborder le dossier, demandez-vous quels éléments incontournables devraient (sous réserve que le contenu du dossier valide cette analyse) comprendre la synthèse :

– moyens humains, financiers, économiques ;

- risques juridiques, politiques, économiques, sociaux ;
- modes d'organisation (partenariat) ;
- résultats ;
- précautions indispensables…

C. Lire le dossier

Trop souvent négligée par le candidat qui craint d'y perdre du temps, cette lecture est utile si elle permet de valider l'analyse du sujet et de la liste des documents joints et, surtout, de déterminer le **document pivot** : ce document est celui dont l'exploitation va permettre d'identifier le plus grand nombre possible d'arguments permettant de traiter le sujet. Plus ce document permettra d'ouvrir de **fiches** correspondant chacune à l'un des aspects du sujet, plus l'exploitation des autres documents sera rapide et facile.

Remarquons qu'une erreur sur le caractère « pivot » d'un document ne serait pas dramatique : si l'on n'y trouve que peu d'informations utilisables pour traiter le sujet, il faudra rapidement passer à un autre document pour tenter d'en extraire la « substantifique moelle ».

Soulignons enfin qu'on ne lit pas un dossier de synthèse comme on lit habituellement : celle lecture doit être rapide et utile. Le but : repérer l'essentiel (on peut se servir des titres et des sous-titres), éliminer l'inutile, redondant ou hors sujet.

D. Exploiter le dossier

Plusieurs méthodes sont enseignées. Elles ont toutes leur pertinence et, de même qu'un formateur pourra en privilégier une, de même les candidats seront plus à l'aise avec telle ou telle méthode. Il paraît donc important d'en présenter et d'en « faire fonctionner » plusieurs.

Trois techniques :
Si on peut les distinguer par commodité d'exposition, ces trois techniques ne sont pas totalement « étanches » les unes par rapport aux autres, et le traitement d'un sujet donné pourra requérir par exemple de passer à la fois par la méthode A et la méthode B.

Quelle que soit la technique utilisée, une **analyse fine de la commande et des titres** des documents au dossier puis une « **lecture de survol** » **de l'ensemble du dossier** sont vivement conseillés puisqu'ils vont permettre à la fois :

- De construire un ordre d'exploitation du dossier.

La première lecture permet de hiérarchiser les textes en fonction de leur nature (texte juridique, presse spécialisée, presse généraliste…), de leur date, de leur pertinence pour honorer la commande. Elle va déterminer le document par lequel je commencerai l'exploitation du dossier parce qu'il me paraît contenir le plus d'informations utiles.

- De distinguer des thèses :

• qui peuvent parfois permettre de préconcevoir le plan de la note (**méthode 1**, idéale, mais que des dossiers touffus rendent parfois impraticable) ;

• qui permettent très fréquemment de préconcevoir des fiches synthétiques **(méthode 2)** ;

• qui aident à discerner les points à mettre en valeur lorsqu'on rédige une fiche par document **(méthode 3)**.

a. La rédaction de fiches à partir d'un plan préconçu (méthode 1)

Vous rédigez une fiche par partie, voire une fiche par sous-partie.

L'analyse de la commande et des titres, la lecture de survol du dossier vous ont permis d'élaborer les deux parties du plan, voire les quatre sous-parties de la note.

Il vous reste à aller chercher dans le dossier les éléments nécessaires à remplir ces parties ou sous-parties.

C'est une méthode fréquemment préconisée à partir d'un plan en deux grandes parties : on classe au fur et à mesure de l'exploitation du dossier les informations dans deux grandes parties, et on subdivise ensuite chaque partie en deux sous-parties (praticable par simple indexation par A. ou par B. des informations de chaque partie).

Avantages : l'exploitation du dossier est aisée, efficace et rapide. Vous ne retenez que ce qui sert chacune des parties ou sous-parties.

Inconvénients : une erreur initiale de plan va fausser toute la synthèse. Si on ne « tient » d'entrée de jeu que les deux grandes parties, un travail important de classement (A. et B. de chaque partie, puis hiérarchisation à l'intérieur de chaque A. et chaque B.) reste à accomplir avant la rédaction définitive.

Quelques exemples de plans préconçus	
Une institution nouvelle	Exemple : les maisons de service au public (MSAP) Un dispositif novateur/entend résoudre des problèmes anciens//Des difficultés de fonctionnement/imposent des modifications Une prise de conscience récente/induit de nouveaux principes//Un fonctionnement innovant/mais des difficultés à surmonter Une conception nouvelle/induit un fonctionnement novateur//Des réussites/mais aussi des premiers échecs De nouveaux principes ambitieux/en décalage avec l'organisation actuelle//Un dispositif novateur/une réussite sous condition Une situation préoccupante/conduit à une solution inédite//Des bénéfices attendus/non sans incertitudes
Un dispositif juridique nouveau	Exemple : le droit à la déconnexion Des principes novateurs/ouvrent de nouveaux droits//Des insuffisances/requièrent une nouvelle évolution juridique Des principes novateurs/imposent de nouvelles obligations//Des conditions de réussite non remplies/des résultats décevants Une situation préoccupante/impose la création de nouveaux droits//Une mise en œuvre complexe/nécessite des moyens Un contexte (politique, économique, social)/périme le droit en vigueur//L'affirmation d'un nouveau principe juridique/fonde un dispositif inédit Une législation inefficace/impose une réforme//Des avancées/mais aussi des limites Des expériences probantes à l'étranger/inspirent l'évolution du droit français//Des effets positifs attendus/sous réserve que des conditions soient remplies L'inefficacité des dispositifs précédents/a conduit à une évolution remarquable//

	Les premiers retours d'expériences/font douter de la réussite Des principes anciens périmés/de nouveaux principes//Un fonctionnement nouveau/sans amélioration notable
Un mode d'organisation	Exemple : l'intercommunalité Des avancées incontestables/des limites//Des réformes annoncées/à la réussite incertaine Une situation préoccupante/a conduit à des réformes successives//Leurs limites/imposent de nouvelles réformes Une volonté politique/un fonctionnement institutionnel nouveau//Des réussites/des échecs Une volonté politique/un fonctionnement institutionnel nouveau//Un bilan décevant/induit une nouvelle politique
Une politique publique	Exemple : la politique culturelle de la commune Des besoins nouveaux/des acteurs//De nouveaux outils/des limites Des besoins nouveaux/des moyens limités//De nouveaux acteurs/de nouveaux modes de travail Des besoins nouveaux/de nouveaux outils juridiques//Des contraintes/qui imposent de nouvelles méthodes Des besoins nouveaux/un désengagement des acteurs traditionnels//L'intervention de nouveaux acteurs/impose de nouveaux modes de conduite Une volonté politique/en réponse à des demandes insatisfaites//Des moyens inadaptés/de nouveaux moyens Les modes d'action traditionnels/ne répondent plus aux besoins nouveaux//Des expériences innovantes/requièrent des moyens Les modes d'action traditionnels/ne répondent plus aux besoins nouveaux//Des moyens nouveaux/une efficacité sous conditions

b. La rédaction de fiches par thèse (méthode 2)

Vous rédigez une fiche par thèse.

Il s'agit bien d'une rédaction par thèse et non par documents.

L'analyse de la commande et des titres, la lecture de survol du dossier (et notamment celle des **titres, sous-titres, chapeaux introductifs, intertitres**…) vous ont permis de repérer des thèses qui vous paraissent « incontournables » pour traiter le dossier, mais vous n'êtes pas encore en capacité de rédiger un plan, généralement parce que les thèses sont trop nombreuses.

À partir d'un document, vous ouvrez autant de fiches que ce document aborde de thèses (idées principales) différentes.

Bien sûr, vous n'ouvrez pas de fiches lorsqu'une thèse contenue dans le document est sans lien avec l'objet de la note.

Il peut arriver qu'un document ne contienne qu'une seule thèse et ne donne donc lieu qu'à la rédaction d'une seule fiche.

Si vous retrouvez cette même thèse (idée principale) dans un autre document, vous n'ouvrez pas une autre fiche mais vous complétez celle que vous avez déjà ouverte.

Pensez, à la fin de chaque information sur un thème donné, à noter le document d'où provient l'information. Cette mention ne sera évidemment pas reprise dans la rédaction finale, mais elle vous permet si nécessaire d'aller retrouver la source de l'information si, au moment de la rédaction définitive, celle-ci ne vous paraît plus suffisamment claire (ce qui n'est nullement souhaitable : perte de temps !)

Avantages : vous n'écrirez jamais deux fois la même chose. La rédaction définitive est facilitée par le regroupement logique des informations.

Inconvénients : l'ouverture d'un nombre excessif de fiches peut retarder l'élaboration du plan définitif. Certaines fiches auront été ouvertes « pour rien » dans la mesure où le faible nombre d'informations qu'elles contiendront ne permettra pas de nourrir une sous-partie, quelle qu'en soit la pertinence sur le fond. Parfois, vous n'osez pas vous « risquer » à mettre en valeur des thèses, de crainte de faire fausse route.

c. La rédaction de fiches par document (méthode 3)

Vous rédigez une fiche par document.

L'analyse de la commande et des titres, la lecture de survol du dossier ne vous ont pas permis de mettre en valeur des thèses qui vous satisfassent. Vous avez tout de même repéré quelques « incontournables » qui vont vous aider.

Rien n'est donc perdu !

Pour que la méthode soit efficace, mettez en valeur l'essentiel dans la marge en vous aidant des titres, des chapeaux introductifs et des intertitres.

Vous pouvez utiliser des codes couleurs qui faciliteront le regroupement des informations au moment de la rédaction définitive, ou travailler par colonnes à partir de mots-clés.

Avantages : la méthode est rassurante, vous engrangez des informations au fur et à mesure de la lecture du dossier. C'est la méthode la moins risquée, la plus « besogneuse ».

Inconvénients : vous risquez d'écrire deux fois la même chose. Vous devez regrouper des informations éparses (éclatées sur plusieurs fiches) pour procéder à la rédaction définitive. Ceci requiert une indexation rigoureuse de l'information (des résumés des différents documents qui n'en mettraient pas en valeur les grands axes, les « arêter », seraient très peu opérants).

E. Élaborer un plan

À partir de là, il ne reste plus qu'à adopter un agencement cohérent des fiches pour construire le plan. En valorisant plus ou moins telle ou telle information (dans la limite de l'obligation d'objectivité), on peut bâtir à partir des fiches plusieurs plans entre lesquels il faudra choisir.

F. Procéder à la rédaction définitive

Reste à rédiger au brouillon l'introduction : on dispose déjà du passage essentiel de l'introduction, l'annonce de plan. On a également repéré les éléments utiles à une entrée en matière en analysant les documents. Il reste à exprimer clairement la problématique.

Profitons-en pour rédiger également la conclusion, qui, en quelques lignes, doit souligner l'essentiel.

On peut alors procéder directement à la rédaction au propre en recopiant, avec quelques « réécritures ponctuelles, dans les parties et sous-parties ad hoc, les informations contenues dans les fiches.

SUJET

DIFFICULTÉ : ××× / DURÉE : 3 HEURES

Sujet national
Concours interne et 3e concours, session 2019
Animateur

Énoncé

Vous êtes animateur territorial, responsable du service animation enfance de la ville d'Animville, commune de 15 000 habitants.

Le maire est régulièrement interpellé par des familles d'enfants en situation de handicap, qui fréquentent l'école et bénéficient de la restauration scolaire, mais ont du mal à être inscrits dans les accueils de loisirs ou les séjours d'été.

Sensible à la nécessité d'accueillir ces enfants au sein de tous les dispositifs municipaux, le maire souhaite compléter ses connaissances sur le sujet.

Il vous demande de rédiger à son attention, exclusivement à l'aide des documents joints, une note sur l'inclusion des enfants en situation de handicap dans le cadre des accueils collectifs de mineurs (ACM).

Liste des documents joints :

Document 1 : « Accueil des enfants en situation de handicap de 0 à 6 ans » - UNIOPSS - Mars 2018 - 5 pages.

Document 2 : « Accueil des enfants handicapés dans les centres de vacances et de loisirs et dans les cantines » - Intégration scolaire et partenariat - Documents et textes officiels - 3 pages.

Document 3 : « Handicap : un rapport sur les 0-6 ans préconise une inclusion au plus tôt dans les modes d'accueil » - *lagazette.fr* - Catherine Maisonneuve - 29 août 2018 - 2 pages.

Document 4 : « Comment rendre les activités périscolaires pleinement accessibles aux enfants en situation de handicap ? » - *lagazette.fr* - Gabriel Zignani - 15 mai 2017 - 1 page.

Document 5 : « Un autre regard sur les centres de loisirs » - *Agrandir ! La lettre des directeurs des centres de loisirs Francas* - Avril/Juin 2016 - 4 pages.

Document 6 : « Le cadre juridique de l'accueil de loisirs des enfants en situation de handicap » - Défenseur des droits - Novembre 2018 - 5 pages.

Document 7 : « Fonds publics et territoires - Appel à projets 2018 » - CAF - 3 pages.

Document 8 : « Les aides spécifiques "handicap" » - SIAM (service pour l'intégration en accueil collectif des mineurs) - 18 décembre 2018 - 1 page.

Document 1

UNIOPSS

Accueil des enfants en situation de handicap de O à 6 ans

Contribution du réseau Uniopss-Uriopss à la saisine du Haut Conseil de l'enfance, de la famille et de l'âge (HCFEA)

Agnès Buzyn, Ministre des Solidarités et de la Santé, et Sophie Cluzel, Secrétaire d'Etat auprès du Premier ministre chargée des personnes handicapées, ont saisi le Haut Conseil de la famille, de l'enfance et de l'âge (HCFEA) sur **l'accueil de l'enfant en situation de handicap de 0 à 6 ans dans les modes d'accueil des jeunes enfants, à l'école préélémentaire, et dans toutes les structures d'activités périscolaires et extrascolaires.**

L'Uniopss, membre du HCFEA, propose une contribution pour :
- Renforcer un accompagnement adapté qui garantit à tous les enfants en situation de handicap un accès aux services de l'accueil et de la scolarité
- Améliorer les conditions de travail de leurs accompagnants et la qualité de vie de leurs aidants familiaux

Avant-propos sur l'évolution récente en matière d'inclusion

➲ **Selon la législation :**

• Le code de la santé publique stipule que « les établissements [...] d'accueil veillent à la santé, à la sécurité et au bien-être des enfants qui leur sont confiés, ainsi qu'à leur développement. Ils concourent à l'intégration sociale de ceux de ces enfants ayant un handicap ou atteints d'une maladie chronique » (décret n°2010-613).
• La charte des droits fondamentaux de l'Union européenne interdit « toute discrimination fondée notamment sur [...] l'appartenance à une minorité nationale, la fortune, la naissance, un handicap, l'âge ou l'orientation sexuelle » (article 21, 2000).
• La loi du 11 février 2005 pour l'égalité des droits et des chances, la participation et la citoyenneté des personnes handicapées « garantit à l'enfant en situation de handicap l'accès aux droits fondamentaux » (loi n° 2005-102).
• Depuis le 1er janvier 2010, la CNAF a élargi l'attribution de la prestation de service unique (PSU) aux EAJE accueillants des enfants en situation de handicap, âgés de moins de 6 ans (lettre circulaire n°2010-034).

Les textes règlementaires spécifiques aux établissements accueillants de jeunes enfants (EAJE) précisent qu'ils ont pour mission d'intégrer socialement des enfants en situation de handicap ou atteints d'une maladie chronique (article R2324-17 du code de la santé publique). Toutefois, il n'existe pas d'obligation de les accueillir. Par ailleurs il n'existe pas d'incitation financière dans le cadre de la prestation de service unique versée aux EAJE.

Synthèse des éventuels freins constatés à l'accueil des enfants en situations de handicap :

- **<u>L'information aux familles et l'accompagnement à la parentalité</u>** restent insuffisants. Les associations constatent que certains parents n'osent pas franchir les portes des structures lorsque leur enfant a déjà été diagnostiqué. A contrario, il est constaté une crainte de certains parents sur l'inclusion qui insécurise bien les enfants en situation de handicap. La vulnérabilité des familles en cas de survenue d'un handicap est accentuée lorsqu'elles connaissent des fragilités multiples (économiques, sociales...) ;

- **Un manque d'appréhension des problématiques liées au handicap par les professionnels est constaté par le réseau Uniopss-Uriopss:**

- des méconnaissances sur les typologies de handicap et les besoins de l'enfant en situation de handicap ;
- un manque de formation des personnels sur les questions de handicap : « *Cette difficulté peut obliger à mettre fin à des accueils. Nous constatons parfois que notre accueil n'est pas bénéfique à l'enfant, multipliant les situations de crise* »;
- des difficultés à percevoir l'enfant avant et/ou au-delà de son handicap ;

- des difficultés à mettre en place des outils et des stratégies éducatives, soit par manque de formation ou manque d'AVS (ex : séquentiel, emploi du temps, tableau de récompense etc.) ;
- manque de temps pour échanger avec les structures de soins qui accompagnent l'enfant ... « *Trop peu de temps de réunion en équipe pour discuter de ces enfants accueillis* » ;
- Des difficultés à assurer la continuité du suivi, voire un délaissement
  « *Certains acteurs de l'éducation, par manque de formation et sensibilisation, ne semblent pas se sentir concernés par la situation des enfants* »
- Un dépistage tardif de ces enfants qui sont parfois pris en charge après 3 ans ;

- Problématique de l'offre adaptée des 4 et 6 ans pour les enfants en situation de handicap car il n'y a pas d'accueil par les assistantes maternelles à partir de 3 ans et de nombreux EAJE privilégient l'accueil des moins de 3 ans.

- Le manque de professionnels « spécialisés » ou non et le manque d'AVS freinent les initiatives et saturation des EAJE qui connaissent globalement des listes d'attentes conséquentes.

- Un manque de moyens financier est constaté dans l'accueil des enfants en situation de handicap et pour l'adaptation pourtant nécessaire des activités, de leur encadrement et de leur animation. Il n'y a pas de modalités de financement prévues pour rétribuer les EAJE accueillant des enfants en situation de handicap.

« *Aucun moyen spécifique n'est alloué sur les temps extrascolaires. Sur le temps périscolaire, la ville de Lyon par exemple accorde des crédits d'heures pour une embauche supplémentaire pour certains enfants bénéficiant d'AVS sur le temps scolaire. C'est un plus, mais qui reste insuffisant* »

« *L'allocation CMG (complément de mode de garde) versée par la CAF aux familles pour les aider dans le paiement des factures micro-crèche est divisée par 2 à partir de 3 ans* »

- Le déficit de matériels et d'aménagements adaptés pour les enfants en situation de handicap ne permettent pas d'accompagner et d'accueillir l'enfant (un véhicule adapté pour le déplacement d'enfants polyhandicapés par exemple)

- Des difficultés d'ordre administratif sont relevées, notamment sur les délais de traitement des dossiers entre le repérage du besoin d'auxiliaire de vie scolaire (AVS) et l'obtention des moyens de l'accompagnement pour l'enfant en situation de handicap.

- Manque de sensibilisation et d'information générale auprès de toutes les parties prenantes, notamment auprès des élus de communes et des intercommunalités.

- Manque de visibilité et des difficultés de coordination de l'ensemble des parties prenantes importantes : professionnels petite-enfance, Education, Elus locaux, MDPH etc.

Des pistes d'amélioration de l'offre et des conditions d'accueil pour les jeunes enfants en situation de handicap et de leurs familles

- **Placer le handicap comme critère prioritaire d'attribution de place dans un EAJE** en modifiant l'article R2324-17 du code de la santé publique cité en avant-propos de cette contribution et proposer un taux d'encadrement en rapport avec les capacités de l'enfant ;

- **Développer les possibilités de mode d'accueil séquentiel ; développer les temps partagés et développer les dispositifs d'unité d'enseignement externalisée en maternelle pour faciliter l'inclusion des enfants en situation de handicap ;**

- **Accompagner la parentalité** : exemple de l'association *Chrysalide* qui propose un temps d'écoute dédié aux parents qui le souhaitent : le « Groupe de paroles et partage Parents » ; orienter les parents vers les REAP qui pourraient permettre de levers leurs craintes quant à la capacité à accompagner leur enfant et ainsi instaurer un lien de confiance.

- **La diffusion d'un document simple à destination des familles** présentant les différents acteurs, leurs rôles et la temporalité des démarches ainsi que l'identification des structures adéquates afin de mieux les accompagner. Ce document pourrait également être accessible en ligne.

- **Développer l'information, la sensibilisation et la communication autour de l'accueil des enfants en situation de handicap**. Par exemple développer des dispositifs tels « accueil pour tous » financé par la CAF en Provence Alpes Côtes d'Azur ; « Gamins exceptionnels » (familles rurales) dans les hauts de France.

- **De proposer à l'ensemble des acteurs concernés par la prise en charge de ces enfants au carrefour de plusieurs dispositifs des formations transversales communes afin de développer une connaissance et une culture partagées au service de l'intérêt supérieur de l'enfant, notamment en :**

- renforçant la formation continue des professionnels, notamment par des sensibilisations et des informations opérées par les CAMSP
- introduisant la thématique de l'inclusion dans la formation initiale des assistant(es) maternel(les) ;
- sensibiliser les professionnels de la PMI et de l'aide sociale à l'enfance afin qu'ils puissent mieux percevoir des signes avant-coureurs de déficiences et prévenir des situations qui pourraient s'aggraver et en lien avec les ESSMS, notamment les CAMSP. Mieux doter la PMI et renforcer son rôle de mission de diagnostic et de prévention par le biais de la formation obligatoire créé par le décret n°2008-774 du 30 juillet 2008 – art.1 et réaffirmé par la loi du 14 mars 2016 relative à la protection de l'enfance.
- Formaliser des modules de sensibilisation dans les formations initiales de la petite enfance et des professionnels éducatifs

- Améliorer l'information et la coordination entre les professionnels, les institutions et avec les parents ; que des groupes de travail en réseau soient installés par les Départements afin de faire se rencontrer les secteurs du handicap, de la petite enfance et de l'éducation (périscolaire ...) ;

- Créer un fonds d'intervention pour **favoriser les synergies, les aides humaines, les mutualisations inter structures pour du matériel éducatif adapté notamment.**

- D'engager une réflexion sur l'opportunité de la mise en place de systèmes d'accompagnement souples pour éviter les ruptures de parcours, favoriser l'intervention précoce et l'accompagnement des professionnels : exemple des « équipes mobiles ressources» à la croisée des champs handicap psychologique/ASE dans les Pays de la Loire.

- Permettre l'existence de document formalisant cet accueil et liant les protagonistes « famille-EAJE-Etablissement de soin » type PAS projet d'accueil et de socialisation ;

- Améliorer le référencement des spécialistes de la santé des listes de la PMI pour faciliter les interventions auprès des enfants en situation de handicap accueillis dans les EAJE etc.

- Clarifier le cadre législatif sur l'aide à la prise de médicaments en EAJE. La récente décision du tribunal d'Alès du 10 mars 2017 validant l'exclusion d'une petite fille épileptique d'une crèche au motif que la nouvelle directrice ne se sentait pas en mesure de lui administrer ses médicaments, ne fait que renforcer l'interrogation existante.

- **Dans le cadre de la nouvelle Convention d'objectifs et de gestion (COG) 2018-2022 signée entre la CNAF et l'Etat, maintenir à minima les financements accordés à l'axe 1 « du fonds publics et territoires » et déterminer une bonification automatique de la prestation de service unique (PSU) versée par la CAF en cas d'accueil d'enfants en situation de handicap.**

- De développer des articulations formalisées entre les conseils départementaux, les intercommunalités et les municipalités en se saisissant de l'Association des Maires de France (AMF) et l'association des Départements de France (ADF) et ainsi éviter des disparités dans l'offre d'accueil sur les territoires.

- L'Uniopss constate un manque de littérature et de données globales sur le champ de la petite enfance et du handicap. En ce sens, le réseau propose d'engager la réflexion sur **la création d'un observatoire national avec des « relais » régionaux pour repérer – valoriser – diffuser les pratiques facilitant l'inclusion des enfants en situation de handicap et obtenir, en temps réel, des données objectives au niveau national.**

Document 2

http://scolaritepartenariat.chez-alice.fr/page339.htm

Mise à jour : 06-12-12

Textes

En arrière-fond, la loi de février 2005, qui vise à favoriser l'accueil des enfants handicapés dans les structures ordinaires de vie. Elle préconise notamment des initiatives d'ordre partenarial...

Loi du 11 février 05 - Art.2 (L114-2)
Les familles, l'Etat, les collectivités locales, les établissements publics, les organismes de sécurité sociale, les associations, les groupements, organismes et entreprises publics et privés associent leurs interventions pour mettre en oeuvre l'obligation prévue à l'article L. 114-1, en vue notamment d'assurer (...) l'accès de l'enfant, de l'adolescent ou de l'adulte handicapé aux institutions ouvertes à l'ensemble de la population (...).

Les textes officiels incitent les établissements et services d'accueil des enfants de moins de six ans à concourir à **l'intégration sociale** des enfants dont ils assurent le suivi.

Décret n° 2000-762 du 1er août 2000 relatif aux établissements et services d'accueil des enfants de moins de six ans et modifiant le code de la santé publique. - Art. R. 180-1. - Les établissements et les services d'accueil veillent à la santé, à la sécurité et au bien-être des enfants qui leur sont confiés, ainsi qu'à leur développement. Ils concourent à **l'intégration sociale de ceux de ces enfants ayant un handicap ou atteints d'une maladie chronique.** Ils apportent leur aide aux parents afin que ceux-ci puissent concilier leur vie professionnelle et leur vie familiale. Voir legifrance http://www.legifrance.gouv.fr > décret 2000-762

La circulaire sur le PAI - Projet d'accueil individualisé

Concernant plus précisément les enfants malades, la circulaire se septembre 2003 sur le PAI (Projet d'accueil individualisé) ne concerne pas seulement l'école, il s'agit d'une circulaire interministérielle ayant pour objet l'accueil en collectivité - et non seulement à l'école - des enfants et des adolescents atteints de troubles de la santé évoluant sur une longue période. On constate que cette circulaire fait preuve d'une certaine prudence avant d'imposer aux centres de vacances et de loisirs l'accueil des enfants malades. Elle reconnaît que ceux-ci ne disposent pas toujours d'un personnel médical qualifié.

Circulaire n° 2003-135 du 9 septembre 2003 relative à l'accueil en collectivité des enfants et des adolescents atteints de troubles de la santé évoluant sur une longue période
1.3 Dans les centres de vacances et les centres de loisirs sans hébergement
L'ensemble des prescriptions qui permet, dans le cadre d'un projet d'accueil individualisé, de favoriser l'intégration dans les établissements scolaires, les crèches, les jardins d'enfants et les haltes-garderies des enfants et des adolescents atteints de troubles de la santé sur une longue période **ne peut s'appliquer tel quel à la spécificité des accueils en centres de vacances et de loisirs.** (...). Il faut notamment souligner que les centres de vacances et de loisirs ne bénéficient pas d'un personnel médical qualifié..
Cependant (...) dans le but de renforcer le rôle éducatif des centres de vacances et de loisirs, les principes du projet éducatif ont été fixés dans le décret n° 2002-885 du 3 mai 2002. (...) Lorsque le séjour accueille des mineurs atteints de troubles de la santé, le projet éducatif doit ainsi préciser les mesures qui sont envisagées pour faciliter l'intégration des enfants concernés.

Le décret du 3 mai 2002 relatif au projet éducatif se limite donc à préconiser que les centres de vacances ou de loisirs, quand ils accueillent des enfants malades ou handicapés, le fassent dans le cadre de leur projet éducatif.

Décret n° 2002-885 du 3 mai 2002 relatif au projet éducatif mentionné à l'article L. 227-4 du code de l'action sociale et des familles
Art. 1 - (...) Lorsque l'organisateur accueille en centre de vacances ou en centre de loisirs sans hébergement des mineurs valides et des mineurs atteints de troubles de la santé ou de handicaps, le projet éducatif prend en compte les spécificités de cet accueil.
http://www.legifrance.gouv.fr > décret 2002-885

CNAF : Lettre circulaire n° 2010-034 du 24 février 2010

Dans cette lettre circulaire, la CNAF annonce des mesures en faveur de l'accueil des enfants en situation de handicap dans les établissements d'accueil de jeunes enfants (Eaje) et les accueils de loisirs sans hébergement (Alsh).
Circulaire cnaf - Direction des politiques familiale et sociale - *Mesures en faveur de l'accueil des enfants en situation de handicap dans les établissements d'accueil de jeunes enfants (Eaje) et les accueils de loisirs sans hébergement (Alsh).* 24 février 2010

Une délibération de la Halde - 18 avril 2011

On rappellera que la circulaire n° 2003-135 du 8 septembre 2003 relative au PAI (Projet d'Accueil Individualisé).concerne notamment l'accueil des enfants handicapés dans les Centres de loisirs.

Délibération relative au refus d'un Maire d'accueillir un enfant au centre de loisirs géré par la commune en raison de son état de santé n° 2011-91 du 18/04/2011
http://halde.defenseurdesdroits.fr/Deliberation-relative-au-refus-d%2c14889

HALDE

La haute autorité de lutte contre les discriminations et pour l'égalité a été saisie d'un refus d'accueil d'un enfant épileptique en centre de loisirs opposé par le maire de la commune en l'absence d'un encadrant supplémentaire pour s'occuper de l'enfant. Le Collège considère que cette obligation supplémentaire posée par le maire se fonde notamment sur l'état de santé de l'enfant et, qu'en l'absence de justifications pertinentes, une telle exigence est manifestement contraire aux articles 225-1 et -2 du Code pénal, qui interdisent de subordonner l'accès à un service à une condition fondée sur l'état de santé. Le Collège recommande au Ministère de l'éducation nationale, de la jeunesse et de la vie associative de renouveler sa réflexion sur l'accueil des enfants handicapés ou atteints de troubles de la santé dans les centres de vacances et de loisirs ordinaires et de renforcer les règles existantes en posant un principe général d'intégration de l'enfant handicapé ou atteint de troubles de la santé dans les centres de vacances et de loisirs ordinaires. Enfin, il lui recommande de rappeler aux directeurs de centres de vacances et de loisirs, qu'en tant que garants de la sécurité des enfants accueillis, il leur revient d'organiser les procédures de recours au soutien médical requis pour maintenir l'accueil des enfants handicapés ou atteints de troubles de la santé dans les centres de vacances et de loisirs ordinaires.
HALDE, Direction Juridique - 18/04/2011

Le défenseur des droits plaide pour un meilleur accès des enfants handicapés aux accueils de loisirs - 3 décembre 2011 - décision 2012-167

A l'occasion de la journée internationale des personnes handicapées, le 3 décembre, le Défenseur des droits a adopté la décision n° MLD-2012-167, relative à l'accès des enfants handicapés aux activités périscolaires et extrascolaires. Dans cette décision rendue publique, Dominique Baudis recommande au gouvernement de veiller à faire respecter "le principe d'égalité de traitement des enfants handicapés avec les autres enfants", en prenant en compte leurs besoins spécifiques sur le temps périscolaire (avant et après la classe), et en précisant leurs conditions de prise en charge dans les structures d'accueil collectif de loisirs (mercredi et vacances scolaires).

Commentaire de Grandir Ensemble

Plate-forme Nationale Grandir ensemble !

05-12-12

Au vu notamment des situations dont l'institution a été saisie, le Défenseur des Droits estime aujourd'hui que les enfants handicapés sont confrontés à de telles difficultés d'accueil qu'elles sont de nature à compromettre leur droit à participer de manière effective, comme tous les autres enfants, à ces activités. Aussi, il lui apparaît nécessaire d'adapter les dispositions législatives et règlementaires existantes en précisant les conditions d'accueil et de prise en charge des enfants handicapés dans les structures d'accueil collectif de loisirs.

Associée par le Défenseur des Droits aux travaux préparatoires à cette décision, la Plate-Forme Nationale Grandir Ensemble se réjouit que ses travaux et ses propositions aient été soulignés dans cette décision et aient contribués à mettre en lumière **une situation qui conduit de nombreux parents d'enfants handicapés à cesser leur activité professionnelle, faute de solutions d'accueil sur le mercredi et lors des vacances scolaires. (..)**

Laurent THOMAS - Porte-Parole de la Plate-Forme Nationale Grandir Ensemble
3 rue de l'arrivée – Bureau 734 – 75749 Paris Cédex 15 - Tél. 02 99 09 02 36
Mail : contact@grandir-ensemble.net

Cantines

Le défenseur des droits plaide pour l'égal accès des enfants à la cantine de l'école primaire - 28 mars 2013 -

Après une enquête sur les cantines scolaires lancée à la rentrée 2012 par le Défenseur des droits, plus de 1200 réclamations ont été adressées à l'institution qui présente, dans ce rapport, ses observations et ses propositions. **Tous les enfants doivent y être admis, quelle que soit la situation des parents. Cela concerne aussi les enfants handicapés ou allergiques pour qui certaines adaptations sont obligatoires.**

Les principes généraux de la restauration tels que fixés par le Ministère de l'Education nationale rappellent que le "temps du repas est l'occasion pour les élèves de se détendre et de communiquer. Il doit être aussi un moment privilégié de découverte et de plaisir."

Rapport du Défenseur des droits - 28 mars 2013 - L'égal accès des enfants à la cantine de l'école primaire

http://www.ladocumentationfrancaise.fr/var/storage/rapports-publics/134000207/0000.pdf

Une note d'information du défenseur des droits - novembre 2018

Mission nationale Accueils de loisirs & Handicap / Contribution du défenseur des droits (Novembre 2018)

Le cadre juridique de l'accès des enfants en situation de handicap aux accueils de loisirs

Dans le cadre des travaux de la Mission Nationale Accueils de Loisirs & handicap, le Défenseur des droits a souhaité apporter sa contribution aux réflexions et préconisations pour un meilleur accès des enfants en situation de handicap aux accueils de loisirs, dans notre pays. Le Défenseur des droits a réalisé, pour la Mission Nationale, une note d'information d'une quinzaine de pages, qui précise, de manière très détaillée, le cadre juridique et apporte, de manière très pédagogique, des réponses à de nombreuses questions qui concernent tout autant les familles que les organisateurs des lieux d'accueil périscolaires et extrascolaires. Une note inédite, complète et très éclairante, qui affirme, sans ambigüité ce droit fondamental des enfants en situation de handicap de jouer, vivre et grandir avec les autres, dans l'ensemble de ces lieux qui jalonnent la vie de tout enfant !

Document 3

Adresse de l'article https://www.lagazettedescommunes.com/579062/handicap-un-rapport-sur-les-0-6-ans-preconise-une-inclusion-au-plus-tot-dans-les-modes-daccueil/

PERSONNES HANDICAPÉES

Handicap : un rapport sur les 0-6 ans préconise une inclusion au plus tôt dans les modes d'accueil

Catherine Maisonneuve | France | Publié le 29/08/2018

Dans un rapport sur les enfants 0-6 ans en situation de handicap, le Haut conseil de la famille préconise une montée en charge de l'inclusion très précoce dans les modes d'accueil. De son côté, la Caisse nationale des allocations familiales va créer un "bonus handicap" pour donner un coup de pouce aux crèches.

En visite le 29 août au multi-accueil associatif « Le sourire du chat » qui accueille 30% d'enfants en situation de handicap dans le XVe arrondissement de Paris, Agnès Buzyn, ministre des Solidarités et de la Santé et Sophie Cluzel, secrétaire d'Etat aux personnes handicapées ont reçu le rapport [1] du conseil de l'enfance du Haut conseil de la famille, de l'enfance et de l'âge (HCFEA) « Accueillir et scolariser les enfants en situation de handicap de la naissance à 6 ans et accompagner leur famille ».

Un nouveau rapport-boussole, le cinquième produit cette année par le HCFEA. Lui aussi devrait être bien accueilli par les acteurs mais avec une même grande interrogation : quels moyens ?

42 propositions

Pour améliorer la vie des enfants concernés, de leur fratrie, des familles et des professionnels, le HCFEA formule 42 propositions déclinées à partir de 6 objectifs ambitieux :

1- Avant 3 ans, ouvrir davantage les modes d'accueil individuels et collectifs aux enfants en situation de handicap ;

2- Compléter et améliorer la scolarisation en école maternelle ;

3- Faciliter la vie des familles dans leur rapport aux services petite enfance et handicap sur le chemin d'un éventuel diagnostic ;

4- Développer l'appui aux professionnels et le travail en réseau au service des enfants ;

5- Prendre en considération et améliorer la vie des fratries ;

6- Aider les parents, soutenir leur parentalité et leur faciliter l'articulation avec le travail.

L'accueil, toujours compliqué pour les plus petits

L'énorme difficulté actuelle se situe pour les 0-3 ans, avec, note le HCFEA« un écart entre des premiers besoins d'accompagnements spécifiques et une prise en charge plus complète avec l'appui des dispositifs et des aides qui suivent la reconnaissance administrative d'un handicap ».

Certains parents sont condamnés à un long nomadisme médical avant d'obtenir un diagnostic, et une fois celui-ci posé, la reconnaissance du handicap de leur enfant par la maison départementale des personnes handicapées prend aussi beaucoup de temps. Actuellement la prise en charge se met en place entre 3 et 6 ans, parfois après « un parcours erratique et éprouvant ».

- Accueil des enfants handicapés : le chantier de l'école inclusive sur les rails [2]
- Rentrée scolaire : l'accompagnement des élèves handicapés remis à plat [3]

Par ailleurs, rappelle le HCFEA « l'accueil des jeunes enfants en général étant facultatif, celui d'enfants en situation de handicap, ne peut représenter une obligation aux gestionnaires des établissements collectifs, ni aux assistant-e-s maternel-le-s ».

Il envisage néanmoins « les modalités d'une montée en charge de l'inclusion très précoce dans les modes d'accueil, l'objectif étant de considérer cet accueil comme une évidence de principe et d'usage, et d'en généraliser la pratique ». Il émet le postulat suivant : « Les enfants de moins de 3 ans présentant des difficultés spécifiques relevant d'une démarche diagnostique de handicap en cours, ou d'un handicap avéré, doivent bénéficier d'un traitement prioritaire pour une solution d'accueil, qui prenne en compte les besoins de l'enfant, la situation de sa famille et l'ensemble de l'offre d'accueil existante sur le territoire concerné, en application du principe « Zéro sans solution » ».

Là aussi se pose la question des moyens !

Vers un « bonus handicap » de la CNAF

Actuellement, selon les chiffres de la Caisse nationale des allocations familiales (Cnaf) , on compte 409 500 places en crèche sur le territoire et 23 400 enfants en situation de handicap accueillis (ainsi qu'en centres de loisirs).

Sa convention d'objectifs et de gestion 2018-2022 [4] (COG) de la Caisse nationale des allocations familiales (Cnaf) publiée le 27 août prévoit la création d'un bonus « handicap » pour encourager l'accueil dans les crèches des enfants en situation de handicap. Ce financement complémentaire est destiné à compenser les surcoûts pour les gestionnires d'établissements d'accueil du jeune enfant (EAJE).

Le gouvernement a communiqué sur un montant de 1300 euros par enfant et par an, mais retour au réel, la COG précise que « dans un premier temps, il sera modulé selon le nombre d'enfants bénéficiaires de l'allocation d'éducation de l'enfant handicapé (AEEH) ». Peu d'enfants potentiellement concernés donc dans cette tranche des 0-3 ans....

Pour l'avenir, la COG ajoute que ce bonus « pourra être étendu au-delà de ce périmètre lorsque les contours d'un projet d'accueil individualisé (PAI) « handicap » (actuellement le PAI concerne les enfants malades, ndlr) auront été définis et au vu des surcoûts observés ». Une circulaire est attendue dans les prochaines semaines et un point d'étape entre l'Etat et la Branche famille est prévu pour 2020.

Document 4

lagazette.fr

Adresse de l'article https://www.lagazettedescommunes.com/505806/comment-rendre-les-activites-periscolaires-pleinement-accessibles-aux-enfants-en-situation-de-handicap/

EDUCATION

Comment rendre les activités périscolaires pleinement accessibles aux enfants en situation de handicap ?

Gabriel Zignani | Réponses ministérielles | Publié le 15/05/2017

La généralisation de la réforme des rythmes éducatifs en septembre 2015 s'est accompagnée d'un accroissement des activités périscolaires et du nombre de mineurs accueillis en accueils de loisirs périscolaires au sein des communes. L'accueil des enfants en situation de handicap fait l'objet d'une attention particulière des services des ministères chargés de la jeunesse et de l'éducation nationale, et des caisses d'allocations familiales. Le ministère chargé de la jeunesse s'est engagé dans l'accompagnement des initiatives des organisateurs destinées à faciliter l'accueil des enfants et des jeunes en situation de handicap.

L'objectif est de favoriser l'intégration de ces enfants dans tous les séjours d'accueils collectifs de mineurs comme le rappelle la circulaire du 5 novembre 2014 relative à la mise en place d'activités périscolaires dans les accueils collectifs de mineurs dans le cadre de la réforme des rythmes éducatifs. Cette démarche de mixité des publics répond à une demande des mineurs et de leurs familles. Elle permet à tous les participants de faire l'apprentissage de la solidarité dans le respect de la diversité et des différences.

Le ministère chargé de l'éducation nationale a demandé à ses services de faciliter l'emploi des accompagnants des élèves en situation de handicap, par les collectivités, lorsque la mise en accessibilité des activités périscolaires déclarées nécessite une présence humaine renforcée. Dans une circulaire du 25 février 2015, intitulée accompagnement des besoins spécifiques par la mise en œuvre du fonds « publics et territoires », la caisse nationale des allocations familiales a précisé les axes d'intervention parmi lesquels le renforcement de l'accueil des enfants porteurs de handicap dans les établissements d'accueil du jeune enfant et les accueils de loisirs.

Ainsi, pour la période 2013-2017, des crédits du fonds « publics et territoires » permettent d'accompagner financièrement les communes qui souhaitent investir pour faciliter l'emploi des accompagnants des élèves en situation de handicap. L'accompagnement de l'enfant par une personne physique n'est pas systématique et ne doit pas être la condition de son accueil dans le cadre des activités périscolaires. Cet accompagnement est mis en place dès lors que les dispositifs d'accessibilité ne sont pas en mesure de répondre à ses besoins particuliers. Il doit alors être mesuré au regard des besoins des enfants en situation de handicap, de la nature des activités proposées et peut être commun à plusieurs enfants.

REFERENCES

Question écrite de Martine Martinel, n° 99249, JO de l'Assemblée nationale du 14 février 2017

Document 5

agrandir !

un autre regard sur les centres de loisirs

Accueillir…

Accueillir un enfant en situation de handicap au centre de loisirs, c'est avant tout accueillir un enfant… dans toute sa singularité. Cette approche éducative nécessite encore d'être portée, partagée, amplifiée, pour que tous les responsables pédagogiques, tous les animateurs et animatrices, tous les parents et tous les enfants et les adolescents en soient convaincus. Cette conviction collective permet, avant tout, de dépasser le handicap et d'aborder l'accueil éducatif d'un enfant en situation de handicap par le prisme de ce qu'il est, un individu, une personne, un citoyen en construction, par le prisme de son bien-être et de son bonheur et, en dernier, par le prisme des situations qui peuvent l'handicaper dans sa vie quotidienne c'est-à-dire des « limitations d'activité ou restriction de participation à la vie en société subie dans son environnement ».

Accueillir un enfant en situation de handicap, c'est aussi accueillir sa famille. Le premier accueil est souvent déterminant pour créer la confiance ; confiance indispensable pour que chacun puisse vivre ce temps de loisirs, même court, en toute sérénité. L'enfant bien sûr, et en tout premier lieu, mais aussi ses parents qui ont fait le choix d'inscrire leur enfant en « milieu ordinaire » pour qu'il vive, avec les autres, des expériences qui font grandir et, enfin, ses frères et sœurs qui viendront peut-être aussi au centre de loisirs vivre leur propre aventure.

Accueillir un enfant en situation de handicap, c'est surtout mobiliser son équipe, toute son équipe, les animateurs et les animatrices, les agents de restauration, le personnel administratif… les sensibiliser, les former, les accompagner dans l'élaboration de projets d'animation qui prennent en compte chacun pour favoriser l'implication de tous.

Accueillir est la fonction première d'un centre de loisirs éducatifs ; il nous faut la dessiner pour tous !

Yann Renault
Délégué général adjoint

SOMMAIRE

AU CENTRE… ET AUTOUR

L'accueil personnalisé des enfants en situation de handicap

L'accueil d'enfants en situation de handicap dans les temps de loisirs périscolaires représente un enjeu majeur d'accessibilité pour tous aux activités de loisirs éducatifs. Il permet de garantir le droit aux loisirs pour chaque enfant. Le vivre et l'agir ensemble, l'acceptation des différences, la rencontre et l'enrichissement par la mixité des publics font partie intégrante des objectifs pédagogiques du centre de loisirs périscolaire de Montfaucon (Gard rhodanien), et des objectifs du projet éducatif territorial porté par la commune.

Le centre de loisirs périscolaire partage les mêmes locaux que l'école. Cette organisation est donc une invitation formulée aux différents acteurs éducatifs de travailler ensemble, avec la volonté d'exercer une action cohérente, continue et complémentaire en direction des enfants accueillis, sur leurs différents temps. Ces acteurs se réunissent au moins chaque trimestre pour échanger sur les liens entre le projet pédagogique du centre et les objectifs du projet d'école au sein d'un comité de suivi du Projet éducatif territorial (PEdT). Ce comité réunit parents, enseignants, élus de la municipalité et animateurs.

Selon un constat du groupe d'appui départemental des projets éducatifs territoriaux du Gard, associant institutions et associations, peu d'enfants handicapés fréquentent le temps périscolaire. Ceux qui, le plus souvent, en bénéficient, ont un handicap ne nécessitant pas un accueil personnalisé. Pour les autres, les taux assouplis d'encadrement semblent représenter un frein au développement d'accueils de qualité et l'absence de la continuité des dispositifs de l'Éducation nationale (auxiliaire de vie scolaire - AVS) durant les temps périscolaires ne facilite pas ces accueils.

C'est souvent sur ces temps que les familles souhaitent bénéficier des accueils, soit par nécessité, les parents travaillant, soit pour des raisons thérapeutiques, avancées le plus souvent par l'éducateur spécialisé qui suit leur enfant.

Selon le type de scolarisation de l'enfant (individuelle, collective, accompagnée d'un AVS ou pas), l'accueil souhaité sur les temps périscolaire nécessitera ou non un accueil personnalisé ou individualisé.

L'accueil progressif

Suite à la sollicitation de familles, l'équipe pédagogique a organisé l'accueil d'enfants en situation de handicap et à besoins particuliers sur les temps périscolaires. Cet accueil spécifique et adapté à chaque enfant a été réfléchi par l'équipe, en lien avec les élus de la commune. Des procédures ont été proposées, il y a eu des échanges puis les validations ont été effectuées en comité de suivi du PEdT.

Fort de l'expérience acquise depuis 2003 dans le cadre de la démarche d'inclusion développée par l'association départementale des Francas du Gard pour le Relais Loisirs Handicap 30, le responsable du centre de loisirs éducatifs n'a pas eu de mal à appliquer ces modalités.

Dans un premier temps, il rencontre les familles pour une meilleure connaissance des enfants, puis les professionnels les accompagnant au quotidien.

Il est alors établi un protocole d'accueil individualisé pour l'enfant, précisant l'organisation relative à son temps de présence.

Par anticipation, et si besoin, l'aménagement des espaces est abordé.

Dans le cas d'un accueil individuel, la prise en charge financière de l'AVS ou de l'animateur accompagnant l'enfant est discutée entre l'Éducation nationale, les services du Département via la Maison départementale des personnes handicapées (MDPH), et la commune.

Les conditions de cet accueil seront d'autant plus facilitées qu'elles auront été évoquées puis organisées lors de la mise en place du projet personnalisé de scolarisation (PPS) en lien avec les enseignants.

L'accueil à proprement parler se fait d'abord sur certains jours et sur quelque temps. L'éducateur est présent aux côtés de l'enfant et de l'équipe d'animation. Le rythme de fréquentation croît en fonction de l'inclusion de l'enfant et de son évolution au sein du groupe. Elle évoluera progressivement pour permettre un accueil intégré à moyen ou long terme.

● **Jérôme Abellaneda,**
Directeur de l'association départementale
des Francas du Gard
direction@francas30.org

ÉDUCATIF EN ACTION

Accueillir un enfant en situation de handicap, ça se prépare

© Les Francas du Var

En juin 2015, la maman de Léa (11 ans, diagnostiquée autiste il y a quatre ans), est venue au service enfance jeunesse de la commune du Muy dans le Var pour l'inscrire à l'accueil de loisirs. Elle souhaitait rompre l'isolement dans lequel se trouvait sa fille depuis environ deux ans, faute de place dans un établissement spécialisé. Pour le centre de loisirs, c'était la première fois que l'équipe allait accueillir un enfant en situation de handicap.

Depuis plusieurs années nous travaillons au sein de nos accueils de loisirs à favoriser le vivre ensemble, la mixité sociale. Nous nous engageons dans des projets de développement durable où la citoyenneté et la solidarité ne sont pas des vains mots. Cet accueil nous a donc semblé naturel et la préparation a été minutieuse.

Même si Léa est en permanence accompagnée de son éducatrice, il était important de faire se rencontrer toutes les personnes qui auraient à s'occuper d'elle pendant son séjour, afin que chacun comprenne sa problématique.

Autour de la table étaient réunies : la mère de Léa, son éducatrice, les deux responsables des pôles et moi-même. Nous avons évoqué les craintes de Léa, ses attitudes, ses comportements et ce qui l'intéressait plus particulièrement. Nous avons parlé de la stratégie à mettre en place afin qu'elle soit pleinement intégrée au groupe d'enfants. Nous ne voulions pas créer une situation « à part ». Il a été convenu que Léa ne viendrait que quelques jours, en fonction des activités les plus adaptées à sa problématique.

© Centre de loisirs du Muy

Ensuite nous avons rédigé un protocole pour cadrer différents éléments en termes de responsabilité et d'organisation.

Puis une information a été faite à l'ensemble des animateurs. Cela a permis à chacun de s'exprimer sur le sujet et de poser les questions qui pouvaient le préoccuper.

Prévenir les enfants

Nous tenons avant chaque vacance une assemblée destinée à présenter le programme d'activités à tous les enfants. Nous en avons profité pour les informer de la présence de Léa. Ils ont réagi positivement et un échange s'est engagé durant lequel ils ont pu poser leurs questions.

Lorsque Léa est arrivée, les enfants n'ont pas eu de réactions particulières, au contraire. Elle a été accueillie chaleureusement, même si au début son comportement parfois atypique, était remarqué par les plus jeunes. Ensuite tout cela a été banalisé et accepté.

Cette première expérience a été très positive pour Léa qui a su s'intégrer et peu à peu maîtriser son énergie pour respecter les règles du collectif enfant. Une forte relation s'est nouée avec l'ensemble des enfants, particulièrement avec un petit noyau de filles. Léa était très fière de leur avoir fait découvrir la langue des signes particulière aux autistes.

Du positif pour tous

Ce passage de Léa au sein de notre centre de loisirs a permis à tous de réfléchir d'une façon plus concrète au vivre ensemble et à l'acceptation des différences. Notre regard sur le handicap a été modifié. Celui de l'éducatrice sur notre travail nous a permis de changer notre perception et parfois notre façon de faire : elle arrivait avec son expérience, ses connaissances et ses exigences pour Léa, et nous avons dû, de notre côté, y répondre.

Léa vient à toutes les vacances et son arrivée est organisée en parallèle avec l'équipe. C'est une enfant qui a énormément évolué. Elle est aujourd'hui en CLIS (Classe pour l'inclusion scolaire) à l'école de la ville, elle commence à communiquer et parler avec son entourage, et elle est passionnée par l'écriture sur ordinateur.

Ce qui me paraît essentiel dans ce type d'expérience d'accueil, c'est le travail de préparation en amont de tous les adultes, qui vont ensuite préparer le groupe d'enfants à accueillir un autre enfant, même s'il est différent.

● *Propos recueillis par* ***Geneviève Yvon,***
Directrice de l'association départementale des Francas du Var auprès de ***Camélia Firane,***
Responsable du service enfance jeunesse, Mairie du Muy – jeunesse-le-muy@orange.fr

---

MOBILISER SON ÉQUIPE

L'équipe, un levier essentiel

© Les Francas de Midi-Pyrénées

Sandrine Gennero est directrice de l'accueil de loisirs maternel à l'association Espace loisirs à Castelsarrasin dans le Tarn-et-Garonne. Elle participe activement au réseau handicap animé par les Francas et a suivi la formation « Accueillir l'enfant en situation de handicap en milieu non spécialisé » organisée par les Francas de Midi-Pyrénées en 2015. Forte des réflexions et des outils partagés au sein du réseau, elle a expérimenté différemment l'accueil de l'enfant en situation de handicap l'été dernier.

Tu travailles avec une équipe d'une douzaine d'animateurs, qu'attends-tu d'eux dans l'accueil de ces enfants ?

Avant tout, je n'attends pas qu'ils se transforment en professionnels du handicap !

Je ne souhaite pas qu'ils aient une connaissance spécialisée de chaque type de handicap mais bien qu'ils aient une connaissance individuelle des enfants, notamment dans leurs particularités liées à la vie quotidienne, dans leurs capacités et difficultés dans la vie collective avec les autres enfants. La connaissance de ces éléments doit leur permettre de les accueillir au mieux.

Comment as-tu préparé ton équipe à cet accueil ?

Il y a eu plusieurs étapes.

Avant la période d'été, lors des réunions de préparation, nous avons eu un premier temps pour aborder le projet éducatif, travailler le projet pédagogique et la connaissance du public. Il s'agit de sensibiliser les animateurs à cette question.

Une seconde réunion permet d'interroger le rôle de l'animateur et le projet d'animation. Nous abordons la spécificité des enfants en situation de handicap. Je n'entre pas trop dans les détails car, à ce moment-là, je ne sais pas si des enfants en situation de handicap seront présents. Mais l'équipe continue à se projeter dans l'accueil de tous les enfants.

Une fois les inscriptions faites et après avoir rencontré individuellement les parents, j'organise une réunion spécifique avec les animateurs qui encadreront les enfants en situation de handicap.

Ensuite, je retransmets à l'équipe l'ensemble des informations que les parents et les partenaires (éducateur spécialisé, psychologue...) m'ont transmis.

Une trace écrite de ces éléments est conservée par l'équipe.

Enfin, il y a l'accompagnement et le suivi pendant l'accueil des enfants. Des réunions hebdomadaires permettent d'échanger sur les difficultés rencontrées par les animateurs. Une réflexion collective permet de proposer, si besoin, des aménagements, outils, organisation...

Par exemple cet été, l'équipe a observé que les temps libres pouvaient être source de souci pour et avec ces enfants. Pour y pallier, nous avons rapidement mis en place un « tableau de référents » : l'animateur référent avait pour mission de faciliter l'intégration de l'enfant dans les jeux libres et d'être particulièrement attentif dans la prévention des risques.

Quelles sont, pour toi, les conditions essentielles pour préparer l'équipe ?

La première et principale condition est la rencontre avec les parents. Ils connaissent par cœur leur enfant et peuvent nous donner tous les éléments nécessaires à son accueil. C'est autour du déroulement d'une journée type au centre de loisirs que nous discutons des besoins que peut avoir leur enfant, son autonomie, les moyens à mettre en place pour communiquer avec lui, la façon d'appréhender ses réactions dans telle ou telle situation.

Autre condition essentielle : l'information de l'équipe. Il ne me semble pas pensable de mettre en relation les animateurs avec des enfants en situation de handicap sans les avoir prévenus et sans avoir échangé avec eux sur les besoins particuliers de ces enfants.

Par ailleurs, il est nécessaire de travailler en équipe la relation au groupe d'enfants. Il y aura certainement des questions sur des réactions inattendues, des moments de crises non anticipés... L'équipe doit pouvoir répondre d'une seule voix et être cohérente dans les explications apportées aux enfants.

● *Propos recueillis par* ***Mélanie Bourbonnois,***
Chargée de développement aux Francas de Midi-Pyrénées – mbourbonnois@francasmp.com

AGIR POUR DEMAIN

S'enrichir des pratiques européennes

Je m'appelle Anne Della Mea. Je travaille depuis 1998 en tant qu'éducatrice franco-allemande au sein de l'AWO Kinderhaus du Bonheur à Homburg, en Sarre. C'est une maison d'enfants qui accueille les enfants âgés de trois mois à quatorze ans. J'ai participé à la Biennale du handicap qui s'est déroulé en 2015 à Pont-à-Mousson en Meurthe-et-Moselle, avec les Francas.

Le Kinderhaus du Bonheur accueille chaque enfant tel qu'il est. Ce n'est pas une structure dite « inclusive » au sens où nous l'entendons en Allemagne et qui nécessite d'accueillir un pourcentage d'enfants en situation de handicap. Cependant nous avons, de par la loi, l'obligation d'accueillir tout le monde et nous mettons tout en œuvre pour. Des enfants trisomiques, autistes ou présentant des troubles du comportement fréquentent notre établissement, qui relève à la fois de la crèche, du jardin d'enfants et du centre de loisirs périscolaire et de vacances.

Bien sûr, la question de l'accueil touche aux questions d'accès (toilettes adaptées, rampe d'accès), mais cela nécessite surtout de prendre en compte l'enfant et tout son environnement familial, éducatif et thérapeutique. Nous dialoguons beaucoup avec les parents qui nous informent des évolutions de leur enfant, mais aussi avec les médecins et thérapeutes qui les suivent.

Des rendez-vous thérapeutiques peuvent se faire au sein de la structure. Il arrive fréquemment que l'ergothérapeute, le psychologue, le Frühförderung* ou l'enseignant spécialisé qui suit un enfant, vienne participer aux activités. Il est alors totalement intégré au groupe et aux activités avec l'enfant qu'il suit et peut même faire une activité avec eux.

© Anne Della Mea

Le dialogue entre les personnes qui agissent autour de l'enfant et leurs interventions sont très décloisonnés, car notre priorité à tous, c'est l'enfant. Ces personnes sont extérieures à la structure mais elles appartiennent à notre projet.

Retour sur la Biennale

La Biennale du handicap m'a permis de me rendre compte que nous avions des pratiques différentes en Europe. L'approche belge m'a beaucoup intéressé.

Cette journée a aussi renforcé ma conviction que nous avons tous à apprendre de l'autre et que je dois poursuivre mon investissement au sein de ma structure pour permettre l'accueil de tous les enfants.

Pour finir, elle a montré qu'un changement profond de nos systèmes est nécessaire pour laisser à nos enfants la possibilité de connaître et de vivre la différence.

** Les Frühförderung interviennent pour les difficultés d'apprentissage précoce de motricité ou de langage pour les enfants de moins de six ans.*

● *Anne Della Mea*
Éducatrice franco-allemande
daniel.della-mea@orange.fr

Camaraderie *n° 298*
« Le handicap : accueillir la différence »

Concrétiser le droit aux loisirs des enfants et adolescents en situation de handicap et faire valoir les apports spécifiques de cet accueil sur leur développement animent les Francas de longue date. Ils l'ont d'ailleurs rappelé dans leur projet « Avec les enfants et les jeunes, ensemble pour l'éducation ! ». Mais vouloir accueillir ces enfants et adolescents à besoins spécifiques dans les centres de loisirs éducatifs ne s'improvise pas. C'est une démarche qui se construit, en sensibilisant et en formant à la question. C'est un projet à faire vivre et à partager entre l'équipe éducative, les familles, les enfants eux-mêmes bien sûr, et au-delà l'école et les institutions spécialisées.

Ce numéro de *Camaraderie* invite à réfléchir, à s'essayer ou se conforter sur le sujet. Accepter l'Autre dans sa (ses) différences est le préalable incontournable à l'apprentissage du vivre ensemble, qui nécessite d'être valorisé pour ce qu'il permet : construire le progrès humain.

Ce numéro est disponible en téléchargement sur le site www.francas.asso.fr rubrique Publications / Périodiques / Camaraderie ou dans l'association départementale de votre territoire (www.francas.asso.fr rubrique Près de chez vous).

les francas

agrandir! *un autre regard sur les centres de loisirs* – la lettre des directeurs de centres de loisirs Francas – N° 18 – Avril/Juin 2016 – Trimestriel – N° ISSN 1778-9885 – Directeur de la publication : Didier Jacquemain (djacquemain@francas.asso.fr) – Responsable de la publication : Yann Renault (yrenault@francas.asso.fr) – Animatrice de la rédaction : Nadia Astruc (nastruc@francas.asso.fr) – Ont contribué à ce numéro : Jérôme Abellaneda, Nadia Astruc, Mélanie Bourbonnois, Anna Della Mea, Geneviève Yvon – Conception/réalisation : Chromatiques éditions – 47/49, av. du Docteur Arnold Netter – 75012 Paris – Tél. : 01 43 45 45 10 – Impression : Paton Imprimeur – 71, av. du Maréchal Leclerc – 10120 Saint-André-les-Vergers – Les Francas : 10-14, rue Tolain – 75980 Paris Cedex 20 – Tél. : 01 44 64 21 53 – Fax : 01 44 64 21 11 – www.francas.asso.fr Les Francas @FrancasFede – Ce supplément accompagne la lettre grandir! *loisirs éducatifs & territoires*. Imprimé sur papier PEFC

Document 6

Défenseurdesdroits
RÉPUBLIQUE FRANÇAISE

Novembre 2018

MISSION NATIONALE ACCUEILS DE LOISIRS & HANDICAP

LE CADRE JURIDIQUE DE L'ACCUEIL DE LOISIRS DES ENFANTS EN SITUATION DE HANDICAP

> Le droit fondamental de tout enfant, y compris les enfants en situation de handicap, aux loisirs s'inscrit dans le respect des engagements internationaux relatifs aux droits de l'Homme pris par la France, notamment la Convention relative aux droits de l'enfant (CIDE)[1] et la Convention relative aux droits des personnes handicapées (CIDPH)[2]. Ce droit est également consacré, à l'échelon national, par le préambule de la Constitution. Refuser l'accès d'un enfant aux activités de loisirs en raison de son handicap peut être constitutif d'une discrimination.

1) Le droit fondamental de tout enfant aux loisirs

Aux termes de l'article 31 de la CIDE : « *1. Les États Parties reconnaissent à l'enfant le droit au repos et aux loisirs, de se livrer au jeu et à des activités récréatives propres à son âge, et de participer librement à la vie culturelle et artistique ; 2. Les États parties respectent et favorisent le droit à l'enfant de participer pleinement à la vie culturelle et artistique, et encouragent l'organisation à son intention de moyens appropriés de loisirs et d'activités récréatives, artistiques et culturelles, dans des conditions d'égalité* ».

Dans son observation générale n° 9 relative aux droits des enfants handicapés[3], le Comité des droits de l'enfant (CRC) des Nations Unies précise la portée de l'article 31 de la CIDE. Selon le CRC, « *Cet article doit être interprété comme faisant référence à l'âge et aux capacités de l'enfant sur les plans mental, psychologique et physique. Le jeu est reconnu comme le meilleur moyen d'acquérir diverses aptitudes, y compris celle de vivre en société. Les enfants handicapés s'intègrent parfaitement dans la société lorsqu'on leur offre la possibilité et le temps de jouer en compagnie d'autres enfants (handicapés ou non) ainsi que des lieux ad hoc. Des activités récréatives et ludiques devraient être*

---

[1] Adoptée le 20 novembre 1989 par l'Assemblée générale de l'Organisation des Nations-Unies et ratifiée par la France le 7 août 1990.

[2] Adoptée le 13 décembre 2006 par l'Assemblée générale de l'Organisation des Nations-Unies, ratifiée par la France le 18 février 2010 et entrée en vigueur en droit interne le 20 mars 2010.

[3] Adoptée par Comité des droits de l'enfant (CRC) en 2006

enseignées aux enfants handicapés d'âge scolaire. Il faut offrir aux enfants handicapés des chances égales de participer à diverses activités culturelles et artistiques mais aussi sportives. Ces activités doivent être considérées à la fois comme un moyen de s'exprimer et un moyen d'atteindre une qualité de vie satisfaisante ».

En application de l'article 3 de la CIDE et de l'article 7 de la CIDPH « *dans toutes les décisions qui concernent les enfants, qu'elles soient le fait des institutions publiques ou privées [...] l'intérêt supérieur de l'enfant doit être une considération primordiale* ».

Par ailleurs, le préambule de la Constitution française, par référence à l'article 11 du préambule de la Constitution du 27 octobre 1946, énonce : « Elle [la Nation] garantit à tous, notamment à l'enfant, [...] le repos et les loisirs ».

2) Le principe d'égal accès des enfants handicapés aux activités de loisirs

En application des normes internationales

L'égalité et la non-discrimination constituent, en tant que principe général (article 3) et droit (article 5), la pierre angulaire de la protection garantie par la CIDPH.

Conformément à l'article 7 de la CIDPH, les États Parties sont tenus de prendre « *toutes mesures nécessaires pour garantir aux enfants handicapés la pleine jouissance de tous les droits de l'homme et de toutes les libertés fondamentales, sur la base de l'égalité avec les autres enfants* ».

Ainsi, en application de l'article 30.5 d) de la Convention, il incombe aux États : « *Afin de permettre aux personnes handicapées de participer, sur la base de l'égalité avec les autres, aux activités récréatives, de loisirs et sportives (...)* ***de prendre des mesures appropriées pour : (...) Faire en sorte que les enfants handicapés puissent participer, sur la base de l'égalité avec les autres enfants, aux activités ludiques, récréatives, de loisirs et sportives, y compris dans le système scolaire... (...)*** ».

Par discrimination fondée sur le handicap, l'article 2 de la CIDPH précise qu'il faut entendre : « *toute distinction, exclusion ou restriction fondée sur le handicap qui a pour objet ou pour effet de compromettre ou réduire à néant la reconnaissance, la jouissance ou l'exercice, sur la base de l'égalité avec les autres, de tous les droits de l'homme et de toutes les libertés fondamentales dans les domaines politique, économique, social, culturel, civil ou autres. La discrimination fondée sur le handicap comprend toutes les formes de discrimination,* ***y compris le refus d'aménagement raisonnable*** ».

L'aménagement raisonnable est défini comme étant « *les modifications et ajustements nécessaires et appropriés n'imposant pas de charge disproportionnée ou indue apportés, en fonction des besoins dans une situation donnée, pour assurer aux personnes handicapées la jouissance ou l'exercice, sur la base de l'égalité avec les autres, de tous les droits de l'homme et de toutes les libertés fondamentales* ».

Ainsi que le précise le Comité des droits des personnes handicapées des Nations-Unies (CRPD) dans son observation générale n° 6 sur l'égalité et la non-discrimination[4], l'obligation d'aménagement raisonnable est, au même titre que la non-discrimination dont elle fait partie intégrante, d'application immédiate. Elle impose « *l'obligation légale positive d'apporter un aménagement raisonnable qui*

---

[4] Adoptée par le CRPD en 2018

consiste en une modification ou un ajustement nécessaire et approprié lorsque cela est requis dans une situation donnée pour que la personne handicapée puisse jouir de ses droits ou les exercer ». La notion de « caractère raisonnable » d'un aménagement renvoie à sa pertinence, à son adéquation et à son efficacité pour la personne handicapée. Déterminer si un aménagement raisonnable représente une « *charge disproportionnée ou indue* » suppose d'évaluer le rapport de proportionnalité entre les moyens employés et l'objectif visé, à savoir, la jouissance du droit en question.

Le CRPD rappelle également que les obligations d'aménagement raisonnable diffèrent de celles relatives à l'accessibilité et des mesures d'action positive prises en faveur des personnes handicapées. Ainsi, l'aménagement raisonnable peut être utilisé comme un moyen d'assurer, dans une situation concrète, l'accès d'une personne handicapée dans l'attente de la mise en accessibilité de l'environnement ou encore comme un moyen de lui garantir la jouissance effective d'un droit en l'absence de mesures d'action positive susceptibles d'apporter des réponses adaptées à ses besoins spécifiques.

Ainsi, le concept d'aménagement raisonnable ne constitue pas une exception au principe d'égalité mais vise au contraire à en garantir l'effectivité. En 2016, dans une affaire relative à un refus d'accès à un conservatoire national de musique opposé à une jeune musicienne non-voyante en raison de l'inadaptation de l'enseignement à son handicap, la Cour européenne des droits de l'homme (CEDH) considère que l'article 14 de la CEDH [interdiction de toute discrimination] doit être lu à la lumière des exigences de la CIDPH relatives aux aménagements que les personnes en situation de handicap sont en droit d'attendre, aux fins de se voir assurer *« la jouissance ou l'exercice, sur la base de l'égalité avec les autres, de tous les droits de l'homme et de toutes les libertés fondamentales. De tels aménagements raisonnables permettent de corriger les inégalités factuelles qui, ne pouvant être justifiées, constituent une discrimination »* - CEDH, 23 février 2016, CAM c. Turquie, n°51500/08.

En application de la législation nationale

Selon l'article L.114-1 du code de l'action sociale et des familles *« **Toute personne handicapée a droit à la solidarité de l'ensemble de la collectivité nationale, qui lui garantit, en vertu de cette obligation, l'accès aux droits fondamentaux reconnus à tous les citoyens** ainsi que le plein exercice de sa citoyenneté. L'État est garant de l'égalité de traitement des personnes handicapées sur l'ensemble du territoire et définit des objectifs pluriannuels d'actions »* et selon l'article L.114-2 du même code, *« Les familles, l'État, les collectivités locales, les établissements publics, les organismes de sécurité sociale, les associations, les groupements, organismes et entreprises publics et privés associent leurs interventions pour mettre en œuvre l'obligation prévue à l'article L. 114-1, en vue notamment d'assurer aux personnes handicapées toute l'autonomie dont elles sont capables »*.

À titre liminaire, il convient de rappeler que si l'accueil collectif de loisirs organisé par une collectivité publique est un service public à caractère facultatif, dès lors que ce service est créé, il se doit de respecter le principe d'égal accès des usagers aux services publics. Bien que le principe de la libre administration des communes donne aux maires la liberté de créer ou pas un service public à caractère facultatif, tel un accueil de loisirs, il ne lui donne pas, en revanche, en application notamment du principe général de non-discrimination, un pouvoir souverain d'appréciation quant au droit d'accès au service.

Le fait de **refuser la fourniture d'un bien ou d'un service à une personne à raison de son handicap est constitutif d'un délit au sens des articles 225-1 et 225-2 du code pénal.**

Le délit de discrimination est constitué lorsque l'élément matériel, à savoir le refus d'accès à un service en raison du handicap, et l'élément intentionnel, à savoir la conscience de se livrer à une pratique discriminatoire, sont réunis.

L'élément intentionnel n'est pas démontré s'il ressort que le refus est en réalité fondé sur un motif légitime sans lien direct avec le handicap. En revanche, l'élément intentionnel peut être établi si le gestionnaire de la structure d'accueil refuse de mettre en place des aménagements raisonnables pour permettre l'accueil de l'enfant.

La question de savoir si le refus de mettre en place des aménagements raisonnables est constitutif d'une discrimination, au sens du code pénal, a été tranchée par la chambre criminelle de la Cour de cassation en 2006. Dans cette affaire, la Cour de cassation a considéré que les motifs de sécurité invoqués par l'exploitant d'un cinéma pour refuser de réaliser des travaux simples afin de permettre l'accès de l'établissement aux personnes handicapées, n'étaient pas démontrés. En conséquence, selon la Cour, il y a lieu de considérer ce refus comme caractérisant, en réalité, l'intention de l'exploitant de refuser l'accès du cinéma aux personnes handicapées - Cass. crim., 20 juin 2006, n°15-85-888.

Il ressort cependant des réclamations traitées par le Défenseur des droits que les refus d'accueil en structure de loisirs opposés aux enfants handicapés sont la plupart du temps considérés comme insuffisamment caractérisés pour conclure à une discrimination d'un point de vue pénal. Pour autant, ces refus d'accueil en structures de loisirs sont, depuis 2016, susceptibles de constituer une discrimination en application de la loi n°2008-496 du 27 mai 2008.

En effet, selon l'article 2.3° de la loi du 27 mai 2008, modifié par la loi n°2016-1547 du 18 novembre 2016 : ***« Toute discrimination directe ou indirecte fondée sur un motif mentionné à l'article 1er [notamment le handicap] est interdite en matière (...) d'accès aux biens et services ou de fourniture de biens et services ».***

Bien que l'obligation d'aménagement raisonnable ne soit pas expressément mentionnée dans la loi du 27 mai 2008, elle découle de l'interdiction générale des discriminations prévue par la loi et est donc, à ce titre, d'application directe.

Par ailleurs, l'article 4 de la loi du 27 mai 2008 prévoit un régime probatoire spécifique qui repose sur le principe de l'aménagement de la charge de la preuve : *« Toute personne qui s'estime victime d'une discrimination directe ou indirecte présente devant la juridiction compétente les faits qui permettent d'en présumer l'existence. Au vu de ces éléments, il appartient à la partie défenderesse de prouver que la mesure en cause est justifiée par des éléments objectifs étrangers à toute discrimination. Le juge forme sa conviction après avoir ordonné, en cas de besoin, toutes les mesures d'instruction qu'il estime utiles. »*.

En vertu de ces dispositions, il pèse sur les responsables d'accueil de loisirs une obligation de non-discrimination fondée sur le handicap et de mise en place, le cas échéant, des aménagements raisonnables afin d'accueillir les enfants en situation de handicap. En cas de refus, il revient aux responsables de démontrer qu'il leur était impossible d'accueillir l'enfant, nonobstant la mise en place d'aménagements raisonnables.

3) Les problématiques récurrentes traitées par le Défenseur des droits

Le handicap et l'état de santé représentent 16,4 % des saisines relatives aux droits de l'enfant adressées au Défenseur des droits (plus de 2 900 par an).[5] Le handicap est également le premier motif de saisine du Défenseur des droits en matière de discrimination (21,8% en 2017).

En matière d'accès aux loisirs, il ressort des saisines adressées au Défenseur des droits que les motifs opposés aux familles pour refuser d'accueillir leur enfant en situation de handicap dans le cadre des activités de loisirs ont principalement fondés sur :

- l'insuffisance de moyens pour financer un accompagnant individuel auprès de l'enfant ;
- les craintes liées à la sécurité de l'enfant en situation de handicap et du groupe ;
- l'absence de personnels qualifiés pour assurer l'encadrement d'enfants en situation de handicap ;
- l'incompatibilité du handicap de l'enfant avec les activités proposées.

Justification fondée sur l'impossibilité de financement d'un accompagnement individuel

Les responsables des accueils de loisirs se heurtent à des difficultés d'appréciation objective des besoins des enfants handicapés et, par conséquent, des mesures appropriées à mettre en place pour y répondre. Cette appréciation se traduit bien souvent par la nécessité de prévoir un accompagnement spécifique dédié à l'enfant handicapé, solution dont la pertinence n'est pas toujours avérée. Cette mesure étant jugée trop onéreuse, elle se traduit alors par un refus d'accueil de l'enfant.

[...]

Justification fondée sur la sécurité de l'enfant en situation de handicap ou du groupe

Les structures de loisirs invoquent souvent un argument relatif à la sécurité de l'enfant handicapé, lié notamment à l'absence de moyens adaptés, pour justifier leur refus d'accueil. Si un tel refus peut être légitime au regard de l'objectif de sécurité poursuivi, ce refus ne peut être fondé que sur une appréciation objective et individualisée de l'aptitude ou non de l'enfant à participer à cette activité en toute sécurité. La seule allégation d'impératifs de sécurité sans que la réalité des risques ne soit précisément démontrée ne peut suffire à justifier ce refus.

[...]

Justification fondée sur l'absence de personnels qualifiés pour accueillir des enfants en situation de handicap

Certains responsables d'accueils de loisirs considèrent que les personnels d'animation ne présentent pas, au vu de leurs diplômes, les qualifications requises pour accompagner des enfants en situation de handicap.

[...]

Justification fondée sur l'incompatibilité du handicap de l'enfant avec les activités proposées

Les accueils de loisirs peuvent également parfois invoquer l'impossibilité pour l'enfant à participer aux activités au vu de son handicap. Toutefois, la démarche guidant les responsables de l'accueil de loisirs doit être la même que pour les questions de sécurité : l'aptitude et les besoins de l'enfant doivent faire l'objet d'une évaluation *in concreto* au vu de l'activité de loisirs envisagée, un refus ne pouvant se fonder sur des difficultés observées dans un contexte différent. Cette évaluation doit conduire à identifier les aménagements susceptibles d'être mis en place en vue d'assurer la participation de l'enfant aux activités.

Document 7

Fonds publics et territoires
Appel à projets 2018

Depuis 2014, les Caf disposent d'un fonds national baptisé « Fonds publics et territoires » afin d'accompagner des projets en faveur de l'enfance et de la jeunesse répondant à des règles définies par la Caisse nationale des allocations familiales. Dans l'attente de la définition de ces règles pour la période 2018-2022, les modalités de gestion de ce fonds arrêtées pour la période 2014-2017 sont reconduites pour l'année 2018.

Cet appel à projets concerne donc uniquement des actions annuelles mises en œuvre en 2018.

Il s'adresse à toute **collectivité, association et à tous gestionnaires de services conventionnés avec la Caf** en contact avec les familles, les enfants et les jeunes, et développant des actions au plus proche de leurs besoins.

Le fonds publics et territoires vise à :
- mieux répondre aux besoins des publics et aux spécificités des territoires,
- valoriser les initiatives locales,
- développer des projets répondant aux critères définis
- favoriser les coordinations entre les partenaires.

Les actions concernent essentiellement des **enfants âgés de 0 à 6 ans** ainsi que des **jeunes de 6 à 17 ans.**

Le financement susceptible d'être accordé dans le cadre du fonds publics et territoires vient dans la majorité des cas **compléter** les financements déjà accordés par la Caf (prestations de service ou fonds locaux).

Ce complément doit respecter les 2 critères cumulatifs suivants :

- ⇨ le montant total des financements accordés par la Caf ne peut excéder 80 % du coût total annuel de fonctionnement (ou de la dépense d'investissement) d'une structure ou d'un service ; **le niveau de 80% est un maximum qui ne sera pas attribué de manière systématique.** Le niveau de cofinancement de la Caf sera apprécié en fonction des partenariats pouvant être mobilisés en complément de son financement et dans la limite des crédits disponibles ;
- ⇨ l'ensemble des recettes (financements accordés par la Caf intégrant le complément « fonds publics et territoires », les participations familiales et les autres subventions), ne peut excéder 100 % du coût annuel de fonctionnement de l'action. Si tel est le cas, le montant du complément « fonds publics et territoires » est réduit d'autant.

Les 5 thématiques éligibles à un financement
Fonds publics et territoires

Thématiques Public concerné	Type d'actions éligibles
1- Handicap Petite enfance et jeunesse 0-17 ans ***Détaillée en page 3***	Projets visant à : - faciliter l'accueil des enfants handicapés en accueil collectif (Eaje et Alsh) et en accueil individuel (assistantes maternelles) - piloter et animer une politique d'accueil inclusive sur un territoire en milieu rural Seules des dépenses de **fonctionnement** peuvent être prises en compte.
2- Accueil spécifique Petite enfance 0-6 ans ***Détaillée en page 4***	Projets permettant : - de répondre aux **besoins d'accueil en horaires atypiques** en structure ou en individuel (+ 12 h/jour ou entre 22 h et 6 h du matin), - d'offrir des solutions **d'accueil d'urgence**, - de réserver des places à des enfants de **familles vulnérables**. Seules des dépenses de **fonctionnement** peuvent être prises en compte.
3- Adolescents Jeunesse 11-17 ans ***Détaillée en page 5***	Projets à destination de jeunes de 11 à 17 ans, élaborés par les jeunes et mis en œuvre avec l'accompagnement de professionnels. Peuvent concerner des dépenses de **fonctionnement et/ou d'investissement**.
4- Problématiques territoriales Petite enfance et jeunesse 0-17 ans ***Détaillée en page 6***	Projets développés par les Eaje et Alsh implantés **dans des communes de moins de 5 000 habitants** ou **sur un quartier politique de la ville**, sur divers axes : rénovation de locaux, informatisation, achat de matériels, coûts de transport, formation du personnel, développement de partenariat, communication... Peuvent concerner des dépenses de **fonctionnement et/ou d'investissement**.
5- Démarche innovante Petite enfance et jeunesse 0-17 ans ***Détaillée en page 7***	Projets permettant de favoriser le décloisonnement des pratiques et des financements : - structure d'accueil adossée à un **projet de formation professionnelle** dans le secteur de la petite enfance ou de la jeunesse et d'accueil de stagiaires, - soutien aux structures d'accueil ayant **recours à des apprentis**, - actions et **classes passerelles**, - actions favorisant la prise en compte des **besoins d'une fratrie ou l'accueil d'enfants âgés de 6 à 12 ans**, - mobilisation d'action contribuant au **respect de l'environnement et/ou au développement durable**. Seules les dépenses de **fonctionnement** peuvent être prises en compte.

1- Renforcer l'accueil des enfants en situation de handicap dans les Alsh, les Eaje et en accueil individuel

Les parents ayant un enfant en situation de handicap doivent pouvoir disposer des mêmes solutions d'accueil périscolaire, extrascolaire, petite enfance que les autres familles, en proximité de leur domicile, en complément ou non de l'école ou de l'établissement médico-social.

L'objectif visé est de faire émerger l'expression des besoins des familles et d'adapter les modalités d'accueil aux besoins spécifiques et aux différentes situations de handicap.

Les critères d'éligibilité

Sont concernés exclusivement les enfants bénéficiaires de l'allocation d'éducation de l'enfant handicapé (Aeeh). Pour le secteur de la petite enfance, le projet d'accueil individualisé peut être pris en compte lorsqu'il est établi en réponse à un handicap dans le cadre d'un protocole d'accueil Caf/Pmi.

1- Le soutien aux structures pour l'accueil des enfants en situation de handicap

- Aller au-devant des familles concernées, favoriser la rencontre avec les parents ayant des enfants en situation de handicap : temps fort, forum, autre action de communication.

- Former-sensibiliser les professionnels au handicap (exemples : analyse de la pratique en Ram ou Eaje, intervention ponctuelle d'un psychomotricien). Les formations prises en charge dans le cadre du dispositif de formation continue sont exclues du financement.

- Adapter et créer des moyens dédiés spécifiques à l'accueil des enfants en situation de handicap (accueil des familles, achat de petits matériels, aménagement des locaux, outils d'animations spécifiques, etc.)

Les actions visant un renforcement du personnel encadrant en situation d'accueil ne seront pas retenues, la Caf apportant déjà un soutien financier sur fonds locaux complémentaires à la prestation de service Eaje et Alsh.

Une attention particulière sera notamment accordée :

- aux **projets visant les adolescents et les jeunes en situation de handicap** pour permettre leur intégration dans les accueils ados, accueils jeunes ou les séjours.
- **aux animations proposées à un groupe d'enfants mixte** (enfants valides et en situation de handicap)

2- Le soutien au pilotage et à l'animation d'une politique d'accueil inclusive sur un territoire rural

A titre expérimental, la Caf pourra accompagner dans un partenariat renforcé [1] une ou plusieurs collectivités locales en milieu rural, s'engageant dans une démarche volontariste d'accueil de tous les enfants, quelle que soit leur pathologie et leurs besoins. Cette démarche pourrait par exemple intégrer les étapes suivantes :

- réfléchir à l'accueil en amont de la demande en réalisant **un diagnostic de l'accueil** sur le territoire, en identifiant les freins et les leviers, les pratiques à mettre en place pour assurer une qualité d'accueil des enfants et des familles concernés,

- mettre en œuvre une **stratégie de communication** pour faire connaître les **possibilités d'accueil** auprès des parents concernés et des professionnels du milieu social et médical,

- mettre **en synergie les acteurs éducatifs du territoire** issus du milieu ordinaire et du milieu spécialisé et coordonner les réponses sur tous les temps éducatifs de l'enfant (écoles, accueils petite enfance, accueils de loisirs, institutions et services médico-sociaux).

3

[1] La Caf pourra apporter un accompagnement financier pour la mise en œuvre de cette politique d'accueil, communiquer auprès des allocataires concernés, mobiliser ses partenaires ressources. Selon le nombre de projets reçus, la Caf pourra retenir un ou des territoires prioritaires pour mettre en œuvre cette politique d'accueil inclusive en milieu rural.

Document 8

Siam – Service pour l'intégration en accueil collectif de mineurs

Les aides financières spécifiques "handicap"

Une action spécifique de l'ANCV – L'Aide au Projet Vacances (APV)

Les Aides aux Projets Vacances participent au financement des séjours de vacances (d'au moins 4 nuitées) notamment pour les enfants en en situation de handicap. Il est possible de mobiliser cette aide via différents organismes à vocation sociale et caritative ayant passé une convention avec l'ANCV. Les critères d'attribution (quotient familial, revenu fiscal de référence) et les montants attribués aux bénéficiaires (équivalent à un pourcentage du prix global du séjour) peuvent varier en fonction de l'organisme conventionné avec l'ANCV.

Plus d'informations sur l'aide de l'ANCV

CCAS

Les mairies et leur Centre Communal d'Action Sociale peuvent accompagner financièrement une famille dans le cas de projets d'accueil de loisirs ou de séjours de vacances pour leur enfant en situation de handicap. Contactez le CCAS dont vous dépendez pour connaître leurs aides au départ en vacances.

Conseils Départementaux

Les Conseils Départementaux aident selon la situation de la famille. Cette collectivité territoriale intervient en complément des autres aides au départ en vacances sous la forme d'une allocation, pour aider les familles en très grande difficulté. Contactez les assistantes sociales de votre secteur, intervenant au sein d'entités localisées du Conseil Départemental.

Comité d'entreprise

Leur action se présente sous diverses formes : bons et chèques vacances, politiques tarifaires (sur la base du quotient familial, du revenu imposable, ou d'autres indicateurs), actions particulières avec des associations. Des prestations d'action sociale peuvent être versées, sous conditions de ressources et de composition du foyer fiscal, directement par l'employeur.

Mutuelles

Certaines mutuelles disposent, pour leurs adhérents, d'une ligne budgétaire sociale, destinée à honorer les demandes d'aides exceptionnelles de leurs adhérents. N'hésitez pas à interpeller le service adhérent de votre mutuelle.

Comment aborder le sujet ?

Analysez le contexte et la commande

Les règles de présentation peuvent être facilement honorées.

L'objet de la note est formulé de manière explicite dans le dernier paragraphe de la commande : la note doit porter sur l'**inclusion des enfants en situation de handicap dans le cadre des accueils collectifs de mineurs** (ACM).

Il convient d'être attentif à ne pas se tromper de sujet : si la mise en situation précise que le maire est « sensible à la nécessité d'accueillir ces enfants au sein de tous les dispositifs municipaux » et « souhaite compléter ses connaissances sur le sujet », la note n'a pas pour objet l'accueil des enfants handicapés au sein de tous les dispositifs municipaux.

Un traitement pertinent du sujet requiert la connaissance du concept d'accueil collectif de mineurs (ACM), évidemment requise d'un professionnel de l'animation : l'ACM est un dispositif de loisirs éducatifs d'utilité publique, reconnu et contrôlé par l'État, accueillant des **mineurs** durant le temps de leurs vacances et de leurs loisirs en général. Il comprend les séjours de vacances durant les vacances scolaires et les accueils de loisirs extrascolaires ou accueils périscolaires en semaine.

Commune d'Animville — Le *(date de l'épreuve)*

RAPPORT
à l'attention de Monsieur le Maire

Objet : L'inclusion des enfants en situation de handicap dans le cadre des accueils collectifs de mineurs (ACM)

Références :

Convention internationale relative aux droits de l'enfant (CIDE) adoptée le 20 novembre 1989 par l'Assemblée générale de l'ONU

Convention internationale relative aux droits des personnes handicapées (CIDPH) adoptée le 13 décembre 2006 par l'Assemblée générale de l'ONU

Code de la santé publique

Code de l'action sociale et des familles

Loi du 11 février 2005 pour l'égalité des droits et des chances, la participation et la citoyenneté des personnes handicapées

Exploiter le sommaire

Les sources des documents

Les sources des documents permettent de discerner des axes structurants de la note.

On trouve dans le dossier :

- des documents d'ordre **juridique** (*document 2* : Documents et textes officiels ; *document 6* : Défenseur des droits). On peut s'attendre à trouver dans ces documents des précisions sur le cadre juridique de l'inclusion des enfants en situation de handicap dans les accueils collectifs de mineurs ;

- des documents issus de **revues professionnelles** du secteur de l'animation et du social (*document 1* : UNIOPSS [Union nationale interfédérale des œuvres et organismes privés sanitaires et sociaux] ; *document 5* : La lettre des directeurs de centres de loisirs France ; *document 8* : SIAM [service pour l'intégration en accueil collectif de mineurs]). On pourra sans doute y trouver des recommandations pratiques ;

- un document produit par un organisme **financeur** (*document 7* : CAF) ;

- des documents issus de *La Gazette des communes (documents 3 et 4)*, dont on peut attendre une approche assez large rendant compte d'**expériences locales**.

■ **La lecture des titres** fournit également des indications utiles qui complètent celles que donnent les sources :

- « le **cadre juridiqu**e de l'accueil de loisirs des enfants en situation de handicap » *(document 6)* ;

- les **financements** possibles : « Fonds publics et territoires - Appel à projets 2018 » *(document 7)* ; « Les aides financières spécifiques "handicap" » *(document 8)* ;

- des **évolutions indispensables** : « Handicap : un rapport sur les 0-6 ans préconise une inclusion au plus tôt dans les modes d'accueil » *(document 3)* ;

- des **conditions de réussite** : « Comment rendre les activités périscolaires pleinement accessibles aux enfants en situation de handicap ? » *(document 4)* ; « Un autre regard sur les centres de loisirs » *(document 5*).

Préconcevoir un plan

On peut donc, afin de gagner du temps, exploiter le dossier au moyen des quatre axes discernés à partir des sources et des titres, alimentant chacun une fiche que l'on pourra recalibrer si les informations recueillies le requièrent, notamment parce qu'elles différeraient de ce qu'on pensait y trouver.

Exploiter le dossier

Pensons à ouvrir systématiquement une fiche « Introduction », qui s'attachera à inscrire la note demandée dans le contexte local décrit dans la commande.

Les références aux documents sources des informations sont ici données dans un but pédagogique. Dans la réalité de la prise de notes au brouillon le jour de l'épreuve, conserver trace de la source s'avère utile pour retrouver facilement une information que l'on voudra vérifier ou compléter, mais cette source sera toujours effacée dans la rédaction définitive.

FICHE 1

Introduction
Des familles saisissent régulièrement la mairie des difficultés qu'elles rencontrent dans l'inscription de leurs enfants en situation de handicap dans les accueils de loisirs ou les séjours d'été (*sujet*). Le handicap et l'état de santé représentent en effet près de 17 % des motifs de saisine relatifs aux droits de l'enfant adressés annuellement au Défenseur des droits. Le handicap constitue le premier motif de saisine de ce Défenseur en matière de discrimination *(document 6)*. Les motifs opposés aux familles pour refuser leur enfant sont, selon le Défenseur des droits, l'insuffisance de moyens pour financer un accompagnant individuel de l'enfant, les craintes liées à la sécurité de l'enfant et du groupe, l'absence de personnel qualifié, l'incompatibilité du handicap de l'enfant avec les activités *(document 6)*. Des textes fondamentaux interdisent pourtant toute discrimination liée au handicap *(documents 2, 6)*.

FICHE 2

Le cadre juridique

La charte des droits fondamentaux de l'Union européenne interdit toute discrimination fondée notamment sur un handicap. La loi du 11 février 2005 « garantit à l'enfant en situation de handicap l'accès aux droits fondamentaux ». De plus, le code de la santé publique dispose que « les établissements d'accueil veillent à la santé, à la sécurité et au bien-être des enfants qui leur sont confiés, ainsi qu'à leur développement. Ils concourent à l'intégration sociale de ceux de ces enfants ayant un handicap ou atteints d'une maladie chronique ». Toutefois, si les textes réglementaires spécifiques aux établissements accueillant de jeunes enfants précisent qu'ils ont notamment pour mission d'intégrer socialement les enfants en situation de handicap, il n'existe pas d'obligation juridique de les accueillir *(document 1)*.

Lorsqu'un centre de vacances ou un centre de loisirs sans hébergement accueille des mineurs atteints de troubles de la santé ou handicapés, précisent le décret n° 2002-885 du 3 mai 2002 relatif au projet éducatif et la circulaire n° 2003-135 du 9 septembre 2003, le projet éducatif doit préciser les mesures envisagées pour faciliter l'intégration des enfants concernés *(document 2)*.

Saisi du refus d'un maire d'accueillir un enfant en centre de loisirs en raison de son état de santé en l'absence d'un encadrant supplémentaire, le Défenseur des droits, en 2011, après avoir rappelé que le Code pénal interdit de subordonner l'accès à un service à une condition fondée sur l'état de santé, recommande au ministre de l'Éducation nationale de « renouveler sa réflexion sur l'accueil des enfants handicapés ou atteints de troubles de santé [...] et de renforcer les règles existantes en posant un principe général d'intégration de l'enfant handicapé ou atteint de troubles de santé dans les centres de vacances et de loisirs ordinaires ». Par une décision du 3 décembre 2011, le Défenseur des droits, constatant les difficultés d'accueil des enfants handicapés, recommande au gouvernement « d'adapter les dispositions législatives et réglementaires existantes » *(document 2)*.

La Convention internationale relative aux droits de l'enfant reconnaît le droit fondamental de tout enfant aux loisirs et le Comité des droits de l'enfant des Nations unies précise que « les enfants s'intègrent parfaitement dans la société lorsqu'on leur offre la possibilité et le temps de jouer en compagnie d'autres enfants ainsi que des lieux *ad hoc* ». La Convention internationale des droits des personnes handicapées pose le principe de l'égal accès des enfants handicapés aux activités de loisirs et affirme qu'il incombe aux États de « prendre des mesures appropriées pour [...] faire en sorte que les enfants handicapés puissent participer, sur la base de l'égalité avec les autres enfants, aux activités ludiques, récréatives, de loisirs et sportives, y compris dans le système scolaire ». Elle précise que « la discrimination fondée sur le handicap comprend toutes les formes de discrimination, y compris le refus d'aménagement raisonnable ». Le Code de l'action sociale et des familles dispose que « toute personne handicapée a droit à la solidarité de l'ensemble de la collectivité nationale, qui lui garantit, en vertu de cette obligation, l'accès aux droits fondamentaux reconnus à tous les citoyens ». Selon le Code pénal, refuser la fourniture d'un bien ou d'un service à une personne en raison de son handicap constitue un délit, le délit de discrimination. Les responsables d'accueil de loisirs doivent ainsi mettre en place, le cas échéant, les aménagements raisonnables pour accueillir les enfants en situation de handicap *(document 6)*.

FICHE 3

Les évolutions indispensables

De nombreux freins à l'accueil des enfants en situation de handicap ont été recensés : l'information aux familles et l'accompagnement à la parentalité sont insuffisants et les professionnels méconnaissent les problématiques du handicap. Il existe peu d'offres adaptées pour les 4 à 6 ans, de nombreux établissements d'accueil de jeunes enfants privilégiant l'accueil des moins de 3 ans. On observe également un manque de moyens financiers spécifiques ainsi qu'un déficit de matériels et d'aménagements adaptés. S'y ajoutent des délais de traitement des dossiers excessifs, un manque de sensibilisation et d'information des

acteurs, notamment les élus locaux, et un manque de coordination des acteurs *(document 1)*.
Dans le cadre d'une saisine, par les ministres concernés, du Haut Conseil de la famille, de l'enfance et de l'âge sur l'accueil de l'enfant en situation de handicap de 0 à 6 ans dans les modes d'accueil des jeunes enfants, à l'école pré-élémentaire, et dans toutes les structures périscolaires et extrascolaires, l'Union nationale interfédérale des œuvres et organismes privés sanitaires et sociaux propose en 2018 de nombreuses pistes d'amélioration : le handicap devrait devenir un critère d'attribution prioritaire de places et des modes d'accueil séquentiels entre école et accueil collectif sont à développer. L'accompagnement de la parentalité et l'information des familles sont également essentiels, de même que des formations transversales de tous les acteurs de la prise en charge des enfants en situation de handicap et des groupes de travail en réseau. La mutualisation du matériel éducatif adapté, des systèmes d'accompagnement souples des personnels seraient à développer. Le référencement des professionnels de santé spécialistes, comme la clarification de la législation sur l'aide à la prise de médicaments s'imposent également, de même qu'une bonification automatique de la prestation de service unique versée par la CAF en cas d'accueil d'enfants en situation de handicap. Plus largement, une coordination entre départements, intercommunalités et communes pourrait permettre d'éviter une disparité de l'offre sur les territoires. Un observatoire national pourrait enfin utilement repérer, valoriser et diffuser les bonnes pratiques *(document 1)*.
Ces pistes sont largement reprises dans le rapport de 2018 du Haut Conseil de la famille sur les enfants de 0-6 ans en situation de handicap, qui propose notamment « d'ouvrir davantage les modes d'accueil individuels et collectifs aux enfants en situation de handicap avant 3 ans », de faciliter la vie des familles dans leurs rapports avec les services permettant un diagnostic précoce, de développer l'appui aux professionnels et le travail en réseau, d'aider les parents et de soutenir leur parentalité *(document 3)*.

FICHE 4

Les financements possibles

Depuis 2010, la prestation de service unique (PSU) de la Caisse nationale d'allocations familiales (CNAF) a été étendue aux établissements d'accueil de jeunes enfants accueillant des enfants de moins de 6 ans en situation de handicap *(document 1)*.
Dans le cadre de la réforme des rythmes éducatifs de 2015, qui s'est accompagnée d'un accroissement du nombre de jeunes en accueil de loisirs périscolaires, la Caisse nationale d'allocations familiales (CNAF) a crédité un fonds « publics et territoires » permettant d'accompagner financièrement les communes qui souhaitent employer des accompagnants des élèves en situation de handicap *(document 4)*.
Ainsi, depuis 2014, les caisses d'allocations familiales (CAF) disposent de ce fonds pour accompagner des projets en faveur de l'enfance et de la jeunesse. Reconduites pour 2018, les modalités 2014-2017 de gestion de ce fonds restent à préciser pour 2018-2022. Ce financement est ouvert à toute collectivité, association et à tous les gestionnaires de services conventionnés avec la CAF développant des actions en faveur des familles, des enfants âgés de 0 à 6 ans et des jeunes de 6 à 17 ans. Le financement complète généralement les financements déjà accordés par la CAF.
L'une des cinq thématiques concernées est le handicap de la petite enfance et de la jeunesse (0-17 ans) : sont notamment éligibles les projets visant à faciliter l'accueil des enfants handicapés en accueil collectif, les dépenses de fonctionnement pouvant seules être prises en compte.
Dans ce cadre, la CAF peut financer par exemple des actions de communication et des temps forts à destination des familles d'enfants en situation de handicap, des actions de sensibilisation et de formation des professionnels du handicap, des achats de petit matériel et des aménagements de locaux dédiés à l'accueil des enfants handicapés *(document 7)*.
Les familles d'enfants handicapés peuvent bénéficier d'une aide au projet vacances de l'Agence nationale des chèques vacances (ANCV) qui participe au financement de séjours de vacances, d'aides au départ en vacances du centre communal d'action sociale (CCAS), d'aides des conseils départementaux, des comités d'entreprise et des mutuelles *(document 8)*.

FICHE 5

Les conditions de réussite de l'accueil
Pour bien accueillir un enfant en situation de handicap, il faut avant tout l'accueillir comme une personne en construction, savoir accueillir sa famille et mobiliser toute une équipe. S'agissant de l'accueil en centre de loisirs périscolaire, il est essentiel que les différents acteurs éducatifs, enseignants et animateurs, travaillent ensemble et organisent une complémentarité entre le projet pédagogique du centre et le projet d'école. L'accueil doit être spécifique et adapté à chaque enfant. À cette fin, le responsable du centre de loisirs rencontre d'abord les familles puis les professionnels accompagnant l'enfant afin d'établir un protocole d'accueil individualisé pouvant prévoir l'aménagement des espaces. Le rythme de fréquentation peut croître en fonction de l'inclusion de l'enfant dans le groupe. L'information sur l'accueil d'un enfant handicapé de l'ensemble de l'équipe d'animation et de tous les enfants est essentielle : il faut en effet préparer en amont tous les adultes avant de préparer le groupe d'enfants à accueillir l'enfant différent. Les animateurs doivent connaître individuellement les enfants dans leurs particularités, leurs difficultés et aptitudes à la vie collective, ce qui nécessite une préparation méthodique des animateurs, à partir d'un travail sur le projet pédagogique, puis sur le rôle de l'animateur dans ce projet ; s'imposent également une réunion spécifique des animateurs amenés à encadrer des enfants handicapés, une retransmission des informations communiquées par les parents et partenaires, un accompagnement et un suivi pendant l'accueil des enfants. La rencontre avec les parents, l'information de l'équipe, le travail en équipe de la relation au groupe d'enfants sont des préalables indispensables à la réussite. En Allemagne, des rendez-vous thérapeutiques interviennent au sein même de la structure d'accueil, les professionnels de santé ou l'enseignant spécialisé qui suit l'enfant pouvant participer avec l'enfant aux activités *(document 5)*.

On dispose ainsi de fiches permettant de construire des sous-parties relativement équilibrées, même si la fiche 5 est un peu moins développée que les autres. Si l'une des fiches s'était avérée trop indigente pour alimenter une sous-partie, il aurait fallu organiser différemment les informations pour éviter une sous-partie quasiment inexistante qui aurait pesé lourdement sur la note attribuée à la copie.

Au terme de cette exploitation, on peut concevoir un plan pour organiser ces fiches en une note convaincante répondant à la commande, comme :

(I) Si le droit interdit toute discrimination liée au handicap **(A)**, de nombreuses évolutions s'imposent pour développer l'accueil des enfants en situation de handicap **(B)**.

(II) Des aides financières peuvent inciter à ce développement **(A)**, mais elles demeureront de peu d'effet si l'accueil n'est pas intelligemment pensé au sein des structures **(B)**.

Rédiger la copie

Dans un but pédagogique, les « fiches » ci-dessus ont été davantage rédigées qu'elles ne peuvent l'être réellement le jour de l'épreuve, compte tenu de sa durée limitée.

Dans la réalité de la rédaction de fiches au brouillon, la prise de notes sera inévitablement moins aboutie. On devra toutefois veiller à ce que ces notes soient suffisamment claires pour être facilement exploitées. Avant de procéder à la rédaction définitive de la copie à partir de ces notes, on pourra utilement les relire rapidement pour modifier si nécessaire l'ordre des différentes informations qui y figurent afin de rendre leur organisation plus logique (on peut utiliser à cette fin un fléchage ou une numérotation).

Il est utile, lors de la prise de note, de garder trace de la source *(document 1 et document 2)* afin de pouvoir facilement, au moment de la rédaction définitive, retrouver la source d'une information qui s'avérerait insuffisamment claire. Cette mention des documents-sources ne doit pas apparaître dans la copie.

Dans le corrigé ci-dessous, nous avons complété la fiche introduction, où manquaient problématique et annonce de plan, opéré des réagencements des fiches initiales, afin que les sous-parties soient plus logiquement organisées, introduit des mots de liaison manquants pour assurer la fluidité de la lecture, supprimé comme il se doit la trace des documents-sources.

Commune d'Animville — Le *(date de l'épreuve)*

NOTE
à l'attention de Monsieur le Maire

Objet : L'inclusion des enfants en situation de handicap dans le cadre des accueils collectifs de mineurs (ACM)

Références :

Convention internationale relative aux droits de l'enfant (CIDE) adoptée le 20 novembre 1989 par l'Assemblée générale de l'ONU

Convention internationale relative aux droits des personnes handicapées (CIDPH) adoptée le 13 décembre 2006 par l'Assemblée générale de l'ONU

Code de la santé publique

Code de l'action sociale et des familles

Loi du 11 février 2005 pour l'égalité des droits et des chances, la participation et la citoyenneté des personnes handicapées

Des familles saisissent régulièrement la mairie des difficultés qu'elles rencontrent dans l'inscription de leurs enfants en situation de handicap dans les accueils de loisirs ou les séjours d'été. Le handicap et l'état de santé représentent en effet près de 17 % des motifs de saisine relatifs aux droits de l'enfant adressés annuellement au Défenseur des droits. Le handicap constitue le premier motif de saisine de ce Défenseur en matière de discrimination.

Les motifs opposés aux familles pour refuser leur enfant sont, selon le Défenseur des droits, l'insuffisance de moyens pour financer un accompagnement individuel de l'enfant, les craintes liées à la sécurité de l'enfant et du groupe, l'absence de personnel qualifié, l'incompatibilité du handicap de l'enfant avec les activités. Des textes fondamentaux interdisent pourtant toute discrimination liée au handicap.

Dans ce contexte, qu'en est-il de l'inclusion des enfants en situation de handicap dans le cadre des accueils collectifs de mineurs (ACM) ? Les grands principes resteraient-ils lettre morte ? Est-il possible de garantir cette inclusion ?

(I) Si le droit interdit toute discrimination liée au handicap **(A)**, de nombreuses évolutions s'imposent pour développer l'accueil des enfants en situation de handicap **(B)**.

(II) Des aides financières peuvent inciter à ce développement **(A)**, mais elles demeureront de peu d'effet si l'accueil n'est pas intelligemment pensé au sein des structures **(B)**.

I. Le droit de tous à l'accueil ne peut devenir réalité sans de profondes évolutions

A. Le droit prohibe toute discrimination liée au handicap

La Convention internationale relative aux droits de l'enfant reconnaît le droit fondamental de tout enfant aux loisirs et le Comité des droits de l'enfant des Nations unies précise que « les enfants s'intègrent parfaitement dans la société lorsqu'on leur offre la possibilité et le temps de jouer en compagnie d'autres enfants ainsi que des lieux ad hoc ». La Convention internationale des droits des personnes handicapées pose le principe de l'égal accès des enfants handicapés aux activités de loisirs et affirme qu'il incombe aux États de « prendre des mesures appropriées pour [...] faire en sorte que les enfants handicapés puissent participer, sur la base de l'égalité avec les autres enfants, aux activités ludiques, récréatives, de loisirs et sportives, y compris dans le système scolaire ». Elle précise que « la discrimination fondée sur le handicap comprend toutes les formes de discrimination, y compris le refus d'aménagement raisonnable ».

La charte des droits fondamentaux de l'Union européenne, pour sa part, interdit toute discrimination fondée notamment sur un handicap. La loi du 11 février 2005 « garantit à l'enfant en situation de handicap l'accès aux droits fondamentaux ». De plus, le code de la santé publique dispose que « les établissements d'accueil veillent à la santé, à la sécurité et au bien-être des enfants qui leur sont confiés, ainsi qu'à leur développement. Ils concourent à l'intégration sociale de ceux de ces enfants ayant un handicap ou atteints d'une maladie chronique ». Toutefois, si les textes réglementaires spécifiques aux établissements accueillant de jeunes enfants précisent qu'ils ont notamment pour mission d'intégrer socialement les enfants en situation de handicap, il n'existe pas d'obligation juridique de les accueillir.

Le Code de l'action sociale et des familles dispose par ailleurs que « toute personne handicapée a droit à la solidarité de l'ensemble de la collectivité nationale, qui lui garantit, en vertu de cette obligation, l'accès aux droits fondamentaux reconnus à tous les citoyens ». Selon le Code pénal, refuser la fourniture d'un bien ou d'un service à une personne en raison de son handicap constitue un délit, le délit de discrimination. Les responsables d'accueil de loisirs doivent ainsi mettre en place, le cas échéant, les aménagements raisonnables pour accueillir les enfants en situation de handicap. Lorsqu'un centre de vacances ou un centre de loisirs sans hébergement accueille des mineurs atteints de troubles de la santé ou handicapés, le décret n° 2002-885 du 3 mai 2002 relatif au projet éducatif et la circulaire n° 2003-135 du 9 septembre 2003 disposent que le projet éducatif doit préciser les mesures envisagées pour faciliter l'intégration des enfants concernés.

Saisi du refus d'un maire d'accueillir un enfant en centre de loisirs en raison de son état de santé en l'absence d'un encadrant supplémentaire, le Défenseur des droits, en 2011, après avoir rappelé que le Code pénal interdit de subordonner l'accès à un service à une condition fondée sur l'état de santé, recommande au ministre de l'Éducation nationale de « renouveler sa réflexion sur l'accueil des enfants handicapés ou atteints de troubles de santé [...] et de renforcer les règles existantes en posant un principe général d'intégration de l'enfant handicapé ou atteint de troubles de santé dans les centres de vacances et de loisirs ordinaires ». Par une décision du 3 décembre 2011, le Défenseur des droits, constatant les difficultés d'accueil des enfants handicapés, recommande au gouvernement « d'adapter les dispositions législatives et réglementaires existantes ».

B. Des transformations profondes sont nécessaires pour que le droit s'inscrive dans les faits

De nombreux freins à l'accueil des enfants en situation de handicap ont été recensés : l'information aux familles et l'accompagnement à la parentalité sont insuffisants et les professionnels méconnaissent les problématiques du handicap. Il existe peu d'offres adaptées pour les 4 à 6 ans, de nombreux établissements d'accueil de jeunes enfants privilégiant l'accueil des moins de 3 ans. On observe également un manque de moyens financiers spécifiques ainsi qu'un déficit de matériels et d'aménagements adaptés. S'y ajoutent des délais de traitement des dossiers excessifs, un manque de sensibilisation et d'information des acteurs, notamment les élus locaux, et un manque de coordination des acteurs.

Dans le cadre d'une saisine, par les ministres concernés, du Haut Conseil de la famille, de l'enfance et de l'âge sur l'accueil de l'enfant en situation de handicap de 0 à 6 ans dans les modes d'accueil des jeunes enfants, à l'école pré-élémentaire, et dans toutes les structures périscolaires et extrascolaires, l'Union nationale interfédérale des œuvres et organismes privés sanitaires et sociaux propose en 2018 de nombreuses pistes d'amélioration : le handicap devrait devenir un critère d'attribution prioritaire de places et des modes d'accueil séquentiels entre école et accueil collectif sont à développer. L'accompagnement de la parentalité et l'information des familles sont également essentiels, de même que des formations transversales de tous les acteurs de la prise en charge des enfants en situation de handicap et des groupes de travail en réseau. La mutualisation du matériel éducatif adapté, des systèmes d'accompagnement souples des personnels seraient à développer. Le référencement des professionnels de santé spécialistes, comme la clarification de la législation sur l'aide à la prise de médicaments s'imposent également, de même qu'une bonification automatique de la prestation de service unique versée par la CAF en cas d'accueil d'enfants en situation de handicap. Plus largement, une coordination entre départements, intercommunalités et communes pourrait permettre d'éviter une disparité de l'offre sur les territoires. Un observatoire national pourrait enfin utilement repérer, valoriser et diffuser les bonnes pratiques.

Ces pistes sont largement reprises dans le rapport de 2018 du Haut Conseil de la famille sur les enfants de 0-6 ans en situation de handicap, qui propose notamment « d'ouvrir davantage les modes d'accueil individuels et collectifs aux enfants en situation de handicap avant 3 ans », de faciliter la vie des familles dans leurs rapports avec les services permettant un diagnostic précoce, de développer l'appui aux professionnels et le travail en réseau, d'aider les parents et de soutenir leur parentalité.

Ainsi, le droit tarde à produire ses effets, et des incitations entendent y parvenir.

II. Les incitations financières auront peu de portée sans un accueil particulièrement réfléchi

A. Les aides financières sont loin d'être négligeables

Depuis 2010, la prestation de service unique (PSU) de la Caisse nationale d'allocations familiales (CNAF) a été étendue aux établissements d'accueil de jeunes enfants accueillant des enfants de moins de 6 ans en situation de handicap.

Dans le cadre de la réforme des rythmes éducatifs de 2015, qui s'est accompagnée d'un accroissement du nombre de jeunes en accueil de loisirs périscolaires, la Caisse nationale d'allocations familiales (CNAF) a crédité un fonds « publics et territoires » permettant d'accompagner financièrement les communes qui souhaitent employer des accompagnants des élèves en situation de handicap.

Ainsi, depuis 2014, les caisses d'allocations familiales (CAF) disposent de ce fonds pour accompagner des projets en faveur de l'enfance et de la jeunesse. Reconduites pour 2018, les modalités 2014-2017 de gestion de ce fonds restent à préciser pour 2018-2022. Ce financement est ouvert à toute collectivité, association et à tous les gestionnaires de services conventionnés avec la CAF développant des actions en faveur des familles, des enfants âgés de 0 à 6 ans et des jeunes de 6 à 17 ans. Le financement complète généralement les financements déjà accordés par la CAF. L'une des cinq thématiques concernées est le handicap de la petite enfance et de la jeunesse (0-17 ans) : sont notamment éligibles les projets visant à faciliter l'accueil des enfants handicapés en accueil collectif, les dépenses de fonctionnement pouvant seules être prises en compte.

Dans ce cadre, la CAF peut financer, par exemple, des actions de communication et des temps forts à destination des familles d'enfants en situation de handicap, des actions de sensibilisation et de formation des professionnels du handicap, des achats de petit matériel et des aménagements de locaux dédiés à l'accueil des enfants handicapés.

Les familles d'enfants handicapés peuvent bénéficier d'une aide au projet vacances de l'Agence nationale des chèques vacances (ANCV) qui participe au financement de séjours de vacances, d'aides au départ en vacances du centre communal d'action sociale (CCAS), d'aides des conseils départementaux, des comités d'entreprise et des mutuelles.

B. Rien ne pourra réussir sans un accueil intelligemment conçu

Pour bien accueillir un enfant en situation de handicap, il faut avant tout l'accueillir comme une personne en construction, savoir accueillir sa famille et mobiliser toute une équipe. S'agissant de l'accueil en centre de loisirs périscolaire, il est essentiel que les différents acteurs éducatifs, enseignants et animateurs, travaillent ensemble et organisent une complémentarité entre le projet pédagogique du centre et le projet d'école. L'accueil doit être spécifique et adapté à chaque enfant. À cette fin, le responsable du centre de loisirs rencontre d'abord les familles puis les professionnels accompagnant l'enfant afin d'établir un protocole d'accueil individualisé pouvant prévoir l'aménagement des espaces. Le rythme de fréquentation peut croître en fonction de l'inclusion de l'enfant dans le groupe.

L'information sur l'accueil d'un enfant handicapé de l'ensemble de l'équipe d'animation et de tous les enfants est essentielle : il faut en effet préparer en amont tous les adultes avant de préparer le groupe d'enfants à accueillir l'enfant différent. Les animateurs doivent connaître individuellement les enfants dans leurs particularités, leurs difficultés et aptitudes à la vie collective, ce qui nécessite une préparation méthodique des animateurs, à partir d'un travail sur le projet pédagogique, puis sur le rôle de l'animateur dans ce projet ; s'imposent également une réunion spécifique des animateurs amenés à encadrer des enfants handicapés, une retransmission des informations communiquées par les parents et partenaires, un accompagnement et un suivi pendant l'accueil des enfants. La rencontre avec les parents, l'information de l'équipe, le travail en équipe de la relation au groupe d'enfants sont des préalables indispensables à la réussite. En Allemagne, des rendez-vous thérapeutiques interviennent au sein même de la structure d'accueil, les professionnels de santé ou l'enseignant spécialisé qui suit l'enfant pouvant participer avec l'enfant aux activités.

Ainsi, le droit des enfants en situation de handicap à être accueillis dans les accueils collectifs de mineurs tarde à s'inscrire dans les faits et ne produira pleinement ses effets que si l'accueil est pensé comme du « sur-mesure » réalisé par tous les acteurs concernés.

Réponses à 3 à 5 questions à partir d'un dossier

(concours externe d'animateur territorial)

DURÉE 3 HEURES

COEFFICIENT 1

INTITULÉ RÉGLEMENTAIRE DE L'ÉPREUVE

L'épreuve d'admissibilité consiste à répondre à un ensemble de questions, dont le nombre est compris entre trois et cinq, à partir des éléments d'un dossier portant sur l'animation sociale, socio-éducative ou culturelle dans les collectivités territoriales, permettant d'apprécier les capacités du candidat à analyser et à présenter des informations de manière organisée *(durée : trois heures ; coefficient : 1).*

Extrait du rapport du président du jury du concours d'animateur, session 2017, centre de gestion de l'Eure (CDG 27)

« Les candidats n'exploitent qu'une partie des informations qui leur sont transmises. Les devoirs sont, dans l'ensemble, pas assez approfondis. »

Extrait du rapport du président du jury du concours d'animateur, session 2017, centre de gestion de Seine-et-Marne (CDG 77)

« Les questions sont adaptées à la vision globale du métier, mais les candidats se cantonnent à répondre exclusivement aux réponses sans mettre de prospective. [...] Les correcteurs regrettent un excès de paraphrase. Un certain nombre de lacunes ont été relevées : le niveau en syntaxe et orthographe est très médiocre et les candidats ont rencontré des difficultés à argumenter leur propos [...].
Les questions sont globalement comprises, mais les candidats n'ont pas su mettre en perspective leur réponse avec la pratique du métier d'animateur territorial.
Il conviendrait que les candidats développent leur esprit d'analyse et se mettent à niveau en français. Les copies y gagneraient en crédibilité. »

Cette épreuve du concours externe d'accès au grade d'**animateur territorial** est l'unique épreuve d'admissibilité de ce concours, l'unique épreuve orale d'admission étant, pour sa part, affectée également d'un coefficient 1.

Cette épreuve ne comporte pas de programme réglementaire.

Toutefois, à titre purement indicatif, on peut, afin d'appréhender quelques uns des thèmes sur lesquels le dossier, donc les questions, pourront porter, se référer au programme de l'épreuve de « réponses à des questions portant sur l'animation sociale, socio-éducative ou culturelle dans les collectivités territoriales permettant d'apprécier les connaissances professionnelles du candidat » des concours internes et de troisième voie d'animateur principal de 2e classe :

– l'actualité de l'animation et de l'action sociale ;

– la situation de l'animation dans l'évolution générale de la société ;

– les grandes étapes de l'éducation populaire, de l'animation socioculturelle, du mouvement associatif ;

– l'organisation générale et le fonctionnement, les missions et l'évolution :

• de l'association loi 1901 ;

• d'un service d'animation municipal ;

• d'une structure associative socioculturelle ;

– les principaux dispositifs et les modalités d'actions socio-éducatives en matière de pratiques culturelles, de logement, de famille, de santé, de loisirs, de prévention, d'insertion, d'orientation et d'aide sociale ;

– les grandes caractéristiques des principaux courants pédagogiques ;

– la connaissance des publics ;

– l'adaptation d'une activité aux publics visés et la déclinaison d'objectifs pédagogiques ;

– les bases en psychologie comportementale ;

– les principales techniques d'accueil, d'entretien et de réunion ;

– les objectifs, les moyens, les méthodes et les critères d'évaluation des actions d'animation ;

– le budget d'une action d'animation (suivi et évaluation) ;

– les principales obligations liées à l'organisation de toute activité en matière de responsabilité civile et pénale, d'assurance et de protection des mineurs ;

– les règles en vigueur concernant la sécurité des biens et des personnes ;

– les techniques fondamentales de prévention en matière d'hygiène et de santé.

Les parties « cours » de cet ouvrage, portant respectivement sur **la connaissance des collectivités territoriales et sur celle de l'animation,** seront particulièrement utile à la réussite de cette épreuve.

Comme les précédentes, l'approche méthodologique de cette épreuve s'appuie sur le cadrage indicatif national accessible en ligne sur les sites de nombreux centres de gestion de la fonction publique territoriale organisateurs, dont des extraits sont reproduits dans les encadrés suivants.

Nous vous invitons à lire également attentivement les conseils de méthode de l'épreuve de rapport avec propositions opérationnelles et de note sur dossier qui contiennent de nombreuses indications utiles portant sur les **exigences rédactionnelles** des épreuves.

LES OBJECTIFS DE L'ÉPREUVE

À travers les questions posées, l'épreuve vise à évaluer les capacités du candidat :

- à analyser un dossier pour en identifier les informations pertinentes ;
- à élaborer des réponses construites ;
- à maîtriser les connaissances professionnelles dans le domaine de l'animation indispensables à une bonne compréhension des éléments du dossier.

Les missions dévolues aux animateurs territoriaux donnent également des indications sur les thèmes des questions pouvant être proposées dans cette épreuve :

Le décret n° 2011-558 du 20 mai 2011 portant statut particulier du cadre d'emplois des animateurs territoriaux fixe en effet :

> **NOTE DU FORMATEUR**
>
> I. « Les membres du cadre d'emplois des animateurs territoriaux coordonnent et mettent en œuvre des activités d'animation. Ils peuvent encadrer des adjoints d'animation.
>
> Ils interviennent dans le secteur périscolaire et dans les domaines de l'animation des quartiers, de la médiation sociale, de la cohésion sociale, du développement rural et de la politique du développement social urbain. Ils peuvent participer à la mise en place de mesures d'insertion.
>
> Ils interviennent également au sein de structures d'accueil ou d'hébergement, ainsi que dans l'organisation d'activités de loisirs.
>
> Dans le domaine de la médiation sociale, les animateurs territoriaux peuvent conduire ou coordonner des actions de prévention des conflits ou de rétablissement du dialogue entre les personnes et les institutions dans les espaces publics ou ouverts au public.
>
> II. Les titulaires des grades d'animateur principal de 2e classe et d'animateur principal de 1re classe ont vocation à occuper des emplois qui, relevant des domaines d'activité mentionnés au I, correspondent à un niveau particulier d'expertise. Ils peuvent concevoir et coordonner des projets d'activités socio-éducatives, culturelles et de loisirs, encadrer une équipe d'animation, être adjoints au responsable de service, participer à la conception du projet d'animation de la collectivité locale et à la coordination d'une ou plusieurs structures d'animation. Ils peuvent être chargés de l'animation de réseaux dans les domaines sociaux, culturels ou d'activités de loisirs. Ils peuvent également conduire des actions de formation. Dans le domaine de la médiation sociale, ils contribuent au maintien de la cohésion sociale par le développement de partenariats avec les autres professionnels intervenant auprès des publics visés au I ci-dessus. »

1. Des réponses à trois à cinq questions

> **NOTE DU FORMATEUR**
>
> Le niveau hiérarchique du grade postulé (catégorie B), la nature et la durée de l'épreuve impliquent des questions appelant de la part du candidat tant une réflexion et un raisonnement logique qu'une mobilisation de ses connaissances personnelles lui permettant à la fois de mesurer l'importance relative des informations du dossier et de les reformuler en les organisant pour apporter les réponses les plus pertinentes.
>
> La volonté de faire reposer l'évaluation des capacités du candidat sur un nombre suffisant de questions pour minimiser la part du hasard, en évitant à la fois qu'un candidat soit pénalisé ou avantagé selon que le champ des questions serait proche ou éloigné d'un savoir ou de centres d'intérêt spécialisés, de même que l'étendue

du champ des connaissances précisé dans le libellé réglementaire de l'épreuve, impliquent que **le sujet peut comprendre jusqu'à cinq questions**.
Le nombre de points alloués pourra varier d'une question à l'autre. Le sujet précisera le nombre de points attaché à chaque question, afin que le candidat puisse se déterminer en toute connaissance de cause.
Sauf indications contraires dans le sujet pour telle ou telle question, précisant par exemple que le candidat peut présenter tout ou partie de sa réponse sous forme de tableau ou de graphique, des réponses intégralement rédigées sont attendues. Ces réponses seront notamment évaluées en fonction du respect des règles syntaxiques et de la capacité du candidat à reformuler les informations puisées dans le dossier sans les « copier-coller ».

2. Des réponses à partir des éléments d'un dossier

NOTE DU FORMATEUR

L'épreuve n'est en aucune manière une épreuve de synthèse de l'ensemble des documents du dossier. Le dossier est mis au service du candidat qui y puise des éléments utiles à l'élaboration des réponses aux questions. **Le candidat trouve dans le dossier les éléments nécessaires à la réponse aux questions**, mais des connaissances et des compétences sont attendues pour comprendre les questions, identifier et valoriser les informations les plus pertinentes.
Le dossier comptera de l'ordre d'une vingtaine de pages, selon la densité de l'information.
Compte tenu du large champ des connaissances, le dossier peut comporter plusieurs documents de nature et de formes différentes, comme des textes, des documents graphiques, notamment sous forme de tableaux, des documents visuels.

3. Un barème indicatif de correction

Le nombre de points alloué à chaque question est précisé dans le sujet.

La copie est évaluée sur le fond et la forme, les correcteurs appréciant la capacité du candidat à rédiger des réponses à la fois pertinentes, claires, cohérentes et structurées.

L'évaluation du niveau de maîtrise de la langue, de même que la capacité à reformuler et non « copier-coller » les informations du dossier sont prises en considération dans la note globale attribuée à la copie. Ainsi, **une copie ne devrait pas obtenir la moyenne lorsqu'elle est rédigée dans un style particulièrement incorrect**, ou **à partir de passages entièrement recopiés**, ou témoigne d'une **maîtrise linguistique insuffisante** (trop nombreuses erreurs d'orthographe, de syntaxe, de ponctuation, de vocabulaire).

Une présentation négligée (soin, calligraphie) pourra être pénalisée.

Annales corrigées

SUJET

Sujet national
Concours externe, session 2019
Animateur

DIFFICULTÉ : ××× / DURÉE : 3 HEURES

Énoncé

Vous répondrez aux questions suivantes dans l'ordre qui vous convient, en indiquant impérativement leur numéro.
Vous préciserez le numéro de la question et le cas échéant de la sous-question auxquelles vous répondrez.
Vous répondez aux questions à l'aide des documents et de vos connaissances.
Des réponses rédigées sont attendues et peuvent être accompagnées au besoin de tableaux, graphiques, schémas...

❶ **Comment les collectivités locales peuvent-elles repérer et prévenir la radicalisation au sein de leurs structures d'accueil, tant au niveau des professionnels que des publics jeunes ?** *(5 points)*

❷ **Précisez le rôle du projet éducatif territorial (PEDT), au regard des structures éducatives existant sur le territoire communal.** *(5 points)*

❸ **À quels objectifs le plan mercredi répond-il ?** *(6 points)*

❹ **Quels sont les principales étapes et les critères d'élaboration d'un projet pédagogique en accueil collectif de mineurs (ACM) ?** *(4 points)*

Liste des documents joints :

Document 1 : « Attentat déjoué : les mairies ne demandent pas systématiquement le casier judiciaire des animateurs périscolaires » - *20 minutes* - 22 novembre 2016 - 2 pages.

Document 2 : « Ressources et outils éducatifs de prévention de la radicalisation » - *Éduscol* - Août 2018 - 7 pages.

Document 3 : « Le plan mercredi entre ambition éducative affichée et ambiguïté réglementaire » - David Jecko - *Le Journal de l'Animation* - 20 juin 2018 - 3 pages.

Document 4 : « Un projet, pour quoi faire ? » - Olivier Epron - *Site Enfant Animation Éducation* - Juillet 2000 - 4 pages.

Document 5 : « Agir contre la menace terroriste » - *stop-djihadisme.gouv.fr* - 1 page.

Document 6 : « Le plan mercredi : l'essentiel » - *education.gouv.fr* - 1 page.

Document 7 : « Le PEDT : un outil simple et pratique au service de la réussite des élèves et de l'attractivité des territoires » - *Ministère de l'Éducation nationale, de l'Enseignement supérieur, de la Recherche ; Ministère de la Ville, de la Jeunesse et des Sports* - Consulté en février 2019 - 3 pages.

Document 1

20 minutes

ÉDITION NUMÉRIQUE Publié le 22/11/16 à 18h38

Attentat déjoué: «Les mairies ne demandent pas systématiquement le casier judiciaire des animateurs périscolaires»

SECURITE L'un des suspects interpellés lors d'une opération terroriste qui a permis de déjouer un attentat travaillait dans une école, ce qui pose la question du recrutement de ces agents…

Anissa Boumediene

L'interpellation à Strasbourg d'un terroriste présumé qui travaillait dans une école pose la question du recrutement des animateurs périscolaires. — *Bony/SIPA*

Il n'était pas fiché « S », « a toujours fait un très bon travail » et « semblait apprécié des enfants qu'il côtoyait au travail ». Arrêté ce lundi à Strasbourg dans le cadre d'une opération antiterroriste qui a permis de déjouer un attentat, l'un des sept suspects interpellés était un employé municipal de 37 ans, qui travaillait comme animateur périscolaire à l'école élémentaire strasbourgeoise de la Meinau. Un homme resté jusque-là sous les radars, qui a officié quotidiennement auprès d'enfants au cours des douze dernières années. De quoi s'interroger sur le recrutement de ces agents.

Encadrer les temps périscolaires

Comme leur nom l'indique, les animateurs périscolaires sont en charge des animations et des démarches pédagogiques prévues lors de l'accueil périscolaire des enfants. En clair, ils s'occupent des activités ludiques, artistiques, manuelles, éducatives et collectives proposées aux enfants dans le cadre de l'aménagement des rythmes scolaires. Ils accompagnent ainsi les élèves âgés de 3 à 12 ans avant et après la classe, mais aussi parfois pendant la pause méridienne.

Et selon la fiche de poste, un bon animateur périscolaire doit être patient, enthousiaste, autonome, avoir le sens des responsabilités et de l'écoute, savoir travailler en équipe, mais aussi être résistant à la fatigue physique et au bruit. Côté diplôme : BAFA et certification de qualification professionnelle d'animateur périscolaire suffisent.

Un recrutement municipal pour des moyens variables

Bien que les animateurs périscolaires travaillent dans des écoles, leur recrutement relèvent cependant des municipalités. « Nous n'avons pas la main sur le recrutement des animateurs périscolaires, ce sont des agents territoriaux recrutés directement par les mairies », confirme Francette Popineau, présidente du SNUipp, le syndicat des enseignants. « Mais toutes les collectivités ne sont pas à égalité sur ce terrain, pointe Agnès Le Brun, maire (LR) de Morlaix et vice-présidente de l'Association des maires de France (AMF) en charge des questions d'éducation. Les moyens et des préoccupations varient selon les municipalités et en pratique, certaines villes s'en sortent très bien, mais d'autres font parfois appel à des bénévoles ou à des agents sans diplôme pour prendre en charge l'animation des temps périscolaires. Et comme c'est au bon vouloir des mairies, toutes ne demandent pas systématiquement un extrait de casier judiciaire lors du recrutement ».

« Les maires nous disent souvent "les temps périscolaires, ça coûte cher !", raconte Rodrigo Arenas-Muñoz, secrétaire général national de la Fédération des parents d'élèves FCPE. Certains réagissent comme des chefs de service sans vision pédagogique, mais ne pas mettre les moyens pour accompagner les enfants conduit forcément à des dysfonctionnements ». L'encadrement des enfants devrait ainsi faire l'objet d'une « vigilance toute particulière, par des structures habituées à cette problématique, insiste Agnès Le Brun. Or, l'arrestation de ce terroriste présumé rappelle d'une part que cette gestion des animateurs périscolaires n'est pas le cœur de métier des collectivités, et d'autre part que la radicalisation des individus est une composante de la dissimulation pratiquée par les individus prêts à passer à l'acte ».

Document 2

MINISTÈRE DE L'ÉDUCATION NATIONALE ET DE LA JEUNESSE

Liberté • Égalité • Fraternité
RÉPUBLIQUE FRANÇAISE

éduscol Informer et accompagner les professionnels de l'éducation

Prévenir la radicalisation en milieu scolaire

Ressources et outils éducatifs de prévention de la radicalisation

La lutte contre la radicalisation nécessite la mobilisation de tous les personnels de l'éducation nationale pour intervenir le plus en amont possible et interrompre le processus d'engagement dans la radicalisation violente. De nombreuses ressources pédagogiques et éducatives sont disponibles à destination des enseignants.

L'EMC et la culture du débat
L'EMI et la lutte contre le complotisme
La construction de l'esprit critique
L'histoire des idées et des faits religieux
L'engagement des jeunes
Les sites, les films et les vidéos
Les pièces de théâtres et les forums
Les livres
Les jeux et les concours
Les évènements
Les guides de « pratiques inspirantes »

Après les attentats de janvier 2015, le ministère de l'éducation nationale a mis en place un vaste plan d'ensemble de mobilisation pour les valeurs de la République dans lequel « le parcours citoyen » joue un rôle majeur. De nombreux outils ont été réalisés visant à amener les jeunes à réfléchir et à s'exprimer sur les valeurs démocratiques et l'éthique républicaine. Ils incitent les élèves à prendre position et à être acteurs et actrices de la société à venir, une société dans laquelle prévalent la liberté de penser, la diversité culturelle et l'égalité citoyenne.

Faisant suite à la présentation de **« la politique de la prévention de la radicalisation en milieu scolaire »**, cette page propose des outils pratiques à destination des enseignants. Elle a pour vocation de valoriser et de faciliter l'accés aux ressources éducatives contribuant à la prévention de l'extrémisme violente.

Certaines ressources permettent d'identifier et de déconstruire le processus de radicalisation et d'aborder des thèmes spécifiques en lien avec la radicalisation : théories du complot, embrigadement des jeunes, radicalisation sur internet. Chaque ressource permet de mettre en place des séances de travail en classe et de mieux saisir les enjeux de la radicalisation violente. Certains supports portent sur les phénomènes de radicalisation cognitive menant à la violence (cyber violence, cyber haine et radicalisation) et croisent des perspectives disciplinaires qui permettent ainsi à l'enseignant d'assurer une prévention véritable par l'éducation et la culture.

Les réalisations des élèves peuvent prendre des formes variées : essai, dossier, documentaire audiovisuel, production artistique (littéraire, graphique, plastique, théatrale, cinématographique...).

La **mission « flash » sur la prévention de la radicalisation à l'école, dans une communication de Mesdames Sandrine Mörch et Michèle Victory** (16 mai 2018), recommande une meilleure connaissance des outils et des supports documentaires existants, et de les développer davantage, y compris ceux destinés aux enfants en primaire.

Des **associations agréées par l'éducation nationale** ou en lien avec la préfecture, proposent des interventions à destination du public scolaire pour animer des espaces de dialogue sur ces thématiques et peuvent appuyer les enseignants dans leur démarche.

L'**arrêté du 3 avril 2018** (JO du 7 avril 2018) fixe le **cahier des charges relatif aux actions initiées, définies et mises en œuvre par les structures impliquées dans la prévention et la prise en charge de la radicalisation**

L'EMC et la culture du débat

L'**enseignement moral et civique** (EMC) pose progressivement les règles de vie fondamentales dans un Etat de droit. Un **programme** simplifié et clarifié pour les cycles 2, 3 et 4, entre en application à la rentrée de l'année scolaire 2018-2019 pour l'enseignement moral et civique qui poursuit trois finalités intimement liées entre elles :

1. Respecter autrui
2. Acquérir et partager les valeurs de la République
3. Construire une culture civique

Pour **les cycle 2-3-4**, Eduscol propose des ressources pédagogiques qui accompagnent le programme en privilégiant la mise en activité des élèves et la cohérence entre les contenus et les méthodes de l'EMC (discussion, argumentation, projets communs, coopération...).

Sur le site Canopé, un **kit pédagogique #Je dessine** est mis à la disposition des enseignants du cycle 3, du collège et du lycée ; il comporte les ressources de sept dossiers pédagogiques aux thématiques complémentaires. À partir d'une analyse du dessin, des ressources, des activités et des pistes de débats sont proposées à l'enseignant.

Au lycée, quatre types de compétences sont évalués : identifier et expliciter les valeurs éthiques et les principes civiques en jeu ; mobiliser les connaissances exigibles ; développer l'expression personnelle, l'argumentation et le sens critique ; s'impliquer dans le travail en équipe. Les ressources de **l'EMC au lycée** s'organisent selon la même architecture.

L'EMC, par la pédagogie du débat, permet une expression de la parole du jeune et de développer l'argumentation et l'écoute.

L'EMI et la lutte contre le complotisme

L'**éducation aux médias et à l'information** (EMI) dont l'importance se justifie par le fait que, même si on ne se radicalise pas « uniquement par Internet », comme le montrent les experts du domaine des médias, le web constitue néanmoins un « vecteur de la pensée extrême » sur un terrain favorable, quand il existe un isolement renforcé, une violence virtuelle banalisée (jeux vidéo), voire une dissimulation (multiples comptes Facebook). Il faut donc rester vigilant sur l'évolution de l'extrémisme violent qui a trouvé dans le cyberespace un univers presque sans limites.

L'EMI participe à la prévention de l'entrée dans le complotisme qui peut constituer une première marche vers la radicalisation violente.

Sur Eduscol, la page **Déconstruire la désinformation et les théories conspirationnistes** propose des ressources.

"Contre la radicalisation. Identifier et déconstruire le processus de radicalisation "propose des **fiches pédagogiques thématiques réalisées par Séraphin Alava, professeur sciences de l'éducation et Jérôme Ferret, maître de conférences HDR en sociologie**.

fiche 1 : Qui croire ? Théorie du complot, fake news,

fiche 2 : Les formes d'embrigadement et de radicalisation,

fiche 3 : Le côté obscur du net : comment se radicaliser ?

L'étude réalisée pour le compte de l'UNESCO, intitulée "**Les jeunes et l'extrémisme violent sur les médias sociaux**" par S.Alava, D.Frau-Meigs et G.Hasan établit une cartographie mondiale de la recherche et formule des recommandations.

La construction de l'esprit critique

En trandisciplinarité, la **construction de l'esprit critique** s'inscrit dans toutes les disciplines, et selon les thèmes abordés, dans les actions éducatives. Il s'agit de donner aux élèves les éléments-clés de pratique et d'analyse du discours argumentatif, et leur permettre d'avoir une attitude réflexive, qui constitue un des leviers essentiels pour contrer la propagande des groupes djihadistes.

Le réseau CANOPÉ met des ressources à disposition des enseignants sur le site Prévenir la radicalisation.

Ces outils pédagogiques sont construits autour de deux axes : comprendre et agir.

L'axe comprendre est organisé autour de trois rubriques qui donnent des clefs de compréhension du phénomène de radicalisation.

L'axe agir est organisé autour d'une rubrique qui donne des pistes pour aider à développer l'esprit critique et la résilience des jeunes face aux tentatives d'embrigadement.

L'histoire des idées et des faits religieux

Par ailleurs, l'approche nuancée et objective de l'histoire des idées et des faits religieux permet aux jeunes de mieux appréhender la complexité du monde, en particulier les relations internationales, mais aussi les enjeux géopolitiques.

La création de **l'Institut européen en sciences des religions (IESR)** répond aux recommandations de "Rapprocher les démarches pédagogiques et la recherche scientifique". Rattaché à l'École pratique des hautes études, l'IESR participe à la mise en œuvre de l'enseignement des faits religieux à l'école primaire et dans l'enseignement secondaire. Sur le site internet de l'IESR sont proposées des ressources pédagogiques : fiches thématiques, comptes rendus d'ouvrages et ressources internet (voir rubrique Ressources pédagogiques).

L'engagement des jeunes

Pour favoriser l'engagement des jeunes, le ministère a créé, pour des élèves volontaires dès l'âge de 11 ans, des dispositifs :

Les classes des **"cadets de la sécurité civile"** qui visent à sensibiliser les jeunes élèves aux comportements de prévention et développer un sens civique,

Les «élèves assistants de sécurité » pour apprendre à réagir de façon collective dans des situations de danger simulées et à intervenir lors des exercices d'évacuation ou de confinement.

Les sites, les films et les vidéos

Afin de mettre en œuvre, des actions de prévention primaire concernant la prévention d la radicalisation violente, des outils sont disponibles (films, pièces de théâtre, affiches, évènements, jeux...).

Le site internet **«stop-djihadisme»** propose différentes ressources expliquant les ressorts du processus de radicalisation.

Les vidéos interactives **toujourslechoix.fr** peuvent servir de support avec les élèves en fin de collège ou au lycée. Tournées en caméra subjective et sous la forme d'un jeu de rôle qui impose au spectateur de prendre une décision à des moments cruciaux, ces **vidéos** présentent le processus d'embrigadement d'une jeune fille (Emma) et d'un jeune homme (Mehdi) que des recruteurs djihadistes tentent de convaincre pour commettre l'irréparable : partir sur zone de conflit, exécuter un attentat sur le territoire national. Des **conseils d'utilisation** des vidéos sont disponibles.

Le film " **Le ciel attendra**", réalisé par Marie-Castille Mention-Schaar (avec Sandrine Bonnaire, Clotilde Courau, Yvon Attal) permet d'aborder le sujet de la radicalisation des jeunes filles et de leur embrigadement dans des filières djihadistes pour rejoindre la Syrie. La détresse des familles pour sortir leur enfant de la radicalisation est présentée avec réalisme. Une jeune fille qui a connu ce processus d'embrigadement et cet aller-retour sur zone de conflit a participé à l'élaboration du scénario. Le film est sorti en salle le 5 octobre 2016. Un document d'accompagnement complet du film est accessible sur le site Le ciel attendra.

Le film-documentaire « les revenantes », de Marion Stalens qui donne la parole à des femmes qui sont parties ou qui ont voulu partir en Syrie. Certains modules sont disponibles sur le**site Eduthèque** :

1. Sortir de la radicalisation
2. Initiation à une approche historique du Coran
3. Le salafisme
4. L'amour Selon Daech
5. Les mécanismes psychologiques de l'embrigadement
6. Un monde plus juste ? De la propagande à la réalité

Le film-documentaire « La France face aux repentis du djihad », réalisé par Clarisse Feletin a été diffusé en décembre 2017 sur le petit écran. Durée de 1h10. Il présente le parcours de centaines de jeunes hommes et femmes qui sont aujourd'hui détenus, de manière préventive, pour la plupart revenant de Syrie et d'Irak, de pays en guerre, de terres de djihad. Ils risquent entre 6 et 10 ans de prison...

Le téléfilm **"Ne m'abandonne pas"** de Xavier Durringer (2015) raconte le combat d'une mère qui découvre que sa fille s'est mariée en secret et qu'elle a le projet de partir en Syrie. En téléchargement libre pour les enseignant, le film et le dossier pédagogique : https://www.reseau-canope.fr/ne-mabandonne-pas/

Le film « la route d'Istanbul » sorti en 2016 et disponible en DVD (1h 38min) de Rachid Bouchareb avec Astrid Whettnall, relate l'histoire d'une mère qui décide de partir en Syrie chercher sa fille et de la convaincre de revenir avec elle en Belgique.

Le film « la vague » réalisé par Dennis Gansel, est un film allemand sorti en 2009. On y voit un professeur proposer à ses lycéens une expérience pour expliquer le système totalitaire, mais ce jeu de rôle dégénère...

Les pièces de théâtres et les forums

La pièce de théâtre "Djihad" entre tragédie et comédie, permet d'aborder, au travers des angoisses et des interrogations personnelles de trois jeunes Bruxellois en route pour les zones de combat syriennes, la découverte de la réalité violente et sordide qu'ils n'avaient pas envisagée au départ. Ce cheminement peut constituer un point de départ pour une réflexion nourrie sur le phénomène de la radicalisation, à destination des grands collégiens comme des lycéens, par exemple lors de séances de sensibilisation menées dans le cadre des projets des comités d'éducation à la santé et à la citoyenneté (CESC) ou comme support d'un débat dans le cadre de pratiques pédagogiques.**Le dossier pédagogique de la pièce Djihad** facilite l'accompagnement des échanges.

La pièce « Lettre à Nour » de Rachid Benzine, islamologue, raconte sous forme de théâtre épistolaire, les échanges entre un père, intellectuel musulman pratiquant - vivant sa religion comme un message de paix et d'amour -, et sa fille partie en Irak rejoindre l'homme qu'elle a épousé en secret et qui est lieutenant de Daech. **Dossier pédagogique Lettres à Nour.**

Les livres

« Je vous sauverai tous » est un roman « jeunesse » d'Emilie Frèche, édité en 2017 aux éditions Hachette jeunesse à destination d'un public à partir de 14 ans. Sous la forme d'un journal intime, le roman présente les sentiments, le questionnement et les incompréhensions d'une mère dont la fille de 17 ans est partie en Syrie. En parallèle, l'auteure croise le parcours de sa fille à partir d'un journal intime écrit un an auparavant. Ce roman permet de retracer le cheminement d'une jeune fille vers la radicalisation djihadiste : les mécanismes de manipulation et d'engagement à partir de l'exploitation des préoccupations propres aux adolescents (les rêves d'avenir, les premiers émois amoureux, les déceptions amoureuses, les amitiés...), mais aussi les besoins (le besoin d'être reconnu, valorisé, consolé...).

"L'Après-Charlie" : 20 questions pour en débattre sans tabou de Jean-Louis Bianco, Samuel Grzybowski, Lylia Bouzar.Diversité, n° 182, 4e trimestre 2015.

"L'école et les valeurs. Charlie, et après ?" : Ce numéro de Diversité propose, un an après les attentats, de poser les premiers jalons pour mieux comprendre et analyser les effets, attendus et réels, de cette année de mobilisation.

Des bibliographies sur les questions de la radicalisation et du terrorisme sont proposées sur la page de la **politique de prévention de la radicalisation.**

Les jeux et les concours

La Fédération de Paris de la Ligue de l'enseignement lance la 2ème édition du concours « Alter Ego Ratio » avec le soutien de la Région Ile-de-France pour inciter les lycéens franciliens à s'emparer des valeurs républicaines et démocratiques (trois thématiques sont proposées : « Contre la radicalisation », « Laïcité pour la diversité » et « Des femmes à l'initiative »). Les inscriptions se font sur le site Internet **alteregoratio.org.** Parmi les **lauréats de 2016-2017,** dans la catégorie "Contre la radicalisation" : le lycée Les Frères Moreau,

Quincy-sous-Sénart. Les **résultats du concours 2017-2018** : Lycée Camille Claudel, Mantes-la-Ville, académie de Versailles dans la catégorie « Contre la radicalisation » (voir la production "réfléchir sans fléchir").

ISIS the end est un news game pour prévenir la radicalisation. Un news game est un jeu vidéo d'information : à mi-chemin entre le journalisme et le jeu. Développé par 9 étudiants de l'université de Lyon, il propose donc à l'utilisateur d'intégrer une unité fictive d'enquête sur des personnes apparemment radicalisées. Il est évidemment question d'un serious game, soit un genre qui mise sur l'aspect ludique pour aborder un sujet sérieux et pour informer/éduquer à son propos. L'originalité de celui-ci est évidemment son thème très actuel : la radicalisation islamiste. L'objectif au sein de "ISIS The End?" est d'intervenir avant que le suspect ne mette en œuvre un acte violent ou qu'il ne parte en Syrie.

Les évènements

Les équipes peuvent également s'appuyer sur sur les ressources Eduscol pour « **Savoir accueillir la parole des élèves après un attentat** » et pour répondre aux interrogations des élèves.

Les guides de « pratiques inspirantes »

Le « Radicalisation Awareness Network » (RAN) et le réseau de sensibilisation à la radicalisation (RSR) ont rédigé un **guide de pratiques inspirantes européennes** **« Prévenir la radicalisation conduisant à l'extrémisme violent, approches et méthodes »** qui présente une large palette des différentes orientations, des leçons apprises et des pratiques développées par le réseau européen.

Document 3

Le Journal de l'Animation – 20 juin 2018

Le Plan mercredi, entre ambition éducative affichée et ambiguïté réglementaire

Par David Jecko

Deux semaines après avoir abordé le sujet à l'Assemblée nationale, Jean-Michel Blanquer a dévoilé le contenu de son Plan mercredi qui s'appliquera à la rentrée prochaine.

À partir de la rentrée 2018, les collectivités pourront s'engager dans la mise en œuvre d'un Plan mercredi qui passera par une "nouvelle génération" de projets éducatifs territoriaux (PEDT) soumis à une charte qualité, a annoncé mercredi 20 juin Jean-Michel Blanquer, ministre de l'Éducation nationale, lors d'un déplacement à Courcouronnes (Essonne). Pour garantir "des activités de qualité", les "temps périscolaires" devront notamment être pensés en "complémentarité" des temps scolaires. Le soutien financier des collectivités, au travers de la Cnaf, sera "doublé". Le fonds de soutien pour les collectivités conservant la semaine de 4,5 jours est maintenu.

Pour les communes repassant aux 4 jours de classe (environ 80 % à la rentrée 2018), le ministre de l'Éducation nationale avait promis, en 2017, une aide aux collectivités pour mettre en place un accueil de loisirs éducatifs le mercredi. "L'objectif du Plan mercredi préparé avec les collectivités locales est de faire en sorte que tous les enfants de France se voient offrir une palette d'activités qui permettent d'avoir un mercredi intelligent, pertinent, avec de la culture, de la nature, du sport en cohérence avec les temps scolaire et périscolaire de l'enfant", avait déclaré Jean-Michel Blanquer en novembre 2017.

Le plan mercredi, détaillé sur le site du ministère, prévoit notamment :

- des projets éducatifs territoriaux soumis à une charte qualité "Plan mercredi" ;
- un "soutien financier renforcé pour l'organisation d'activités éducatives" ;
- l'adaptation du cadre réglementaire.

Des PEDT "nouvelle génération"

Les projets éducatifs territoriaux "nouvelle génération" seront soumis à une charte qualité Plan mercredi, qui organise l'accueil des enfants en quatre axes :

1. "veiller à la complémentarité éducative des temps périscolaires du mercredi avec les temps familiaux et scolaires" ;
2. "assurer l'inclusion et l'accessibilité de tous les enfants souhaitant participer à l'accueil de loisirs, en particulier des enfants en situation de handicap" ;
3. "inscrire les activités périscolaires sur le territoire et en relation avec ses acteurs" ;
4. "proposer des activités riches et variées en y associant des sorties éducatives et en visant une réalisation finale".

Au moment de l'examen des projets éducatifs territoriaux, les services de l'État et les Caisses d'allocations familiales (CAF) tiendront compte de l'antériorité de la collectivité en matière d'organisation d'accueils de loisirs et de politiques éducatives locales, de ses ressources humaines et financières et de ses particularités sociogéographiques (degrés d'isolement et d'enclavement) "pour adapter le niveau d'exigence à la situation locale", explique le ministère de l'Éducation nationale. "Dans une logique d'accompagnement vers une démarche qualité, la satisfaction aux critères mentionnés dans la charte pourra être appréciée de manière graduelle et progressive sur le modèle : atteint/partiellement atteint/non atteint", ajoute-t-il.

Convention entre les différents acteurs

Pour les communes qui auront un Plan mercredi, celui-ci sera formalisé par la signature conjointe d'une convention entre le maire ou le président de l'EPCI, le préfet de département, le Dasen, le directeur de la CAF et, le cas échéant, le directeur de la Mutualité sociale agricole (MSA). Le PEDT pourra être dénoncé si la collectivité ne respecte pas la charte qualité.

Le Plan mercredi pourra prendre en compte les dispositifs de contractualisation existant dans le domaine culturel et les parcours de découverte multi-activités. Il pourra également constituer "un axe structurant" du volet éducatif des contrats de ville dans les communes comprenant un ou des quartiers prioritaires de la politique de la ville.

En termes de gouvernance, la collectivité :

- définira une "nouvelle génération de projet éducatif territorial, en complémentarité avec le temps scolaire" ;
- proposera "des activités de grande qualité, pleinement inscrites dans son territoire" ;
- assurera la bonne coordination du projet d'accueil du mercredi ;
- veillera, dans la mesure du possible, à la stabilité de l'équipe d'animation le mercredi et sur l'ensemble des temps de loisirs périscolaires.

L'État de son côté, au travers de la Direction des services départementaux de l'Éducation nationale (DSDEN) et de la Direction départementale de la Cohésion sociale (DDCS), apportera son "expertise" à la collectivité dans l'élaboration du PEDT.

Financement de la Cnaf doublé, mais désengagement de l'État

Le soutien financier des collectivités sera "renforcé", assure le ministère de l'Éducation nationale. La part des dépenses financée par la Cnaf au titre de l'accueil des enfants hors temps scolaire "sera doublée" : 1 € par heure et par enfant au lieu de 0,54 € actuellement. Le fonds de soutien pour les collectivités qui décident de conserver les rythmes scolaires à 4,5 jours par semaine est maintenu. Derrière cette apparente générosité de l'État se cache pourtant un important désengagement financier, car le retour massif à la semaine de 4 jours lui permet d'économiser plusieurs centaines de millions d'euros, comme le souligne Le Café Pédagogique. De plus le soutien financier de la Caf sera uniforme, alors que le fonds de soutien de l'État pour les collectivités privilégiait les communes les plus pauvres.

Un site, dédié aux collectivités souhaitant s'engager dans la mise en œuvre d'un Plan mercredi, sera accessible mi-juillet : planmercredi.education.gouv.fr. Il proposera un rappel du cadre juridique, un récapitulatif des aides financières, des fiches pédagogiques produites en lien avec des fédérations d'éducation populaire, et les coordonnées des partenaires nationaux et locaux du Plan mercredi notamment.

Le mercredi : un temps périscolaire ?

Le cadre juridique de l'accueil des enfants le mercredi après-midi sera "sécurisé", assure le ministère, notamment avec le contrôle de "l'honorabilité des intervenants" (ce qui se fait déjà dans les accueils déclarés...). Le site du ministère évoque également la mise en place d'un "environnement réglementaire facilitateur avec un périmètre des accueils de loisirs périscolaires et extrascolaires clarifié" et d'un "taux d'encadrement adapté pour les accueils périscolaires".

Sur ce dernier point, l'incertitude est de mise, puisque les accueils de loisirs du mercredi vaqué (pour les communes repassées à 4 jours d'école) sont actuellement considérés d'un point de vue réglementaire comme des temps extrascolaires. Or c'est le terme "périscolaire" qui est utilisé tout au long du dossier présentant le Plan mercredi. Le site du ministère évoque même "les projets éducatifs et pédagogiques périscolaires mis en œuvre les mercredis", précisant que "le projet de l'accueil périscolaire du mercredi est intégré dans le projet éducatif territorial et figure en annexe de ce dernier. L'élaboration d'un seul projet pour l'ensemble des accueils périscolaires, incluant tous les jours ouvrés de la semaine, est préférable."

Il semblerait donc que, comme nous l'évoquions dans un précédent article, le mercredi soit dans un avenir proche assimilé à du temps périscolaire, avec l'introduction de cette notion de "jours ouvrés". Avec une conséquence directe très importante : le taux d'encadrement des activités, qui est de 1 animateur pour 8 enfants de - de 6 ans et 1 animateur pour 12 enfants à partir de 6 ans en extrascolaire, passerait automatiquement à 1 animateur pour 10 enfants de - de 6 ans, et 1 pour 14 enfants de + de 6 ans en périscolaire, voire à 1 pour 14 et 1 pour 18 si l'accueil périscolaire est organisé dans le cadre d'un PEDT (ce qui est visiblement l'objectif du ministère... et l'intérêt financier des communes). Comment, dans ces conditions, le ministre Jean-Michel Blanquer peut-il prétendre vouloir "faire du mercredi un temps de réussite et d'épanouissement pour l'enfant" ?

De plus, les intervenants extérieurs ponctuels "pourraient désormais être pris en compte dans le calcul du taux d'encadrement des accueils de loisirs périscolaires". Selon le ministère, "cela permettrait une plus grande ouverture des accueils de loisirs sur leur environnement culturel et sportif, et donc, de proposer aux enfants des activités plus riches le mercredi". Pas sûr que les animateurs, qui se mobilisent massivement depuis le 20 juin pour dire "Non à l'assouplissement des taux d'encadrement !", soient convaincus par ces "avancées", qui ressemblent à s'y méprendre à une régression !

David Jecko avec Marine Forestier (AEF)

Document 4

Enfant Animation Education http://www.animation.free.fr - juillet 2000

Un Projet, pour quoi faire ?

Projet éducatif, projet pédagogique, projet de fonctionnement, projet d'activité... Le terme de " projet " est prégnant dans les centres de vacances et de loisirs. Mais si c'est termes sont souvent employés, savons-nous exactement ce qu'ils signifient ? Mettons-nous tous la même chose derrière ? pas si sûr... Alors, commençons par les définir

Un projet, qu'est que c'est ?

Un projet, c'est " ce que l'on se propose de faire " nous dit le dictionnaire (Hachette le dictionnaire couleur édition 1992).

Avec le projet, on se situe au niveau de l'agir

Pas très explicite. Pourtant deux mots sont à relever.

Tout d'abord " faire ". On se situe au niveau de l'agir, de l'action. Faire un projet, ce n'est pas discuter en l'air, mais prévoir quelques choses que l'on va réaliser.

Ensuite, " se propose ". On voit bien qu'il s'agit donc d'un acte intentionnel, réfléchi, pensé à l'avance ; à l'opposé du réactionnel, de l'immédiateté.

Ainsi, faire un projet, c'est décider ce que l'on va faire, pourquoi on va le faire et comment on va le faire.

Maintenant que nous avons défini, certes rapidement, ce qu'était un projet, faisons un tour d'horizon des différents projets que nous pouvons rencontrer en centre de vacances et de loisirs.

Le projet éducatif

Le projet éducatif développe les conceptions de l'organisateur

Il est élaboré par l'organisateur : une municipalité, une association, un comité d'entreprise. Il présentera ses finalités éducatives, c'est à dire ce qu'il souhaite concernant l'accueil et l'éducation des enfants, ou d'une façon générale du public accueilli. Il développera ses conceptions éducatives et politiques.

Il précisera quel(s) type(s) d'accueil ils compte mettre en place et avec quels moyens.

Le projet éducatif va concerner l'ensemble des séjours organisés. Il est généralement rédigé pour plusieurs années, même si certains organisateurs le réactualisent régulièrement.

- **Le projet pédagogique**

Le projet pédagogique précise les objectifs du séjour et les moyens pour les atteindre

Ce document sera rédigé par le directeur (ou l'équipe de direction) du séjour. Il définira les objectifs spécifiques à ce séjour, en lien avec le projet éducatif. Et pour atteindre ces objectifs, il précisera quels moyens l'équipe se donnera : organisation des différents moments de la journée, aménagement de l'espace, travail de l'équipe (ou plutôt des équipe : équipe de direction, équipe technique, équipe(s) d'animation), relation avec les familles…

A la différence du projet éducatif, ce projet sera spécifique à un séjour donné, à un moment donné, à une équipe donnée.

- **Le projet de fonctionnement**

Le projet de fonctionnement est élaboré par l'équipe d'encadrement

Cette fois-ci, c'est l'équipe d'encadrement (les animateurs aidés par le directeur ou l'équipe de direction) qui va l'élaboré. Il s'agit de traduire les objectifs et les moyens généraux en une organisation concrète, opérationnelle.

Le projet de fonctionnement sera spécifique à un séjour, voire même à un groupe d'âge si le centre de vacances et de loisirs comprend plusieurs groupe.

- **Ces projets ont il un lien entre eux ?**

Oui, sinon on constate un " grand écart " entre le discours, les intentions et ce qui se passe sur le terrain.

- **Mais, faire un projet, est-ce obligatoire ?**

La réglementation des centres de loisirs fait référence au projet

Seule la réglementation des centres de loisirs fait référence explicitement au projet. Ainsi, l'arrêté du 20 mars 1984 1984 précise :

" Art. 12 : Pour être habilités, les Centres de Loisirs Sans Hébergement doivent répondre aux conditions suivantes :

1. existence d'un projet éducatif présentant :

- *les objectifs éducatifs visés ;*
- *les modalités générales de fonctionnement du centre ;*
- *les activités possibles réalisables qui pourraient être proposées aux enfants ;*

(...)

Art. 13 : Le projet éducatif est défini en accord entre l'organisateur et le responsable du Centre de Loisirs et autant que possible avec la participation des parents.

Les projets pédagogiques tenant compte des souhaits et des besoins et des enfants et adolescents sont définis par les équipes d'animation, en référence au projet éducatif. Les parents seront tenus informés de la définition et de la mise en place de ces projets.

Chaque projet pédagogique doit apporter des précisions en ce qui concerne :

1. - les modalités d'accueil et de vie des enfants, éventuellement les conditions de transport ;

2. - l'utilisation d'installations et d'espaces ;

3. - l'organisation des activités ;

4. - la collaboration avec des intervenants extérieurs à l'équipe d'animation permanente qui ne peut en aucun cas être dégagée de ses responsabilités permanentes d'encadrement.

Toute modification importante du projet pédagogique initial doit être portée à la connaissance des partenaires concernés. "

Pour les centres de vacances, rien n'est précisé, mais la plupart des organisateurs en demandent un à leurs directeurs.

● Ca sert à quoi, un projet ?

Le projet sert de référence commune à l'équipe d'encadrement

Tout d'abord, à se mettre d'accord entre l'organisateur, le directeur, l'équipe de direction, les animateurs… L'intérêt d'un projet écrit, c'est qu'il oblige à la clarification. Mais encore faut-il de ne pas rester dans le vague, de préciser les termes qu'on emploi. Par exemple, personne n'écrira qu'il est contre l'autonomie de l'enfant. Mais tout le monde ne met pas la même chose derrière ce mot. Cela veut-il dire que l'enfant peut faire ce qu'il veut ? Qu'il peut décider librement des activités ? Ou n'aura-t-il le choix que parmi celles proposées par les animateurs (voire le directeur ou l'organisateur) ? Les enfants participeront-ils à l'élaboration des règles de vie ou devront-ils appliquer celles qui leur auront été présenté en début de séjour ?

Le projet va être utilisé pendant la préparation du séjour. Il sera la référence commune à l'équipe qui devra s'appuyer dessus pour prévoir et organiser les différents moments de la vie du centre.

Pendant le séjour, il sera également utile, pour faire le point du travail de l'équipe, vérifier qu'il n'y a pas d'écart important entre ce que l'équipe avait prévu de faire et ce qui se passe sur le terrain. Chacun devra pouvoir le consulter régulièrement.

Mais, il ne faut pas oublier qu'il ne s'agit que d'un outil et certainement pas d'une " bible ", d'une " parole révélée ". Des réajustement seront sans aucun doute nécessaires en cours de séjour, sans perdre de vue les objectifs définis au départ. Pour prendre une image, le projet sert alors de balise afin de naviguer dans la bonne direction sans se perdre dans le brouillard…

Enfin, le projet sera utile pour permettre à l'équipe d'évaluer son action, que se soit pendant le séjour ou après. Il permettra alors de vérifier si les moyens mis en place étaient les mieux pour tendre vers les objectifs fixés.

Olivier EPRON

Document 5

STOP-DJIHADISME.GOUV.FR
AGIR CONTRE LA MENACE TERRORISTE

Consulté en février 2019

Le mot « radicalisation » vient du latin *radix*, qui signifie « aller à la racine ». Au sens politique, le terme désigne les personnes souhaitant changer radicalement la société en faisant – ou pas – usage de la violence.

Radicalisation et idéologie

Se radicaliser, ce n'est pas seulement contester ou refuser l'ordre établi. La radicalisation djihadiste est portée par la volonté de remplacer la démocratie par une théocratie basée sur la loi islamique (la charia) en utilisant la violence et les armes. Elle suppose donc l'adoption d'une idéologie qui donne un cadre de vie et des repères guidant l'ensemble des comportements. Les personnes radicalisées divisent les hommes et les femmes en deux catégories : ceux qui adhèrent à leur cause et ceux qui ne la partagent pas et sont, à ce titre, appelés à mourir.

Quels sont les profils des personnes qui se radicalisent ?

La radicalisation djihadiste est le résultat d'un processus évolutif et non d'un « basculement » soudain. Elle est la conséquence de cheminements personnels et il n'existe pas d'explications systématiques à ces parcours. Toutefois, des recherches ont permis d'établir trois profils de personnes tentées de rejoindre des groupes terroristes djihadistes.

- **Les non-radicalisés :** ces personnes ne sont pas radicalisées au sens strict du mot. Elles sont plutôt inspirées par des motifs idéalistes, humanitaires, « romantiques »... Les aspects identitaires, religieux ou politiques de leur idéologie sont quasiment absents. Leur « enrôlement » est plus ou moins fort, mais il peut par contre être assez rapide.
- **Les radicalisés identitaires :** le terme désigne des individus en rupture avec la société française et les valeurs occidentales. Ces personnes se sentent exclues ou humiliées et font de leur identité un refuge autant qu'une solution à leurs problèmes. Leur radicalisation est lente et la dimension religieuse de celle-ci n'est que partielle.
- **Les radicalisés politico-religieux :** pour ces individus, l'idée d'une guerre sainte est un projet politique d'importance centrale. Leur identité est religieuse avant d'être nationale ou ethnique. Pour eux, la charia doit s'imposer au monde. Leur radicalisation est le résultat d'un lent processus d'idéologisation entretenu par des djihadistes formés aux doctrines religieuses, à leurs interprétations et à leurs courants.

Document 6

Education.gouv.fr

PLAN MERCREDI : L'ESSENTIEL

Dès la rentrée prochaine, toutes les communes pourront proposer le mercredi un accueil de loisirs à forte ambition éducative.

POUR QUI ?

Tous les enfants scolarisés **de la maternelle au CM2**

DE QUOI S'AGIT-IL ?

Un accueil de loisirs organisé par les collectivités :

- avec des activités ambitieuses : culturelles, artistiques, sportives, manuelles, etc. ;
- dans le respect des goûts et du rythme des enfants ;
- en dialogue avec les écoles et en lien avec chaque territoire.

POURQUOI ?

- Renforcer la qualité des offres périscolaires : sport, culture, nature
- Promouvoir le caractère éducatif des activités du mercredi
- Favoriser l'accès à la culture et au sport
- Réduire les fractures sociales et territoriales

QUAND ?

MER

Chaque mercredi à partir de la **rentrée 2018**, hors vacances scolaires

TOUS LES MOYENS DÉPLOYÉS

Un accompagnement de proximité

- des services de l'État : éducation, jeunesse et sport, culture
- des caisses d'allocations familiales (Caf)
- des associations partenaires

Un environnement juridique plus clair

- un projet éducatif territorial labellisé Plan mercredi pour les accueils répondant aux critères de la charte qualité
- des normes d'encadrement adaptées pour les collectivités labellisées

Des financements supplémentaires

- majoration de la prestation versée par la Caf aux collectivités
- maintien du fonds de soutien au développement des activités périscolaires pour les communes qui restent à quatre jours et demi

INTRODUCTION

Une meilleure cohérence entre temps scolaire et temps périscolaire

Pour que tous les enfants puissent bénéficier le mercredi d'activités propices à leur épanouissement et à leur réussite, il est indispensable de penser ce temps éducatif en articulation avec les enseignements.

Le Plan mercredi est le cadre de confiance pour encourager et consolider les projets portés par les collectivités, et améliorer encore la qualité des activités proposées aux enfants le mercredi.

À la rentrée 2018, le Plan mercredi va soutenir le développement d'accueils de loisirs de qualité.

Conçues dans une logique à la fois de loisirs, de découverte et de pratiques, les activités du mercredi peuvent être culturelles, artistiques, manuelles, environnementales, numériques, civiques et sportives.

Une nouvelle génération de projets éducatifs territoriaux

- Le Plan mercredi est le cadre idéal d'un partenariat renouvelé entre les collectivités territoriales et les services de l'État pour répondre à des besoins éducatifs identifiés sur le territoire.
- La mise en œuvre du Plan mercredi relève des initiatives locales que l'État accompagne.
- Une collectivité qui choisit de s'engager dans la dynamique du Plan mercredi sera accompagnée dans l'organisation des activités périscolaires diversifiées de grande qualité.
- Le cadre juridique, sécurisé, relève du Code de l'action sociale et des familles, notamment avec le contrôle de l'honorabilité des intervenants.

Une charte qualité Plan mercredi organise l'accueil du mercredi autour de 4 axes :

- veiller à la complémentarité éducative des temps périscolaires du mercredi avec les temps familiaux et scolaires ;
- assurer l'inclusion et l'accessibilité de tous les enfants souhaitant participer à l'accueil de loisirs, en particulier des enfants en situation de handicap ;
- inscrire les activités périscolaires sur le territoire et en relation avec ses acteurs ;
- proposer des activités riches et variées en y associant des sorties éducatives et en visant une réalisation finale (œuvre, spectacle, exposition, tournoi, etc.).

Le Plan mercredi procède d'un effort conjoint de l'État, des organismes sociaux et du secteur associatif pour accompagner les collectivités volontaires.

CE QUI VA CHANGER AVEC LE PLAN MERCREDI

La continuité éducative est au cœur du Plan mercredi. Elle repose sur le lien créé entre les écoles et les structures de loisirs, et sur l'organisation d'activités périscolaires de grande qualité en cohérence avec les enseignements scolaires.

POUR LES ENFANTS ET LEUR FAMILLE

- **Un label** qui garantit des activités de grande qualité
- **Des activités éducatives** en lien avec les ressources du territoire : sport, culture, nature
- **Des activités adaptées** à l'accueil des enfants en situation de handicap
- **Des activités plus nombreuses** grâce aux financements nouveaux

POUR LES COLLECTIVITÉS

- **Un soutien financier renforcé** pour l'organisation d'activités éducatives
- **Un cadre réglementaire adapté**
- **L'accompagnement** des fédérations d'éducation populaire et la **mise à disposition** d'outils pratiques

POUR LES ACTEURS DES TERRITOIRES ET DE L'ANIMATION

- La possibilité de développer **des partenariats** dans la durée
- **La reconnaissance** de leurs qualités d'encadrement
- **Le renforcement de l'emploi** dans les accueils de loisirs périscolaires

1 LES ACTEURS

L'ESSENTIEL

- **La commune ou l'établissement public de coopération intercommunale (EPCI) assure la mise en place et la bonne coordination du Plan mercredi.**
- **Cette collectivité locale est accompagnée par les services déconcentrés de l'État pour élaborer son projet éducatif territorial labellisé Plan mercredi, établi sur la base d'une charte de qualité.**
- **La commune s'appuie aussi sur le réseau associatif local et les ressources du territoire.**

La collectivité territoriale au cœur du projet

La collectivité :

- définit une nouvelle génération de projet éducatif territorial, en complémentarité avec le temps scolaire ;
- propose des activités de grande qualité, pleinement inscrites dans son territoire ;
- assure la bonne coordination du projet d'accueil du mercredi ;
- veille, dans la mesure du possible, à la stabilité de l'équipe d'animation le mercredi et sur l'ensemble des temps de loisirs périscolaires.

Les partenaires de la collectivité

Les acteurs institutionnels

Les collectivités territoriales s'appuient sur l'expertise des services déconcentrés de l'État dans l'élaboration des Plans mercredi :

- direction des services départementaux de l'éducation nationale (DSDEN) ;
- direction départementale de la cohésion sociale (DDCS) ;
- direction régionale des affaires culturelles.

Elles sont appuyées par la caisse d'allocations familiales (Caf) et/ou de la Mutualité sociale agricole (MSA).

Dans les communes qui comprennent un ou plusieurs quartiers prioritaires de la politique de la ville, le Plan mercredi peut constituer un axe structurant du volet éducatif des contrats de ville.

Le Plan mercredi peut prendre en compte les dispositifs de contractualisation existant dans le domaine culturel (contrat local d'éducation artistique – Clea –, projet territorial d'éducation artistique – PTEA –, contrat territoire lecture – CTL) et les parcours de découverte multi-activités.

Les acteurs associatifs et les opérateurs

Cet accompagnement est complété par le travail de partenariat notamment avec :

- les acteurs culturels (grands opérateurs, écoles de musique, musées, bibliothèques, théâtres, associations, etc.) ;
- les principales fédérations d'éducation populaire ;
- les associations sportives ;
- les sites naturels (parcs, jardins, fermes pédagogiques).

Signature et labellisation

Un Plan mercredi est formalisé par la signature conjointe d'une convention entre :

- le maire ou le président de l'EPCI ;
- le préfet de département ;
- le directeur académique des services de l'éducation nationale ;
- le directeur de la Caf et, le cas échéant, le directeur de la MSA.

Les autres partenaires engagés dans le Plan mercredi, en particulier d'autres collectivités territoriales et des associations, peuvent être signataires.

2 DES LEVIERS RÉGLEMENTAIRES, FINANCIERS ET PÉDAGOGIQUES

L'ESSENTIEL

- **La possibilité d'intégrer les clubs sportifs, les associations et les acteurs culturels locaux à la mise en œuvre du projet par la reconnaissance de la compétence de leur encadrement est renforcée.**
- **Pour les collectivités signataires d'un Plan mercredi, le soutien de la Caisse nationale d'allocations familiales (Cnaf) est doublé.**
- **Dès le mois de juillet, le site planmercredi.education.gouv.fr vient en appui aux collectivités qui souhaitent mettre en place un Plan mercredi avec des informations pratiques, des conseils méthodologiques et des ressources pédagogiques.**

Un environnement réglementaire adapté

Le projet du gouvernement s'articule autour de 2 axes :

- un environnement réglementaire facilitateur avec un périmètre des accueils de loisirs périscolaires et extrascolaires clarifié ;
- un taux d'encadrement adapté pour les accueils périscolaires.

Les intervenants extérieurs ponctuels (entraîneur de club sportif, professeur du conservatoire, etc.) pourraient désormais être pris en compte dans le calcul du taux d'encadrement des accueils de loisirs périscolaires. Cela permettrait une plus grande ouverture des accueils de loisirs sur leur environnement culturel et sportif, et donc, de proposer aux enfants des activités plus riches le mercredi.

Un soutien accru aux collectivités

- **La Cnaf finance les dépenses liées à l'accueil des enfants hors temps scolaire.** La prestation de service ordinaire perçue par les collectivités qui organiseront des activités dans le cadre d'un Plan mercredi sera doublée (1 € par heure et par enfant au lieu de 0,54 € par heure actuellement).
- L'État intègre le Plan mercredi aux conventions pluriannuelles d'objectifs qui le lient aux fédérations d'éducation populaire et aux associations partenaires de l'École.

Maintien du fonds de soutien pour les collectivités à quatre jours et demi

- Les collectivités qui décident de maintenir une organisation scolaire comprenant cinq matinées conservent le bénéfice du fonds de soutien existant, y compris la majoration si elles y ont droit.

Un site pour accompagner la mise en œuvre du Plan mercredi

Accessible dès la mi-juillet, le site planmercredi.education.gouv.fr sera dédié aux collectivités souhaitant s'engager dans la mise en œuvre d'un Plan mercredi.

Celles-ci y trouveront :

- un rappel du cadre juridique ;
- un récapitulatif des aides financières ;
- des informations pratiques sur la mise en place d'un Plan mercredi ;
- près de 100 fiches pédagogiques conçues en partenariat avec les associations d'éducation populaire ;
- les coordonnées des partenaires nationaux et locaux du Plan mercredi.

Document 7

Ministère de l'éducation nationale, de l'enseignement supérieur et de la recherche - Ministère de la ville, de la jeunesse et des sports.

- FICHES PRATIQUES -

PROJET ÉDUCATIF TERRITORIAL (PEDT)

L'essentiel pour élaborer, mettre en oeuvre et développer un projet éducatif territorial

LE PEDT :
UN OUTIL SIMPLE ET PRATIQUE AU SERVICE DE LA RÉUSSITE DES ÉLÈVES ET DE L'ATTRACTIVITÉ DES TERRITOIRES

Dix bonnes raisons de mettre en place un projet éducatif territorial (PEDT), en particulier en milieu rural :

1 - IL EST AU SERVICE DE LA RÉUSSITE ÉDUCATIVE ET DU BIEN-ÊTRE DES ENFANTS (voir fiche 3)

Le PEDT est un projet conçu dans l'intérêt de l'enfant. C'est un cadre qui permet à l'ensemble des acteurs éducatifs de coordonner leurs actions de manière à respecter au mieux les rythmes, les besoins et les aspirations de chaque enfant. En effet, la diversité des acteurs et des situations pédagogiques multiplie les possibilités pour les enfants de s'épanouir en acquérant différents savoirs, savoir-faire et savoir être.

2 - IL CONSTITUE UN FACTEUR D'ATTRACTIVITÉ DU TERRITOIRE POUR LES FAMILLES

Le PEDT, en assurant, notamment en fin d'après-midi, l'organisation d'une offre d'activités périscolaires en continuité et en complémentarité avec l'école, facilite les organisations familiales. Il répond aux besoins de prises en charge des enfants, surtout pour les parents qui travaillent. Avec la présence de l'école, l'existence d'une offre d'activités périscolaires de qualité dans le cadre d'un PEDT est un facteur favorable à l'installation ou au maintien des familles dans les territoires.

3 - IL OUVRE DROIT AUX FINANCEMENTS DE L'ÉTAT (voir fiche 2)

Le versement du fonds de soutien au développement des activités périscolaires (voir fiche 2), qui succède au fonds d'amorçage, est désormais pérennisé et conditionné à la conclusion d'un PEDT.

Pour aller plus loin : http://pedt.education.gouv.fr/les-aides-financieres

4 - IL OFFRE UN CADRE FACILITANT L'ORGANISATION DES ACCUEILS DE LOISIRS PÉRISCOLAIRES [1]

Les collectivités signataires d'un PEDT et déclarant au moins un accueil de loisirs périscolaires peuvent bénéficier d'un cadre réglementaire adapté pour les accueils de loisirs périscolaires :

- un taux d'encadrement plus souple (un animateur pour 14 enfants de moins de 6 ans au lieu de 10, un animateur pour 18 enfants au lieu de 14) ;
- la possibilité d'inclure les intervenants ponctuels dans le calcul du taux d'encadrement ;
- une durée de fonctionnement journalière minimale d'un accueil de loisirs périscolaires ramenée de deux à une heure.

1 Décret n° 2013-707 du 2 août 2013 : http://pedt.education.gouv.fr/les-textes-de-reference

5 - IL FAVORISE L'IMPLICATION DES FAMILLES DANS LE PARCOURS ÉDUCATIF DE LEURS ENFANTS

Le PEDT donne une place nouvelle aux familles et à leurs représentants, notamment dans le comité de pilotage. Il est le cadre pour organiser les modalités d'information, de participation voire d'implication des familles en matière d'activités périscolaires. Des parents détenteurs de savoir-faire particuliers peuvent également être mobilisés pour intervenir pendant les activités périscolaires (exemples : artisans, agriculteurs, jardiniers, artistes, pompiers volontaires, etc.).

6 - IL DYNAMISE LA VIE ASSOCIATIVE CULTURELLE, SPORTIVE ET CITOYENNE DU TERRITOIRE

Dans les territoires où existe un tissu associatif, le PEDT vivifie et dynamise la vie associative. Les bénévoles associatifs, et le cas échéant, les salariés, peuvent être mobilisés pour des interventions dans le cadre scolaire et/ou périscolaire. Par ailleurs, le PEDT favorise l'ouverture des associations au monde éducatif et l'élaboration de projets collectifs impliquant plusieurs associations permet le développement de liens entre elles.
Dans les territoires comptant peu ou pas d'associations, les collectivités peuvent solliciter les organismes et personnes ressources départementales telles que le référent « vie associative » des DDSC/PP, les groupes d'appui départementaux (Gad), le collectif des associations complémentaires de l'école (Cape) ainsi que les services du conseil départemental.

7 - IL FACILITE UNE POLITIQUE D'INCLUSION DES ENFANTS EN SITUATION DE HANDICAP

Le PEDT favorise l'inclusion de tous les enfants pendant les temps scolaires et périscolaires. Il peut être l'occasion de mettre en place des activités de sensibilisation des enfants au handicap, en particulier à travers des mises en situation ludiques et sportives.
Pour faciliter l'inclusion des enfants en situation de handicap au sein des accueils de loisirs, organisés notamment dans le cadre d'un PEDT, la Caisse nationale des allocations familiales (Cnaf) mobilise pour soutenir les communes une partie des crédits du fonds « publics et territoires ». Ces crédits permettent d'accompagner financièrement les gestionnaires d'accueil pour le renforcement de la fonction d'animation et de soutenir des actions de pilotage des projets. En appui aux collectivités, le ministère chargé de l'Éducation nationale a par ailleurs demandé à ses services de faciliter l'emploi, dans le cadre d'un cumul d'activités, des accompagnants des élèves en situation de handicap (AESH) lorsque l'accessibilité des activités périscolaires nécessite une présence humaine renforcée.

Fonds publics et territoires : http://www.securite-sociale.fr/L-Etat-et-la-CNAF-aux-cotes-des-communes-pour-favoriser-l-acces-des-enfants-en-situation-de?type=presse

Mission AESH : http://www.education.gouv.fr/cid53535/mene102286 1c.html

8 - IL FAVORISE LE DÉVELOPPEMENT DES LOISIRS POUR TOUS ET CONTRIBUE AU PARTAGE DES VALEURS DE LA RÉPUBLIQUE ET À LA CULTURE DU « VIVRE ENSEMBLE »

Le PEDT initie une démarche collective en faveur de la mixité des publics qui permet à tous les participants de faire l'apprentissage de la solidarité dans le respect de la diversité et des différences.
Le PEDT permet la mise en place d'activités participatives qui favorisent l'implication des enfants pour

construire des espaces favorables à l'échange et au « vivre ensemble ». Ces activités visent ainsi à l'acquisition de l'expérience de la rencontre, de l'ouverture culturelle et de la mixité pour faire vivre et partager les pratiques démocratiques et la citoyenneté. Le comité interministériel à l'égalité et à la citoyenneté (CIEC) soutient la mise en place de modules de formation aux valeurs de la République, à l'éducation à la citoyenneté et à la lutte contre les discriminations.

CIEC : http://www.gouvernement.fr/sites/default/files/liseuse/3593/master/index.htm

9 - IL FAVORISE LE DÉVELOPPEMENT DE L'EMPLOI ET DE LA FORMATION DANS LES SECTEURS DE L'ANIMATION ET DU SPORT

Outre la mobilisation de personnels municipaux tels que les Atsem, les collectivités peuvent faire appel ponctuellement à des intervenants extérieurs ou confier à une association l'organisation des activités et/ou le recrutement des animateurs et éducateurs sportifs nécessaires. Souvent, ces démarches se traduisent par le développement de formations continues (CNFPT, DDCS/PP, associations d'éducation populaire), volontaires (Bafa/BAFD) ou professionnelles (BPJEPS/DEJEPS), ainsi que par le recrutement d'encadrants.

L'État soutient fortement ces efforts pour l'emploi et la formation d'animateurs et d'éducateurs sportifs : fonds de soutien au développement des activités périscolaires, dispositif Sésame vers l'emploi pour le sport et l'animation dans les métiers de l'encadrement, emplois d'avenir, contrat d'apprentissage, contrat de professionnalisation (voir fiche 5).

La CNAF, avec l'aide spécifique aux rythmes éducatifs (ASRE), les aides individuelles aux jeunes pour l'obtention du Bafa et l'aide au pilotage dans les contrats enfance jeunesse, y contribue également.

Contact : Direction départementale de la cohésion sociale/et de la protection des populations (DDCS/PP).

10 - IL FAVORISE LES COOPÉRATIONS ENTRE COMMUNES

Les communes rurales qui sont confrontées à un manque de locaux, d'équipements ou d'animateurs qualifiés peuvent trouver des solutions dans la coopération entre communes. Par sa dimension partenariale, le PEDT permet, dans le cadre d'un regroupement pédagogique intercommunal (RPI) ou d'autres collaborations intercommunales, de mutualiser les ressources. Plus d'un tiers des PEdT sont ainsi conclus dans le cadre d'un établissement public de coopération intercommunale (EPCI).

Contact : groupe d'appui départemental (Gad)
http://pedt.education.gouv.fr/les-contacts-utiles-pour-vous-accompagner

Ministère de l'Éducation nationale, de l'Enseignement supérieur et de la Recherche
Ministère de la Ville, de la Jeunesse et des Sports

avec le concours de :

AMF – AMRF Association des Maires Ruraux de France – APVF Petites Villes de France – CNFPT – Allocations familiales Caisse nationale

Le sujet corrigé

A. Quelques conseils de méthode avant de traiter le sujet

1er conseil

Le **nombre de points** alloué à chacune des questions va déterminer **votre stratégie.**

Vous consacrerez en effet **davantage de temps aux questions qui « pèsent » un grand nombre de points** qu'aux autres questions.

Le nombre de points vous donne également des indications sur la longueur du développement attendu : il en effet totalement inutile de consacrer un long développement à une question dotée d'un faible nombre de points, même si cette question vous semble d'un abord aisé. Vous obtiendrez au mieux la totalité des points alloués à cette question... mais vous aurez perdu du temps nécessaire à un bon traitement de la ou des questions dotées d'un nombre important de points.

2e conseil

Le sujet indiquant que vous pouvez traiter les questions dans l'ordre qui vous convient, en prenant soin de préciser le numéro de la question avant d'y répondre, commencez en traitant la ou les questions qui vous paraissent les plus aisées (sans pour autant perdre de vue le 1er conseil).

3e conseil

Repérez, grâce à la liste signalétique des documents au dossier, dans quel(s) document(s) vous allez trouver les informations nécessaires. Cela vous permettra de gagner du temps. Si le titre reproduit dans la liste signalétique ne vous paraît pas suffisamment explicite, opérez une brève incursion dans le dossier afin d'en savoir plus, avant de vous « atteler » au traitement de la question à laquelle vous entendez répondre en premier.

B. Repérage

On identifie ainsi assez aisément les sources des réponses aux questions :

Question	N° document	Titres
1. Comment les collectivités locales peuvent-elles repérer et prévenir la radicalisation au sein de leurs structures d'accueil, tant au niveau des professionnels que des publics jeunes ?	1 2 5	« Attentat déjoué : les mairies ne demandent pas systématiquement le casier judiciaire des animateurs périscolaires » « Ressources et outils éducatifs de prévention de la radicalisation » « Agir contre la menace terroriste »
2. Précisez le rôle du projet éducatif territorial (PEDT), au regard des structures éducatives existant sur le territoire communal.	7	« Le PEDT : un outil simple et pratique au service de la réussite des élèves et de l'attractivité des territoires »
3. À quels objectifs le plan mercredi répond-il ?	3 6	« Le plan mercredi entre ambition éducative affichée et ambiguïté réglementaire » « Le plan mercredi : l'essentiel »
4. Quels sont les principales étapes et les critères d'élaboration d'un projet pédagogique en accueil collectif de mineurs (ACM) ?	4	« Un projet, pour quoi faire ? »

On remarque que deux réponses sur quatre nécessitent chacune l'exploitation d'un seul document, tandis que les deux autres imposent de synthétiser les informations de deux à trois documents.

Une bonne stratégie peut être de traiter en priorité les questions dont les éléments de réponse figurent dans un seul document, faisant ainsi appel à une technique assez simple de résumé, puis celles qui requièrent l'exploitation de plusieurs documents et reposent donc sur une technique un peu plus complexe de synthèse.

En vous entraînant à cette épreuve, testez deux méthodes possibles :

- **1re méthode :** après un premier travail de repérage (ci-dessus), je vérifie par une lecture de survol du dossier si l'information est bien là où je pense la trouver et, ce repérage opéré, je prends des notes au brouillon à partir du document repéré comme me permettant de traiter intégralement la première question que je souhaite traiter ; je procède de même question après question ;
- **2e méthode :** j'ouvre autant de fiches (feuilles de brouillon) différentes que le sujet compte de questions et, commençant l'exploitation du dossier par le document 1, puis par le document 2, etc., je prends des notes sur chacune des fiches au fur et à mesure du repérage des informations qui s'y rattachent.

NOTE DU FORMATEUR

Cette deuxième méthode est de loin préférable lorsque les éléments permettant de répondre à une question se trouvent dans plusieurs documents : je complète ainsi chacune des fiches au fur et à mesure de l'exploitation des documents. C'est manifestement le cas pour traiter le sujet ci-dessus.

En revanche, dans l'hypothèse ou un document (ou des documents qui se suivent et se complètent) correspond à une seule question, la première méthode convient.

C. Le traitement du sujet

Dans un but pédagogique, la ou les sources des informations sont indiquées à la fin de la réponse à chaque question. Elles n'ont évidemment pas à apparaître dans la copie.

❶ Comment les collectivités locales peuvent-elles repérer et prévenir la radicalisation au sein de leurs structures d'accueil, tant au niveau des professionnels que des publics jeunes ? *(5 points)*

Il convient tout d'abord de prévenir et repérer une éventuelle radicalisation des professionnels au sein des structures d'accueil.

En termes de prévention, les communes doivent être particulièrement attentives à la qualité des recrutements d'animateurs qu'elles opèrent, et prendre le soin de demander systématiquement un extrait de casier judiciaire lors de chaque recrutement *(document 1)*.

Il est également essentiel que les responsables des structures d'accueil bénéficient d'une formation spécifique afin de pouvoir repérer les signes de radicalisation. La radicalisation est en effet un processus évolutif et non un basculement soudain : les non-radicalisés sont inspirés par des motifs idéalistes, humanitaires et peuvent facilement être « enrôlés » ; les radicalisés identitaires voient dans leur identité en rupture un remède à leur exclusion et un refuge ; les radicalisés politico-religieux font de la guerre sainte un projet politique essentiel, au terme d'un long processus d'idéologisation *(document 5)*.

S'agissant des publics jeunes, la formation des animateurs au processus de radicalisation, abordant notamment les problématiques des théories du complot, de l'embrigadement des jeunes, de la radicalisation sur internet est essentielle. Une fois sensibilisées à ces questions, les équipes d'animation peuvent faire appel à des associations agrées par l'Éducation nationale qui proposent des interventions à l'intention du public scolaire sur la radicalisation à l'école : il conviendra d'entreprendre les démarches nécessaires pour que ces interventions sortent du seul champ scolaire et soient également proposées dans le cadre extrascolaire *(document 2)*.

Les animateurs peuvent très utilement s'inspirer des outils utilisés par l'Éducation nationale en matière d'éducation aux médias et à l'information afin de prévenir l'entrée des jeunes dans le complotisme, terreau possible de la radicalisation. Tout ce qui peut contribuer à la construction de l'esprit critique doit être utilisé, en se référant notamment aux ressources du site CANOPÉ à disposition des enseignants. L'approche de l'histoire des idées et des faits religieux peut également permettre aux jeunes de se repérer dans la complexité du monde. Informer les jeunes sur les possibilités de s'engager dès 11 ans comme « cadets de la sécurité civile » ou « élèves assistants de sécurité » constitue une autre piste de prévention possible. Enfin, de nombreux médias peuvent être utilisés, comme le site internet « stop-djihadisme », des vidéos interactives toujourslechoix.fr, sans parler de nombreux documentaires, téléfilms, pièces de théâtre et ouvrages ou jeux *(document 2)*.

❷ Précisez le rôle du projet éducatif de territoire (PEDT), au regard des structures éducatives existant sur le territoire communal. *(5 points)*

Le PEDT permet à l'ensemble des acteurs éducatifs de coordonner leurs actions pour assurer la réussite éducative des enfants et assurer leur bien-être. Les activités périscolaires sont complémentaires de celles de l'école tout en répondant au besoin de prise en charge des enfants des parents qui travaillent.

Il permet d'impliquer les familles, acteurs évidemment essentiels de l'éducation, dans les activités périscolaires, notamment au moyen du comité de pilotage, et de mobiliser les parents détenteurs de savoir-faire particuliers.

Il constitue également un moyen de mobiliser les bénévoles et salariés des associations, qui peuvent intervenir dans le cadre scolaire et périscolaire, et de favoriser l'élaboration de projets collectifs entre associations.

De plus, le PEDT permet de mobiliser des moyens développés par le comité interministériel à l'égalité et à la citoyenneté qui met en place des modules de formation aux valeurs de la République, à l'éducation et à la citoyenneté et à la lutte contre les discriminations.

Enfin, le PEDT peut également permettre de faire appel à des acteurs extérieurs intervenant en matière d'éducation et de formation, comme le Centre national de la fonction publique territoriale (CNFPT), les associations d'éducation populaire, volontaires ou professionnelles *(document 7)*.

❸ À quels objectifs le plan mercredi répond-il ? *(6 points)*

Le « plan mercredi », qui s'applique à la rentrée scolaire 2018, entend garantir des temps périscolaires proposant des activités de qualité complémentaires des temps scolaires. Pour le ministre de l'Éducation nationale, l'objectif est que les enfants « se voient offrir une palette d'activités qui permettent d'avoir un mercredi intelligent, pertinent, avec de la culture, de la nature, du sport en cohérence avec les temps scolaire et périscolaire de l'enfant ».

Plus précisément, le « plan mercredi » entend :

- renforcer la qualité des offres périscolaires : sport, culture, nature ;
- promouvoir le caractère éducatif des activités du mercredi ;
- favoriser l'accès à la culture et au sport ;
- réduire les fractures sociales et territoriales.

Il prévoit des projets éducatifs territoriaux soumis à une charte qualité « plan mercredi », avec pour objectif :

« 1. veiller à la complémentarité éducative des temps périscolaires du mercredi avec les temps familiaux et scolaires ;

2. assurer l'inclusion et l'accessibilité de tous les enfants souhaitant participer à l'accueil de loisirs, en particulier des enfants en situation de handicap ;

3. inscrire les activités périscolaires sur le territoire et en relation avec ses acteurs ;

4. proposer des activités riches et variées en y associant des sorties éducatives et en visant une réalisation finale. »

À cette fin, la collectivité doit définir une « nouvelle génération de projet éducatif territorial, en complémentarité avec le temps scolaire », proposer « des activités de grande qualité, pleinement inscrites dans son territoire », assurer une bonne coordination du projet d'accueil du mercredi, veiller à la stabilité de l'équipe d'animation *(document 3)*.

❹ Quels sont les principales étapes et les critères d'élaboration d'un projet pédagogique en accueil collectif de mineurs (ACM) ? *(4 points)*

L'organisation d'un séjour ou d'un accueil est inscrite dans le projet pédagogique : le directeur réalise un projet pédagogique qui permet d'établir l'organisation du séjour et à l'équipe d'animation de faire reposer son action sur un cadre structuré et cohérent. Il est rédigé pour une période de fonctionnement donnée (le temps d'un accueil ou d'un séjour) et en fonction du public accueilli.

Le projet pédagogique indique notamment les éléments suivants :

- l'âge des mineurs accueillis ;
- la nature des activités proposées ;
- les conditions de mise en œuvre des activités ;
- la répartition des temps d'activités et de repos ;
- les modalités de participation des mineurs ;
- le cas échéant, les mesures envisagées pour les mineurs atteints de troubles de la santé ou de handicap ;
- les modalités de fonctionnement de l'équipe ;
- les modalités d'évaluation de l'accueil ;
- les caractéristiques des locaux et des espaces utilisés ;
- la collaboration avec des intervenants extérieurs.

Son élaboration peut comporter les étapes suivantes :

- une définition précise du processus d'élaboration ;
- une concertation entre, selon le cas, l'organisateur, le directeur, l'équipe de direction, les animateurs ;
- une participation des enfants ou jeunes à l'élaboration des règles de vie ;
- une écriture du projet par le directeur, soumis pour avis, selon le cas, à l'organisateur, l'équipe de direction, les animateurs ;
- la consultation régulière du projet par l'équipe d'animation pendant le temps de l'accueil ou du séjour ;
- des rencontres périodiques des différents acteurs du projet pour vérifier les éventuels écarts entre le projet et la pratique ;
- une évaluation concertée du projet au terme du séjour ou de l'accueil *(document 4)*.

Réponses à des questions sur l'animation sociale, socio-éducative ou culturelle

(concours interne et 3e concours d'animateur territorial principal de 2e classe)

DURÉE 3 HEURES

COEFFICIENT 1

Méthodologie et conseils

INTITULÉ RÉGLEMENTAIRE DE L'ÉPREUVE

Des réponses à des questions portant sur l'animation sociale, socio-éducative ou culturelle dans les collectivités territoriales permettant d'apprécier les connaissances professionnelles du candidat *(durée : trois heures ; coefficient : 1).*

Cette épreuve des concours interne et de troisième voie d'accès au grade d'**animateur territorial principal de 2e classe** est l'une des deux épreuves écrites d'admissibilité de ces concours, affectées chacune d'un coefficient 1, l'unique épreuve orale d'admission étant, pour sa part, affectée également d'un coefficient 1.

Cette épreuve comporte un programme réglementaire.

Les parties « cours » de cet ouvrage, portant d'une part sur **la connaissance des collectivités territoriales** et d'autre part **sur celle de l'animation,** seront particulièrement utiles à la réussite de cette épreuve.

Comme pour les autres épreuves, les conseils méthodologiques ci-après sont fondés sur les cadrages indicatifs nationaux, dont les éléments apparaissent dans les encadrés suivants.

Nous vous invitons à lire également attentivement les conseils de méthode de l'épreuve de rapport avec propositions opérationnelles et de note sur dossier qui contiennent de nombreuses indications utiles portant sur les **exigences rédactionnelles des épreuves**.

Extrait du rapport de la présidente du jury du concours d'animateur principal de 2e classe, session 2013, centre de gestion d'Ille-et-Vilaine (CDG 35)

Le sujet était en adéquation avec les missions dévolues à un animateur territorial principal de 2e classe et relevait bien d'un niveau d'un concours de catégorie B. Bien que le sujet ne présentait pas de difficulté particulière, les questions techniques, juridiques demandaient des réponses bien précises qui, le plus souvent, étaient absentes. Les correcteurs constatent que la culture associative mais surtout territoriale est peu maîtrisée par les candidats.

1. Les objectifs de l'épreuve

NOTE DU FORMATEUR

L'épreuve vise à évaluer notamment :

- les connaissances professionnelles du candidat en matière d'animation dans les collectivités territoriales ;
- la capacité du candidat à rendre compte de ses connaissances de manière cohérente ;
- les qualités rédactionnelles du candidat.

2. Les réponses aux questions

NOTE DU FORMATEUR

À la différence d'autres épreuves, **le libellé réglementaire de cette épreuve ne précise ni le nombre de questions ni la longueur de la réponse attendue**.

Il paraît pertinent, tant pour mesurer l'ensemble des connaissances requises de tous les candidats que pour assurer un égal traitement sans privilégier abusivement ceux qui auraient la chance de se voir proposer des questions relevant de leur expertise particulière, que les sujets comportent **au maximum dix questions**.

Le **nombre de points alloué à chaque question** peut varier en fonction de l'importance de la question et du développement de la réponse attendu. Ce barème est porté sur le sujet afin que les candidats puissent arrêter leur stratégie de traitement du sujet en toute connaissance de cause. Certaines questions peuvent requérir un développement structuré, d'autres des réponses plus brèves destinées à vérifier des connaissances. Elles peuvent le cas échéant prendre la forme de mises en situation.

Sauf indications contraires dans le sujet pour telle ou telle question, précisant par exemple que le candidat peut présenter tout ou partie de sa réponse sous forme de tableau ou de graphique, des réponses intégralement rédigées sont attendues et seront notamment évaluées en fonction du respect des règles syntaxiques.

3. L'animation sociale, socio-éducative ou culturelle dans les collectivités territoriales

Le libellé réglementaire de l'épreuve indique de manière large le champ des questions posées, en disposant qu'elles portent sur l'animation sociale, socio-éducative ou culturelle dans les collectivités territoriales et permettent d'apprécier les connaissances professionnelles du candidat.

Le **programme** réglementairement fixé précise les thèmes sur lesquels portent les questions :

- l'actualité de l'animation et de l'action sociale ;
- la situation de l'animation dans l'évolution générale de la société ;
- les grandes étapes de l'éducation populaire, de l'animation socioculturelle, du mouvement associatif ;
- l'organisation générale et le fonctionnement, les missions et l'évolution :
  - de l'association loi 1901,
  - d'un service d'animation municipal,
  - d'une structure associative socioculturelle ;
- les principaux dispositifs et les modalités d'actions socio-éducatives en matière de pratiques culturelles, de logement, de famille, de santé, de loisirs, de prévention, d'insertion, d'orientation et d'aide sociale ;
- les grandes caractéristiques des principaux courants pédagogiques ;
- la connaissance des publics ;
- l'adaptation d'une activité aux publics visés et la déclinaison d'objectifs pédagogiques ;
- les bases en psychologie comportementale ;
- les principales techniques d'accueil, d'entretien et de réunion ;
- les objectifs, les moyens, les méthodes et les critères d'évaluation des actions d'animation ;
- le budget d'une action d'animation (suivi et évaluation) ;
- les principales obligations liées à l'organisation de toute activité en matière de responsabilité civile et pénale, d'assurance et de protection des mineurs ;
- les règles en vigueur concernant la sécurité des biens et des personnes ;
- les techniques fondamentales de prévention en matière d'hygiène et de santé.

4. Un barème indicatif de correction

Le nombre de points alloué à chaque question est précisé dans le sujet.
La copie est évaluée sur le fond et la forme, les correcteurs appréciant d'une manière générale la capacité du candidat à rédiger des réponses pertinentes, claires, cohérentes et structurées.
L'évaluation du niveau de maîtrise de la langue est prise en considération dans la note globale attribuée à la copie.
Ainsi, une copie ne devrait pas obtenir la moyenne lorsqu'elle traduit une incapacité à rédiger clairement ou témoigne d'une maîtrise linguistique insuffisante (nombreuses erreurs d'orthographe, de syntaxe, de ponctuation, de vocabulaire).
Une copie négligée (soin, calligraphie) pourra être également pénalisée.

Tout le cours

Sans prétendre à l'exhaustivité, cette partie entend attirer l'attention des candidats sur les connaissances particulièrement nécessaires tant à un traitement pertinent des **sujets de questions sur l'animation** (concours interne et de troisième voie d'animateur principal de 2e classe) qu'à la réussite des **épreuves orales d'admission**. La maîtrise de ces connaissances pourra également s'avérer utile à l'élaboration des propositions opérationnelles de l'épreuve de **rapport** des trois concours d'animateur principal de 2e classe.

À cette fin, cette partie entend fournir au lecteur des informations précises qui s'inscrivent dans le cadre réglementaire de l'épreuve écrite de questions sur l'animation :

– l'actualité sociale ;

– la situation de l'animation dans l'évolution générale de la société ;

– les grandes étapes de l'éducation populaire, de l'animation socioculturelle, du mouvement associatif ;

– l'organisation générale et le fonctionnement, les missions et l'évolution :

- de l'association loi 1901,
- d'un service d'animation municipal,
- d'une structure associative socioculturelle et/ou sportive ;

– les principaux dispositifs et les modalités d'actions socio-éducatives en matière de pratiques culturelles, de logement, de famille, de santé, de loisirs, de prévention, d'insertion, d'orientation et d'aide sociale ;

– les grandes caractéristiques des principaux courants pédagogiques ;

– la connaissance des publics ;

– l'adaptation d'une activité aux publics visés et la déclinaison d'objectifs pédagogiques ;

– les bases en psychologie comportementale ;

– les principales techniques d'accueil, d'entretien et de réunion ;

– les objectifs, les moyens, les méthodes et les critères d'évaluation des actions d'animation ;

– le budget d'une action d'animation (suivi et évaluation) ;

– les principales obligations liées à l'organisation de toute activité en matière de responsabilité civile et pénale, d'assurance et de protection des mineurs ;

– les règles en vigueur concernant la sécurité des biens et des personnes ;

– les techniques fondamentales de prévention en matière d'hygiène et de santé.

1. L'actualité sociale

Quelques « grandes lois » dont peuvent bénéficier les publics relevant de l'animation méritent d'être ici rappelées.

On retrouvera certaines d'entre elles dans le développement de divers points au programme.

1. La lutte contre l'exclusion

■ **La loi du 1er décembre 1988 portant création du revenu minimum d'insertion (RMI)** vise à permettre à chacun de disposer de ressources suffisantes pour faire face à ses besoins et à favoriser la réinsertion des plus démunis. La loi du 29 juillet 1992, portant adaptation de la loi sur le RMI et relative à la lutte contre la pauvreté et l'exclusion sociale et professionnelle, tire les conséquences de l'évaluation du premier dispositif.

Pour bénéficier du revenu minimum d'insertion, il faut résider en France (les étrangers peuvent en bénéficier dès lors qu'ils résident depuis au moins trois ans), être âgé d'au moins 25 ans (sauf si on a des enfants à naître ou à charge), signer un contrat par lequel on s'engage à participer aux opérations d'insertion prévues dans le cadre d'un contrat d'insertion. Le RMI est initialement instruit par les centres communaux d'action sociale et les associations caritatives et financé par l'État au titre de la solidarité nationale.

■ **La loi d'orientation du 29 juillet 1998, relative à la prévention et à la lutte contre les exclusions**, généralise les politiques partenariales dans la lutte contre toute les causes d'exclusion, (logement, santé, emploi, culture...) : en effet, elle « tend à garantir sur l'ensemble du territoire l'accès effectif à tous les droits fondamentaux dans les domaines de l'emploi, du logement, de la protection de la santé, de la justice, de l'éducation, de la formation et de la culture, de la protection de la famille et de l'enfance ». Ce texte ambitieux de 159 articles prévoit des dispositifs de coordination entre tous les acteurs concernés.

■ **La loi du 27 juillet 1999 instituant la couverture maladie universelle (CMU)** fait de celle-ci une garantie, offerte à toutes les personnes résidant régulièrement en France depuis plus de trois mois, de la prise en charge des soins par les régimes obligatoires de la Sécurité sociale. Pour certaines personnes à faibles revenus, la CMU offre une couverture santé complémentaire aux remboursements de la Sécurité sociale.

Les personnes résidant en France de manière irrégulière peuvent bénéficier de l'aide médicale d'État.

Une CMU complémentaire est accordée sous condition de ressources, permettant de bénéficier d'une prise en charge à 100 % des dépenses de santé, sans avoir à faire l'avance des frais.

La loi du 18 décembre 2003 portant décentralisation en matière de RMI et création du revenu minimum d'activité (RMA) transfère la gestion du RMI aux départements au 1er janvier 2004.

Les départements deviennent les seuls responsables du dispositif : ils décident de l'admission au RMI, veillent au versement de l'allocation, assurent l'insertion des bénéficiaires. Le président du conseil général désigne les membres du comité départemental d'insertion (CDI) et des commissions locales d'insertion (CLI), élabore le programme départemental d'insertion, préside le CDI... Chaque RMiste doit signer un contrat d'insertion dans le trimestre qui suit la mise en paiement et prend des engagements définis avec l'aide d'une « personne référente » : le contrat prévoit « en priorité une orientation vers l'ANPE, des activités ou stages destinés à acquérir ou améliorer les compétences professionnelles ou à favoriser l'insertion en milieu de travail ».

Le « contrat insertion-revenu minimum d'activité », réservé à ceux qui touchent le RMI depuis au moins 2 ans, prend la forme d'un contrat de travail à temps partiel (vingt heures par semaine payées sur la base du SMIC horaire) : sa durée ne peut excéder un an. Les bénéficiaires peuvent être recrutés dans le secteur marchand et non marchand (sauf service de l'État et du conseil général). Le RMA vise à encourager l'insertion professionnelle des RMistes qui « ne peuvent accéder à l'emploi dans les conditions ordinaires du marché du travail et pour lesquels un temps d'adaptation est nécessaire ».

Le RMI (et le RMA) disparaissent avec l'instauration du revenu de solidarité active (RSA) : c'est une prestation destinée à garantir à ses bénéficiaires, qu'ils soient ou non en capacité de travailler, un revenu minimum. Expérimenté dans trente-quatre départements de France à partir de mai 2007, le RSA a été généralisé à l'ensemble du territoire le 1er juin 2009 et a remplacé le revenu minimum d'insertion (RMI), l'allocation de parent isolé (API) ainsi que certaines aides forfaitaires temporaires comme la prime de retour à l'emploi (PRE).

Le revenu de solidarité active vise à supprimer les effets de seuil (les économistes parlent de « trappe à inactivité ») qui faisaient qu'une personne bénéficiant d'un minimum social et reprenant une activité rémunérée au SMIC ne voyait pas son revenu augmenter, ce qui la dissuadait de travailler. Le RSA constitue ainsi un complément de revenu pour les travailleurs pauvres et un minimum social pour ceux qui ne travaillent pas.

Le montant du RSA dépend des ressources du foyer. Les ressources correspondent aux revenus d'activité (salaire), y compris les autres ressources financières dont le foyer ou la famille dispose.

Le niveau minimum de ressource garanti, pour un foyer ne disposant d'aucune ressource d'activité, dénommé « RSA socle », s'élève, au 1er avril 2020, à 564,79 € pour une personne et à 847,17 € pour un couple.

1,87 million de foyers percevaient le RSA fin septembre 2019, soit une augmentation de 0,9 % en un an. Les masses financières versées au titre du RSA s'élèvent à 2,77 milliards d'euros (+ 3,1 % par rapport au 3e semestre 2018).

La crise sanitaire de 2020 entraîne une forte hausse du nombre de bénéficiaires, de l'ordre de 2,5 à 10 % selon les départements.

■ **La loi du 27 janvier 2017 relative à l'égalité et à la citoyenneté.**
Le communiqué de presse du Conseil des ministres du 13 avril 2016 en présente les principales dispositions :

« [...] Dans son titre I, ce projet de loi crée les conditions de la généralisation d'une culture de l'engagement citoyen tout au long de la vie et renforce la priorité à la jeunesse portée par le gouvernement depuis 2012 : création d'un congé d'engagement associatif pour les actifs bénévoles ; mise en place de la réserve citoyenne tout au long de la vie ; reconnaissance systématique de l'engagement dans les diplômes de l'enseignement supérieur ; ouverture du service civique à de nouveaux viviers ; rationalisation du pilotage des structures d'information des jeunes ; systématisation de l'information sur les examens de santé, les entretiens sur les droits en matière de couverture santé et de prévention pour les jeunes à partir de 16 ans et à intervalles réguliers. À la suite des concertations menées avec les organisations de jeunesse, le Premier ministre a par ailleurs invité les parlementaires à compléter le texte.

Le titre II du projet de loi engage des mesures structurantes dans le domaine du logement pour favoriser la mixité sociale et lutter contre les phénomènes de ségrégation territoriale et de "ghettoïsation" de certains quartiers : 25 % des attributions annuelles situées en dehors des quartiers défavorisés réservées au quart des demandeurs les plus modestes ; plus de souplesse pour les bailleurs sociaux dans la fixation des loyers en favorisant l'accueil des locataires aux profils plus diversifiés au sein des immeubles ; publication des critères d'attribution des logements sociaux établis à l'échelle intercommunale ; encouragement de la "location choisie" qui permet aux locataires de connaître l'offre de logements sociaux vacants et de candidater pour y avoir accès ; mise en cohérence des critères de priorité pour intégrer notamment les personnes reprenant une activité après une période de chômage de longue durée ; renforcement des obligations de production de logement social et meilleur ciblage avec les besoins et réalités des territoires. L'égalité réelle, c'est permettre à chacun de s'insérer pleinement dans la République.

Le titre III consacre et crée de nouveaux droits, au bénéfice de l'ensemble des citoyens : extension du rôle des conseils citoyens, au travers de la reconnaissance d'un droit d'interpellation qui permettra de modifier le contrat de ville afin de mieux répondre aux besoins des habitants ; renforcement de la formation à la maîtrise du français tout au long de la vie, notamment dans le cadre de la formation professionnelle ; élargissement de l'accès au troisième concours dans les trois fonctions publiques afin de valoriser tous les types d'expérience professionnelle ; durcissement de la répression des délits de provocation, de diffamation, d'injures et d'actes racistes face aux actes de racisme et de discriminations pour agir plus efficacement sur les discriminations et élargissement de la circonstance aggravante. »

2. Le logement

■ **La loi de solidarité et de renouvellement urbain (SRU) du 13 décembre 2000** impose notamment aux communes un minimum de 20 % de logements sociaux. Depuis le 1er janvier 2002, les villes de plus de 1 500 habitants situées dans des agglomérations de plus 50 000 habitants et ayant moins de 20 % de logements sociaux doivent acquitter une taxe de 152 € par an et par logement manquant. Dans un délai de 3 ans, la taxe triple et les préfets pouvant imposer la construction de logements sociaux.

■ La loi « Duflot » (loi du **18 janvier 2013 relative à la mobilisation du foncier public en faveur du logement et au renforcement des obligations de production de logement**) modifie les obligations de construction de logements sociaux en portant le quota minimum de 20 % à 25 % pour : les communes de plus de 3 500 habitants (1 500 habitants en Île-de-France) comprises dans une agglomération ou membre d'une communauté de plus de 50 000 habitants comprenant au moins une commune de plus de 15 000 habitants, dont le nombre de logements locatifs sociaux représente, au 1er janvier de l'année précédente, moins de 25 % des résidences principales.

■ **La loi de programmation pour la cohésion sociale du 18 janvier 2005**, qui contient des mesures issues du plan de cohésion sociale présenté en 2004 par Jean-Louis Borloo, ministre de l'Emploi, de la Cohésion sociale et du Logement, comprend trois volets auxquels le gouvernement entendait consacrer une enveloppe de 12,7 milliards d'euros jusqu'en 2009 :

- emploi : création des maisons de l'emploi, incitations fiscales et mesures relatives à l'apprentissage, création d'un « contrat d'avenir » pour les allocataires de minima sociaux, aides à la création d'entreprises pour les chômeurs, mesures relatives aux restructurations d'entreprises ;
- logement : mesures visant la réalisation de 500 000 logements sociaux en cinq ans, la remise sur le marché de 100 000 logements vacants du parc privé et le renforcement du dispositif d'accueil et d'hébergement d'urgence, création des établissements publics fonciers et d'aménagement pour faciliter les opérations foncières ;
- égalité des chances : renforcement de la dotation de solidarité urbaine, création des « équipes de réussite éducative » en école primaire et dans les collèges (rentrée 2005), mesures relatives à l'emploi des femmes sortant d'un congé maternité, création de l'agence nationale de l'accueil des étrangers et des migrations (ANAEM) et généralisation de contrat d'accueil et d'intégration.

■ **La loi du 5 mars 2007 instituant le droit opposable au logement et portant diverses mesures en faveur de la cohésion sociale** vise à garantir le droit à un logement à toute personne qui, résidant en France de façon stable et régulière, n'est pas en mesure d'accéder à un logement décent ou de s'y maintenir.

La commission de médiation départementale, créée en 1998 par la loi d'orientation relative à la lutte contre les exclusions, pouvait déjà, à la suite de la loi du 13 juillet 2006 portant engagement national pour le logement, être saisie d'une réclamation par des personnes menacées d'expulsion sans relogement, hébergées temporairement ou logées dans un taudis ou une habitation insalubre. Elle pourra dorénavant être également saisie par les sans-abri et les ménages avec enfants mineurs logés dans des conditions particulièrement difficiles du fait de l'état de leur logement ou de sa suroccupation.

La commission départementale, composée de représentants des organismes bailleurs, de représentants des associations de locataires et de représentants d'associations ayant pour objet le logement des personnes défavorisées, examine les demandes au cas par cas et, en cas d'avis favorable, demande au préfet de dégager un logement dans les 3 mois sur le quota préfectoral ou même dans le parc privé. Les loyers sont calculés en fonction des ressources des demandeurs.

Si, malgré l'avis de la commission, le relogement n'a pas lieu, il est possible d'engager un recours devant une juridiction administrative et l'État peut être condamné à payer une astreinte dont le montant est fixé par le juge.

Cette procédure, ouverte aux catégories prioritaires à partir du 1er décembre 2008, est élargie à compter du 1er janvier 2012 à toutes les personnes remplissant les conditions donnant droit à un logement social mais n'ayant reçu aucune offre après un délai « anormalement long ».

Le comité de suivi de la loi Dalo a dressé en septembre 2017 le constat suivant :

« Plus de 124 000 ménages ont pu accéder à un logement depuis 2008. La mobilisation des logements au profit de ménages reconnus au titre du DALO a continué de croître pour atteindre 21 700 logements en 2016. La loi DALO a profondément fait évoluer les pratiques des acteurs pour améliorer l'accès au logement des publics prioritaires.

Mais le droit au logement opposable peine à être respecté. 55 000 ménages reconnus au titre du DALO sont en attente d'une proposition de logement depuis un à huit ans. Ces ménages se concentrent dans 18 départements où une partie croissante de la population se trouve en situation de mal-logement, ou sans domicile : les départements d'Île-de-France, les Alpes-Maritimes, les Bouches-du-Rhône, le Var, le Rhône, la Loire-Atlantique, le Nord, la Haute-Garonne, la Gironde, l'Hérault, la Guyane, La Réunion et la Haute-Savoie.

Le bilan chiffré du DALO met également en évidence la stagnation du nombre de ménages reconnus au titre du droit au logement opposable. Ils sont passés de 25 596 en 2015 à 25 202 en 2016. Dans un contexte de crise du logement toujours plus grande, et au vu de l'augmentation du nombre de recours, cette stagnation s'apparente à un recul. Le comité de suivi a constaté de nombreuses décisions de commissions de médiation ne respectant pas les critères de reconnaissance fixés par la loi. Dans les secteurs les plus en tension, les commissions ont tendance à restreindre l'accès au droit au logement opposable, intégrant ainsi le manque d'offre de logements présent sur leur territoire. »

■ **La loi du 24 mars 2014 pour l'accès au logement et un urbanisme rénové (ALUR)** vise à combattre la crise du logement, marquée depuis de nombreuses années par une forte augmentation des prix, une pénurie de logements et une baisse du pouvoir d'achat des ménages. La loi modifie en premier lieu l'équilibre de la loi du 6 juillet 1989 sur les rapports locatifs en introduisant un mécanisme d'encadrement des loyers, principalement dans les agglomérations où existe un fort déséquilibre entre l'offre et la demande de logements et où les loyers ont connu la progression la plus forte au cours des dernières années. Elle introduit ensuite une meilleure régulation des professions de l'immobilier, agents immobiliers et syndics, dont l'activité sera mieux encadrée au bénéfice des copropriétaires. La loi entend en outre doter les élus des moyens de donner un coup d'arrêt à l'artificialisation des sols et à la consommation excessive d'espaces naturels et agricoles en élaborant les plans locaux d'urbanisme sur le périmètre des intercommunalités afin de construire les logements là où ils sont le plus utiles.

Le deuxième axe est la protection des locataires et des propriétaires, l'instauration d'une garantie universelle des loyers financée par l'État, qui devait entrer en vigueur au 1er janvier 2016 mais a finalement été remplacée par la garantie Visale réservée aux salariés jeunes ou précaires. Ce dispositif garantit l'ensemble des loyers impayés, charges comprises, pendant les trois premières années du bail dans la limite du départ du locataire.

Il est fondé sur une caution accordée au locataire par Action Logement (ex-1 % Logement) visant à prendre en charge le paiement du loyer et des charges de sa résidence principale, en cas d'impayés. Les sommes sont avancées au bailleur par Action Logement, puis remboursées par le locataire. Ce dispositif ne s'applique qu'aux baux du parc privé signés à partir du 1er février 2016.

La loi prévoit également des mesures pour prévenir la dégradation des copropriétés, introduit de nouveaux leviers d'action pour lutter contre l'habitat indigne en pénalisant les « marchands de sommeil ».

Le troisième axe porte sur le développement de l'habitat participatif.

■ **La loi 1er juin 2016 visant à renforcer l'efficacité d'Action logement** (anciennement 1 % logement) prévoit de créer une structure chargée de conclure avec l'État les conventions quinquennales relatives aux emplois de la participation des employeurs à l'effort de construction (PEEC) et de veiller à leur mise en œuvre.

■ **La loi 27 janvier 2017** relative à l'égalité et à la citoyenneté vise à favoriser l'insertion des jeunes et s'articule autour de trois axes :

- généraliser l'engagement au service de l'intérêt général et accompagner l'émancipation des jeunes ;
- favoriser la mixité sociale et l'égalité d'accès au logement ;
- renforcer l'égalité réelle.

■ **La loi du 23 novembre 2018 portant évolution du logement, de l'aménagement et du numérique (loi ELAN)** vise notamment à construire plus, mieux et moins cher et à faire évoluer le logement social.

3. Les personnes âgées

■ **La loi du 20 juillet 2001 relative à la prise en charge de la perte d'autonomie des personnes âgées et à l'allocation personnalisée d'autonomie (APA)**, succédant à la prestation spécifique dépendance (PSD) réservée aux personnes présentant un fort degré de dépendance, vise à améliorer la prise en charge des personnes en perte d'autonomie, en leur permettant de bénéficier des aides nécessaires à l'accomplissement des actes de la vie courante, à domicile comme en établissement.

Attribuée dans les mêmes conditions sur tout le territoire, elle est versée à toute personne en perte d'autonomie, dès lors qu'elle répond aux conditions de base fixées par la loi : « Toute personne résidant en France qui se trouve dans l'incapacité d'assumer les conséquences du manque ou de la perte d'autonomie liées à son état physique ou mental a droit à une allocation personnalisée d'autonomie permettant une prise en charge adaptée à ses besoins. Cette allocation, définie dans des conditions identiques sur l'ensemble du territoire national, est destinée aux personnes qui, nonobstant les soins qu'elles sont susceptibles de recevoir, ont besoin d'une aide pour l'accomplissement des actes essentiels de la vie ou dont l'état nécessite une surveillance régulière » (article L. 232-1 du Code de l'action sociale et des familles).

Prestation en nature personnalisée, elle est donc affectée à des dépenses adaptées aux besoins de chaque allocataire (financement de l'aide ménagère, de l'accueil de jour, de l'accueil temporaire, des aides techniques, de l'adaptation du logement…).

L'APA est gérée par les départements, en associant tous les partenaires concernés, sous la responsabilité du président du conseil départemental.

Une Caisse nationale de solidarité pour l'autonomie (CNSA) finance l'APA grâce à 0,1 point de contribution sociale généralisée (CSG), à une participation des régimes obligatoires d'assurance maladie ainsi qu'une fraction des recettes recueillies en contrepartie de l'instauration de la journée de solidarité. La CNSA complète ainsi l'apport des départements selon des modalités particulières de compensation et de péréquation.

Le nombre de bénéficiaires de l'APA est estimé fin 2017 à 1,3 million, soit une augmentation de 11,4 % par rapport à fin 2010 (59 % à domicile et 41 % en établissement).

■ La **loi du 28 décembre 2015** relative à l'adaptation de la société au vieillissement entend répondre à une demande forte des Français d'une anticipation des conséquences du vieillissement de la population sur la vie sociale et les politiques publiques dans leur ensemble (en 2060, un tiers des Français aura plus de 60 ans, les plus de 85 ans seront près de 5 millions, contre 1,4 million aujourd'hui). La loi aborde, dans un cadre pluriannuel, les aspects liés à l'adaptation de la société au vieillissement, s'attache à renforcer le soutien aux aidants et l'accompagnement en cas de perte d'autonomie. Elle repose sur trois piliers : anticipation de la perte d'autonomie; adaptation de la société; accompagnement des personnes en perte d'autonomie.

L'anticipation doit permettre de repérer et de combattre les premiers facteurs de risque de la perte d'autonomie (inégalités sociales et inégalités liées à la santé). Il s'agit de mener une politique de prévention avec un accès facilité aux aides techniques et aux actions collectives grâce à des moyens financiers dédiés, de mobilisation contre l'isolement au travers du programme MONALISA, ainsi que de favoriser une meilleure nutrition, un meilleur usage du médicament et des réponses sanitaires mieux adaptées, et de prévoir des actions de prévention du suicide.

Le deuxième pilier doit permettre d'adapter toutes les politiques publiques au vieillissement, de reconnaître l'engagement massif des seniors dans la vie associative, et d'assurer le respect de leurs droits, y compris en cas de perte d'autonomie.

Cela passe notamment par la rénovation de l'habitat collectif pour personnes âgées, avec un plan d'investissement en faveur des foyers-logements, et la traduction de l'engagement d'adaptation de 80 000 logements privés d'ici 2017.

Enfin, le dernier pilier vise à améliorer la prise en charge des personnes en perte d'autonomie, en relevant les plafonds de l'allocation personnalisée d'autonomie à domicile (soit plus de 700 000 bénéficiaires potentiels après réforme), en réduisant le reste à charge des personnes concernées, notamment les personnes âgées les plus modestes et ayant les plans d'aide les plus lourds.

La réforme permettra également de soutenir davantage les aidants, en première ligne auprès de leurs proches en perte d'autonomie. Les services d'aide à domicile seront modernisés et professionnalisés pour améliorer la qualité de la prise en charge des personnes âgées. Un volet transversal relatif à la gouvernance unifie par ailleurs la représentation des personnes âgées et favorise leur participation à l'élaboration des politiques publiques les concernant, avec la création d'un Haut conseil de l'âge au niveau national.

Enfin, ce texte conforte le choix d'un financement solidaire de l'accompagnement de la perte d'autonomie, fondé sur une ressource dédiée, la contribution additionnelle de solidarité pour l'autonomie (CASA), dont le rendement atteindra 645 millions d'euros.

4. Les personnes handicapées

■ **La loi du 11 février 2005 pour l'égalité des droits et des chances, la participation et la citoyenneté des personnes handicapées** est l'une des principales lois sur les droits des personnes handicapées, depuis la loi de 1975.

Elle repose sur une nouvelle définition du handicap : « Constitue un handicap, au sens de la présente loi, toute limitation d'activité ou restriction de participation à la vie en société subie dans son environnement par une personne en raison d'une altération substantielle, durable ou définitive d'une ou plusieurs fonctions physiques, sensorielles, mentales, cognitives ou psychiques, d'un polyhandicap ou d'un trouble de santé invalidant. »

La loi crée une maison départementale des personnes handicapées (MDPH) dans chaque département sous la direction du conseil général. Elle a une mission d'accueil, d'information, d'accompagnement et de conseil des personnes handicapées et de leur famille, ainsi que de sensibilisation de tous les citoyens au handicap.

Chaque MDPH met en place une équipe pluridisciplinaire qui évalue les besoins de la personne handicapée, et une commission des droits et de l'autonomie des personnes handicapées (la CDAPH, qui remplace la COTOREP) qui prend les décisions relatives à l'ensemble des droits de la personne.

La personne handicapée a droit à la compensation des conséquences de son handicap quelles que soient l'origine et la nature de sa déficience, son âge ou son mode de vie. Désormais, c'est le projet de vie de la personne qui est mis en avant. En fonction de celui-ci, un plan de compensation est élaboré et concrétisé par la prestation de compensation. Celle-ci permet de couvrir les besoins en aides humaines et techniques, l'aménagement du logement, du véhicule, les aides spécifiques ou exceptionnelles, et les aides animalières.

La principale innovation de la loi est d'affirmer que tout enfant, tout adolescent présentant un handicap ou un trouble invalidant de la santé est inscrit dans l'école de son quartier. Il pourra ensuite être accueilli dans un autre établissement, en fonction du projet personnalisé de scolarisation. Les parents sont pleinement associés aux décisions concernant leur enfant.

L'obligation d'emploi reste de 6 % mais la loi impose une sanction plus sévère pour les entreprises qui ne respectent pas cette obligation en augmentant le montant de la contribution à l'Agefiph. Dans la fonction publique, elle crée le Fonds pour l'insertion des personnes handicapées (FIPHFP) qui a une mission similaire à l'Agefiph. Les employeurs publics ne respectant pas l'obligation d'emploi devront payer une contribution au FIPH.

La loi réforme également le travail en milieu protégé.

Le principe d'accessibilité pour tous, quel que soit le handicap, est réaffirmé. Les critères d'accessibilité et les délais de mise en conformité sont redéfinis. Ainsi les établissements existants recevant du public et les transports collectifs ont dix ans pour se mettre en conformité avec la loi.

■ Le **14 mars 2019**, lors d'une **conférence des ministres européens chargés du handicap**, les ministres européens ont signé un engagement commun pour renforcer la mobilisation en faveur de l'autonomie et de la pleine participation des personnes handicapées à l'échelle de l'Union européenne dans tous les domaines : éducation, travail, santé, protection sociale, loisirs, culture, engagement citoyen… 80 millions de personnes en situation de handicap sont dénombrées à l'échelle de l'Union européenne. La coopération européenne se mobilise aussi dans le domaine de la **recherche des troubles neuro-développementaux**, comme l'autisme. Dans le cadre de sa **stratégie nationale adoptée en avril 2018**, la France propose d'accompagner la structuration des activités de recherche et d'innovation autour des troubles du neuro-développement.

5. La politique éducative

■ La réforme des rythmes scolaires

Depuis la mise en place de la semaine de quatre jours en 2008, les écoliers français se voyaient offrir le nombre de jours d'école le plus faible des 34 pays de l'OCDE : 144 jours, contre 187 jours en moyenne. Ils subissaient de ce fait des journées plus longues et plus chargées. Selon les scientifiques spécialistes des rythmes de l'enfant, cette concentration du temps était inadaptée, préjudiciable aux apprentissages, source de fatigue et de difficultés scolaires.

La réforme des rythmes scolaires vise à mieux répartir les heures de classe sur la semaine, à alléger la journée de classe et à programmer les séquences d'enseignement à des moments où la faculté de concentration des élèves est la plus grande. Elle doit permettre une meilleure articulation des temps scolaire et périscolaire et s'accompagner d'une prise en charge jusqu'à 16 h 30 au moins des élèves. Ceux-ci peuvent accéder à des activités sportives, culturelles, artistiques contribuant à développer leur curiosité intellectuelle et à renforcer le plaisir d'apprendre et d'être à l'école.

Le décret n° 2013-77 du 24 janvier 2013 relatif à l'organisation du temps scolaire dans les écoles maternelles et élémentaires fixe de nouveaux principes mis en œuvre à la rentrée 2013 : l'étalement des 24 heures d'enseignement hebdomadaire sur neuf demi-journées, incluant le mercredi matin ; une journée de classe de 5 h 30 maximum et une demi-journée de 3 h 30 maximum ; une pause méridienne de 1 h 30 au minimum.

Des activités pédagogiques complémentaires aux heures d'enseignement sont organisées en groupes restreints afin d'aider les écoliers rencontrant des difficultés dans leurs apprentissages, d'accompagner le travail personnel des autres élèves ou de mettre en place une activité prévue par le projet d'école, le cas échéant en lien avec le **projet éducatif territorial** (PEDT).

Des déclinaisons locales sont possibles à l'intérieur du cadre réglementaire national afin de prendre en compte les contraintes et les atouts des différents territoires et de permettre à ces derniers de mener à bien leurs ambitions éducatives. Des dérogations – notamment le choix du samedi matin au lieu du mercredi matin – peuvent être accordées. Ces dérogations doivent être justifiées par les particularités du projet éducatif territorial et présenter des garanties pédagogiques suffisantes.

Depuis la rentrée 2017, l'organisation de la semaine scolaire sur quatre jours dans les écoles primaires publiques est rendue possible par dérogation au cadre général de 4,5 jours. L'introduction de cette nouvelle dérogation donne davantage de souplesse aux acteurs locaux. Un décret du 27 juin 2017 permet cette nouvelle organisation. Lorsque émerge un consensus local entre conseil d'école, municipalité et service académique en faveur d'une organisation sur quatre jours, une dérogation au cadre général est possible à compter de la rentrée scolaire 2017.

■ **La loi n° 2013-595 du 8 juillet 2013 d'orientation et de programmation pour la refondation de l'école de la République** prévoit que les activités périscolaires prolongeant le service public de l'éducation peuvent être organisées dans le cadre d'un projet éducatif territorial (PEDT).

Le PEDT est élaboré à l'initiative de la collectivité territoriale et associe à cette dernière l'ensemble des acteurs intervenant dans le domaine de l'éducation : administrations de l'État concernées (Éducation nationale, sports, jeunesse, éducation populaire et vie associative, culture, famille, ville...), associations, institutions culturelles et sportives, etc.

Son but est de tirer parti de toutes les ressources du territoire pour garantir la continuité éducative entre les projets des écoles et les activités proposées aux élèves en dehors du temps scolaire et offrir à chaque enfant un parcours éducatif cohérent et de qualité.

L'élaboration des PEDT dans les communes peut se fonder sur l'expérience de nombreuses collectivités territoriales qui ont déjà développé des initiatives partenariales pour organiser, autour du temps d'enseignement, des activités périscolaires. Les PEDT permettent ainsi, dans bien des cas, de formaliser et de renforcer l'engagement des différents acteurs.

Les services déconcentrés du ministère de l'Éducation nationale constituent des équipes d'appui pour favoriser la mutualisation des bonnes pratiques et aider, avec les services d'autres ministères (comme le ministère de la Jeunesse et des Sports), les communes dans l'élaboration de leurs projets en matière péri-éducative.

La réforme des ZEP

Instituées en 1981, les zones d'éducation prioritaires (ZEP) sont destinées à doter de moyens supplémentaires les écoles primaires (maternelles et élémentaires) et les collèges afin de lutter contre l'échec scolaire dans les établissements, quartiers ou communes socialement et culturellement défavorisées. Le manque d'efficacité du dispositif a été fréquemment souligné et le constat a été fait d'une stigmatisation des établissements ou quartiers classés en ZEP, entraînant des stratégies de contournement de la carte scolaire par les milieux favorisés. D'autres dispositifs ont vu le jour, comme les réseaux d'éducation prioritaire (REP), les réseaux ambition réussite (RAR) et les réseaux de réussite scolaire (RRS). En 2011, a été lancé le programme « Écoles, collèges, lycées pour l'ambition, l'innovation et la réussite » (Éclair), qui visait « à la réussite de chaque élève dans un climat scolaire propice aux apprentissages, l'égalité des chances, la stabilité, la cohésion et la mobilisation des équipes. Il promeut les innovations et les expérimentations simultanément dans les champs de la pédagogie, de la vie scolaire, des ressources humaines ainsi que des actions en faveur de la sécurité. Il s'appuie aussi sur une organisation en réseaux, réunissant chacun un collège et les écoles d'où proviennent ses élèves, ce qui apporte une cohérence et une continuité dans la scolarité préélémentaire et obligatoire des élèves » (site Eduscol)

Dans ce cadre, 20 % des établissements scolaires se sont trouvés placés en ZEP (ou REP), alors qu'ils étaient moins de 10 % lorsque le dispositif a été institué en 1981. Pour éviter le « saupoudrage », le ministre de l'Éducation nationale entend concentrer les efforts sur les zones les plus en difficultés.

Aussi, le ministre de l'Éducation nationale a, le 16 janvier 2014, lancé une réforme des zones d'éducation prioritaires (ZEP) : les « réseaux d'éducation prioritaire + » se sont substitués aux ZEP qui rencontrent le plus de difficultés et ont concerné 100 réseaux en 2014 et 350 en 2015. Celles des 1 000 ZEP qui ne sont pas classées « REP + » sont baptisées « réseaux d'éducation prioritaire » (REP) et voient leurs moyens actuels maintenus.

Dès la rentrée 2017, environ 2 500 classes de CP situées dans les réseaux d'éducation prioritaire renforcés (REP+) sont dédoublées. Aux rentrées suivantes, les CP et les CE1 en réseaux d'éducation prioritaire (REP et REP+) seront dédoublés à leur tour.

2. Les grandes étapes du développement de l'animation

1. Qu'est-ce que l'éducation populaire ?

A. Rendre réelle, par l'éducation, l'égalité politique

L'éducation populaire, complémentaire de l'enseignement scolaire, vise la démocratisation de l'accès aux savoirs, la diffusion de la connaissance au plus grand nombre. Elle s'attache à former des citoyens actifs et responsables par une pédagogie favorisant la créativité.

On lui attribue classiquement pour fondement la déclaration de Condorcet à l'Assemblée nationale les 20 et 21 avril 1792 dans son *Rapport sur l'organisation générale de l'instruction publique* fait au nom du Comité d'instruction publique :

L'INSTRUCTION NATIONALE POUR PASSER DE L'ÉGALITÉ DE DROIT À L'ÉGALITÉ DE FAIT

« Messieurs, offrir à tous les individus de l'espèce humaine les moyens de pourvoir à leurs besoins, d'assurer leur bien-être, de connaître et d'exercer leurs droits, d'entendre et de remplir leurs devoirs ; assurer à chacun d'eux la facilité de perfectionner son industrie, de se rendre capable des fonctions sociales auxquelles il a droit d'être appelé, de développer toute l'étendue des talents qu'il a reçus de la nature, et par là établir entre les citoyens une égalité de fait, et rendre réelle l'égalité politique reconnue par la loi : tel doit être le premier but d'une instruction nationale ; et, sous ce point de vue, elle est pour la puissance publique un devoir de justice [...].

Nous avons observé, enfin, que l'instruction ne devait pas abandonner les individus au moment où ils sortent des écoles ; qu'elle devait embrasser tous les âges ; qu'il n'y en avait aucun où il ne fût utile et possible d'apprendre, et que cette seconde instruction est d'autant plus nécessaire, que celle de l'enfance a été resserrée dans des bornes plus étroites. »

Cette déclaration est très significative de la philosophie des Lumières et directement inspirée par les réflexions de ses philosophes. *L'Encyclopédie ou Dictionnaire raisonné des sciences, des arts et des métiers*, parue de 1751 à 1772, est certainement l'œuvre la plus représentative du XVIIIe siècle, baptisé « le siècle des Lumières » : rejetant les vérités indémontrables (théologie, métaphysique) et la tradition, les « philosophes » de ce siècle cherchent à éclairer de la lumière de la raison les fondements de la vie de l'homme en société ; leur entreprise repose sur leur confiance dans la raison humaine pour répondre à toutes les questions et sur leur foi dans le progrès qui rendra les hommes plus heureux : la connaissance n'est plus réservée à quelques-uns, mais, proposée à tous, elle sera l'instrument du bonheur de l'homme, dont l'esprit a vocation à embrasser l'ensemble des savoirs.

Pour rédiger *L'Encyclopédie*, Denis Diderot (1713-1784) fit appel à des « spécialistes » célèbres comme Jean Le Rond d'Alembert, physicien et mathématicien français (1717-1783), Charles de Secondat, baron de la Brède et de Montesquieu, homme de lettres et philosophe (né en 1689, tout juste un siècle avant la Révolution française, mort en 1755), célèbre auteur des *Lettres persanes* (1721) et de *L'Esprit des lois* (1748, tout juste un siècle avant la Révolution de 1848).

S'ils partagent tous la même foi en l'éducation, les philosophes du XVIIIe siècle sont loin d'être d'accord sur les moyens à mettre en œuvre : Jean-Jacques Rousseau (1712-1778), par exemple, dans *Émile ou De l'éducation* (1762), préfère à l'école un précepteur soucieux de laisser l'enfant expérimenter lui-même avant d'utiliser les livres : « Tout est bien sortant des mains de l'Auteur des choses, tout dégénère entre les mains de l'homme » ; pour protéger l'enfant contre les méfaits de la civilisation, il faut l'éduquer à la campagne et le laisser libre ; afin de devenir un jour citoyen, il devra avant tout former son propre jugement. Il faut donc éduquer d'abord les sens de l'enfant, puis son jugement, grâce à l'observation directe, en se gardant de lui transmettre les défauts qui naissent en société : envie, mensonge, goût du pouvoir…

Si l'ouvrage s'apparente parfois aux « rêveries d'un visionnaire », comme le dit Rousseau, si l'hypothèse d'un homme naturellement bon est évidemment très contestable, l'*Émile* est une mine de trouvailles qui ont largement inspiré la pédagogie moderne.

Pour la plupart de ces philosophes, cependant, comme plus tard pour les fondateurs de l'école républicaine, les « progrès de l'esprit humain » nécessitent que l'instruction soit retirée aux clercs et confiée à l'État, qu'elle soit rendue accessible à tous par la gratuité et fondée moins sur la spéculation, le grec et le latin que sur l'étude concrète des sciences et techniques.

Marie Jean Antoine Nicolas de Caritat, marquis de Condorcet (1743-1794), philosophe, mathématicien et homme politique français, ami des encyclopédistes, présente en avril 1792 à l'Assemblée un rapport sur l'instruction publique – dont nous avons cité un passage ci-dessus – qui préconise un enseignement laïque, gratuit, non obligatoire, fondé sur cinq degrés que les élèves franchissent en fonction de leur mérite. Si la période révolutionnaire ne permet pas l'édification d'un système scolaire, ces principes déterminent les institutions mises en place au XIXe siècle.

B. Les différents mouvements d'éducation populaire

Jean Macé (1815-1894), journaliste républicain, fonde en 1866 la **Ligue de l'enseignement**, organisation d'éducation populaire dont la finalité est de permettre à chacun d'agir et de décider en citoyen dans tous les espaces politiques. Pour lui, la confiscation du pouvoir le 2 décembre 1851 par le président de la République Louis-Napoléon Bonaparte démocratiquement élu le 10 décembre 1848 au suffrage universel prouve la nécessité d'éduquer le peuple afin de donner naissance à des citoyens responsables.

La création de la Ligue de l'enseignement est également une réaction à la loi Falloux du 15 mars 1850 sur la liberté de l'enseignement qui reconnaît les écoles publiques et privées primaires et secondaires : dans le primaire, elle affirme la primauté de l'enseignement religieux sur celui de l'instituteur ; dans le secondaire, elle accorde l'indépendance aux établissements privés dits « libres ». Les autorités ecclésiastiques acquièrent un rôle prédominant dans la vie éducative puisque les évêques siègent aux conseils académiques qui décident des attributions de postes d'enseignants.

Les fondateurs de la Ligue croient à la raison et au progrès, créent des bibliothèques, des cours publics, des sociétés ouvrières d'instruction, des centres d'enseignement pour jeunes filles... tout en demandant la prise en charge par l'État de l'instruction publique ouverte à tous. La Ligue de l'enseignement a ainsi joué un rôle déterminant tant dans l'adoption des grandes lois républicaines de la IIIe République sur l'enseignement que dans la construction du modèle de laïcité « à la française ».

- La loi du 9 août 1879 prévoit l'ouverture d'une école normale d'institutrices par département dans un délai de 5 ans.
- La loi du 27 février 1880 exclut les non-universitaires du Conseil supérieur de l'instruction publique (qui donne un avis sur tous les textes relatifs à l'enseignement).
- La loi du 18 mars 1880 donne à l'Université publique le monopole de la collation des grades.
- La loi du 21 décembre 1880 crée l'enseignement secondaire pour les jeunes filles.
- La loi du 16 juin 1881 instaure la gratuité de l'enseignement primaire public et exige un brevet de capacité de tous les maîtres ; l'entretien des écoles et des maîtres est mis à la charge des communes (avec des subventions de l'État). À partir de 1889, l'État rémunère directement les maîtres.
- La loi du 26 juillet 1881 crée l'École normale supérieure de jeunes filles de Sèvres.
- La loi du 28 mars 1882 affirme la neutralité des écoles publiques (l'enseignement religieux y est remplacé par la morale) et l'obligation scolaire pour les garçons et les filles de 6 à 12 ans.

Ainsi est mis en place un enseignement également ouvert aux filles et aux jeunes femmes, dispensé par des enseignants formés, sous le contrôle de personnels d'État. Les citoyens ainsi formés sont mis à même d'exercer les nouveaux droits que la République leur reconnaît.

- La loi du 30 juin 1881 accorde la liberté de réunion : l'autorisation préalable et supprimée, il suffit de former un bureau de 3 personnes et de faire une déclaration.
- La loi du 29 juillet 1881 reconnaît la liberté de la presse, en supprimant l'autorisation préalable, le cautionnement, la censure.
- La loi du 21 mars 1884 instaure la liberté d'association professionnelle (c'est-à-dire le droit de se constituer en syndicat), en abrogeant la loi Le Chapelier de 1791.
- La loi du 5 avril 1884 instaure pour toutes les communes, sauf Paris, l'élection du maire par le conseil municipal.

Le courant laïc n'a toutefois pas le monopole de l'éducation populaire : citons l'Association catholique de la jeunesse française (1886), d'où naîtront la JAC (Jeunesse agricole chrétienne) et la JOC (Jeunesse ouvrière chrétienne), ainsi que le Sillon, fondé en 1898, qui rassemble à son apogée près de 500 000 membres autour des cercles d'étude, où des ouvriers côtoient des étudiants et des prêtres. Le Sillon prône l'instruction du peuple par des visites éducatives, des congrès, des instituts populaires, des pèlerinages et favorise la formation de prêtres ouvriers. Marc Sangnier, son fondateur, le présente ainsi : « Le Sillon a pour but de réaliser en France la république démocratique. Ce n'est donc pas un mouvement catholique, en ce sens que ce n'est pas une œuvre dont le but particulier est de se mettre à la disposition des évêques et des curés pour les aider dans leur ministère propre. Le Sillon est donc un mouvement laïc, ce qui n'empêche pas qu'il soit aussi un mouvement profondément religieux » (*La Croix*, 1905).

L'affaire Dreyfus marque l'apogée de l'éducation populaire, avec la création entre 1899 et 1908 de très nombreuses universités populaires, destinées à former les adultes qui n'ont pu bénéficier de la jeune école républicaine et à prévenir par l'éducation le déchaînement des passions et de la haine observées au moment de l'affaire Dreyfus. Leur développement connaît un coup d'arrêt après la fin de « l'Affaire », en raison également de difficultés financières et pédagogiques, et on ne compte plus en 1914 que quelques universités populaires.

L'après-guerre et le Front populaire (1936) entraînent un renouveau qui s'achève avec la Seconde Guerre mondiale. Le sous-secrétaire d'État aux Sports et à l'Organisation des loisirs Léo Lagrange encourage le développement des **auberges de jeunesse**.

La Résistance, avec l'**école des cadres d'Uriage** (une des écoles fondées par le régime de Vichy pour former les cadres de la « Révolution nationale », lieu de réflexion et de débat qui rejoint la Résistance en 1942) marque une nouvelle étape dans l'éducation populaire : après l'organisation de stages ouvriers à Uriage, Joffre Dumazedier (1915-2002, sociologue, fondateur en 1954 du groupe d'études des loisirs et de la culture populaire et auteur en 1962 de *Vers une civilisation des loisirs*) contribue à la création en 1944 du mouvement Peuple et Culture.

Le manifeste de Peuple et Culture, à l'été 1945, inscrit l'éducation populaire dans la tradition des Lumières et de Condorcet :

> « Rendre la culture au peuple et le peuple à la culture, voilà notre but. On parle souvent de la culture populaire comme d'un enseignement mineur donné à un milieu privé de savoir. Par culture populaire, on entend diffusion de la culture dans la classe ouvrière. Mais que recouvre ce mot "culture" ? Est-ce un moyen de développer harmonieusement ceux qui la reçoivent, de les rendre meilleurs ou mieux armés ? Ce n'est, le plus souvent, qu'une somme arbitraire de connaissances sans unité organique, sans lien avec la vie. La culture bourgeoise est en crise. Ce n'est pas elle que nous prétendons apporter à la classe ouvrière, même si elle lui paraît désirable. Le paternalisme est aussi haïssable dans le domaine culturel que dans le domaine social et économique. Nous ne voulons pas d'une culture aristocratique ou bourgeoise étendue à un nouveau public. La culture populaire ne saurait être qu'une culture commune à tout un peuple : commune aux intellectuels, aux cadres, aux masses. Elle n'est pas à distribuer. Il faut la vivre ensemble pour la créer. Elle ne saurait être plaquée sur la vie du peuple. Elle doit en émaner. Les porteurs de la culture vraie ne sont pas seulement ceux qui en font profession.
> [...]

La culture populaire pose pour tous le problème de la vraie culture. La "culture désintéressée" se désintéresse un peu trop de la vie. Au contraire, **la vraie culture naît de la vie et retourne à la vie**. À partir de son atelier, on peut expliquer au tourneur les lois de la production et de la consommation ; à partir d'une voiture, on peut apprendre la géométrie au charpentier ; à partir des scènes de la vie quotidienne, on peut bâtir une philosophie. Ni la littérature, ni la science, ni le droit ne définissent une culture. Ces disciplines ne livrent qu'un aspect des choses. La culture s'appuie d'abord sur la vie de l'homme, la vie de la société, la vie du monde. Elle crée en nous des perspectives ; elle donne de l'ampleur et de la profondeur à notre vie, à travers les sciences, la philosophie et l'art. Elle relie la connaissance à l'action par une philosophie des valeurs. Cette unité lui est **essentielle**. La culture vraie ne se limite pas à la sphère des idées ; elle conduit à un art de s'exprimer et à un art de vivre. L'ouvrier qui résume son idéal dans un style simple et direct est plus proche d'une vraie culture que l'étudiant qui, pour un examen, apprend par cœur une liste de citations. À travers la connaissance, une culture vraie se courbe vers l'action. Elle ne tend pas seulement à interpréter le monde, mais à le transformer. Cette culture ne prétend pas être une "culture générale". Mais elle est bien autre chose qu'un amas de connaissances littéraires ou philosophiques, groupées par le hasard, les nécessités d'un concours ou, dans le meilleur des cas, par la curiosité. Elle nous rapproche, au contraire, d'une culture populaire qui est d'abord une culture vivante. »

1944 marque également la reconnaissance officielle de l'éducation populaire avec la création de la « **direction des mouvements de jeunesse et d'éducation populaire** » au sein du ministère de l'Éducation nationale. Cette reconnaissance officielle permettra la mise à disposition de fonds et moyens (mise à disposition de personnels) pour le développement de l'éducation populaire. Une circulaire du 13 novembre 1944 précise le projet de cette direction de l'Éducation nationale : « Nous voudrions qu'après quelques années une maison d'école au moins dans chaque ville ou village soit devenue une maison de la culture, une maison de la jeune France, un foyer de la nation, de quelque nom qu'on désire la nommer, où les hommes ne cesseront plus d'aller, sûrs d'y trouver un cinéma, des spectacles, une bibliothèque, des journaux, des revues, des livres, de la joie et de la lumière. »

Ainsi vont naître les **maisons des jeunes et de la culture** (MJC), créées en 1948 (création officielle de la Fédération française des maisons des jeunes et de la culture) par André Philip (1902-1970, homme politique français, docteur en sciences économiques, député du Rhône) : successeurs du mouvement « la République des jeunes », association qui regroupe les mouvements de jeunes et d'éducation populaire nés de la Résistance en 1944, elles cherchent à construire des citoyens autonomes par l'accès à la culture et au sport.

La renaissance durable marquée par la création de l'Université populaire du Rhin à Mulhouse en 1963 s'explique sans doute par le rôle important dans le système éducatif joué en Allemagne par les universités populaires.

– À partir de 1950, se développent **les clubs Léo Lagrange** :

> La Fédération nationale Léo Lagrange est née le 6 novembre 1950. Ses jeunes fondateurs, Pierre Mauroy en tête, se donnent alors pour mission de mettre en œuvre ce que Léo Lagrange, figure majeure du Front populaire, avait déjà imaginé en son temps : « Étendre la culture et organiser les loisirs des jeunes, particulièrement par la création des clubs de loisirs. »
> De la création des premiers « clubs Léo » à travers la France des années 50 à la Fédération du XXIe siècle, l'évolution est considérable, marquée depuis les années 60 par la professionnalisation du secteur de l'animation, puis, depuis les années 70, par l'adaptation de l'association à la société moderne et à la décentralisation du pays, sans oublier le développement des actions dans le secteur de l'insertion et de l'économie sociale afin de répondre aux conséquences de la crise économique. Malgré tout, La Fédération n'a jamais perdu de vue le message de Léo Lagrange, réaffirmant sans cesse, au travers de ses actions, son combat pour une société plus tolérante, plus juste, plus responsable.
> Réseau d'associations d'éducation populaire et employeur de l'économie sociale et solidaire, la Fédération Léo Lagrange, créée en 1950 et reconnue d'utilité publique, s'appuie sur les compétences de milliers de bénévoles et salariés sur tout le territoire pour bâtir une société de progrès.
> Être un mouvement d'éducation populaire, c'est vouloir donner les moyens à tous, tout au long de la vie, d'accéder à la connaissance, de s'épanouir, de s'approprier son avenir, de s'emparer de sa citoyenneté. C'est agir, en complément de l'école et de la famille, pour favoriser l'égalité des chances, et permettre à chacun d'allier la découverte de soi à l'envie d'aller vers l'autre.
> La notion d'éducation populaire est indissociable de celle du temps libre. La Fédération Léo Lagrange s'engage à proposer des loisirs et des activités pour permettre à chacun de rendre utile son temps libre et de le mettre au service du progrès social. Le spectre des activités Léo Lagrange est donc large. La Fédération s'adresse à tous les publics (petite enfance, enfance, jeunesse, adultes, en milieu rural et urbain) et ses champs d'action sont nombreux.
>
> *Source :* site de la Fédération Léo Lagrange www.leolagrange.org

– Dans les années 1960-1970, on voit apparaître de nouvelles universités populaires, mais le développement de l'éducation permanente, tournée vers la formation professionnelle (loi du 16 juillet 1971) fait évoluer le concept d'éducation populaire, d'autant que l'animation socioculturelle se professionnalise.

2. L'animation socioculturelle

On en trouve de très nombreuses définitions, généralement en lien avec l'éducation populaire.

Au-delà de la dimension culturelle de l'animation, qui renvoie à l'acquisition de connaissances mais aussi à la construction de modes de représentation et d'expression propres à une personne ou à un groupe, le concept fait également référence à la constitution du lien social induite par l'animation.

L'animation joue fréquemment un rôle de prévention, notamment dans le cadre de la politique de ville.

Parmi les différents types d'établissements qui jouent ce rôle, on peut citer :

- les maisons des jeunes et de la culture (MJC) ;
- les maisons de quartier qui accueillent, dans un quartier donné, les associations et les personnes qui les font vivre et en bénéficient ;
- les centres culturels qui proposent des spectacles, des expositions, des conférences, des animations socioculturelles ;
- les centres sociaux et socioculturels ;
- les centres de vacances et de loisirs.

A. La politique de la ville

Au cours des années 1960 et 1970 ont proliféré des ensembles de logements qui ne méritent guère le nom d'espaces urbains : sous-équipés, isolés, anonymes, ils donnent à leurs habitants le sentiment d'être des habitants de seconde zone, « suburbains ». Les révoltes urbaines de septembre 1981 (Vénissieux, quartier des Minguettes) et, près de 10 ans plus tard, en octobre 1990 à Vaulx-en-Vexin, largement médiatisées, à Sartrouville en mars 1991, à Mantes-la-Jolie en mai 1991..., ont conduit le gouvernement à mettre en œuvre une « politique de la ville » qui est avant tout une politique des quartiers en difficulté.

« La ville, écrit le sociologue François Dubet, n'est aujourd'hui qu'une manière de désigner les problèmes sociaux qui se concentrent dans certaines banlieues : exclusion, chômage, délinquance, immigration. ».

Cette politique de la ville est conçue comme une politique transversale puisque le ministère de la Ville ne dispose pas de services extérieurs mais s'appuie sur les préfets (et les sous-préfets à la ville) pour conduire des actions. Une structure légère, la Délégation interministérielle à la ville (DIV) contribue à la définition d'une politique de la ville concertée entre les différents ministères compétents.

On ne détaillera pas ici, évidemment, l'ensemble des dispositifs de la politique de la ville, on donnera seulement un rapide aperçu des différents dispositifs qui se sont succédé jusqu'à la réforme de la politique de la ville.

■ **Le contrat de ville,** concernait des communes connaissant des difficultés importantes de ségrégation urbaine et sociale, et manifestant une volonté de s'engager conjointement avec l'État dans cette politique. Les sites étaient arrêtés par le préfet de région. La mise en œuvre d'un contrat de ville 2000-2006 nécessite dans tous les cas un bilan-diagnostic, un projet politique pour cette période, une validation par l'État. Les communes partie prenante à un contrat de ville doivent, dans toute la mesure du possible, s'engager dans une démarche intercommunale de projet qui garantit un traitement des problèmes au niveau pertinent : politiques du logement, de l'emploi, des transports, politique sociale.

■ **Les contrats locaux de sécurité (CLS), les contrats éducatif locaux (CEL) s'intègrent dans le contrat de ville**, dans les volets thématiques afférents au sujet :

sécurité pour l'un, éducation pour l'autre. Le contrat de ville permet ainsi d'inscrire tous ces dispositifs dans un projet politique.

■ **Les contrats locaux de sécurité (CLS) sont élaborés dans le cadre des conseils communaux de prévention de la délinquance**, afin d'accroître leur partenariat, de développer les actions de prévention et d'assurer leur pérennité. Les dispositifs contractuels spécifiques à la prévention (contrat d'action de prévention et de sécurité) fusionnent avec les CLS, en prenant bien en compte l'ensemble des actions de prévention.

Les signataires de droit du CLS sont le maire, le préfet et le procureur, facultativement le président du conseil général et le recteur. Dans tous les sites où cela est justifié par l'ampleur des problèmes, un coordonnateur de conseil communal de prévention de la délinquance (CCPD), devenu conseil local de sécurité et de prévention de la délinquance (CLSPD) en 2002, doit être mis en place, dans la continuité de ce qui existe déjà dans le cadre de la politique de la ville, c'est-à-dire co-mandaté et co-financé par l'État et la municipalité, ainsi que le conseil général dans certains cas ; il a vocation à suivre l'élaboration, la mise en œuvre et l'évaluation du CLS.

La **loi du 5 mars 2007 relative à la prévention de la délinquance** instaure deux dispositifs de sécurité et de prévention de la délinquance pour un certain nombre de communes :

- le **Conseil local de sécurité et de prévention de la délinquance** (CLSPD) ;
- le **Conseil pour les droits et devoirs des familles**.

En application des dispositions de la loi du 5 mars 2007 relative à la prévention de la délinquance, les communes de plus de 10 000 habitants et les communes comprenant une zone urbaine sensible sont dans l'obligation de créer un **CLSPD**.

Présidé par le maire ou son représentant, le CLSPD est l'instance de coordination locale de tous les acteurs de la prévention et de la sécurité ayant pour objectif de les rassembler et de les faire réfléchir ensemble pour aboutir à un programme d'actions et à une évaluation.

Il comprend :

- le préfet et le procureur de la République, ou leurs représentants (TGI) ;
- le président du Conseil général, ou son représentant (aide sociale à l'enfance, CMS…) ;
- des représentants des services de l'État désignés par le préfet (Éducation nationale, administration pénitentiaire, gendarmerie nationale, police nationale…) ;
- le cas échéant, le président de l'EPCI ;
- des représentants d'associations, établissements ou organismes œuvrant dans les domaines de la prévention, de la sécurité, de l'aide aux victimes, du logement, des transports collectifs, de l'action sociale ou des activités économiques, désignés par le président du CLSPD (bailleurs sociaux, associations de proximité, centres sociaux…).

« Il assure l'animation et le suivi du contrat local de sécurité lorsque le maire et le préfet, après consultation du procureur de la République et avis du conseil, ont estimé que l'intensité des problèmes de délinquance sur le territoire de la commune justifiait sa conclusion ».

« Il est consulté sur la définition, la mise en œuvre et l'évaluation des actions de prévention de la délinquance prévues dans le cadre de la contractualisation entre l'État et les collectivités territoriales en matière de politique de la ville ».

« Il se réunit à l'initiative de son président en formation plénière au moins une fois par an ».

« Il est informé au moins une fois par an par le préfet des caractéristiques de l'évolution de la délinquance dans la commune ».

Le CLSPD peut mener des actions de prévention et en permettre le financement grâce au **Fonds interministériel à la prévention de la délinquance** (FIPD). Le FIPD, institué par la loi du 5 mars 2007 relative à la prévention de la délinquance, est destiné à favoriser le développement des politiques locales de prévention de la délinquance.

Une circulaire du 4 mai 2007 portant application de la loi du 5 mars 2007 précise que « la création des CLSPD doit être accélérée pour qu'ils puissent rapidement jouer leur rôle d'animation pour l'emploi du fonds ».

Le **Conseil pour les droits et devoirs des familles** constitue un outil de coordination de l'action sociale sur un territoire et un cadre de dialogue pour aider les familles en difficulté.

La loi du 5 mars 2007 (articles 8 à 10) offre la possibilité aux maires de mettre en place un conseil pour les droits et les devoirs des familles, cadre de dialogue chargé à la fois d'écouter et de proposer des mesures d'accompagnement des familles rencontrant des difficultés dans l'éducation de leurs enfants.

Cette instance composée du maire, du président du conseil général, de l'État, voire d'autres collectivités, et des professionnels de l'action sociale (travailleurs sociaux, médiateurs sociaux, etc.) entend favoriser la cohérence et la coordination de mesures d'aide à la parentalité, autour de trois principes :

- l'appui sur la déontologie et les modes d'intervention des professionnels de l'action sociale ;
- la conciliation avec le respect de la vie privée et la recherche d'une meilleure efficacité de l'action sociale ;
- le respect des compétences confiées par la loi aux différentes collectivités territoriales.

Le Conseil pour les droits et devoirs des familles exerce quatre missions principales :

- l'information par tout professionnel de l'action sociale intervenant auprès d'une personne ou d'une famille, du maire de la commune et du président du conseil général sur l'aggravation des difficultés sociales, éducatives ou matérielles ;
- la désignation d'un coordonnateur par le maire après consultation du président du conseil général ;
- l'exercice d'un secret partagé entre les professionnels concernés ;
- la communication par le coordonnateur au maire et au président du conseil général des informations confidentielles strictement nécessaires.

Ce dispositif de coordination et de partage d'informations confirme **le maire** dans son rôle de **pivot de la politique de prévention de la délinquance** institué par l'article 1er de la loi, tout en respectant la répartition des compétences issues de l'acte II de la décentralisation, en particulier le rôle du département, chef de file en matière d'action sociale sur son territoire.

Le projet éducatif local, quant à lui, prend évidemment en compte les dispositifs de type **contrat éducatif local**, mais aussi les éléments relatifs à la scolarisation, la question des transports scolaires, le choix de l'implantation d'un collège, l'architecture d'une école, les questions relatives à l'information scolaire et professionnelle des jeunes et leurs familles, la santé des enfants, la participation des jeunes à la vie de la cité. L'éducation étant une responsabilité partagée, le projet éducatif local fédère l'ensemble des actions éducatives dans une démarche participative et constitue le volet éducation des contrats de ville.

■ **Le rôle des régions et des départements dans la politique de la ville :** celle-ci a été une priorité des contrats de plan État-région 2001-2006. L'enjeu était de dépasser la politique de réparation des quartiers en difficulté et de passer à une vraie logique de développement durable et solidaire. Cette priorité s'est traduite dans la répartition de l'enveloppe (105 milliards de francs, près de 16 milliards d'euros) dédiée aux contrats de plan État-région, annoncée par le gouvernement le 15 avril 1999. Par ailleurs, les régions ont des compétences propres, telles que la formation professionnelle, qui devaient être mobilisées dans le cadre de la lutte contre l'exclusion urbaine.

Par le passé, les départements ont été insuffisamment acteurs des contrats de ville, alors que leurs champs de compétence leur confèrent une place déterminante : l'action sanitaire et sociale, l'insertion (RMI), l'aide sociale à l'enfance, la prévention spécialisée, la gestion des collèges sont autant de champs indispensables à une politique de lutte contre l'exclusion urbaine. Il s'agit avant tout pour les départements d'analyser et adapter en nombre et en qualité le niveau de services qu'ils apportent dans les quartiers les plus défavorisés, en cohérence avec les autres institutions. Il importe donc que les conseils généraux soient associés dès le diagnostic à la préparation des contrats de ville. Dans cette logique, une circulaire du 31 décembre 1998 invitait les préfets à proposer aux départements la signature d'une convention portant sur la politique de la ville.

■ **Des grands projets urbains (GPU) aux grands projets de ville :** les grands projets urbains, lancés en 1992, avaient pour vocation d'expérimenter une politique de recomposition urbaine sur une dizaine de sites. Les projets urbains étaient souvent d'une grande complexité technique compte tenu du contexte social et urbain, si bien qu'ils nécessitaient beaucoup de temps avant d'être concrètement mis en œuvre. Un grand nombre de ces GPU avaient été bloqués pour des motifs juridiques et financiers. Les GPU étaient souvent mis en œuvre comme des grandes opérations d'urbanisme, aux enjeux sociaux et économiques occultés.

Certaines villes nécessitant des opérations de renouvellement urbain d'envergure dans les futurs contrats de ville, un travail d'analyse a été engagé en collaboration avec la caisse des dépôts et consignations et le ministère de l'Équipement, du Logement et des Transports. Parmi ces opérations, certaines ont nécessité des investissements très importants sur la durée du XIIe plan et même au-delà. Cinquante grands projets de ville (GPV) ont ainsi vu le jour pour la période 2000-2006, s'appuyant sur un vrai projet à l'échelle de l'agglomération et du quartier, reposant sur un large partenariat et sur une bonne articulation entre projet spatial et actions sociales, économiques, culturelles. L'engagement des élus locaux a donc été déterminant dans le choix des sites.

Le contrat urbain de cohésion sociale (CUCS)

La loi du 1er août 2003 d'orientation et de programmation pour la ville et la rénovation urbaine et le comité interministériel des villes (CIV) du 9 mars 2006 ont renouvelé le cadre de la politique de la ville. La volonté de rompre avec la spirale de dévalorisation, en réduisant les inégalités sociales et les écarts de développement, demeure la finalité de cette politique. Pour l'État, elle s'appuie sur une géographie d'intervention plus ciblée et un socle commun de thématiques d'intervention.

Le contrat urbain de cohésion sociale (CUCS), qui succède au contrat de ville (2000-2006), est l'outil principal de mise en œuvre de cette politique. D'une durée de trois ans (2007-2009), il est reconductible (2010-2012). Il constitue le document de référence pour la mise en œuvre, au sein des agglomérations, du projet urbain et social défini par les partenaires locaux et visant au développement prioritaire des territoires en difficulté. Il doit garantir la cohérence des différentes politiques publiques participant à la cohésion sociale, l'articulation des principaux dispositifs découlant de ces politiques, et la mobilisation prioritaire sur les enjeux définis dans ce cadre, des crédits de droit commun des signataires.

Contrat passé entre l'État et les collectivités territoriales qui engage chacun des partenaires à mettre en œuvre des actions concertées pour améliorer la vie quotidienne des habitants dans les quartiers connaissant des difficultés (chômage, violence, logement...), le CUCS est élaboré à l'initiative conjointe du maire, ou du président de l'EPCI, et du préfet de département. Le cadre général et les orientations ont été définis par le comité interministériel à la ville (CIV) du 9 mars 2006.

Le contrat est signé pour une période de trois ans (2007-2009), renouvelable une fois, par le préfet de département et par le maire et/ou le président de l'EPCI, en concertation avec le préfet de région. Les conseils régionaux et les conseils généraux ont pu, à leur demande, être associés à la contractualisation. De même, selon les problématiques relevées localement, des partenaires privilégiés ont pu être sollicités : Caisse des dépôts et consignations, caisses d'allocations familiales, bailleurs sociaux, rectorats, CCAS...

Le CUCS prend en compte à la fois les politiques structurelles développées par les communes ou les établissements publics de coopération intercommunale (EPCI) en direction des quartiers et les actions spécifiques conduites au sein même de ces quartiers. Il doit ainsi assurer la cohérence de l'ensemble des dispositifs existant sur le territoire, quelle soit leur échelle d'intervention : PRU (programme de rénovation urbaine), PLH (programme local de l'habitat), ZFU (zone franche urbaine), PLIE (plan local pour l'insertion et l'emploi), PRE (programme de retour à l'emploi), CLAS (contrat local d'accompagnement à la scolarité), CEL (contrat éducatif local), CLS (contrat local de sécurité), VVV (ville, vie, vacances)...

Le CUCS s'articule autour de trois axes :

– un projet global de cohésion sociale visant les objectifs définis dans les articles 1 et 2 de la loi d'orientation et de programmation pour la ville et la rénovation urbaine du 1er août 2003 ;

– des programmes d'actions pluriannuels déclinant ce projet sur cinq champs prioritaires :

- l'accès à l'emploi et le développement économique,
- l'amélioration du cadre de vie,
- la **réussite éducative**,
- la citoyenneté et la prévention de la délinquance,
- la santé ;

– les modalités de mise en œuvre, de suivi, d'évaluation et de révision du contrat à mi-parcours.

L'intégration, la lutte contre les discriminations et l'accompagnement de la jeunesse sont des objectifs pris en compte de façon transversale.

■ **Le projet de réussite éducative s'inscrit dans le volet éducation** des contrats urbains de cohésion sociale : les enfants et adolescents en grande fragilité, vivant dans les zones urbaines sensibles ou scolarisés dans un établissement en zone prioritaire, bénéficient des interventions d'équipes pluridisciplinaires.

Quel bilan ?

La politique de la ville n'a pas disparu, la cité n'est pas redevenue Cité malgré plus de 40 ans d'efforts.

Dans un rapport publié le 25 février 2002, la Cour des comptes avait notamment dressé le bilan de six années de politique de la ville dans sept « territoires historiques de la politique de la ville » : Clichy-Montfermeil, Grigny, Mantes-la-Jolie, Marseille, Roubaix-Tourcoing, Vaulx-en-Velin, Vénitieux. Elle constatait que l'intervention des pouvoirs publics dans les zones urbaines sensibles s'est tellement développée qu'elle est devenue indéchiffrable. Le nombre de lieux concernés n'a cessé de croître (27 millions de personnes en métropole sont aujourd'hui concernées !), sans définition suffisamment précise des objectifs : « Pas d'objectifs quantitatifs affichés au plan national en matière de résultats », trop de principes vagues : « Garantir le pacte républicain sur tout le territoire ; assurer la cohésion sociale dans nos villes ; mobiliser autour d'un projet collectif; construire un nouvel espace démocratique avec les habitants ». La politique de la ville passe par des « procédures et des dispositifs très variés qui se sont souvent sédimentés au cours du temps » : contrats de ville, grands projets urbains, grands projets de ville. Les grands projets de ville ont par exemple vu le jour au moment où la négociation sur les contrats de ville était engagée, alors que les GPV devaient s'intégrer dans les contrats de ville.

La Cour des comptes notait que la politique de la ville gagnerait beaucoup à être coordonnée par une autorité politique forte dont ne bénéficie pas le ministère chargé de la Politique de la ville : face à une mobilisation limitée des différents départements ministériels, le ministère de la Ville a tendance à multiplier les « actions spécifiques » qui s'ajoutent aux dispositifs existants.

Si la Cour des comptes soulignait « le travail mené avec beaucoup d'abnégation et de conviction par de nombreux élus et fonctionnaires, et par les habitants eux-mêmes », elle souligne que « n'existe pas aujourd'hui d'évaluation nationale des résultats de la politique de la ville ».

Lorsque des évaluations locales ont été conduites, elles laissent apparaître que la politique de la ville n'est pas parvenue à enrayer « tous les processus de dégradation » et qu'elle aurait plus d'impact si elle assignait aux pouvoirs publics de poursuivre « des objectifs précis et quantifiés ».

Quinze ans après, le constat demeure inchangé : la politique de la ville reposant sur une **géographie prioritaire**, c'est-à-dire sur l'identification de quartiers particulièrement fragiles sur lesquels elle concentre ses moyens, le nombre de quartiers prioritaires s'est accru et les dispositifs se sont juxtaposés, rendant peu lisible la politique de la ville et éparpillant les moyens.

Les **zones urbaines sensibles** (ou ZUS) étaient au nombre de 751 fin 2013. Elles ont été mises en place par la loi du 4 février 1995 d'orientation pour l'aménagement et le développement du territoire. Parmi les ZUS, on distingue les zones de redynamisation urbaine (ZRU) et les zones franches urbaines (ZFU). Les ZRU et les ZFU bénéficient d'aides spécifiques sous forme d'exonérations fiscales et sociales.

Les zones urbaines sensibles constituent un sous-ensemble de l'ensemble plus large des 2 500 quartiers prioritaires, objets des contrats urbains de cohésion sociale (CUCS) qui ont succédé aux contrats de ville pour la période 2007-2013.

La loi du 21 février 2014 de programmation pour la ville et la cohésion urbaine entend concentrer les moyens vers les territoires qui en ont le plus besoin et arrêter la dispersion en resserrant la géographie prioritaire. Environ 1 300 quartiers populaires sont ciblés en fonction du revenu par habitant en lieu et place des 2 500 quartiers bénéficiant de CUCS. Par ailleurs, la nature même des contrats passés entre l'État et les collectivités territoriales change. Alors qu'auparavant les interventions étaient cloisonnées (rénovation urbaine, actions sociales…), les nouveaux **contrats de ville** sont des contrats globaux à l'échelle d'un quartier, qui doivent prendre en compte le bâti, mais aussi le développement économique et l'action sociale, pour passer de la notion de contrat avec des programmes ciblés à un véritable projet de territoire. Enfin, les habitants sont davantage associés aux décisions concernant leur quartier et participent directement à l'élaboration et à la mise en œuvre des futurs contrats de ville au sein des conseils citoyens.

L'article 7-1 de la loi du 21 février 2014 dispose qu'« un conseil citoyen est mis en place dans chaque quartier prioritaire de la politique de la ville, sur la base d'un diagnostic des pratiques et des initiatives participatives. […] Ces conseils citoyens sont associés à l'élaboration, à la mise en œuvre et à l'évaluation des contrats de ville. Des représentants du conseil citoyen participent à toutes les instances de pilotage du contrat de ville, y compris celles relatives aux projets de renouvellement urbain. Les conseils citoyens exercent leur action en toute indépendance vis-à-vis des pouvoirs publics et inscrivent leur action dans le respect des valeurs de liberté, d'égalité, de fraternité, de laïcité et de neutralité ».

Le 1er janvier 2016, **les 435 contrats** de ville sont entrés dans leur phase opérationnelle pour répondre aux enjeux locaux – en termes notamment d'emploi, de développement économique, de renouvellement urbain, d'éducation, de santé ou de transport – identifiés par l'ensemble des partenaires signataires.

En 2018, un plan gouvernemental de revitalisation des **centres-villes** baptisé « **Action cœur de ville** » entend permettre la revitalisation sociale et commerciale des centres-villes de 222 villes de taille moyenne à mobilisation de 5 milliards d'euros sur 5 ans. Le plan porte sur la rénovation des logements, la facilitation de l'implantation commerciale, la transition numérique des commerçants. Pour l'État, cette action s'inscrit dans le cadre de la cohésion du territoire par le renforcement des centres périphériques, vitaux pour assurer un lien entre les métropoles et la ruralité.

B. Les centres sociaux et socioculturels

En 2000, à Angers, les centres sociaux et socioculturels ont adopté la Charte fédérale des centres sociaux et socioculturels de France (téléchargeable sur le site de la Fédération des centres sociaux et socioculturels de France (FCSF – www.centres-sociaux.fr), qui proclame :

Nous,
centres sociaux et socioculturels de France fédérés, divers dans nos origines, nos inscriptions territoriales et nos formes institutionnelles, nous entendons, dans notre Charte, expliciter le sens que nous donnons à notre action.
Nous nous exprimons alors que notre société est traversée par de profondes mutations qui, tout en ouvrant de nouveaux possibles, mettent à mal nombre de structures sociales et désunissent trop d'existences personnelles.

Notre conception du centre social et socioculturel
Le centre social et socio-culturel entend être un **foyer d'initiatives porté par des habitants associés** appuyés par des professionnels, capables de définir et de mettre en œuvre un projet de développement social pour l'ensemble de la population d'un territoire.

Nos valeurs de référence
Se plaçant dans le mouvement de l'éducation populaire, les centres sociaux et socioculturels fédérés réfèrent leur action et leur expression publique à **trois valeurs fondatrices** : la dignité humaine, la solidarité et la démocratie.

La dignité humaine
Reconnaître la dignité et la liberté de tout homme et de toute femme est l'attitude première des acteurs des centres sociaux et socioculturels.
L'accueil, l'écoute et le respect de chacun rend possible le dialogue personnalisé.
Le regard porté sur les autres se garde des préjugés moraux et culturels.
La reconnaissance laïque de la pluralité des croyances évite le renvoi de chacun à sa conscience individuelle ou au repli identitaire.
L'attention donnée aux qualités et aspirations de l'autre ouvre les chemins de la convivialité, des progrès personnels et des coopérations réciproques.

La solidarité
Considérer les hommes et les femmes comme solidaires, c'est-à-dire comme étant capables de vivre ensemble en société, est une conviction constante des centres sociaux et socioculturels depuis leurs origines.
La progression de l'individualisme et la persistance de contradictions sociales n'empêchent pas les centres sociaux et socioculturels de penser que les hommes et les femmes se construisent comme personnes au travers de leurs rapports aux autres.
Les individus deviennent des acteurs solidaires lorsqu'ils s'engagent dans des rapports sociaux qu'ils contribuent à constituer, tels que les liens familiaux, les relations

de voisinage, les convivialités, les solidarités de groupe, les rencontres interculturelles, les participations associatives, les rapports de travail, les engagements citoyens...
Échanger des savoir-faire, entrer dans des réseaux d'entraide, soutenir l'insertion sociale et économique de chacun, défendre les droits des personnes à vivre en société, solidarisent les individus.

La démocratie

Opter pour la démocratie, c'est, pour les centres sociaux et socioculturels, vouloir une société ouverte au débat et au partage du pouvoir.
Les centres sociaux et socioculturels entendent établir, et au besoin conquérir, avec et pour les habitants d'un quartier, d'une ville, d'une agglomération ou d'un pays, des espaces de discussion et de participation à des prises de décision concernant leur vie quotidienne et celle de la collectivité.
Opter pour la démocratie c'est aussi s'engager concrètement dans des actions collectives, mêmes modestes, dont les finalités, les modalités et les résultats peuvent être débattus.
La démocratie participative, en proposant, en agissant, en contestant, est nécessaire à la vie politique locale. La force de la démocratie locale c'est l'engagement civique des citoyens.

La FCSF définit, elle, les centres sociaux et socioculturels comme « un projet participatif, solidaire et citoyen pour développer la vie sur un territoire, à partir de vrais débats » :

« Ce sont avant tout des lieux de débats participatifs, où à partir des expressions des habitants l'initiative individuelle puis collective devient possible.

Toutes les tranches d'âge, des plus jeunes au plus âgés, toutes les activités collectives peuvent potentiellement se retrouver et agir dans un centre social et socioculturel. Toutes les catégories habituelles des politiques sociales, culturelles et éducatives peuvent donc *a priori* y exister mais, bien entendu, **c'est le projet concerté sur le territoire qui fixera les grandes priorités d'action et non pas un cahier des charges uniforme et monochrome, préétabli**. »

Pour la fédération, les centres sociaux et socioculturels poursuivent trois objectifs :
- l'éducation populaire ;
- le développement social et local ;
- l'économie sociale et solidaire.

Les centres sociaux et socioculturels sont agréés par les caisses d'allocations familiales de leur territoire sur la base d'un contrat : la **circulaire CNAF n° 56 du 31 octobre 1995** rappelle « la mission globale et (de) coordination que doivent assurer les centres pour bénéficier de l'agrément de la CAF et du versement de la prestation de service », qui repose sur quatre missions :

- un équipement de quartier à vocation sociale globale, ouvert à l'ensemble de la population habitant à proximité, offrant accueil, animation, activités et services à finalité sociale ;
- un équipement à vocation familiale et plurigénérationnelle. Lieu de rencontre et d'échange entre les générations, il favorise le développement des liens familiaux et sociaux ;

– un lieu d'animation de la vie sociale, il prend en compte l'expression des demandes et des initiatives des usagers et des habitants et favorise le développement de la vie associative ;

– un lieu d'interventions sociales concertées et novatrices. Compte tenu de son action généraliste et innovante, concertée et négociée, il contribue au développement du partenariat. »

On compte plus de 2 000 structures agréées par la CAF, dont près de 1 200 fédérées par la FCSF.

C. Les anciens « centres de vacances ou de loisirs »

La France a adopté, en matière d'organisation d'accueil d'enfants et de jeunes, un cadre législatif et réglementaire très complet afin de garantir la protection des mineurs, qui comprend à la fois la réglementation et le contrôle des séjours, mais aussi la formation de l'encadrement et des conseils aux organisateurs.

Le ministère en charge de la Santé, de la Jeunesse et des Sports, en matière de protection des mineurs accueillis en séjours et en centres en dehors du temps scolaire, prépare et veille à la mise en œuvre de la réglementation et soutient les projets afin de garantir la sécurité physique et morale des enfants.

Ainsi, il instruit les déclarations de séjours, s'assure de l'existence du projet éducatif de l'organisateur et du projet pédagogique de chaque séjour, vérifie les qualifications et conditions d'encadrement ainsi que les quotas d'animateurs, contrôle les conditions d'organisation, vérifie les conditions d'hébergement, le suivi sanitaire des mineurs, s'assure de l'obligation d'assurance en responsabilité civile de l'organisateur, planifie le contrôle des séjours.

L'**ordonnance n° 2005-1092 du 1er septembre 2005** relative au régime de protection des mineurs accueillis hors du domicile parental à l'occasion des vacances scolaires, des congés professionnels ou des loisirs et le **décret n° 2006-923 du 26 juillet 2006** relatif à la protection des mineurs accueillis hors du domicile parental et modifiant le Code de l'action sociale et des familles (partie réglementaire), ont fondamentalement modifié les conditions d'accueil des mineurs.

L'**arrêté** (NOR : MJSK0770037A) **du 9 février 2007**, modifié par arrêté du 31 juillet 2008, fixe les titres et diplômes permettant d'exercer les fonctions d'animation et de direction en séjours de vacances, en accueil sans hébergement et en accueil de scoutisme.

Les anciennes appellations (centres de vacances ou de loisirs, centres de loisirs sans hébergement, centres de vacances…) cèdent la place à de nouvelles dont les règles d'encadrement sont modifiées.

Peuvent être accueillis en accueil collectif à caractère éducatif, hors du domicile parental, à l'occasion des vacances scolaires, des congés professionnels ou des loisirs, tous les mineurs dès leur inscription dans un établissement scolaire. La déclaration de ces accueils est obligatoire, deux mois avant le début de l'accueil.

a. Les accueils avec hébergement :

(1) – Le séjour de vacances d'au moins sept mineurs, dès lors que la durée de leur hébergement est supérieure à trois nuits consécutives.

(2) – Le séjour court d'au moins sept mineurs, en dehors d'une famille, pour une durée d'hébergement d'une à trois nuits.

(3) – Le séjour spécifique avec hébergement d'au moins sept mineurs, âgés de 6 ans ou plus, dès lors qu'il est organisé par des personnes morales dont l'objet essentiel est le développement d'activités particulières (un arrêté du ministre chargé de la Jeunesse précise la liste de ces personnes morales et des activités concernées).

(4) – Le séjour de vacances dans une famille de deux à six mineurs, pendant leurs vacances, se déroulant dans une famille, dès lors que la durée de leur hébergement est au moins égale à quatre nuits consécutives. Lorsque ce type de séjour est organisé par une personne morale dans plusieurs familles, les conditions d'effectif minimal ne sont pas prises en compte.

b. Les accueils sans hébergement :

(5) – L'accueil de loisirs de sept à trois cents mineurs, en dehors d'une famille, pendant au moins quatorze jours consécutifs ou non au cours d'une même année sur le temps extrascolaire ou périscolaire pour une durée minimale de deux heures par journée de fonctionnement. Il se caractérise par une fréquentation régulière des mineurs inscrits auxquels il offre une diversité d'activités organisées.

(6) – L'accueil de sept à quarante mineurs, âgés de 14 ans ou plus, en dehors d'une famille, pendant au moins quatorze jours consécutifs ou non au cours d'une même année et répondant à un besoin social particulier mentionné dans le projet éducatif.

c. L'accueil de scoutisme

L'accueil de scoutisme d'au moins sept mineurs, avec et sans hébergement, organisé par une association dont l'objet est la pratique du scoutisme et bénéficiant d'un agrément national délivré par le ministre chargé de la Jeunesse.

Le décret du 26 juillet 2006 précise les conditions de qualification et d'effectifs d'encadrement :

– Les fonctions d'**animation** en séjour de vacances (1) et en accueil de loisirs (5), comme en accueil de scoutisme, sont exercées :

1° par les titulaires du brevet d'aptitude aux fonctions d'animateur (BAFA) ou d'un diplôme, titre ou certificat de qualification figurant sur une liste pouvant tenir compte de la durée de l'accueil, du nombre et de l'âge des mineurs (liste arrêtée par le ministre chargé de la Jeunesse après avis du Conseil national de l'éducation populaire et de la jeunesse) ;

2° par les agents de la fonction publique dans le cadre de leurs missions et relevant des corps ou des cadres d'emplois dont la liste est fixée par arrêté conjoint du ministre chargé de la Jeunesse et des ministres dont ils relèvent ;

3° par les personnes qui, dans le cadre de la préparation du brevet d'aptitude aux fonctions d'animateur (BAFA) ou de l'un des diplômes figurant sur la liste mentionnée au premier alinéa, effectuent un stage pratique ou une période de formation ;

4° à titre subsidiaire par des personnes autres que celles mentionnées aux alinéas précédents.

Taux de qualification

Le nombre de personnes mentionnées aux 1° et 2° ne peut être inférieur à la moitié de l'effectif requis. Celui des personnes mentionnées au 4° ne peut être supérieur à 20 % dudit effectif, ou à une personne lorsque cet effectif est de trois ou quatre.

– Les fonctions de **direction** de séjour de vacances (1), d'accueil de loisirs (5) et d'accueils de scoutisme sont exercées :

1° par les personnes titulaires du brevet d'aptitude aux fonctions de directeur (BAFD) ou d'un diplôme, titre ou certificat de qualification figurant sur une liste arrêtée par le ministre chargé de la Jeunesse après avis du Conseil national de l'éducation populaire et de la jeunesse ;

2° par les agents de la fonction publique dans le cadre de leurs missions et relevant des corps ou des cadres d'emplois dont la liste est fixée par arrêté conjoint du ministre chargé de la Jeunesse et des ministres dont ils relèvent ;

3° par les personnes qui, dans le cadre de la préparation du brevet d'aptitude aux fonctions de directeur (BAFD) ou de l'un des diplômes figurant sur la liste mentionnée au premier alinéa effectuent un stage pratique ou une période de formation.

Taux d'encadrement

L'effectif minimum des personnes exerçant les fonctions d'animation en séjour de vacances (1) et en accueil de loisirs (5) est de :

- un animateur pour huit mineurs âgés de moins de six ans ;
- un animateur pour douze mineurs âgés de six ans ou plus.

Pour l'encadrement des enfants scolarisés pendant les heures qui précèdent et suivent la classe (accueil de loisirs périscolaire), l'effectif minimum des personnes exerçant les fonctions d'animation est fixé à :

- un animateur pour dix mineurs âgés de moins de six ans ;
- un animateur pour quatorze mineurs âgés de six ans ou plus.

Le décret n° 2013-707 du 2 août 2013 relatif au projet éducatif territorial et portant expérimentation relative à l'encadrement des enfants scolarisés bénéficiant d'activités périscolaires dans ce cadre assouplit les taux d'encadrement réglementaires pour les activités périscolaires : il permet d'abaisser temporairement les taux d'encadrement pour les activités périscolaires à un animateur pour quatorze mineurs âgés de moins de 6 ans et à un animateur pour dix-huit mineurs âgés de 6 ans ou plus.

Les dispositions ont été pérennisées par le **décret n° 2016-1051 du 1er août 2016 relatif au projet éducatif territorial et à l'encadrement des enfants scolarisés bénéficiant d'activités périscolaires dans ce cadre**.

Cette modification réglementaire se limite à trois ans et ne s'applique que si un **projet éducatif de territoire** (PEDT) a été validé par l'État. Ce décret entend encourager le développement du partenariat entre tous les acteurs éducatifs d'un territoire, dans le cadre d'un PEDT, afin de mieux articuler les différents temps éducatifs de l'enfant.

En outre, dans le cadre du PEDT, le temps d'accueil minimal journalier est ramené de 2 heures à 1 heure, et les personnes intervenant ponctuellement sont prises en compte dans le calcul du taux d'encadrement.

En accueil de loisirs (5), lorsque le nombre de mineurs ou la durée de l'accueil sont inférieurs à un seuil fixé par arrêté du ministre chargé de la Jeunesse, le directeur peut être inclus dans l'effectif des personnes exerçant les fonctions d'animation.

En séjour de vacances (1), l'effectif de l'encadrement ne peut être inférieur à deux personnes.

Lorsque l'effectif accueilli est supérieur à cent mineurs, le directeur doit être assisté d'un ou de plusieurs adjoints, qui doivent satisfaire aux conditions de qualification requises pour les fonctions de direction, à raison d'un adjoint supplémentaire par tranche de cinquante mineurs au-delà de cent.

Lorsque les mineurs accueillis sont âgés de quatorze ans ou plus et que l'effectif est inférieur au seuil prévu par arrêté du ministre chargé de la Jeunesse, le directeur peut être inclus dans l'effectif des personnes exerçant les fonctions d'animation.

En séjour spécifique (3), une personne majeure est désignée par l'organisateur comme directeur du séjour. L'effectif de l'encadrement ne peut être inférieur à deux personnes. Les conditions de qualification et le taux d'encadrement sont ceux prévus par les normes ou la réglementation relative à l'activité principale du séjour.

Les séjours spécifiques comprennent les séjours sportifs organisés pour leurs licenciés par les fédérations et les clubs sportifs, les séjours linguistiques proposés par des organisateurs de séjours ou de stages linguistiques, les séjours culturels et artistiques organisés par les écoles de musique, de danse, de théâtre…, les rencontres européennes organisées dans le cadre des programmes européens jeunesse.

L'AGENCE FRANÇAISE DU PROGRAMME EUROPÉEN JEUNESSE EN ACTION

Une agence nationale…

Dans chaque pays, il existe une structure nationale chargée de gérer et de développer au nom de la Commission européenne, les actions du Programme européen jeunesse en action (PEJA) et donc les crédits correspondants. Chaque agence assure le lien avec la Commission européenne et les autres agences nationales, les promoteurs de projets au niveau national, régional et local et les jeunes eux-mêmes.

En France, l'agence est implantée à l'Institut national de la jeunesse et de l'éducation populaire (INJEP), établissement public administratif implanté à Marly-le-Roi, et est placée sous la tutelle du ministère de la Santé, de la Jeunesse et des Sports **avec un réseau de proximité…**

Pour démultiplier son action et être au plus près des besoins de terrain, l'agence française travaille en étroite collaboration avec le ministère de la Santé, de la Jeunesse et des Sports et en particulier avec les correspondants « PEJA » en poste dans les directions régionales et départementales de la jeunesse et des sports (DRDJS et DDJS).

Les correspondants régionaux PEJA (DRDJS) informent les jeunes et porteurs de projets, les accompagnent dans le montage de leur dossier, animent un réseau, et organisent les comités régionaux de sélection des projets.

Cette dynamique régionale permet de développer la communication sur ce programme, l'accompagnement des porteurs de projets à travers notamment le réseau des relais du Programme européen jeunesse en action (relais d'information et d'accompagnement).

Une synergie accrue des acteurs

L'ensemble des acteurs, Union européenne, ministère de la Santé, de la Jeunesse et des Sports, et Agence française du Programme européen jeunesse en action, milieu associatif, collectivités territoriales à plusieurs niveaux, œuvrent ensemble pour développer ce programme.

Une démarche qualité

La réussite de ce programme est liée aussi à la démarche qualité mise en œuvre dans les diverses étapes d'accompagnement des projets, d'instruction des dossiers, de formation pour les jeunes, les porteurs de projets, les structures d'information et d'accompagnement, et de visites et contrôles sur les actions.

Source : www.injep.fr

En séjour court (2), une personne majeure s'assure des conditions d'hygiène et de sécurité dans lesquelles l'hébergement se déroule. L'effectif de l'encadrement ne peut être inférieur à deux personnes. Les conditions de qualification et d'effectifs d'encadrement ne sont pas requises sauf lorsque ces séjours représentent un élément accessoire d'un accueil sans hébergement et s'adressent aux mêmes mineurs dans le cadre du même projet éducatif.

En accueil de jeunes (6), les conditions d'encadrement sont définies par convention entre l'organisateur et le représentant de l'État dans le département pour répondre aux besoins identifiés. L'organisateur désigne un animateur qualifié comme référent de cet accueil ou, lorsque l'action se déroule sur plusieurs sites, un directeur qualifié qui coordonne l'action des référents locaux.

Cette logique conventionnelle vise à assurer une certaine souplesse dans ce type d'encadrement, avec un encadrement adapté aux particularités du public et de l'environnement de la structure, qui place le projet des jeunes au centre des préoccupations éducatives.

En accueil de scoutisme, l'effectif d'encadrement peut être modifié par arrêté du ministre chargé de la Jeunesse en fonction du public accueilli.

Enfin, il n'existe pas de dispositions particulières concernant le séjour dans une famille (4).

3. Le mouvement associatif

Le site www.associations.gouv.fr, outre de nombreuses informations sur la vie associative française, présente les instances nationales de la vie associative. Les sites de chacune des instances et institutions présentent également de nombreuses informations utiles.

LE HAUT CONSEIL DE LA VIE ASSOCIATIVE

Créé le 28 juin 2011 auprès du Premier ministre, le Haut Conseil à la vie associative (HCVA) est une instance d'expertise et de dialogue avec les associations qui remplace le Conseil national de la vie associative (CNVA). L'objectif poursuivi est d'enrichir le dialogue entre les pouvoirs publics et les associations et d'améliorer la pertinence des mesures prises par les pouvoirs publics.

Le HCVA est saisi des projets de lois et de décrets comportant des dispositions spécifiques relatives au financement, au fonctionnement ou à l'organisation de l'ensemble des associations. Celles-ci pourront elles- mêmes, sous certaines conditions, le saisir sur toute question intéressant l'ensemble des associations. Il a également pour mission de contribuer, par ses propositions et recommandations, au développement et à l'amélioration de la connaissance des réalités de la vie associative.

Chargé de recueillir et de mettre à disposition les données territoriales, qualitatives et quantitatives sur le secteur associatif, il établira tous les deux ans un bilan de la vie associative.

Fondé sur les compétences et l'expertise de ses membres, et non pas sur la représentativité des associations ou de leur secteur d'activité, le HCVA comprend 25 membres du monde associatif (salariés ou bénévoles) reconnus pour leur compétence en matière de communication, droit et fiscalité, gestion comptable et financière, partenariats public/privé, ressources humaines, dialogue civil, cadre européen, cinq personnalités qualifiées sans considération pour une éventuelle activité associative, des représentants des ministères chargés de la Jeunesse et de la Vie associative, de la Cohésion sociale, de la Culture, de l'Environnement, de la Justice, du Budget, de la Santé, des Sports, de l'Intérieur, de l'Économie, de la Ville et de l'Éducation nationale.

Le Haut Conseil à la vie associative est présidé par le Premier ministre ou son représentant.

La deuxième édition du bilan de la vie associative réalisée par le Haut Conseil à la vie associative porte sur les années 2015-2016 et a pour thème « L'association au cœur de l'intérêt général ».

LE FONDS POUR LE DÉVELOPPEMENT DE LA VIE ASSOCIATIVE (FDVA)

Ce fonds a été créé par le décret n° 2011-2121 du 30 décembre 2011. Il a remplacé le Conseil du développement de la vie associative (CDVA), afin de renforcer la politique de la formation des bénévoles.

Les subventions aux associations versées par ce fonds sont destinées principalement à la formation des bénévoles associatifs élus ou responsables d'activités.

Au niveau national, le fonds attribue des subventions à des projets de formation des bénévoles présentés par des associations. Il peut également soutenir des études et des expérimentations nationales contribuant au développement de la vie associative. Au niveau régional, le fonds peut soutenir la formation des bénévoles ainsi que la mise en œuvre de projets ou d'activités d'une association en phase de démarrage.

L'INSTITUT NATIONAL DE LA JEUNESSE ET DE L'ÉDUCATION POPULAIRE

L'INJEP, Institut national de la jeunesse et de l'éducation populaire, était, depuis 1946, un établissement public du ministère de la Jeunesse, des Sports et de la Vie associative. Sa vocation était de :

- promouvoir l'éducation populaire ;
- favoriser le développement de la vie associative ;
- participer à la mise en oeuvre d'actions en faveur de la jeunesse ;
- concourir au développement de la coopération internationale dans ces trois domaines.

L'INJEP réalisait donc des formations, des colloques, des publications, des sites web, des actions de recherche, propose des bourses, accueille et héberge en son sein tous ceux qui sont concernés par ces trois thématiques : responsables et élus locaux, cadres associatifs, fonctionnaires de l'État, professionnels de l'animation, de l'éducation, chercheurs, étudiants.

Par décret en date du 24 décembre 2015, **l'Institut national de la jeunesse et de l'éducation populaire (INJEP) est transformé en service à compétence nationale (SCN).** Le texte précise les missions et l'organisation de ce nouveau service désormais rattaché au directeur de la jeunesse, de l'éducation populaire et de la vie associative, également délégué interministériel à la jeunesse (DIJ). Chargé, entre autres, « d'observer et d'analyser la situation des jeunes et les politiques qui leur sont destinées à tous les niveaux territoriaux, du niveau local au niveau européen », ce nouveau service :

- élabore « des analyses à travers la conduite de recherches, d'études et d'évaluations, et produit des données statistiques en lien avec le service statistique public, dans les domaines de la jeunesse, de l'éducation populaire et de la vie associative ainsi que du sport » ;
- étudie « les évolutions du système d'acteurs de l'éducation populaire et de leurs démarches » ;
- réalise « ou contribue à la réalisation, à la demande du Premier ministre, de travaux d'études ou d'évaluation liés à la politique interministérielle de jeunesse » ;
- effectue, « à la demande du ministre chargé de la Jeunesse, seul ou en partenariat avec toute personne morale de droit public ou de droit privé, des activités spécifiques d'observation ou d'expertise d'actions publiques en faveur des jeunes » ;
- « assure l'animation du fonds d'expérimentation pour la jeunesse ».

Selon les termes du même décret, l'INJEP « constitue également un pôle de ressources et d'expertise pour les acteurs de jeunesse, de l'éducation populaire et de la vie associative, pour les assemblées parlementaires et les instances de représentation de la société civile ».

L'institut assure désormais cinq missions :

- une mission chargée des études, de l'observation et des statistiques ;
- une mission chargée de l'observation et de l'évaluation ;
- une mission chargée de la valorisation et de la diffusion ;
- une mission chargée de la documentation et de la gestion d'un centre de ressources ;
- une mission chargée de l'animation du fonds d'expérimentation pour la jeunesse.

La transformation du statut de l'INJEP a pris effet le 1er janvier 2016. Elle s'accompagne par ailleurs d'une modification de l'organisation de la Direction de la jeunesse, de l'éducation populaire et de la vie associative (DJEPVA), dont les conditions sont fixées dans un arrêté paru le même jour.

www.injep.fr

3. L'organisation de l'animation

1. L'association loi de 1901

La littérature sur les associations loi de 1901 est très abondante.

Le site www.associations.gouv.fr fournit de nombreuses informations sur le fonctionnement des associations.

La IIIe République reconnaît la liberté d'association plus d'un siècle après la Révolution française qui avait aboli tout groupement d'individu de nature à faire écran entre les citoyens, conçus comme libres et égaux en droit, et l'État. On ne trouve ainsi aucune disposition sur la liberté d'association dans la Déclaration des droits de l'homme et du citoyen de 1789.

QU'EST-CE QUE LE MODÈLE RÉPUBLICAIN FRANÇAIS ?

La République (la chose publique) se fonde sur l'idée de la souveraineté du peuple.
Ce principe de souveraineté du peuple est directement issu de la Révolution française (un de ses premiers événements : le moment où le tiers état, représentant du peuple, se déclare Assemblée nationale, le 17 juin 1789) : le souverain n'est plus le roi mais le peuple ; le roi n'est plus que le pouvoir exécutif, le premier serviteur de la société.
Autre principe, directement lié à la souveraineté du peuple, celui de la représentation démocratique : la souveraineté s'exprime dans le suffrage, elle est représentée par l'Assemblée nationale.
Déclaration des droits de l'homme et du citoyen du 24 juin 1793 :
« La souveraineté réside dans le peuple ; elle est une et indivisible, imprescriptible et inaliénable. Aucune portion du peuple ne peut exercer la puissance du peuple entier ; mais chaque section doit jouir du droit d'exprimer sa volonté avec une entière liberté. »
L'importance de la représentation implique que la tradition républicaine repose sur une prééminence du législatif sur l'exécutif et sur une méfiance à l'égard de tout pouvoir personnel (roi, empereur, dictateur, exécutif fort).
Robespierre :
« La corruption des gouvernements a sa source dans l'excès de leur pouvoir et dans leur indépendance à l'égard du souverain (c'est-à-dire le peuple). »
« Vous ne pourrez jamais empêcher que les dépositaires du pouvoir exécutif ne soient des magistrats très puissants : ôtez-leur toute autorité et toute influence étrangères à leurs fonctions. »
La prééminence du législatif a marqué la IIIe République à travers la domination de la Chambre des députés, l'importance du débat parlementaire. Cette prééminence a décliné avec la Ve République (volonté d'en finir avec les crises gouvernementales de la IIIe et de la IVe Républiques) et le « parlementarisme rationalisé ».

La nécessité d'un équilibre entre exécutif et Parlement marque toute l'histoire républicaine : toutes les républiques ont échoué sur la question du rapport à l'exécutif :

- La Ire République du 21 septembre 1792 prend fin le 4 août 1802 avec le Consulat.
- La IIe République, née le 25 février 1848, meurt le 2 décembre 1852 avec la prise du pouvoir par le chef de l'exécutif, Louis-Napoléon Bonaparte.
- La IIIe République du 4 septembre 1870 se saborde lorsque les députés confient les pleins pouvoirs au chef de l'exécutif le 10 juillet 1940.
- La IVe République s'achève lorsque le pays ressent le besoin d'une Constitution faisant davantage de place au président de la République.

Autre conséquence de la souveraineté du peuple : une vision très centrale du pouvoir, au nom de « l'indivisibilité de la République », et un refus des pouvoirs intermédiaires :

- La République a longtemps refusé les pouvoirs locaux, dans la crainte d'une inégalité de traitement entre les citoyens.
- Elle a aussi refusé les pouvoirs sociaux : sur la place publique, les citoyens doivent être des individus libres de l'attache contraignante des réseaux sociaux (de la loi Le Chapelier qui abolit en 1791 les corporations à une syndicalisation relativement faible en France).

En d'autres termes, la société, ses intérêts économiques, ses traditions de groupe, ses particularismes locaux ne sont pas le lieu propre de la démocratie.

La société s'avérant incapable d'organiser par elle-même une société des individus libres et égaux, c'est l'État (le politique) qui est chargé de créer une société plus conforme à cet idéal politique : la République s'est développée autour d'un modèle étatique largement centralisé avec un État très présent dans l'espace social.

Pierre Rosanvallon :

« Dans aucun pays industriel, l'État ne joue aussi fortement cette fonction d'instituteur de la société. Cela signifie qu'en dernier ressort l'État a presque un rapport pédagogique à la société, l'État est le tuteur de la société et, en quelque sorte, son instituteur. »

Autre grand principe républicain : la laïcité de l'État et de l'école (esprit rationaliste des Lumières, positivisme, combat contre la puissance politique de l'Église) qui doit conduire à la généralisation d'une éducation scientifique, gage de progrès pour l'avenir.

S'y ajoute un principe social, la promotion individuelle des plus méritants et des plus travailleurs, par l'école, par l'accession à la propriété.

On y discerne aussi le pacifisme (refus du nationalisme cocardier) et l'attachement à la grandeur du pays et à la défense nationale.

Le modèle associatif qui prévaut en France est un modèle libéral, fondé sur un contrat que nul n'a l'obligation de conclure et que chacun peut conclure librement.

On trouve dans les premiers articles de la loi du 1er juillet 1901 l'essentiel de ce qu'il faut savoir sur le droit des associations. Vous pouvez la consulter sur Internet via le lien : www.legifrance-gouv.fr

Depuis les années 1970, le mouvement associatif fait preuve d'une vitalité remarquable. Davantage d'associations ont été créées durant les trente dernières années que de 1901 à 1975.

Aujourd'hui, on estime à 1 million le nombre d'associations en activité, employant 1,6 million de salariés. Chaque année, 70 000 associations nouvelles se créent, soit près de 200 chaque jour.

Une association loi 1901 est ainsi composée d'au moins deux personnes, et peut ne pas être déclarée (on parle alors d'association de fait).

La loi donne aux associations la liberté de s'organiser dans le respect des lois en vigueur, de choisir leur but, de modifier lorsqu'elles le souhaitent tant leur but que leur organisation, de déclarer ou non l'association et d'en faire la publicité au *Journal officiel*.

La **déclaration** de l'association s'effectue auprès de la préfecture ou de la sous-préfecture du lieu de son siège social, par dépôt des statuts et, le cas échéant, du règlement intérieur de l'association. Les modifications de statut, les changements de responsables doivent être enregistrés en préfecture, sans que la préfecture exerce un pouvoir de contrôle.

Les **statuts** constituent un contrat liant les membres de l'association.

Ils contiennent obligatoirement le siège social de l'association, lieu où est consultable **le registre spécial**, relevé des décisions importantes (choix des dirigeants, délégations de pouvoirs...).

L'association peut se doter d'un règlement interne plus aisément modifiable que les statuts.

Les préfectures proposent des statuts types qui peuvent guider les associations dans la rédaction de leurs statuts.

La déclaration confère à l'association les droits liés à la **personnalité morale**, c'est-à-dire la possibilité d'être financée par les cotisations de ses membres, les subventions de l'État ou des collectivités territoriales, les dons, les aides provenant du partenariat ou du mécénat..., de signer des actes juridiques (ouverture de comptes, souscription de contrats...), d'employer des salariés, d'ester en justice.

À noter qu'il existe une forme d'association pouvant être créée et gérée par des mineurs : les **juniors associations**. Il s'agit d'une association nationale qui accorde son agrément et son aide à des associations composées de jeunes de 12 à 18 ans, constituant juridiquement des sections de l'association nationale.

LA « JUNIOR ASSOCIATION »

La **junior association** permet aux jeunes de moins de 18 ans de s'organiser et de mettre en œuvre leurs projets. Elle permet de s'organiser dans une dynamique associative et de s'approprier un mode d'organisation démocratique et citoyen.

Pour créer une junior association, il faut être au moins deux et une majorité de mineurs. Le Réseau national des juniors associations propose une démarche d'habilitation valable une année scolaire et renouvelable. Il n'y a pas de déclaration en préfecture : c'est le Réseau national qui va fournir le cadre juridique nécessaire pour mettre en œuvre le projet collectif.

Créé en 1998, le dispositif junior association permet aux jeunes de se regrouper et de fonctionner, telle une association loi 1901.

L'idée est simple ; il s'agit de garantir aux jeunes des droits similaires aux associations déclarées en préfecture :

- une assurance qui couvre tous les problèmes liés à la responsabilité civile des mineurs ;

- la possibilité d'ouvrir un compte, grâce à un partenariat établi avec un établissement bancaire ;
- un accompagnement, en permettant aux jeunes d'accéder à des informations ou des conseils utiles sur les démarches qu'ils entreprennent et en mettant l'expérience et le savoir-faire des membres fondateurs à leur disposition.

Le dispositif junior association est exigeant : c'est un espace balisé, mais souple, qui garantit la liberté d'expression et l'esprit d'initiative des jeunes. Il demande aux adultes, aux associations, aux institutions, aux collectivités territoriales et aux pouvoirs publics de s'organiser ensemble afin de reconnaître le droit d'agir aux jeunes. Il prévoit un **accompagnement** pédagogique des jeunes dans la réalisation de leur projet et un accompagnement éducatif dans la pratique de la citoyenneté et dans la découverte de la vie associative.

Tenant compte de la réalité locale et des différents acteurs de terrain prêts à s'investir dans le dispositif, l'accompagnement des jeunes est réalisé au plus près d'eux, à leur demande, en fonction de leur projet.

[...]

Extrait du site du Réseau national des juniors associations
www.juniorassociation.org

De nombreuses catégories d'associations font l'objet de conditions particulières de création, de fonctionnement ou d'adhésion imposées par des textes législatifs ou règlementaires :

– les associations dites d'intérêt général, qui garantissent certains critères : organisation démocratique, but non lucratif, activité conforme à l'objet et aux statuts de l'organisation… ;

– les associations reconnues d'utilité publique par décision du gouvernement après avis du Conseil d'État ;

– les associations sportives affiliées à des fédérations sportives agréées ;

– les associations de défense de l'environnement et les associations de consommateurs ;

– les fédérations, généralement composées d'associations et de personnes physiques.

2. Un service d'animation municipale

Il n'est évidemment pas possible ici de tout dire sur les services d'animation municipale, mais quelques précisions paraissent s'imposer pour éviter des confusions graves notamment dans l'épreuve de rapport aux propositions.

Tout d'abord, un service d'animation municipal est un service municipal comme les autres, c'est-à-dire qu'il ne dispose pas de la personnalité morale, comme par exemple un centre communal d'action sociale ou une caisse des écoles, établissements publics locaux doté d'une personnalité morale de droit public.

Il est important d'en être pleinement conscient afin de ne pas commettre des erreurs graves dans la présentation de son fonctionnement :

– il ne dispose pas de son propre personnel au sens où ses agents, même si leurs qualifications ou leurs connaissances professionnelles leur donnent vocation à exercer au sein du service d'animation municipal, sont des agents publics et, le cas échéant, des fonctionnaires « comme les autres », employés par la collectivité (le plus souvent la commune) ;

– il ne dispose pas d'un budget propre mais se voit allouer des crédits inscrits sur des lignes budgétaires du budget communal. Lorsque ses activités donnent lieu à versement de subventions (par exemple des subventions départementales), celles-ci ne constituent pas pour lui des ressources propres mais sont versées au budget de la commune, à charge pour celle-ci de lui allouer des crédits supplémentaires.

Il en va exactement de même pour une bibliothèque ou d'une médiathèque municipale qui, bien que clairement identifiable par un bâtiment doté d'un personnel spécialisé, est un service municipal comme les autres services.

3. L'organisation du sport en France

L'administration comporte deux grandes entités : une administration centrale composée de quatre directions et une administration territoriale déconcentrée.

L'administration centrale du ministère des Sports, de la Jeunesse, de l'Éducation populaire et de la vie associative comprend notamment, outre une inspection générale (IG) et un délégué interministériel aux grands événements sportifs (DIGES), une direction des Sports et une Direction des sports et une Direction de la Jeunesse, de l'éducation populaire et de la vie associative (DJEPVA).

La Direction des sports

Elle élabore et met en œuvre la politique nationale des activités physiques et sportives afin de promouvoir la pratique physique et sportive (sport pour tous, sport de haut niveau), ainsi que les valeurs qu'elle véhicule.

Elle impulse et conduit des actions dans un cadre partenarial s'appuyant sur les fédérations sportives, les services territoriaux de l'État, un réseau d'établissements publics axé sur l'entraînement et la formation, le ministère de l'Éducation nationale, les collectivités locales et les entreprises.

Pour conduire ses missions, la Direction des sports s'appuie sur ses 152 agents répartis notamment en **trois sous-directions** et un **service à compétence nationale** :

– la sous-direction de la vie fédérale et du sport de haut niveau (DS.A). Elle assure les relations avec les fédérations unisport, agréées et délégataires de service public, et suit les questions relatives au sport de haut niveau (parcours, vie de l'athlète, encadrement), au sport professionnel, à l'économie du sport et aux relations internationales. Elle exerce la tutelle sur les établissements publics du ministère chargé des Sports ;

- la sous-direction de l'action territoriale, du développement des pratiques sportives et de l'éthique du sport (DS.B). Elle assure les relations avec les fédérations sportives multisports et affinitaires.

Elle promeut le développement du sport pour tous et définit la politique destinée à permettre l'accès de tous les publics aux pratiques sportives. Elle définit la politique de promotion du sport comme facteur de santé à l'égard du grand public et de publics spécifiques. Elle veille à la préservation des valeurs et de l'éthique du sport en participant à l'évolution et à la mise en œuvre de la réglementation relative au dopage, aux paris sportifs, à la prévention et à la lutte contre les incivilités et la violence dans le sport. Elle participe à l'évolution et suit la mise en œuvre déconcentrée des réglementations relatives aux activités physiques et sportives, à la protection des usagers et aux équipements, espaces, sites et itinéraires sportifs. Elle veille au développement territorial harmonieux des pratiques sportives, anime le réseau des services déconcentrés du ministère et les relations avec les collectivités locales. Elle assure la tutelle de 4 pôles ressources nationaux thématiques et du Centre national pour le développement du sport (CNDS), ainsi que le secrétariat du Conseil national du sport (CNS) ;

- la sous-direction de l'emploi et des formations (DS.C) ;

- un service à compétence nationale : le centre de gestion opérationnelle des conseillers techniques sportifs (CTS) placés auprès des fédérations sportives. Il propose et assure le suivi de la répartition par fédération sportive des effectifs de conseillers techniques sportifs (CTS) et contribue à la programmation des recrutements de ces agents. Il propose, en liaison avec l'INSEP, les orientations et les objectifs de formation initiale et continue des CTS. Il assure un accompagnement des carrières des CTS.

Un travail en réseaux

La Direction des sports s'appuie sur les réseaux des directions régionales de la Jeunesse, des Sports et de la Cohésion sociale (DRJSCS), des directions départementales chargées de la Cohésion sociale (DDCS/DDCSPP), des établissements du ministère (16 centres de ressources, d'expertise et de performances sportives (CREPS), 3 écoles nationales, l'Institut national du sport, de l'expertise et de la performance (INSEP), le Centre national pour le développement du sport (CNDS), le Musée national du sport) et des 4 pôles ressources nationaux consacrés à des politiques thématiques :

- « sport, éducation, mixités et citoyenneté » au CREPS Sud-Est, site d'Aix-en-Provence ;
- « sport et handicaps » au CREPS de Bourges ;
- « sports de nature » sur le site de Vallon-Pont d'Arc, récemment rattaché au CREPS Sud-Est ; et enfin
- « sport et santé » au sein de la Direction des sports.

Par ailleurs, la Direction des sports entretient des relations étroites avec les **116 fédérations sportives**, dont elle finance les actions d'intérêt général dans le cadre de conventions d'objectifs pluriannuelles établies pour la durée de l'olympiade. Le lien entre l'État et les fédérations est renforcé par la présence de 1 640 agents de l'État (conseillers techniques sportifs – CTS), placés auprès des fédérations sportives pour assurer la mise en œuvre des politiques sportives. Ces CTS exercent les missions de directeur technique national, d'entraîneur national, de conseiller technique national ou régional.

En effet, l'organisation du sport en France repose sur la coopération entre l'État et le mouvement sportif, délégataire d'une mission de service public.

L'État, responsable de la conduite des politiques sportives, délègue aux fédérations sportives le pouvoir d'organiser et de promouvoir la pratique de leurs disciplines et les soutient par le biais des conventions d'objectif et de la mise à disposition des cadres techniques.

Les fédérations sportives sont chargées d'organiser et de promouvoir la pratique de leurs disciplines. Les articles L. 131-8 et L. 131-14 du Code du sport distinguent les fédérations qui bénéficient de l'agrément de l'État de celles qui ont reçu, de plus, délégation de ses pouvoirs.

■ Les **fédérations agréées** (article L. 131-8 du Code du sport) participent à l'exécution d'une mission d'intérêt général : elles sont notamment chargées de promouvoir l'éducation par les activités physiques et sportives, de développer et organiser la pratique de ces activités, d'assurer la formation et le perfectionnement de leurs cadres bénévoles et de délivrer les licences et titres fédéraux.

Soumises au contrôle de l'État, elles doivent avoir des statuts conformes aux dispositions du décret n° 2004-22 du 7 janvier 2004 relatif à l'agrément des fédérations sportives, aux dispositions obligatoires des statuts des fédérations sportives agréées et à leur règlement disciplinaire type.

■ Les **fédérations délégataires** : aux termes de l'article L. 131-14 du Code du sport, une seule fédération agréée dans une discipline sportive donnée est directement investie d'une mission de service public. Elle reçoit délégation du ministre chargé des Sports.

Les **fédérations délégataires** :

- organisent les compétitions sportives à l'issue desquelles sont délivrés les titres internationaux, nationaux, régionaux ou départementaux ;
- définissent les règles techniques et administratives propres à leur discipline ;
- fixent les règles relatives à l'organisation des compétitions, à l'exception des domaines touchant à l'ordre public, et dans le respect des dispositions législatives et réglementaires propres à certains domaines (violence, dopage, pouvoir disciplinaire, règlement médical…).

Les fédérations délégataires sont, elles aussi, placées sous le contrôle de l'État. Conformément au **décret n° 2002-761 du 2 mai 2002** fixant les conditions d'attribution et de retrait d'une délégation aux fédérations sportives, elles doivent respecter et remplir plusieurs conditions.

■ **La Direction de la jeunesse, de l'éducation populaire et de la vie associative (DEJPVA)**

La Direction de la jeunesse, de l'éducation populaire et de la vie associative élabore, coordonne et évalue les politiques en faveur de la jeunesse, de l'éducation populaire et de la vie associative. Elle contribue à la coordination des actions interministérielles concernant la jeunesse et la vie associative.

Les politiques de jeunesse sont conçues dans une démarche d'éducation populaire ; elles s'intéressent à tous les publics par le soutien aux associations nationales ou locales. Elles favorisent l'approche transversale des questions de jeunesse et l'animation générale ou le suivi des politiques en direction des jeunes. Elles s'inscrivent également dans la stratégie nationale de développement durable (SNDD).

La DJEPVA est également chargée du développement de la vie associative. Elle coordonne et anime les politiques concernant l'ensemble des associations, chaque secteur conservant le partenariat avec le ministère chargé de son champ d'intervention.

Les champs de la jeunesse et de la vie associative étant par nature interministériels, la plupart des actions portées sur le terrain s'effectuent en partenariat avec les collectivités locales et sont mises en œuvre par des associations (430 000 associations se réclament de l'éducation populaire, 18 000 sont agréées par le ministère) : information jeunesse, politiques éducatives locales, organisation d'accueils collectifs de mineurs, formation d'animateurs...

Le Fonds d'expérimentation pour la jeunesse (FEJ), créé le 1er décembre 2008, est l'un des outils principaux de la mise en œuvre de la politique interministérielle. Il permet d'impulser et de soutenir les initiatives dans différents territoires et prépare les conditions d'une généralisation ultérieure.

La DJEPVA s'appuie sur l'Institut national de jeunesse et d'éducation populaire (INJEP) dans sa qualité d'observatoire des pratiques des jeunes et des politiques de jeunesse.

Depuis les modifications introduites par l'arrêté du 24 décembre 2015, la Direction de la jeunesse, de l'éducation populaire et de la vie associative comprend :

– la sous-direction des politiques interministérielles de jeunesse et de vie associative, qui comprend :
  - le bureau des politiques de jeunesse ;
  - le bureau du développement de la vie associative ;
  - le bureau des relations internationales. Cette sous-direction assure le pilotage des actions menées dans le domaine de la jeunesse lorsqu'elles relèvent de plusieurs départements ministériels ; elle assure la coordination des actions en faveur de la vie associative, de la mobilité européenne et internationale des jeunes, du volontariat de de l'engagement associatif bénévole ;

– la sous-direction de l'éducation populaire, qui comprend :
  - le bureau de la protection des mineurs en accueils collectifs et des politiques éducatives locales ;
  - le bureau du partenariat associatif jeunesse et éducation populaire ;

– le bureau de l'animation territoriale.

Cette sous-direction assure une mission de promotion, de veille et de valorisation des démarches d'éducation populaire. Elle contribue au développement des pratiques éducatives et participe à l'élaboration et à la mise en œuvre des politiques relatives à la protection des mineurs. Elle coordonne l'animation du réseau des services déconcentrés dans les domaines de la jeunesse, de l'éducation populaire et de la vie associative.

(source : www.gouv.sports.fr)

4. Les actions socio-éducatives

Là encore, l'exhaustivité n'est pas envisageable dans le cadre de cet ouvrage, mais il paraît utile de rappeler quelques grandes politiques sociales dont la connaissance sera particulièrement utile au candidat notamment pour l'épreuve de conversation avec le jury.

1. Le rôle des acteurs publics dans la lutte contre la pauvreté et l'exclusion

A. Qu'est-ce que l'exclusion ?

On peut définir l'exclusion comme un processus de marginalisation, de rupture et de crise identitaire conduisant à une perte de lien social, à un retrait des différentes instances de socialisation : le travail, la famille, l'école, le quartier.

Ce processus de désocialisation, dont l'origine est fréquemment la privation d'emploi ou de ressources (maladie, divorce…) peut entraîner l'éviction du logement, du système de protection sociale et de soins, sans parler de la culture dans toutes ses dimensions.

L'exclusion s'accompagne ainsi, ou résulte, de l'absence de jouissance des droits fondamentaux reconnus à toute personne, au premier rang desquels les droits sociaux.

L'article 1 de la **loi d'orientation du 29juillet 1998 relative à la prévention et à la lutte contre les exclusions** définit très clairement l'exclusion comme l'incapacité à accéder aux droits sociaux fondamentaux :

Article 1

La lutte contre les exclusions est un impératif national fondé sur le respect de l'égale dignité de tous les êtres humains et une priorité de l'ensemble des politiques publiques de la nation.

La présente loi tend à garantir sur l'ensemble du territoire l'accès effectif de tous aux **droits fondamentaux** dans les domaines de l'emploi, du logement, de la protection de la santé, de la justice, de l'éducation, de la formation et de la culture, de la protection de la famille **et de l'enfance**.

L'État, les collectivités territoriales, les établissements publics dont les centres communaux et intercommunaux d'action sociale, les organismes de Sécurité sociale ainsi que les institutions sociales et médico-sociales participent à la mise en œuvre de ces principes.

Ils poursuivent une politique destinée à connaître, à prévenir et à supprimer toutes les situations pouvant engendrer des exclusions.

Ils prennent les dispositions nécessaires pour informer chacun de la nature et de l'étendue de ses droits et pour l'aider, éventuellement par un accompagnement personnalisé, à accomplir les démarches administratives ou sociales nécessaires à leur mise en œuvre dans les délais les plus rapides.

Les entreprises, les organisations professionnelles ou interprofessionnelles, les organisations syndicales de salariés représentatives, les organismes de prévoyance, les groupements régis par le Code de la mutualité, les associations qui œuvrent notamment dans le domaine de l'insertion et de la lutte contre l'exclusion, les citoyens ainsi que l'ensemble des acteurs de l'économie solidaire et de l'économie sociale concourent à la réalisation de ces objectifs.

Outre une définition exhaustive de la notion d'exclusion, dessinée « en creux » par les droits que la loi entend garantir pour prévenir et lutter contre l'exclusion. Cette loi attribue à un très grand nombre d'acteurs la responsabilité de concourir à cette lutte, dont les associations et les citoyens. **L'animateur est évidemment l'un des acteurs concernés**, dans le cadre des politiques conduites par les communes et mises en œuvre, le cas échéant, par les associations.

On ne peut aborder la question de l'exclusion sans traiter également **de la pauvreté**, qui résulte à la fois du cumul des inégalités et, fondamentalement, de la pauvreté monétaire.

La pauvreté monétaire est mesurée en France, comme par l'Union européenne, par rapport à un revenu médian : l'INSEE (Institut national de la statistique et des études économiques) effectue deux types de calcul, l'un à 50 % du revenu médian, l'autre à 60 %, le revenu médian séparant la moitié des ménages qui perçoivent plus que ce revenu de ceux qui perçoivent moins (à ne pas confondre, donc, avec le revenu moyen).

Le salaire net médian mesuré en équivalent temps plein par l'INSEE (Institut national de la statistique et des études économiques) s'élève en 2015 à 1 797 € par mois selon les dernières statistiques disponibles (contre 1 783 € en 2014), dont 1 650 € pour les femmes et 1 906 € pour les hommes, hors salaire des apprentis et des stagiaires.

Pour l'INSEE, un individu est considéré comme pauvre quand ses revenus mensuels après impôts et prestations sociales sont inférieurs soit à 846 € (50 % du niveau de vie médian) soit à 1 015 € (60 % du niveau de vie médian), selon la définition de la pauvreté utilisée.

La France compte ainsi en 2015 entre 5 et 8,9 millions de pauvres, selon la définition adoptée. De 2005 à 2015, le nombre de personnes concernées a augmenté de 600 000 (seuil à 60 %) à 1 million (seuil à 50%).

Le 25e rapport annuel de la Fondation Abbé-Pierre (FAP), publié en 2020, estime que près de 4 millions (3 953 000) de personnes sont « mal logées » et plus de 12,1 millions en situation de fragilité par rapport au logement.

B. Quelles politiques de lutte contre la pauvreté et l'exclusion ?

Les « trente glorieuses » – nom que l'économiste Jean Fourastié a donné aux trente années de développement économique à partir de 1945 dans les pays développés – ont pris fin en France avec le « choc pétrolier » (quadruplement du prix du pétrole à l'automne 2003 après l'embargo des pays membres de l'Organisation des pays exportateurs de pétrole – OPEP) qui a commencé à produire ses effets fin 1974, peu après l'élection de Valéry Giscard d'Estaing à la présidence de la République.

La France a d'abord répondu au phénomène de paupérisation de la population essentiellement dû à la hausse du chômage par des dispositifs classiques (Sécurité sociale, prestations monétaires, indemnisation du chômage).

Les années 1980 permettent de percevoir que même lorsque la conjoncture économique n'est pas défavorable, la société française laisse « sur le bord du chemin » des personnes durablement exclues. Ce thème sera exploité par Jacques Chirac lors de la campagne présidentielle qui le verra l'emporter en 1995.

Ont ainsi été mises en place, depuis une vingtaine d'années, des politiques publiques spécifiques de lutte contre l'exclusion, dont le RMI (revenu minimum d'insertion) en 1988, la loi de lutte contre les exclusions en 1998, ou bien le plan de cohésion sociale adopté en janvier 2005.

L'**État** a progressivement institué différents **minima sociaux**, ainsi que des **allocations spécifiques** comme :

– le **minimum vieillesse**, allocation instituée dès 1963 : il est remplacé en 2006 par une prestation unique qui remplace la dizaine d'allocations constituant le minimum vieillesse : **l'allocation de solidarité aux personnes âgées** (ASPA). Il assure un minimum général de pension de base qui peut être complété par une allocation différentielle financée par le fonds de solidarité vieillesse. Son montant est égal à la différence entre les revenus de la personne ou du couple bénéficiaire et le plafond fixé, au 1er mars 2020, à 10 838,40 € par an (903,20 € par mois) pour une personne seule et 16 826,64 € par an (1 402,22 € par mois) pour un couple ;

– l'**allocation pour adultes handicapés** (AAH) : elle vise à assurer un revenu d'existence versé par l'État aux personnes handicapées, pour faire face aux dépenses de la vie courante. L'AAH est attribuée à partir d'un certain taux d'incapacité, sous réserve de remplir des conditions de résidence, d'âge et de ressources. Les personnes qui ne disposent pas d'autres ressources perçoivent le montant maximum de l'AAH. Ce maximum est fixé au 1er juillet 2020 à 902,70 € ;

– l'**allocation de parent isolé** (API) : instauré en 1976, le droit à l'allocation de parent isolé est ouvert sans condition de ressource pendant un an à partir de l'événement qui a provoqué l'isolement et dure aussi longtemps que l'on a à sa seule charge un enfant de moins de trois ans. Les bénéficiaires en sont les personnes élevant leurs enfants seules ou étant enceintes, n'ayant ni conjoint, ni concubin et n'étant pas pacsées. Cette allocation a été remplacée par l'allocation de soutien familial. Son montant s'élève au 1er avril 2020 à 115,99 € par mois et par enfant ;

– l'**allocation de solidarité spécifique** (ASS) : créée en 1984, cette allocation différentielle vient en complément de ressources insuffisantes. Toute personne souhaitant bénéficier de l'allocation de solidarité spécifique (ASS) doit avoir épuisé ses droits à l'allocation de retour à l'emploi (ARE) ou à l'allocation de fin de formation (AFF), ou être un demandeur d'emploi issu de certains secteurs professionnels (marins pêcheurs, dockers occasionnels ou artistes non salariés).

Pour en bénéficier, il est nécessaire de rechercher un emploi, c'est-à-dire d'être inscrit comme demandeur d'emploi, d'effectuer des recherches actives d'emploi. Cependant, toute personne âgée de 55 ans ou plus peut demander à être dispensée de recherche d'emploi. Le montant de l'allocation de solidarité spécifique (ASS) est fixé à 16,89 € par jour pour une personne seule au 1er juin 2020.

Le montant mensuel est égal au montant journalier multiplié par le nombre de jours calendaires du mois considéré (506,70 € pour un mois de trente jours).

Selon le montant des ressources du bénéficiaire, elle est versée à taux plein ou à taux réduit.

Elle est payée par Pôle emploi, mensuellement, à terme échu. L'ASS est versée à taux plein lorsque les ressources de l'allocataire sont inférieures à : 675,60 € par mois pour une personne seule, 1 351,20 € par mois pour un couple.

La **loi d'orientation contre les exclusions du 29 juillet 1998** est d'une tout autre ampleur puisqu'elle définit de manière exhaustive les exclusions que les politiques publiques doivent prévenir ou combattre. Cette loi comporte ainsi trois titres : un titre I sur l'accès aux droits (à l'emploi, au logement et aux soins), un titre II sur la prévention des exclusions (surendettement, interdiction bancaire, moyens d'existence...), un titre III sur les institutions sociales.

Citons également la **loi du 27 juillet 1999 créant la couverture maladie universelle** (CMU) : la CMU assure aux personnes dont les revenus sont les plus faibles et qui ne bénéficient pas d'une protection sociale dans un régime obligatoire le rattachement au régime général d'assurance maladie et l'obtention, sous condition de ressources, d'une couverture complémentaire santé gratuite comprenant : le ticket modérateur, le forfait journalier hospitalier sans limitation de durée, le remboursement – dans une certaine limite – des frais de prothèse, d'orthopédie dentaire et de lunettes, la dispense d'avance des frais médicaux pour toutes les prestations prises en charge par les régimes obligatoires d'assurance maladie et maternité.

Est affiliée, automatiquement et immédiatement au régime général par une caisse primaire d'assurance maladie, dès qu'elle en fait la demande, toute personne ne bénéficiant pas des prestations en nature d'un régime d'assurance maladie et maternité, à titre personnel ou en qualité d'ayant droit (enfant, conjoint, concubin, partenaire lié par un PACS) et résidant légalement, de façon stable et régulière, en France métropolitaine ou dans un DOM.

Pour sa part, le **plan de cohésion sociale présenté le 24 juin 2004** en conseil des ministres par Jean-Louis Borloo, ministre de l'Emploi, de la Cohésion sociale et du Logement, comporte 20 programmes et 107 mesures destinés à agir simultanément sur trois leviers : l'emploi, le logement et l'égalité des chances.

Ce plan adopte une démarche qui rappelle celle de la loi d'orientation de 1998, car il agit sur tous les leviers et concilie la nécessité de traiter des situations d'urgence et celle de s'inscrire dans une perspective à plus longue échéance. Les engagements de l'État ont été consacrés par une loi de programmation sur cinq ans.

La **loi n° 2005-32 de programmation pour la cohésion sociale** du 18 janvier 2005 contient ainsi des mesures issues du plan de cohésion sociale, qui couvre les trois domaines annoncés, auxquels l'État entend consacrer un budget de 12,7 milliards d'euros de 2005 à 2009.

Le volet **emploi** comprend :

– l'apprentissage, avec l'objectif de passer de 360 000 apprentis à 500 000 en 2009. Le plan prévoit ainsi une simplification des démarches administratives ainsi que le développement des incitations fiscales. Enfin, dans le cadre de la loi sur l'égalité des chances, le gouvernement a adopté un dispositif obligeant les grandes entreprises à faire de l'apprentissage un mode privilégié de recrutement ;

– à destination des précaires et des jeunes, les contrats aidés et la création de nouveaux dispositifs comme le contrat d'avenir (CA) pour les allocataires touchant des minima sociaux depuis plus de six mois (RMI, ASS...), ainsi qu'un contrat d'accompagnement dans l'emploi (CAE) ;

– les maisons de l'emploi : le plan vient compléter des dispositifs déjà existants sous des dénominations variées, comme les missions locales, les cités des métiers... La loi recommande désormais de constituer ces structures, qui permettent de disposer sur un même lieu des services d'aide et d'accompagnement de l'État, de l'ANPE, de l'Unedic, des conseils régionaux, des organismes consulaires, en groupements d'intérêt public (GIP) ou en associations ;

– le développement des services à la personne, lancé en février 2006 afin de créer 500 000 emplois en trois ans, qui instaure notamment un chèque emploi-service universel.

Le volet **logement** porte sur la relance de la construction de logements sociaux, et la mobilisation du parc privé. Il comprend en effet notamment la relance de la construction de logements sociaux de 80 000 en 2004 à 120 000 en 2009 (soit un total de 500 000 en cinq ans), le développement de l'offre privée de logements sociaux (convention avec l'ANAH), le renforcement de l'hébergement d'urgence, le développement de l'accession à la propriété des ménages modestes (maisons à 100 000 euros, prêts à taux zéro), la mise en place de la garantie des risques locatifs.

Quant à l'**égalité des chances**, la loi renforce la dotation de solidarité urbaine, crée des « équipes de réussite éducative » en école primaire et dans les collèges dans plus de 900 zones ou réseaux d'éducation prioritaire (ZEP ou REP), contient des mesures relatives à l'emploi des femmes sortant d'un congé maternité, crée l'agence nationale de l'accueil des étrangers et des migrations (ANAEM) et généralise le contrat d'accueil et d'intégration, instaure la Haute Autorité de lutte contre les discriminations et pour l'égalité.

Le 21 janvier 2013, le gouvernement a arrêté un **plan pluriannuel contre la pauvreté et pour l'inclusion sociale** :

« Sans intervention de la part du gouvernement et de ses partenaires, l'intensité de la pauvreté devrait encore continuer d'augmenter dans les prochaines années. Or la France ne pourra regagner en performance économique sans renforcer la solidarité envers les plus démunis comme envers ceux qui travaillent mais peinent à s'en sortir. L'enjeu de l'inclusion, c'est prévenir et corriger les mécanismes de ségrégation sociale comme territoriale. C'est le sens du nouveau modèle français.

Avant même l'élaboration d'un plan pluriannuel contre la pauvreté, le gouvernement a pris un certain nombre de mesures d'urgence importantes, portant sur le pouvoir d'achat, le logement, l'hébergement d'urgence et l'accès aux soins des personnes en situation de précarité : revalorisation de 25 % de l'allocation de rentrée scolaire, relèvement de 20 à 25 % du seuil minimal de logements sociaux dans toute commune de plus de 3 500 habitants ; encadrement des loyers ; suppression de la franchise médicale de 30 euros imposée aux sans-papiers bénéficiaires de l'aide médicale d'État ; déblocage d'une enveloppe de 50 M€ pour financer des mesures d'urgence en matière de veille sociale, d'hébergement d'urgence et de prise en charge des demandeurs d'asile [...] »

QU'EST-CE QUE LA PRIME D'ACTIVITÉ ?

Si vous exercez une activité professionnelle (salariée ou indépendante) ou si vous êtes indemnisé au titre du chômage partiel ou technique et que vos ressources sont modestes, la prime d'activité complétera vos revenus d'activité professionnelle.
La prime d'activité est versée chaque mois. Les bénéficiaires de la prime d'activité doivent déclarer tous les trois mois leurs revenus du trimestre précédent.
Son montant :

- dépend des ressources du demandeur et de celles des membres de son foyer (y compris les prestations de la CAF) ;
- est calculé automatiquement selon la composition du foyer. Il peut comprendre un bonus individuel, attribué à chaque personne en activité dont les revenus d'activité sont supérieurs à 0,5 SMIC mensuel ;
- est identique pendant trois mois, même si la situation du demandeur change au cours de cette période.

Source : www.caf.fr

Plus récemment, d'autres dispositifs entendent lutter contre la pauvreté : citons par exemple la « **stratégie de prévention et de lutte contre la pauvreté** » adoptée par le gouvernement en 2018, dotée de 8,5 milliards d'euros, avec les objectifs suivants :

– « prévenir la pauvreté en agissant dès la petite enfance pour empêcher qu'un enfant pauvre aujourd'hui ne devienne un adulte pauvre demain », avec pour mesures phares la création d'un bonus mixité pour encourager la mixité sociale dans les crèches, l'instauration du tiers-payant du complément mode de garde pour l'accueil individuel, un plan de formation et un nouveau référentiel pour 600 000 professionnels de la petite enfance afin de favoriser le développement de l'enfant et l'apprentissage du langage avant l'entrée à l'école maternelle ;

– « mettre un terme aux situations manifestement porteuses de dangers et diviser par deux d'ici à 2022 le taux de privation matérielle des enfants pauvres », avec une alimentation équilibrée pour tous, par la distribution de petits-déjeuners dans les écoles des territoires fragiles, des tarifs de cantine plus accessibles et des programmes d'accès à l'alimentation infantile ; une mobilisation spécifique pour assurer aux enfants un hébergement décent grâce au plan « Logement d'abord » ; des maraudes mixtes État / aide sociale à l'enfance, spécialisées dans la protection de l'enfance, mobilisées pour « aller vers » les familles avec enfants dans la rue et prévenir la mendicité ;

– « investir massivement dans la formation de la jeunesse (lutte contre le décrochage scolaire, réforme de l'apprentissage de la voie professionnelle et plan d'investissement dans les compétences) », avec une obligation de formation jusqu'à 18 ans ;

– « simplifier et rendre plus équitable le système des minimas sociaux pour lutter contre le non-recours aux droits et, également, avoir un système social plus incitatif à la reprise d'une activité », avec une refonte des minima sociaux dans la perspective de la mise en place d'un revenu universel d'activité, la revalorisation de la prime d'activité, l'aide au paiement d'une complémentaire santé ;

– « permettre à chacun de s'épanouir dans la dignité et le sentiment d'utilité sociale procuré par le travail en conjuguant accès aux droits, accompagnement social et formation vers l'emploi », avec la création d'une « garantie d'activité » combinant accompagnement social renforcé et insertion dans l'emploi pour 300 000 allocataires par an et l'accueil de 100 000 salariés supplémentaires dans le secteur de l'insertion par l'activité économique (IAE).

QU'EST-CE QUE LE DÉFENSEUR DES DROITS ?

Inscrite dans la Constitution depuis le 23 juillet 2008 et instituée par la loi organique et la loi ordinaire du 29 mars 2011, elle regroupe les missions du médiateur de la République, du défenseur des enfants, de la Haute autorité de lutte contre les discriminations et pour l'égalité (HALDE) et de la Commission nationale de déontologie de la sécurité (CNDS).

Le terme « défenseur des droits » désigne aussi bien l'institution que la personne qui la préside : Dominique Baudis était le défenseur des droits depuis le 22 juin 2011, décédé le 10 avril 2014. Jacques Toubon lui a succédé.

Le défenseur des droits est nommé par le président de la République pour un mandat de 6 ans non renouvelable et non révocable. Sa nomination est soumise au vote de l'Assemblée nationale et du Sénat. Ce mode de nomination garantit l'indépendance du défenseur des droits.

L'autonomie et l'indépendance du défenseur des droits sont assurées par plusieurs dispositions législatives :

- il ne peut être mis fin prématurément à ses fonctions, sauf empêchement constaté par un collège composé des chefs des trois plus hautes juridictions françaises ;
- il ne peut être poursuivi, recherché, arrêté, détenu ou jugé pour ses opinions ou ses actes liés à l'exercice de ses attributions ;
- il ne reçoit aucune instruction d'une autorité, d'une personne ou d'un groupe de pression ;
- ses missions ne sont pas cumulables avec un mandat électif, une autre fonction publique ou une activité professionnelle.

Le défenseur des droits et tous ses collaborateurs sont soumis au secret professionnel. Il **adapte son intervention à chaque cas**.

Il fait usage de ses pouvoirs d'enquête lui permettant de se faire communiquer toutes pièces utiles, mais aussi, en cas de nécessité, d'auditionner des personnes, voire de mener des vérifications sur place.

Il peut choisir de privilégier un mode de résolution à l'amiable du conflit en formulant des recommandations en vue d'un règlement en droit, d'un règlement amiable par la voie de la médiation ou encore, dans certaines circonstances, d'un règlement en équité.

Si la réclamation qui lui est soumise révèle une faute ou un manquement, alors le défenseur des droits peut mettre en œuvre des solutions contraignantes telles que :

- présenter des observations devant les juridictions civiles, administratives ou pénales à l'appui d'un réclamant ;
- intervenir au soutien d'une transaction civile ou pénale ;
- saisir l'autorité disciplinaire pour lui demander d'engager des poursuites contre un agent ;
- recommander à l'administration de prendre des sanctions contre une personne physique ou morale, publique ou privée, soumise à autorisation ou agrément administratifs, qui serait à l'origine d'une discrimination.

Le défenseur des droits peut demander des études au Conseil d'État ou à la Cour des comptes.

Il peut être consulté par le Premier ministre ou les présidents des assemblées parlementaires sur tous les projets de loi intervenant dans son champ de compétences. Il peut également contribuer à la définition de la position française dans les négociations internationales.

Enfin, le défenseur des droits a le pouvoir de proposer des réformes de textes législatifs ou réglementaires pour que le droit soit adapté aux évolutions de la société et que cessent les iniquités.

Source : www.defenseurdesdroits.fr

Les **collectivités territoriales** jouent également un rôle essentiel dans la lutte contre les exclusions et la pauvreté.

Les **communes** favorisent ainsi le **logement social** : la **loi du 13 décembre 2000 relative à la solidarité et au renouvellement urbains** couramment appelée **loi SRU**, comporte notamment, parmi de très nombreuses dispositions, un volet mixité sociale qui impose un pourcentage de 20 % de logements sociaux dans les communes de plus de 3 500 habitants comprises dans une agglomération de plus de 50 000 habitants, comprenant au moins une commune de plus de 15 000 habitants.

Cette obligation s'applique au niveau intercommunal lorsqu'un programme local de l'habitat a été approuvé. La loi (codifiée à l'article L. 302-5 du Code de la construction et de l'habitation) prévoit toutefois que les communes concernées par l'obligation de réaliser des logements sociaux peuvent s'y soustraire par le paiement d'une taxe annuelle fixée, selon l'article L. 302-7 du CCH, à 20 % du potentiel fiscal par habitant multiplié par le pourcentage de logements sociaux manquant, avec un plafond fixé à 5 % du montant des dépenses réelles de fonctionnement de la commune de l'année précédente.

De plus, les **centres communaux d'action sociale** (CCAS) « animent une action générale de prévention et de développement social dans la commune en liaison étroite avec les institutions publiques et privées ».

QU'EST-CE QU'UN CCAS ?

Les centres communaux d'action sociale sont nés le 6 janvier 1986 de la transformation des anciens bureaux d'aide sociale (BAS) : l'État leur délègue alors, dans le cadre de la décentralisation, une compétence globale en matière d'action sociale et médico-sociale.

Juridiquement, les CCAS sont des établissements publics administratifs locaux, ce qui leur confère la personnalité morale : ils sont donc financièrement et administrativement indépendants de la commune et gérés par un conseil d'administration qui détermine les orientations de la politique sociale locale. Le conseil d'administration peut déléguer une partie de ses pouvoirs au président ou au vice-président du CCAS.

Le CCAS est présidé de plein droit par le maire de la commune. Son conseil d'administration est constitué paritairement d'élus locaux désignés par le conseil municipal et de personnes qualifiées dans le secteur de l'action sociale, nommées par le maire. On compte parmi celles-ci un représentant des associations familiales, un représentant des associations de personnes handicapées, un représentant des associations de retraités et de personnes âgées, et un représentant des associations œuvrant dans le domaine de la lutte contre l'exclusion.

Le CCAS anime une action générale de prévention et de développement social dans la commune en liaison avec les institutions publiques et privées. **Il est de ce fait l'institution locale de l'action sociale par excellence.** À ce titre, il développe différentes activités et missions légales ou facultatives, directement orientées vers les populations concernées : aide et accompagnement des personnes âgées, aides aux personnes handicapées, aux enfants, aux familles en difficulté, lutte contre les exclusions...

Plus précisément :

- il gère des équipements et services : crèches, haltes-garderie, centres aérés, établissements et services pour personnes âgées, centres sociaux... ;
- il apporte son soutien technique et financier à des actions sociales d'intérêt communal gérées par le secteur privé ;
- il participe à l'instruction des demandes d'aide sociale légale (aide médicale, RMI, aide aux personnes âgées...) et les transmet aux autorités décisionnelles compétentes telles que le conseil général, la préfecture ou les organismes de Sécurité sociale ;
- il intervient également dans l'aide sociale facultative qui constitue souvent l'essentiel de la politique sociale de la commune : secours d'urgence, prêts sans intérêt, colis alimentaires, chèques d'accompagnement personnalisé... ;
- il peut être délégataire de compétences sociales globales sur le territoire communal par convention avec le conseil général.

Les communes peuvent également créer, pour exercer tout ou partie des missions dévolues aux CCAS, des centres intercommunaux d'action sociale (CIAS).La loi de cohésion sociale crée en outre une compétence optionnelle supplémentaire, l'« action sociale d'intérêt communautaire », en faveur des communautés de communes

et des communautés d'agglomération. Un établissement public de coopération intercommunale (EPCI) qui en fait le choix peut ainsi désormais créer un centre intercommunal d'action sociale qui exerce de plein droit tout ou partie des compétences ainsi transférées.
Ce cadre intercommunal permet à de petites communes de mutualiser les moyens (matériels, personnels, etc.) en vue d'une meilleure efficacité.

Source : www.unccas.org

Les **départements**, pour leur part, dont l'essentiel des compétences relève traditionnellement du domaine de l'action sanitaire et sociale, voient ce champ de compétence renforcé par la **loi du 13 août 2004 relative aux responsabilités locales**, ce qui en fait LE « **chef de file** » de l'action sanitaire et sociale.

La **loi du 13 août 2004 relative aux responsabilités locales** clarifie les compétences des collectivités territoriales. Ainsi, le département est notamment chargé d'élaborer et de mettre en œuvre un schéma d'action sociale ou bien encore de créer un fonds d'aide aux jeunes. **La loi du 27 janvier 2014 de modernisation de l'action publique locale et d'affirmation des métropoles (MAPTAM) désigne le département « chef de file »** en matière d'aide sociale, d'autonomie des personnes et de solidarité des territoires.

Sans décrire ici l'ensemble des dispositifs relevant de la compétence du département, on peut mettre en avant quelques dispositifs qui illustrent bien le désengagement de l'État au bénéfice du département.

Le **revenu minimum d'insertion** (RMI) a été institué par la **loi du 1er décembre 1988** et renouvelé par la **loi du 29 juillet 1992** pour faire face à l'aggravation des situations de précarité dans les années 1980.

Non limité à une catégorie précise de personnes, ce dispositif ne bénéficie toutefois pas aux moins de 25 ans et aux étudiants. Peut en effet bénéficier du RMI toute personne résidant en France, âgée d'au moins 25 ans, âgée de moins de 25 ans à condition d'attendre un enfant ou d'assumer la charge d'un ou de plusieurs enfants, dont les ressources sont inférieures au montant du RMI, concluant un contrat d'insertion. Ces conditions sont également valables pour les ressortissants des États membres de l'Union européenne et de l'espace économique européen, sous réserve de disposer d'un droit au séjour.

Le calcul des ressources est révisé périodiquement pour établir le montant de l'allocation.

L'allocation est due à compter du premier jour du mois civil au cours duquel l'intéressé a déposé sa demande. Elle est d'abord attribuée pour 3 mois, puis versée au bénéficiaire pour une période de 3 mois à un an au vu du contrat d'insertion signé.

Le versement est assuré par la caisse d'allocations familiales du bénéficiaire.

Le versement de l'allocation cesse le premier jour du mois qui suit celui où les ressources dépassent le RMI.

Outre le fait de procurer un revenu de subsistance, le RMI a pour but de favoriser l'insertion des bénéficiaires.

La gestion du RMI par l'État était en contradiction avec la logique de décentralisation de l'action sociale aux départements. La **loi portant décentralisation du**

RMI adoptée le **1er décembre 2003** met fin à cette « anomalie » en confiant aux départements la pleine responsabilité du RMI.

Le montant et les conditions d'attribution de l'allocation n'en restent pas moins fixés par l'État. Par ailleurs, les partenaires locaux des départements (communes, associations, caisses d'allocations familiales…) continuent à instruire les demandes, liquider et payer le RMI.

De plus, le volet d'insertion du dispositif a longtemps fait défaut. Cette même **loi du 1er décembre 2003** a donc créé un **revenu minimum d'activité** (RMA), action d'insertion proposée aux allocataires du RMI : contrat à durée déterminée ou contrat de travail à temps partiel (20 heures minimum par semaine) ou à plein temps, d'une durée de 6 mois minimum, le RMA est renouvelable deux fois dans une limite de 18 mois.

Le montant du RMA se calcule au minimum sur la base du SMIC, proportionnellement au nombre d'heures effectuées.

L'employeur doit conclure avant l'embauche une convention avec l'ANPE ou le conseil général et bénéficie, pour chaque contrat, d'une aide spécifique : les employeurs du secteur marchand et ceux du secteur non marchand (sauf l'État et le département) peuvent utiliser le RMA. L'employeur reçoit du département une aide s'élevant au montant du RMI. Reste à sa charge la différence entre le salaire versé et le RMI.

La **loi du 18 janvier 2005 de programmation pour la cohésion sociale** a profondément réformé le régime des CI-RMA et recentré ce dispositif sur les employeurs appartenant au secteur dit « marchand ». Les droits à protection sociale des bénéficiaires du RMA ont été étendus et l'ancienneté dans le RMI requise pour en bénéficier réduite à six mois, de manière à aligner le régime du RMA sur le nouveau contrat d'activité. Depuis 2006, le RMA peut, sous certaines conditions, être cumulé avec une activité professionnelle après 4 mois de travail.

La **loi en faveur du travail, de l'emploi et du pouvoir d'achat** (dite TEPA) adoptée le 1er août 2007 institue notamment pour les départements volontaires la possibilité d'expérimenter la mise en œuvre du revenu de solidarité active (RSA).

Le décret du 5 octobre 2007 relatif à l'expérimentation du revenu de solidarité active (RSA) permet aux bénéficiaires de l'allocation de parent isolé (API) et du revenu minimum d'insertion (RMI) qui reprennent un emploi de bénéficier d'un revenu garanti tenant compte à la fois des revenus d'activité professionnelle et des charges de famille.

Il doit permettre de garantir une augmentation de revenu pour tous les bénéficiaires du RMI pendant une durée pouvant aller jusqu'à trois ans. Il combine minima sociaux (revenu minimum d'insertion, allocation de solidarité spécifique, allocation de parent isolé) et aides fiscales (prime pour l'emploi), voire les aides au logement. À chaque heure travaillée, le RSA diminue mais de façon moindre que le gain procuré par le travail. Ce dispositif vise à déclencher une dynamique d'insertion professionnelle.

Seuls certains départements sont autorisés par décret à mettre en œuvre ce dispositif.

On l'a vu plus haut, le RMI (et le RMA) ont disparu avec l'instauration du **revenu de solidarité active (RSA)**.

Le RSA est une prestation destinée à garantir à ses bénéficiaires, qu'ils soient ou non en capacité de travailler, un revenu minimum. Expérimenté dans trente-quatre départements de France à partir de mai 2007, il a été généralisé à l'ensemble du territoire le 1er juin 2009 et remplace le revenu minimum d'insertion (RMI), l'allocation de parent isolé (API) ainsi que certaines aides forfaitaires temporaires comme la prime de retour à l'emploi (PRE).

Le revenu de solidarité active vise à supprimer les effets de seuil (les économistes parlent de « trappe à inactivité ») qui faisaient qu'une personne bénéficiant d'un minimum social et reprenant une activité rémunérée au SMIC ne voyait pas son revenu augmenter, ce qui la dissuadait de travailler. Le RSA constitue ainsi un complément de revenu pour les travailleurs pauvres et un minimum social pour ceux qui ne travaillent pas.

Le montant du RSA dépend des ressources du foyer. Les ressources correspondent aux revenus d'activité (salaire), y compris les autres ressources financières dont le foyer ou la famille dispose.

Citons enfin la **loi n° 2001-647 du 20 juillet 2001 relative à la perte d'autonomie des personnes âgées et portant création de l'allocation personnalisée d'autonomie** (APA) qui a modifié en profondeur le cadre de la prise en charge des personnes âgées dépendantes de plus de 60 ans.

L'allocation personnalisée s'adresse à l'ensemble des personnes âgées en perte d'autonomie nécessitant un soutien de la collectivité. Elle est attribuée dans les mêmes conditions sur tout le territoire. L'uniformisation des tarifs et des barèmes nationaux garantit l'égalité et la transparence du dispositif vis-à-vis des usagers. En effet, un tarif national fixe le montant maximum du plan d'aide à domicile en fonction du degré de perte d'autonomie du bénéficiaire. Un barème national permet également de déterminer, en fonction des ressources de l'usager, la participation restant à sa charge.

Aucune demande ne peut être écartée au motif que les ressources dépasseraient certains plafonds. L'allocation peut donc être attribuée à toute personne en perte d'autonomie, dès lors qu'elle répond aux conditions de base fixées par la loi.

L'APA peut être mobilisée pour financer toute une palette de services tels que l'aide ménagère, l'accueil de jour, l'accueil temporaire, les aides techniques (pour la part non couverte par la Sécurité sociale) ou l'adaptation du logement et de l'environnement matériel.

L'APA est gérée par les départements.

La mise en œuvre de cette prestation se fait en associant tous les partenaires concernés, sous la responsabilité du président du conseil départemental. Ce partenariat s'illustre par la création d'une commission composée notamment de représentants du département et des organismes de Sécurité sociale, afin d'éclairer les décisions du président du conseil général en matière d'attribution de l'APA. Par ailleurs, afin de garantir l'effectivité des droits des usagers, la procédure administrative d'instruction et la liquidation de la prestation sont précisément définies.

QUELLES PERSPECTIVES ?

Dans son étude sur Les Politiques de cohésion sociale (collection Rapports et documents, n° 55, avril 2013), le Centre d'analyse stratégique dressait un bilan assez pessimiste des actions engagées par l'État :

« Si l'on examine les politiques sociales, on constate une accumulation de dispositifs souvent illisibles, qui peinent à toucher les plus vulnérables. Le taux des personnes qui ne font pas valoir leurs droits est élevé que ce soit pour le RSA, le droit au logement opposable, ou encore la CMU. L'idée d'un État garant des droits semble rester dans bien des cas lettre morte aujourd'hui… Pour que l'État retrouve son rôle, il faut qu'au plan local l'État et les collectivités territoriales privilégient une approche interministérielle, partenariale et définissent en commun des objectifs concrets. »

En 2018, dans la présentation de sa **« stratégie de prévention et de lutte contre la pauvreté »**, le gouvernement soulignait que « l'augmentation des dépenses sociales n'a pas suffi à faire reculer la pauvreté qui est fortement marquée en France par un phénomène de reproduction. […] Le système de minimas sociaux et les politiques d'accompagnement sont composés d'une sédimentation de prestations, de guichets et de règles peu compréhensibles, qui ont pour effet de limiter la reprise d'activité, génèrent du non-recours et des inégalités territoriales. Par exemple, près de la moitié des allocataires du RSA le sont depuis au moins 4 ans. Ces derniers ont, par ailleurs, 50 % de chances de plus ou de moins d'être orientés vers un accompagnement selon le département dans lequel il vit ».

2. La politique culturelle

La culture avait été largement oubliée des premières lois de décentralisation, puisque, outre une partie des enseignements artistiques, seules les bibliothèques centrales de prêt, devenues alors bibliothèques départementales de prêt, et les archives départementales avaient été transférées aux départements.

Il est vrai que la décentralisation a coïncidé avec une politique d'aide de l'État aux bibliothèques municipales qui a permis un développement considérable de la lecture publique à partir des années 1980.

Au-delà, les collectivités territoriales ont très tôt perçu les enjeux d'une politique culturelle et se sont imposées comme des partenaires essentiels de l'État en ce domaine, bien que la plupart des services rendus en matière culturelle ne soient pas pour elles juridiquement obligatoires.

Les budgets culturels des départements et des régions ont ainsi été multipliés par cinq au cours des années 1980, ceux des communes par plus de deux. La contribution des collectivités territoriales au financement de la culture dépasse aujourd'hui celle de l'État.

Les **dépenses culturelles des collectivités territoriales** s'élèvent à 9,3 milliards d'euros, soit 143 euros par habitant en 2014. L'ensemble des communes et de leurs groupements réalisent plus des trois quarts du total des dépenses culturelles des collectivités territoriales (77 %, soit 7,2 milliards d'euros). Les départements contribuent à hauteur de près de 1,4 milliard d'euros (15 %) et les régions pour un peu moins de 800 millions d'euros (8 %). La contribution des communes de 3500 à 10000 habitants et de leurs groupements à fiscalité propre représente près de 1,1 milliard d'euros.

Le budget 2019 du ministère de la Culture s'élève pour sa part à 3,6 milliards d'euros.

Source : www.culture.gouv.fr

L'acte II de la décentralisation a permis d'accroître les compétences culturelles des collectivités territoriales. Les régions acquièrent la **responsabilité de l'inventaire général du patrimoine culturel**. En effet, la **loi du 13 août 2004 relative aux libertés et responsabilités locales** dispose, dans son **article 95**, que « l'inventaire général du patrimoine culturel recense, étudie et fait connaître les éléments du patrimoine qui présentent un intérêt culturel, historique ou scientifique. Sans préjudice des opérations réalisées par l'État au plan national, la région et la collectivité territoriale de Corse sont chargées, dans leur ressort, de l'inventaire général du patrimoine culturel. Elles élaborent un rapport annuel sur les opérations qu'elles conduisent à cet effet. Elles confient aux collectivités territoriales ou aux groupements de collectivités qui en font la demande la conduite, dans leur ressort, des opérations d'inventaire général. Ces collectivités ou ces groupements concluent à cet effet une convention avec la région ou avec la collectivité territoriale de Corse. Les opérations d'inventaire du patrimoine culturel sont soumises au contrôle scientifique et technique de l'État selon des modalités fixées par décret en Conseil d'État ».

L'**article 97** de la **loi du 13 août 2004** a précisé les conditions dans lesquelles l'État ou le Centre des monuments nationaux pouvait transférer aux collectivités territoriales qui en faisaient la demande ou à leurs groupements, sous réserve du respect des clauses des dons et legs, la propriété des immeubles classés ou inscrits au titre du titre II du livre VI du Code du patrimoine figurant sur une liste établie par décret en Conseil d'État, ainsi que la propriété des objets mobiliers qu'ils renferment appartenant à l'État ou au Centre des monuments nationaux. Cette liste pouvait également prévoir le transfert d'objets mobiliers classés ou inscrits appartenant à l'État. Ces transferts étaient effectués à titre gratuit et ne donnent lieu au paiement d'aucune indemnité, droit, taxe, salaire ou honoraires.

Près de 180 monuments historiques propriétés de l'État (sur 400) pouvaient être transférés aux collectivités territoriales qui le souhaitent. Plus d'un tiers des monuments inscrits ont trouvé preneurs, parmi lesquels les châteaux du Haut-Koenigsbourg et de Chaumont-sur-Loire, les abbayes de Silvacane et de Jumièges, le site archéologique de Graufesenque à Millau. Une procédure d'instruction et de concertation avec les collectivités candidates a été menée sous l'autorité des préfets qui évaluaient les projets culturels et la capacité d'entretien des collectivités candidates.

Après expérimentation, 110 millions de crédits d'État pour l'entretien et la restauration du patrimoine n'appartenant pas à l'État pouvaient être transférés aux régions.

On peut également souligner que la loi du 4 janvier 2002, complétant le Code général des collectivités territoriales, institue les **établissements publics de coopération culturelle**, qui permettent à l'État de gérer avec eux un service public culturel (article L. 1431-1 : « Les collectivités territoriales et leurs groupements peuvent constituer avec l'État un établissement public de coopération culturelle chargé de la gestion d'un service public culturel présentant un intérêt pour chacune des personnes morales en cause et contribuant à la réalisation des objectifs nationaux dans le domaine de la culture. Sont toutefois exclus les services qui, par leur nature ou par la loi, ne peuvent être assurés que par la collectivité territoriale elle-même. ».

Ce nouveau type d'établissement public permet également aux collectivités territoriales, à leurs établissements publics, aux établissements publics de coopération intercommunale ou aux syndicats mixtes d'individualiser la gestion d'un service public culturel relevant de leur compétence).

Un organisme national, l'Observatoire des politiques culturelles (OPC), avait été créé en 1989 pour accompagner la décentralisation et la déconcentration des politiques culturelles, la réflexion sur le développement et l'aménagement culturel du territoire, les dynamiques culturelles et artistiques à travers des missions de formation, d'étude, de conseil et d'information. Il publie une revue semestrielle, *L'Observatoire*.

Cet observatoire travaille sur l'articulation entre l'innovation artistique et culturelle, les évolutions de la société et les politiques publiques au niveau territorial. Par l'organisation d'études, de rencontres, de formation continue et la diffusion d'informations, l'OPC exerce un rôle d'éclaireur pour un large cercle de professionnels des arts et de la culture, d'experts et d'élus.

Les 3e Assises nationales des directrices et directeurs des affaires culturelles, en 2014, pointaient les incertitudes pesant sur les politiques culturelles :

« La réforme territoriale et la recomposition des collectivités et des territoires qu'elle met en jeu [sont] un [...] facteur d'interrogation, et parfois de perplexité. Dans un contexte de raréfaction des ressources publiques, l'intercommunalité sera-t-elle en mesure de produire de nouveaux effets bénéfiques pour la culture, alors que celle- ci représente essentiellement une dimension facultative de l'action dans cet espace, y compris dans les métropoles, qui ne sont pas plus contraintes que les anciennes communautés urbaines en matière culturelle et qui le sont, surtout, à travers une logique de construction et de gestion d'équipements ?

En période de rationalisation budgétaire accentuée, on ne peut plus guère espérer des effets d'aubaine sensibles de l'intercommunalité culturelle. Il reste à poursuivre l'invention de territoires qui sachent mieux articuler espaces de projet, espaces de vie et espaces politico-institutionnels. Nos politiques intercommunales et interterritoriales sauront-elles relever ce défi ?

Cette interrogation interpelle les nouvelles régions dans des termes proches. Leur réforme va nécessiter du temps pour que puissent émerger un nouveau projet, de nouvelles dynamiques territoriales, tout en capitalisant au mieux les bénéfices de la période précédente. Les notions de coopération, de mise en réseau et de mutualisation devraient guider la réflexion opérationnelle dans ce cadre.

La valse-hésitation autour du sort des départements rend toute projection de la carte territoriale dans la durée problématique. Les budgets culturels départementaux pèsent encore d'un poids supérieur à celui des intercommunalités ou des régions, malgré le recul de l'effort culturel des conseils généraux depuis 2009. Comment préserver l'expérience et la vitalité des services culturels départementaux dans les années à venir ? Dans quel esprit régions, départements et intercommunalités vont-ils travailler ensemble à l'horizon 2020 ?

Reste aussi à considérer la place de l'État dans le futur contexte territorial. Ici la question principale ne consiste-t-elle pas à s'interroger, non à partir de l'hypothèse de la disparition des services déconcentrés – une piste que je considère aventureuse pour ma part – mais à partir de la redéfinition de leurs missions, afin que l'État demeure dans un rôle de médiateur et d'évaluateur ? Dans la longue phase de transition que nous allons connaître, cette perspective me paraît particulièrement raisonnable, sans compter que le contexte politique exige la mobilisation de toutes nos facultés républicaines.

Ajoutons encore, parmi les motifs de questionnement, la question budgétaire. On constate aujourd'hui l'effritement de nombreux budgets territoriaux, plus sensible du côté des villes désormais. Une situation qui confronte les acteurs à une double contrainte : s'il va de soi qu'il convient de toujours chercher à faire plus et mieux en termes d'irrigation artistique et culturelle des territoires, de partage culturel, d'éducation artistique et culturelle, de coopération et de mutualisation, comment être efficace et efficient si, dans le même temps, des projets, des équipes artistiques et culturelles, des emplois sont remis en cause en temps réel ? Inventer une économie culturelle plus innovante, plus diversifiée est une nécessité. Mais un tel débat ne mérite-t-il pas d'être davantage clarifié ? S'agit-il de promouvoir l'idée que les financements privés devraient se substituer aux financements publics ? Jusqu'où faut-il aller dans cette voie si l'on affirme vouloir soutenir la préservation d'un modèle d'intérêt général et de service public ? À quelles conditions de nouveaux moyens pourraient être déployés sans que les politiques publiques se défaussent de leurs responsabilités ? [...] »

Jean-Pierre Saez, Observatoire Plus,
Les Dimensions culturelles du développement des territoires, juin 2015

Les 4e Assises nationales des directrices et directeurs des affaires culturelles, en 2017, réaffirment la nécessité des politiques culturelles : « Dans un contexte de réduction budgétaire et de réforme territoriale, les politiques publiques de la culture se trouvent de plus en plus souvent fragilisées. Pourtant, les mutations profondes qui traversent nos sociétés sont éminemment culturelles : la mondialisation, le développement du numérique, l'accélération et la marchandisation des échanges, l'amplification des flux migratoires modifient notre rapport au monde, aux savoirs et à l'altérité. Les inégalités, les replis identitaires et la crise de la représentation malmènent le jeu démocratique. Pour autant, l'appétence pour une participation accrue à la vie artistique et culturelle traduit le besoin de chacun de s'affirmer en tant que personne en même temps que celui de faire société. »

En 2019, les 5e Assises nationales portent sur « les coopérations embrassant la multiplicité des dimensions territoriales, intersectorielles, économiques, participatives, sociales et éducatives, qui sous-tendent la recomposition des politiques culturelles.

L'enjeu de la coopération traverse l'histoire des politiques culturelles et n'a cessé de se complexifier. On constate aujourd'hui que l'exigence de coopération – entendue comme l'idée de faire œuvre commune – a creusé son sillon. Au-delà de la recherche d'une plus grande efficacité, que révèle ce besoin de faire plus et mieux ensemble ?

Mondialisation et numérisation des échanges, devenir de l'Europe, crise de la démocratie, réforme territoriale, affaiblissement de l'effort public pour la culture, renouvellement des modèles économiques, etc. : des défis inédits impactent les organisations territoriales, interrogent les pratiques des professionnels, bouleversent les logiques de création, de production et de transmission des œuvres, et nourrissent de nouvelles formes de participation et d'implication des habitants dans les processus culturels. In fine, ils appellent l'émergence d'approches et de modalités de coopération renouvelées.

Compétence culturelle partagée, éducation artistique et culturelle, investissement artistique de l'espace public, ouverture plus large des lieux culturels, projets culturels des territoires – ruraux comme urbains, politique de la ville et diversité culturelle, place et rôle des artistes, etc. : quelles situations de coopération ces sujets mettent-ils en œuvre ? Quelles leçons peut-on en tirer pour construire des politiques culturelles innovantes et durables ? »

Qu'est-ce que la « démocratisation culturelle » ?

En 2006, plus de 100 000 jeunes ont bénéficié de l'opération nocturne gratuite mise en œuvre par le Louvre depuis 2004. Est-ce vraiment un signe de démocratisation culturelle ?

Il y a quarante ans (1966), dans *L'Amour de l'art*, Pierre Bourdieu et son équipe avaient montré que les visiteurs des musées étaient, dans leur immense majorité, titulaires d'un diplôme au moins égal au baccalauréat. L'enquête, publiée dans les années qui précédaient l'explosion de 1968, déplorait le caractère « bourgeois » de ceux qui proclamaient leur « amour de l'art », elle prônait la démocratisation de la fréquentation des musées en soulignant la nécessité de développer l'éducation.

Une étude publiée en mars 2003 par le ministère de la Culture britannique montrait que la gratuité était loin d'avoir effacé les inégalités sociales : le profil socioculturel des visiteurs était resté stable. Du coup, en mars 2004, le gouvernement de Tony Blair avait menacé de réduire les subventions si les musées ne faisaient pas un effort pour diversifier réellement leur public.

C'est l'absence de capital culturel qui est véritablement à considérer comme un frein à la fréquentation des musées. Sinon, comment expliquer que les **chômeurs et RMistes ne représentent que 0,6 % du public du Louvre**, soit bien moins que leur part dans la population française, alors qu'ils bénéficient de la gratuité totale ?

Les musées doivent se mettre à la portée de tous les publics, développer des projets d'accompagnement et d'initiation en partenariat avec les réseaux sociaux et éducatifs.

La politique mise en place avec l'accord du ministère de la Culture vise clairement à ouvrir le Louvre à de nouveaux publics. L'antenne du Louvre à Lens, dans un territoire frappé par la crise économique et sociale, se veut ainsi une réponse novatrice à l'enjeu de la démocratisation culturelle.

Il faut repenser la relation du musée aux publics nouveaux, ceux que le musée rebute, inventer de nouvelles formes de présentation des collections permanentes, d'expositions, de publications et de matériel pédagogique, d'actions en liaison avec les acteurs éducatifs, culturels et sociaux du territoire.

Les **contrats de ville** (dont 70 % sont intercommunaux) constituaient le cadre d'intervention de l'ensemble des services de l'État et des collectivités territoriales, et combinaient une approche intercommunale avec la prise en compte des zones les plus en difficulté. Ces zones prioritaires (zones urbaines sensibles, ZUS) demeurent l'objet principal de la loi d'orientation et de programmation pour la ville et la rénovation urbaine du 1er août 2003, qui prévoit un programme pluriannuel de démolition, de reconstruction et de réhabilitation de logements. Ce programme mené par l'Agence nationale pour la rénovation urbaine constitue un cadre d'intervention essentiel, en particulier pour les actions culturelles et artistiques touchant au cadre de vie architectural et urbain, à la mémoire et à l'histoire des mobilités urbaines.

L'**évaluation des volets culturels des contrats de ville** a fait l'objet d'une étude menée à partir de quatre sites (Vénissieux, Grenoble, Strasbourg, Sénart), étude réalisée par l'Observatoire des politiques culturelles à la demande de la Délégation interministérielle à la ville (DIV) et du ministère de la Culture et de la Communication (DDAT).

Pour ces zones défavorisées urbaines, les écarts constatés par rapport à la moyenne concernent l'ensemble des pratiques culturelles, comme le montre une enquête réalisée à partir des données du recensement de 1999 de l'INSEE. La fréquentation des spectacles, des musées, du patrimoine est deux fois moindre pour les habitants des ZUS que pour l'ensemble de la population. La pratique d'une activité culturelle ou artistique y est également bien moins répandue. On relève également des usages différents de la télévision ou de l'ordinateur.

Un des objectifs principaux d'une politique de développement culturel est donc un « retour au droit commun » des zones défavorisées urbaines.

Parallèlement à une politique de démocratisation de la culture, portée par les équipements culturels et d'éducation artistique, le ministère de la Culture et de la Communication a pris en considération des projets artistiques intégrant une dimension de cohésion sociale. Ils ont en commun de mobiliser prioritairement des personnes se trouvant, de par leur position sociale, dans une difficulté d'accès aux biens et aux services culturels, redoublée par une représentation négative de leur cadre de vie, mais aussi de leur capacité à s'intégrer dans un monde commun.

Les actions conduites ou soutenues par les services déconcentrés du ministère de la Culture et de la Communication dans le champ de la politique de la ville concernent l'ensemble de ses champs d'intervention – des archives au spectacle vivant, du cadre de vie à l'audiovisuel, de la lecture publique au cinéma – et des outils qui les servent – éducation artistique, participation des habitants, médiation.

Elles ne recouvrent qu'une partie des opérations menées par les directions régionales des affaires culturelles et les établissements publics ou autres institutions qui concourent à l'objectif de démocratisation de l'accès à la culture : tarification, ouverture de la programmation à de nouvelles formes…

En ce sens, ces actions de développement culturel s'inscrivent dans un objectif plus large, tel qu'il était défini dans le rapport de la Cour des comptes de février 2002 : « La politique de la ville peut être considérée comme une politique de lutte contre l'exclusion, conduite dans un cadre territorial, en faveur de zones urbaines où la précarité sociale est forte, menée par l'État en partenariat avec les collectivités locales. »

Certains des projets soutenus ont directement pour origine un contexte de transformation urbaine : la destruction d'un quartier, une opération de rénovation, la démolition et reconstruction d'une cité, replacée dans une perspective historique et de mémoire.

D'autres mettent en relation des savoirs et des savoir-faire du patrimoine, de l'architecture et de l'urbanisme avec l'expérience sensible des participants, favorisant un dialogue avec les aménageurs sur l'évolution de la ville.

La fonction des pratiques artistiques et de la médiation culturelle dans l'insertion professionnelle et sociale y est aussi présente.

L'implantation des lieux ou des projets dans la géographie de la ville est souvent déterminante pour leur capacité à permettre le développement d'une pratique nouvelle de la culture.

3. La politique du logement

Le logement apparaît comme une condition déterminante de l'insertion sociale. Malgré un effort notable depuis 5 ans en matière de construction de logements sociaux, il manquerait aujourd'hui en France plus de 500 000 logements et plus de 3 millions de personnes seraient mal logées.

Quelques dates permettent de prendre la mesure des politiques publiques en matière de logement… ou de leurs insuffisances.

1850 : premières mesures contre l'insalubrité des logements ouvriers, donnant aux communes le droit de définir les travaux d'assainissement.

1894 : création des comités locaux d'habitation à bon marché.

1923 : loi Loucheur définissant le premier programme général de construction des pavillons « de banlieue ». L'objectif est de rendre 500 000 Français propriétaires de leur logement.

1945 : aides de l'État pour la réparation de 1 millions de logement sinistrés.

1948 : loi sur la limitation des hausses de loyer.

1949 : loi sur les habitations à loyer modéré (HLM), qui remplacent les habitations à bon marché (HBM).

1954 : mouvement de l'abbé Pierre pour les sans-logement et fondation de la Confédération générale du logement (CGL).
On se souvient de l'appel à « l'insurection de bonté » lancé par l'abbé Pierre, le 1er février 1954, après le décès d'une femme morte de froid dans la rue, qui donne naissance à un grand mouvement de solidarité et aboutira à une loi interdisant l'expulsion des locataires en hiver.

1957 (7 août) : loi cadre à l'origine des zones d'urbanisation prioritaires (ZUP).

1960 : début des cités de transit, « habitations affectées au logement provisoire des familles occupantes à titre précaire, dont l'accès à un habitat définitif ne peut être envisagé sans une action socio-éducative destinée à favoriser leur insertion sociale et leur promotion ».

1970 : création de l'Agence nationale pour l'amélioration de l'habitat (ANAH).

1977 (3 janvier) : loi réformant le financement du logement, ayant pour objet de « favoriser la satisfaction des besoins en logements et en particulier de faciliter l'accession à la propriété, de promouvoir la qualité de l'habitat, d'améliorer l'habitat existant et d'adapter les dépenses de logements à la situation de famille et aux ressources des occupants, tout en laissant subsister un effort de leur part ». Elle crée les prêts d'accession à la propriété (PAP), les prêts locatifs aidés (PLA), les prêts conventionnés (PC) et l'aide personnalisée au logement (APL).

1982 : la décentralisation transfère aux collectivités territoriales la planification urbaine et le logement social.

1990 (31 mai) : loi visant à la mise en œuvre du droit au logement, dite « loi Besson »
« Art. 1er. – Garantir le droit au logement constitue un devoir de solidarité pour l'ensemble de la nation. Toute personne ou famille éprouvant des difficultés particulières, en raison notamment de l'inadaptation de ses ressources ou de ses conditions d'existence, a droit à une aide de la collectivité, dans les conditions fixées par la présente loi, pour accéder à un logement décent et indépendant ou s'y maintenir. Le Conseil national de l'habitat est chargé d'établir chaque année un bilan de l'action engagée qui est rendu public. »

1991 (13 juillet) : loi d'orientation pour la ville (LOV) qui vise à assurer des conditions de vie et d'habitat favorisant la cohésion sociale.

1992 (22 décembre) : création par décret d'un Haut Comité pour le logement des personnes défavorisées.

1993 : création du SAMU social de Paris.

1994 (21 juillet) : loi relative à l'habitat facilitant l'acquisition des logements à loyer modéré par leurs occupants et l'hébergement d'urgence des personnes sans abri.

1998 (31 juillet) : loi d'orientation relative à la lutte contre les exclusions.

1999 (12 juillet) : loi relative au renforcement et à la simplification de la coopération intercommunale par laquelle les communautés d'agglomération acquièrent des compétences, notamment « en matière d'équilibre social de l'habitat sur le territoire communautaire : programme local de l'habitat ; politique du logement, notamment du logement social, d'intérêt communautaire et action, par des opérations d'intérêt communautaire, en faveur du logement des personnes défavorisées ; amélioration du parc immobilier bâti d'intérêt communautaire ».

2000 (13 décembre) : loi relative à la solidarité et au renouvellement urbain (dite loi SRU) qui réaffirme la place du logement locatif social, et le rôle des organismes HLM au service du droit au logement et de la mixité.
À compter du 1er janvier 2002, les communes qui n'atteignent pas le seuil de 20 % de logements locatifs sociaux devront à la fois payer une contribution et s'engager dans un plan de rattrapage pour tendre vers l'objectif de mixité sociale.

2001 : entrée en vigueur du nouveau dispositif d'enregistrement des demandes de logements locatifs sociaux.

2003 (1er août) : loi d'orientation et de programmation pour la ville et la rénovation urbaine (dite loi Borloo), dont le volet architectural prévoit la construction de 200 000 logements sociaux sur cinq ans.

2004 (30 juin) : le volet logement du Plan de cohésion sociale présenté en conseil des ministres prévoit notamment un programme d'urgence en matière de construction de logements locatifs sociaux qui passera de 80 000 logements en 2004 à 120 000 en 2009 (soit 500 000 en cinq ans).

2006 (13 juillet) : loi portant engagement national pour le logement.

2007 (5 mars) : loi instaurant un droit au logement opposable et portant diverses mesures en faveur de la cohésion sociale.

2014 (24 mars) : loi pour l'accès au logement et un urbanisme rénové (ALUR). Dans son volet sur le logement social, la loi institue un système partagé de gestion de la demande de logement de la part des ménages éligibles au DALO : les demandeurs ne devront déposer leur dossier qu'une seule fois ; les pièces jointes seront scannées et les dossiers versés à un fichier numérique accessible à tous les bailleurs et réservataires, le système national d'enregistrement (SNE). Le SNE sera géré par un groupement d'intérêt public rassemblant l'État, l'Union sociale pour l'habitat, la Fédération des entreprises publiques locales et les représentants des réservataires.

2016 (1er juin) : loi visant à renforcer l'efficacité d'Action logement (anciennement 1 % logement). Le texte prévoit de créer une structure chargée de conclure avec l'État les conventions quinquennales relatives aux emplois de la participation des employeurs à l'effort de construction (PEEC) et de veiller à leur mise en œuvre.

2017 (27 janvier) : loi relative à l'égalité et à la citoyenneté. Le texte vise à favoriser l'insertion des jeunes et s'articule autour de trois axes :

- généraliser l'engagement au service de l'intérêt général et accompagner l'émancipation des jeunes ;
- favoriser la mixité sociale et l'égalité d'accès au logement ;
- renforcer l'égalité réelle.

2018 (23 novembre) : loi portant évolution du logement, de l'aménagement et du numérique (loi ELAN). La loi vise notamment à construire plus, mieux et moins cher et à faire évoluer le logement social.

Les principaux outils de la politique du logement

L'objectif de la politique du logement social est de permettre à tous de se loger décemment.

Le droit au logement est en effet implicitement reconnu par le préambule de la Constitution de 1946, qui dispose notamment que « la nation assure à l'individu et à la famille les conditions nécessaires à leur développement. Elle garantit à tous, notamment à l'enfant, à la mère et aux vieux travailleurs, la protection de la santé, la sécurité matérielle, le repos et les loisirs. Tout être humain qui, en raison de son âge, de son état physique ou mental, de la situation économique, se trouve dans l'incapacité de travailler a le droit d'obtenir de la collectivité des moyens convenables d'existence. »

Ce droit au logement est également affirmé, de manière plus explicite, par la Déclaration universelle des droits de l'homme de 1948 en ce qu'elle dispose que

« toute personne a droit à un niveau de vie suffisant pour assurer sa santé, son bien-être et ceux de sa famille, notamment pour l'alimentation, l'habillement, le logement, les soins médicaux ainsi que pour les services sociaux nécessaires ».

Après la **loi dite « Besson » du 31 mai 1990**, dont l'article 1er dispose que « garantir le droit au logement constitue un devoir de solidarité pour l'ensemble de la nation » (voir ci-dessus), la loi d'orientation relative à la lutte contre les exclusions du 31 juillet 1998 comporte un important volet logement (prévention des expulsions locatives, réforme des attributions de logements, lutte contre l'insalubrité...).

La **loi du 13 décembre 2000 relative à la solidarité et au renouvellement urbain** (loi SRU) complète par son volet logement la loi « Besson », notamment en imposant aux communes, dans son article 55, de disposer d'au moins 20 % de logement sociaux sur leur territoire.

Outre les allocations versées par l'État (allocation de logement familial, allocation de logement social, aide personnalisée au logement), il existe dans chaque département un fonds de solidarité pour le logement (FSL, créé par la loi dite « Besson ») pour venir en aide aux locataires en difficulté. Sa gestion est confiée au département depuis le 1er janvier 2005 dans le cadre de la loi du 13 août 2004 (acte II de la décentralisation), alors que le FSL relevait auparavant, tant dans sa conduite que dans son financement, de l'État et du département.

En outre, la loi SRU clarifie les pouvoirs respectifs du maire et du préfet en matière de protection des occupants de logements insalubres : désormais, un arrêté d'insalubrité peut entraîner une suspension du paiement du loyer jusqu'à réalisation des travaux.

Enfin, la loi SRU donne vocation à l'**Agence nationale pour la rénovation urbaine** d'apporter son concours financier aux collectivités territoriales qui mènent des opérations de requalification de quartiers en difficulté et notamment des projets de démolition/reconstruction.

La **loi d'orientation et de programmation pour la ville et la rénovation urbaine promulguée le 1er août 2003** comporte un programme national de rénovation urbaine qui prévoit, afin de réduire les inégalités sociales et d'assurer le développement économique des quartiers les plus en difficulté, une offre nouvelle de 250 000 logements locatifs sociaux, la réhabilitation de 400 000 logements locatifs sociaux, la démolition de 250 000 logements ainsi que des équipements publics et des aménagements urbains pour la période 2004-2011. L'élaboration du projet, porté par le maire de la commune ou le président de l'EPCI, s'effectue localement.

S'y ajoute la **loi du 5 mars 2007 instaurant un droit au logement opposable** qui redonne à l'État un rôle et une responsabilité prépondérants en matière de logement tout en encourageant les maires à bâtir. Elle doit permettre aux personnes défavorisées, prioritaires dans l'attribution d'un logement, de pouvoir saisir la commission de médiation, mais aussi d'engager un recours devant la juridiction administrative, en cas d'avis favorable de la commission non suivi d'effet dans un délai raisonnable.

La mise en œuvre de ce droit a suscité des interrogations, notamment en raison de la pénurie de logements et de la définition précise des catégories de mal-logés susceptibles de le faire valoir. Cette loi s'accompagne de la création du **fonds de garantie des risques locatifs** destiné à aider les personnes qui ne peuvent pas apporter de caution à accéder à un logement, ce fonds couvrant les risques d'impayés.

Enfin, il est apparu nécessaire de moderniser la gestion des offices d'HLM en unifiant les statuts des offices publics d'habitations à loyer modéré (OPHLM) avec ceux des offices publics d'aménagement et de construction (OPAC) sous le nouveau statut d'offices publics de l'habitat (OPH), établissements publics locaux rattachés à une collectivité territoriale ou à un établissement public de coopération intercommunale. Les offices d'HLM existants disposaient de trois ans pour se transformer en OPH à partir de la publication de l'ordonnance du 1er février 2007.

La **loi 24 mars 2014 pour l'accès au logement et un urbanisme rénové**, dite loi Alur, entend faciliter l'accès au logement des ménages et favoriser la construction en privilégiant la qualité du cadre de vie.

Des mesures sont déjà en vigueur, notamment en matière d'urbanisme, pour accélérer la construction, comme la réforme du droit de préemption, la mise en place de plans locaux d'urbanisme intercommunaux, le renforcement de l'action des établissements publics fonciers pour le logement ou encore la simplification des enquêtes publiques.

Ont été publiés des décrets permettant d'améliorer le pouvoir d'achat des ménages et d'améliorer les relations entre bailleurs, locataires et professionnels de l'immobilier : création du Conseil national de la transaction et de la gestion immobilières, regroupant professionnels de l'immobilier et consommateurs ; encadrement des honoraires de location, permettant de limiter les honoraires payés par les locataires lorsqu'ils rentrent dans un logement par le biais d'une agence immobilière ; encadrement des loyers lors du changement du locataire ; mise en place au 1er août 2015 du contrat type pour le bail d'habitation ; modernisation de la gestion de la demande de logement social permettant aux collectivités de partager les informations relatives aux demandeurs de logement social afin de mieux attribuer les logements en fonction des besoins, encadrement des loyers.

La **loi Égalité et Citoyenneté du 27 janvier 2017** rappelle la nécessité que les communes attribuent réellement le quart de leurs logements sociaux aux « DALO ». Dans de nombreuses communes, les 25 % sont rarement atteints. Des bailleurs sociaux, soumis à des exigences de gestion, veulent limiter le risque de loyers impayés, alors qu'aucune statistique ne met en évidence que les bénéficiaires du DALO seraient moins bons payeurs que les autres locataires. Pour lutter contre cette tendance, la loi prévoit que, lors de l'attribution de logements sociaux, les critères de priorité de droit commun ne s'appliquent qu'après la mise en œuvre d'une attribution à un ménage éligible au « DALO ».

« Selon les chiffres fournis le 12 avril 2018 par le Haut Comité pour le logement des personnes défavorisées (HCLPD), 238 259 familles ont été reconnues au titre du DALO depuis 2008.
148 234 d'entre elles ont accédé à un logement, 54 367 ménages reconnus au titre du DALO attendent un logement.
Les recours (100 176 en 2017) se concentrent dans 18 départements. 60 % des recours en 2017 sont déposés en Île-de-France. Puis viennent les Bouches-du-Rhône, le Rhône, le Var, les Alpes-Maritimes, la Haute-Garonne, la Haute-Savoie, l'Hérault, la Gironde, la Loire-Atlantique et le Nord.

Depuis la mise en œuvre du DALO, Paris et l'Île-de-France concentrent les difficultés. Des maires de la banlieue parisienne se sont inquiétés de possibles effets pervers du DALO sur la mixité sociale de leurs communes. En effet, les communes qui ne respectent pas la loi solidarité et renouvellement urbain (SRU) échappent à la pression du préfet pour accueillir des bénéficiaires du DALO, alors que les communes qui respectent la loi sont contraintes par l'État d'accueillir des familles parmi les plus pauvres. »

Source : www.vie-publique.fr

4. La politique de la famille

Question relevant incontestablement de la sphère privée, la famille est aussi affaire publique : le renouvellement des générations, la solidarité intergénérationnelle, la promotion d'un certain modèle familial relèvent ainsi de la compétence de l'État, qui développe une politique familiale à partir des années 1930 avec, par exemple, la loi Landry du 11 mars 1932 qui généralise les prestations familiales à tous les salariés de l'industrie et du commerce ayant deux enfants ou plus.

On peut citer **quelques « grands » textes** qui jalonnent l'histoire de la politique familiale :

- **1939** : institution du premier secrétariat d'État à la famille, dans le gouvernement Daladier.
- Le premier Code de la famille est promulgué le 29 juillet 1939.
- L'ordonnance du 3 mars 1945 confie aux unions départementales des associations familiales (UDAF) et à l'Union nationale des associations familiales (UNAF) la représentation légale des familles.

Leurs missions sont définies par le Code de la famille : « donner leur avis aux pouvoirs publics sur les questions d'ordre familial ».

NOTE DU FORMATEUR

L'UNAF est une institution nationale chargée de promouvoir, défendre et représenter les intérêts de toutes les familles vivant sur le territoire français, quelles que soient leurs croyances ou leur appartenance politique.
Union et non fédération d'associations, elle permet aux familles de s'exprimer, dans toute leur diversité, pour une politique familiale globale, innovante et forte.
Elle anime le réseau des 22 unions régionales des associations familiales (URAF) et des 100 unions départementales des associations familiales (UDAF), et les appuie dans leurs missions institutionnelles et de services aux familles.
L'UNAF est née de la volonté d'organiser le dialogue entre les familles représentées par leurs associations, et les pouvoirs publics.
Les premières associations familiales son nées en France à la fin du XIXe siècle. Elles avaient alors surtout pour but d'organiser l'entraide entre les familles.

Progressivement, elles ont étendu leur vocation à la défense des intérêts des familles à tous les niveaux.
De leur côté, les pouvoirs publics ont voulu, dès le début du XXe siècle, reconnaître aux familles une place spécifique dans les institutions de la République.
En 1945, face aux défis de la reconstruction, le gouvernement de la République s'est trouvé confronté à l'urgence d'une politique familiale volontariste et ambitieuse.
Pour définir cette politique et la mener à bien, il a souhaité s'appuyer, aux plans local et national, par l'ensemble des familles françaises. Décision a été prise de créer une institution qui les représente toutes, et dans toute leur diversité.
Le 3 mars 1945, une ordonnance institue l'UNAF et les UDAF. Une loi renforcera ses missions en 1975, en améliorant la représentation des mouvements familiaux nationaux.
Depuis, l'UNAF et les UDAF sont les partenaires institutionnels des pouvoirs publics dans tous les domaines de la politique familiale.

Source : www.unaf.fr

– L'ordonnance du 4 octobre 1945 « portant organisation de la Sécurité sociale » intègre les caisses d'allocations familiales dans le système de Sécurité sociale.

– La loi du 1er septembre 1948 institue l'allocation logement, destinée à compenser la hausse des frais de logement due à l'augmentation de la taille de la famille.

– La loi dite Neuwirth du 28 décembre 1967 légalise la contraception.

– La loi dite Veil du 17 janvier 1975 légalise l'avortement.

– 4 juillet 1985 : la loi relative aux mesures en faveur des jeunes familles crée l'allocation parentale d'éducation (APE) et l'allocation pour jeune enfant (AJE).

– 29 décembre 1990 : la loi de finances 1991 instaure la contribution sociale généralisée (CSG) dont une partie finance la branche « famille » de la Sécurité sociale.

– La loi du 25 juillet 1994 relative à la famille instaure la conférence de la famille, qui réunit annuellement le Premier ministre et les ministres concernés ainsi que des représentants de l'Union nationale des associations familiales (UNAF), les partenaires sociaux, les organismes de protection sociale, des élus locaux…

– 15 novembre 1999 : loi relative au pacte civil de solidarité (PACS).

– 21 décembre 2002 : la loi de financement de la Sécurité sociale 2002 crée le congé de paternité (11 jours de congés pour l'ensemble des actifs).

– 4 mars 2002 : la loi relative à l'autorité parentale établit des droits et des devoirs égaux entre pères et mères, développe la résidence alternée pour les enfants de parents divorcés et crée un médiateur familial.

– 26 mai 2004 : loi relative au divorce.

– 31 mars 2006 : la loi pour l'égalité des chances crée un « contrat de responsabilité parentale » qui s'applique en cas de troubles portés au fonctionnement de l'établissement scolaire ou d'absentéisme scolaire grave.

– 8 février 2010 : loi tendant à inscrire l'inceste commis sur les mineurs dans le Code pénal et à améliorer la détection et la prise en charge des victimes d'actes incestueux. L'inceste n'est plus une simple circonstance aggravante du viol ou de l'agression sexuelle. Le texte définit la relation incestueuse et précise qu'un mineur ne peut jamais être considéré comme consentant dans une relation sexuelle avec un membre de sa famille.

– 28 septembre 2010 : loi visant à lutter contre l'absentéisme scolaire, qui prévoit notamment la possibilité de suspendre le versement des allocations familiales aux parents des enfants sujets à des « manquements répétés à l'obligation d'assiduité scolaire ». Cette loi a été abrogée par la loi du 31 janvier 2013.

– 17 mai 2013 : loi ouvrant le mariage aux couples de personnes de même sexe.

– 24 décembre 2014 : la loi de financement de la sécurité sociale pour 2015 réforme le mode d'attribution des allocations familiales en en modulant les montants en fonction des ressources.

– 14 mars 2016 : la loi relative à la protection de l'enfant entend développer la prévention à tous les âges de l'enfant, améliorer le repérage et le suivi des situations de danger.

– 18 novembre 2016 : la loi de modernisation de la justice du XXIe siècle permet que le divorce par consentement mutuel puisse être prononcé sans passage devant le juge aux affaires familiales.

– 11 juillet 2018 : le conseil d'administration de la CNAF adopte la nouvelle convention d'objectifs et de gestion (COG) pour la période 2018-2022, qui fixe ses principales ambitions en matière de politique familiale et les moyens pour y parvenir. Celle-ci inclut la création de 30 000 places en crèche d'ici à 2022, 1 000 relais d'assistants maternels, 500 000 places en accueil de loisirs le mercredi ou encore 400 centres sociaux dont le financement reposera sur les communes et intercommunalités.

L'État intervient ainsi par la loi et institue des dispositifs d'aides financières.

La Caisse nationale des affaires familiales joue un rôle stratégique dans la mise en œuvre de la politique familiale.

NOTE DU FORMATEUR

Les allocations familiales forment la « branche famille » de la Sécurité sociale, à travers le réseau formé par la Caisse nationale des allocations familiales (CNAF) et l'ensemble des caisses d'allocations familiales (CAF).

En 2018, le total des prestations financées par les allocations familiales, ou versées pour le compte de l'État ou des conseils départementaux, s'élève à **55,4 milliards d'euros** pour :

- accompagner les familles dans leur vie quotidienne ;
- accueillir le jeune enfant ;
- faciliter l'accès au logement ;
- lutter contre la précarité ou le handicap.

Les collectivités territoriales jouent également un rôle déterminant dans la politique familiale.

A. Le rôle du département

a. L'aide sociale à l'enfance (ASE)

La mission essentielle de ce service départemental est de venir en aide aux enfants et à leur famille par des aides financières et des actions de prévention individuelles ou collectives, de protection et de lutte contre la maltraitance.

L'aide sociale à l'enfance est tuteur et prend en charge les mineurs qui lui sont confiés. Elle s'adresse à des jeunes de moins de 21 ans confrontés à de graves difficultés sociales. L'ASE a ainsi notamment en charge la protection de l'enfance en danger.

Qu'est-ce qu'un enfant « en danger » ?

L'Observatoire décentralisé de l'action sociale (ODAS) en a donné en 1993 la définition suivante :

NOTE DU FORMATEUR

L'ODAS a été créé le 14 juin 1990 sous forme associative afin de permettre, à partir d'enquêtes et d'études, le développement dans un lieu neutre d'une réflexion commune des principaux décideurs et acteurs de la solidarité. Cette réflexion inter-institutionnelle est indispensable pour contribuer à l'amélioration des réponses, des organisations et des pratiques dans ce domaine.

L'ODAS repose sur la conviction que le partage de l'observation et de la réflexion avec les acteurs locaux constitue une condition de l'efficacité de l'action. Ainsi, les acteurs de terrain interrogés dans les enquêtes de l'ODAS sont associés à la réflexion, depuis la définition des finalités jusqu'aux préconisations qui suivent l'analyse. Plus de 3 500 élus, cadres locaux et professionnels collaborent aux travaux et recherches.

Source : www.odas.net

– un enfant maltraité est un enfant victime de violences, de négligences ayant des conséquences graves sur son développement ;

– un enfant en risque est un enfant qui connaît des conditions de vie risquant de compromettre sa santé, sa sécurité, sa moralité, son éducation.

La **protection de l'enfance en danger** repose sur la procédure de signalement, celui-ci étant défini par le ministère de la Justice comme « un écrit objectif comprenant une évaluation de la situation d'un mineur présumé en risque de danger ou en danger nécessitant une mesure de protection administrative ou judiciaire ».

Le signalement peut prendre des formes diverses : signalement lors de l'hospitalisation d'un mineur, intervention directe d'un mineur auprès de son entourage ou d'un professionnel, plainte auprès des services de police ou de gendarmerie, certificat médical, appel au 119 (Service national d'accueil téléphonique pour l'enfance maltraitée – SNATEM), lettre au Défenseur des enfants.

NOTE DU FORMATEUR

Le 119-Allo enfance maltraitée est un numéro d'appel gratuit disponible 24h/24h pour toutes les personnes confrontées à une situation de mauvais traitements à enfant. Il propose conseils, informations, orientation et transmet aux départements, lorsque la situation le nécessite, les informations recueillies sur un enfant en danger.

NOTE DU FORMATEUR

Le Parlement avait adopté le 6 mars 2000 une loi instituant un Défenseur des enfants.

La réforme constitutionnelle du 23 juillet 2008 a institué un **Défenseur des droits** qui remplace notamment le Défenseur des enfants et le Médiateur de la République.

Le défenseur des droits est notamment chargé de défendre et de promouvoir les droits de l'enfant tels qu'ils ont été définis par la loi ou par un « engagement international régulièrement ratifié ou approuvé » par la France. Parmi ces engagements figure la Convention internationale des droits de l'enfant, adoptée par l'Assemblée générale des Nations unies le 20 novembre 1989 et ratifiée par la France le 7 août 1990.

Sa mission consiste, en premier lieu, à recevoir directement les réclamations des personnes estimant que les droits d'un enfant n'ont pas été respectés.

Ces réclamations peuvent provenir :

- des enfants mineurs, de leurs parents ou de leurs représentants légaux (tuteurs) ;
- des associations reconnues d'utilité publique défendant les droits des enfants ;
- mais aussi, depuis l'entrée en vigueur de la loi du 5 mars 2007 réformant la protection de l'enfance, des membres de la famille des mineurs ainsi que des services médicaux et sociaux.

En outre, le Défenseur peut se saisir des cas lui paraissant mettre en cause l'intérêt de l'enfant lorsqu'ils lui sont signalés par des personnes ou des associations n'entrant pas dans les catégories précitées. De leur côté, les membres du Parlement peuvent saisir le Défenseur d'une question de sa compétence qui leur paraît mériter son intervention.

Lorsqu'une réclamation lui paraît justifiée, le Défenseur cherche à résoudre la situation ou fait intervenir les autorités compétentes en matière d'aide sociale et de justice. Dans ce cas, il continue à suivre le dossier et est tenu informé des mesures prises par ces autorités.

Il peut aussi s'autosaisir, c'est-à-dire agir de sa propre initiative dans des cas de non-respect des droits de l'enfant dont il a eu connaissance.

En revanche, le Défenseur ne peut pas intervenir dans une affaire pour laquelle une procédure judiciaire est en cours. Il ne peut pas non plus contester une décision de justice. Mais il peut faire des recommandations à la personne mise en cause ou lui ordonner de se conformer à la décision de la justice.

Lorsqu'une réclamation met en cause une administration, une collectivité publique territoriale ou tout autre organisme investi d'une mission de service public, le Défenseur peut la transmettre au médiateur de la République.

La mission du Défenseur consiste aussi à proposer aux pouvoirs publics des modifications des textes législatifs ou réglementaires existants, si cela lui paraît nécessaire pour que les droits des enfants soient davantage respectés.
Enfin, le Défenseur doit assurer la promotion des droits de l'enfant et organiser des actions d'information sur ces droits.
Le Défenseur n'a pas vocation à se substituer aux services de l'aide sociale à l'enfance, aux associations ni au dispositif judiciaire destiné à la protection de l'enfance.
En effet, son objectif est :
- de proposer, autant que possible, une médiation entre des parties en conflit ;
- d'intervenir lorsque les procédures régulières et normales auront échoué, de repérer les dysfonctionnements éventuels des structures existantes et de proposer des réformes permettant d'y remédier.
Les moyens dont dispose le Défenseur pour remplir sa mission sont les suivants :
- enquêtes sur le terrain, grâce notamment au concours des correspondants territoriaux ;
- recommandations auprès de personnes, d'organismes ou d'institutions mis en cause ;
- informations transmises à l'autorité judiciaire et au service de l'aide sociale à l'enfance ;
- possibilité de demander la consultation d'un dossier social se rapportant à une affaire sur laquelle le Défenseur souhaite enquêter ;
- rapport annuel remis au Parlement et au président de la République ;
- propositions de modifications de textes législatifs, réglementaires ou de procédures ;
- actions d'information et de promotion.

La réforme constitutionnelle du 23 juillet 2008 a institué un Défenseur des droits, qui remplace notamment le Médiateur de la République et le Défenseur des enfants.

Deux systèmes de protection de l'enfance en danger coexistent :

- La **protection administrative**, assurée par le président du conseil départemental, dont dépendent les services de l'aide sociale à l'enfance.

Lorsqu'une équipe soupçonne un risque de danger pour un mineur sans que les faits soient avérés, elle adresse le signalement au président du conseil général. Celui-ci saisit les services du secteur social, ou les services de protection maternelle et infantile (PMI), ou le service de l'aide sociale à l'enfance afin qu'une évaluation détermine les besoins de l'enfant et de la famille en fonction du danger.

L'aide sociale à l'enfance peut, en accord avec la famille, proposer les mesures d'accompagnement et de suivi adaptées.

Aux termes de l'article L. 226-3 du Code de l'action sociale et des familles, lorsqu'un mineur est présumé victime de mauvais traitements et en cas d'évaluation impossible ou de refus par la famille de mesures d'intervention de l'aide sociale à l'enfance, le président du conseil départemental avise l'autorité judiciaire.

- La **protection judiciaire**, assurée par le procureur de la République et le juge des enfants.

Elle est réservée à des cas graves nécessitant des mesures urgentes.

Le procureur de la République peut décider de confier une enquête à un service de police ou de gendarmerie, d'ouvrir une information judiciaire, de saisir un juge des enfants dans le cadre de l'assistance éducative, ou de ne pas donner suite au signalement.

En cas d'urgence, le procureur de la République peut prendre une mesure de placement provisoire du mineur pour 8 jours maximum, mesure que le juge pour enfants saisi sans délai peut lever ou confirmer.

Le juge des enfants est compétent pour les mineurs en danger dans leur milieu actuel. Les mesures sont prises pour 6 mois. Le juge peut ordonner des mesures d'assistance éducative en milieu ouvert (AEMO), des mesures d'investigation et d'orientation éducative (IOE).

La **loi du 5 mars 2007 réformant la protection de l'enfance** vise à redéfinir les objectifs prioritaires en ce domaine, notamment pour répondre aux situations de violence et de maltraitance.

Trois objectifs sont affirmés :

– renforcer la prévention, en essayant de détecter le plus précocement possible les situations à risque par des bilans : entretiens systématisés au quatrième mois de grossesse, visite à domicile dans les premiers jours suivant la sortie de maternité, bilans systématiques à l'école maternelle, puis élémentaire, instauration de peines de prison pour les refus de vaccination... ;

– réorganiser les procédures de signalement : création dans chaque département d'une cellule spécialisée permettant aux professionnels liés par le secret professionnel et intervenant pour la protection de l'enfance dans les domaines sociaux, médico-sociaux ou éducatifs de mettre en commun leurs informations et d'harmoniser leurs pratiques (secret partagé). Hors de ces structures spécialisées, la règle du secret continue de s'imposer ;

– diversifier les modes de prise en charge des enfants : possibilité d'accueils ponctuels ou épisodiques hors de la famille sans pour autant qu'il s'agisse d'un placement en établissement ou en famille d'accueil.

La **loi du 14 mars 2016 relative à la protection de l'enfant** entend mieux prendre en compte les besoins de l'enfant et du jeune adulte, avec :

– le développement de la prévention à tous les âges de l'enfant ;

– l'amélioration du repérage et du suivi des situations de danger pour mieux pouvoir y répondre ;

– la garantie de plus de cohérence et de stabilité dans les parcours des enfants en protection de l'enfance.

Elle vise également à améliorer la gouvernance nationale et locale de la protection de l'enfance, en renforçant les missions de l'Observatoire national de protection de l'enfance (ONPE) et des observatoires départementaux de la protection de l'enfance (ODPE).

Elle crée au niveau national un **Conseil national de la protection de l'enfance** (CNPE) afin de permettre un meilleur pilotage de la protection de l'enfance en réunissant l'ensemble des acteurs du champ. Ce conseil interministériel placé auprès du Premier ministre propose au gouvernement les grandes orientations nationales de la protection de l'enfance, formule des avis et évalue la mise en œuvre des orientations retenues.

b. La protection maternelle et infantile (PMI)

La PMI a été instituée par une ordonnance du 2 novembre 1945 afin de lutter contre la mortalité infantile. Elle s'attache avant tout aux familles défavorisées en mettant à leur disposition un service de santé publique destiné à l'enfant et à sa famille. Il s'agit d'un service obligatoire inscrit dans le Code de l'action sociale et des familles.

Chaque département dispose obligatoirement d'un service de PMI placé sous l'autorité d'un médecin.

Ce service départemental a pour compétence la délivrance de certificats de santé, la lutte contre la mortalité infantile (0-6 ans) au moyen d'une surveillance médicale régulière, sur la base d'un carnet de santé délivré à la naissance, par des médecins hospitaliers ou libéraux, d'un suivi à domicile permettant de dépister et d'orienter les enfants malades vers des structures de soins.

La loi du 6 janvier 1986 adaptant la législation sanitaire et sociale aux transferts de compétences en matière d'aide sociale et de santé définit les missions du service de PMI qui comprennent des mesures de prévention médicale, psychologique, sociale, des mesures d'accompagnement des femmes enceintes, des actions de dépistage des handicaps chez les enfants de moins de 6 ans, l'agrément des assistantes maternelles, l'accompagnement des couples dans l'interruption volontaire de grossesse, le contrôle des établissements d'accueil de l'enfant.

La loi du 5 mars 2007 réformant la protection de l'enfance conforte le rôle de la PMI en tant qu'instance de prévention, notamment pour répondre aux situations de violence et de maltraitance. La « prévention des situations à risques pour les mineurs » comprend « les difficultés auxquelles les parents peuvent être confrontés dans l'exercice de leurs responsabilités éducatives ».

B. La commune

Elle joue également un rôle essentiel en termes de politique familiale par le biais des modes d'accueil de la petite enfance et des centres de loisirs.

En effet, une commune est compétente pour créer des lieux d'accueil tels que les crèches collectives qui accueillent de manière permanente les enfants ou des haltes-garderies qui proposent des solutions plus temporaires. Cependant, face aux difficultés rencontrées par les familles, les communes diversifient leur offre. Par exemple, le multi-accueil ainsi que les crèches parentales sont fortement soutenus.

Dans le cadre de la contractualisation entre la CAF et les collectivités territoriales, depuis le 1er février 2006, le contrat enfance et jeunesse a succédé au contrat temps libre pour les enfants de 6 à 16 ans et au contrat enfance pour ceux de 0 à 6 ans.

NOTE DU FORMATEUR

Il s'agit d'un contrat de cofinancement signé entre la CAF et un partenaire (commune, groupement de communes, conseil départemental, entreprise) pour une durée de 4 ans renouvelable. Comme ses prédécesseurs, il a pour vocation de poursuivre et d'optimiser la politique de développement en matière d'accueil des moins de 18 ans.

Une **circulaire de la CNAF du 17 janvier 2020** remplace les contrats enfance jeunesse par les **conventions territoriales globales (Ctg)**. Les financements versés dans le cadre des contrats enfance-jeunesse, la prestation de service enfance-jeunesse (Psej) sont remplacés par les bonus « territoires Ctg », à condition que la collectivité soit signataire d'une Ctg.

La CNAF incite fortement les CAF à privilégier la signature d'une Ctg sur un territoire élargi, l'intercommunalité étant « encouragée » et « l'association des communes voisines et de l'Epci » recherchée dès le départ de la démarche.

C. Qu'est-ce que la Convention internationale sur les droits de l'enfant ?

La « Convention internationale sur les droits de l'enfant », ou « Convention de New York », adoptée par l'Organisation des Nations unies le 20 novembre 1989, est le texte fondateur des droits de l'enfant à l'échelle mondiale.

La France figure parmi les soixante premiers signataires de la Convention entrée en application le 6 septembre 1990. Tous les pays du monde sauf les États-Unis et la Somalie l'ont ratifiée.

Les signataires remettent tous les 5 ans au « Comité des droits de l'enfant » un rapport sur la situation des enfants dans leur pays et sur les mesures prises pour respecter la Convention.

Pour le détail de ce texte, vous pouvez le consulter notamment sur le site www.defenseurdesdroits.fr

5. La politique en faveur des personnes âgées

L'action des collectivités territoriales en faveur des personnes âgées

Au 1er janvier 2017, la France compte (données INSEE), sur un total de 66 990 826 personnes :

- 4 069 011 de 60 à 64 ans,
- 3 956 926 de 65 à 69 ans,
- 2 787 629 de 70 à 74 ans,
- 6 104 559 de 75 ans et plus,

soit 16 918 125 personnes de 60 ans et plus (25,25 % de la population).

Au 1er janvier 2017, en France métropolitaine, l'espérance de vie à la naissance atteint 79,4 ans pour les hommes et 85,4 pour les femmes. Au cours des soixante dernières années, hommes et femmes ont gagné quatorze ans d'espérance de vie en moyenne.

Si l'**État** définit les grandes orientations, l'action de proximité des collectivités territoriales, essentiellement départements et communes, est essentielle.

L'État intervient surtout par ses décisions concernant les enveloppes de soins dont les dispensateurs sont les DRASS (au niveau régional) et par délégation les DASS (au niveau des départements). Il est représenté dans les diverses instances ou commissions qui autorisent les créations d'établissements. Enfin, les DDASS sont partie prenante, au titre de l'État, dans la réalisation des schémas gérontologiques départementaux.

Les départements ont, dès les lois de décentralisation, mis en place des **schémas gérontologiques** visant à préciser les besoins sur leurs territoires et à y répondre par la création d'établissements et de lits médicalisés.

La **loi du 2 janvier 2002 rénovant l'action sociale** précise le contenu et le rôle de ces schémas qui doivent désormais contenir des statistiques démographiques, recenser les équipements, les services de soins infirmiers à domicile (SSIAD) et les réseaux de coordination gériatrique existants (notamment les centres locaux d'information et de coordination gérontologique). Ils doivent également donner une meilleure visibilité du parc existant et des besoins d'hébergement à venir.

Pour les articles 18 et 18 notamment, vous pouvez les consulter sur Internet via le lien www.legifrance-gouv.fr

Les **départements** sont également pleinement responsables de l'**allocation personnalisée à l'autonomie** (APA) instituée par la **loi du 20 juillet 2001**, prestation en nature versée aux personnes âgées de 60 ans au moins résidant en France et se trouvant dans l'incapacité d'assumer les conséquences du manque ou de la perte d'autonomie liées à leur état physique ou mental. Le degré de dépendance est évalué par une équipe médico-sociale qui se fonde sur la grille AGGIR (qui classe les personnes en six groupes, le premier étant le moins autonome). C'est le président du conseil général qui décide de son attribution.

L'APA a été réformée en 2003 **(décret du 28 mars 2003 et loi du 31 mars 2003)** afin d'assurer sa pérennité, les premières années de fonctionnement laissant apparaître de graves difficultés de financement et de fortes disparités entre les départements : les principales dispositions portent sur la réduction à 623 € mensuels du seuil de revenus permettant aux bénéficiaires de l'APA d'être exonérés des participations financières (813,39 au 1er janvier 2020), le relèvement des taux de participation des autres personnes, le recul de la date d'ouverture des droits (effectifs lors de la notification de la décision et non plus lors du dépôt de la demande), le renforcement du contrôle de la situation fiscale des bénéficiaires et de la réalité des dépenses engagées au titre du plan d'aide, un supplément de ressources apportées par l'État.

Les départements pilotent également les **centres locaux d'insertion et de coordination gérontologique** (CLIC), structures de proximité pour les retraités, les personnes âgées, et leur entourage, pour les professionnels de la gérontologie et du maintien à domicile.

Leurs missions dépendent de leur niveau de labellisation :

- **niveau 1 :** informer, orienter, faciliter les démarches, fédérer les acteurs locaux ;
- **niveau 2 :** informer, orienter, faciliter les démarches, fédérer les acteurs locaux, évaluer les besoins, élaborer un plan d'accompagnement, ou un plan d'intervention ;
- **niveau 3 :** informer, orienter, faciliter les démarches, fédérer les acteurs locaux, évaluer les besoins, élaborer un plan d'aide, accompagner, assurer le suivi du plan d'aide, en lien avec les intervenants extérieurs, coordonner.

Les **communes** pour leur part, échelon de proximité, peuvent aider au maintien à domicile en proposant par exemple des services d'aide ménagère ou de portage des repas, des actions ciblées de nature intergénérationnelle (soutien scolaire, participation à des animations dans les écoles). Elles interviennent également dans le financement et la gestion de foyers logements pour personnes âgées ou de maisons de retraite. Les centres communaux d'action sociale (CCAS) jouent également un rôle essentiel auprès des personnes âgées.

6. La politique de prévention et de compensation du handicap

En 2003, la lutte contre le handicap était déclarée grande cause nationale.

En 2005, on recensait plus de 5 millions de personnes porteuses de handicap, soit près de 10 % de la population.

40 ans après la loi du 30 juin 1975 d'orientation en faveur des personnes handicapées, beaucoup reste à faire. La multiplicité des acteurs n'est pas le moindre des problèmes dont pâtissent les politiques en faveur des personnes handicapées.

La **loi du 11 février 2005 pour l'égalité des droits et des chances, la participation et la citoyenneté des personnes handicapées** adopte une définition large du handicap en disposant, par son article 2, que « constitue un handicap, au sens de la présente loi, toute limitation d'activité ou restriction de participation à la vie en société subie dans son environnement par une personne en raison d'une altération substantielle, durable ou définitive d'une ou plusieurs fonctions physiques, sensorielles, mentales, cognitives ou psychiques, d'un polyhandicap ou trouble de santé invalidant ».

Elle affirme un **droit à compensation des conséquences du handicap** « quels que soient l'origine et la nature de sa déficience, son âge ou son mode de vie ».

Ce droit, qui vise à permettre à la personne handicapée de faire face aux conséquences de son handicap dans sa vie quotidienne en prenant en compte ses besoins, ses attentes et son projet de vie, comprend « des aides de toute nature à la personne et aux institutions pour vivre en milieu ordinaire ou adapté », en matière d'accueil de la petite enfance et scolarité, d'enseignement et éducation, d'insertion professionnelle, d'aménagement à domicile ou au travail, d'accueil en établissements spécialisés ou accompagnement par des services, d'accès à des groupes d'entraide mutuelle, de moyens et prestations accompagnant la mise en œuvre de la protection juridique.

Un plan personnalisé de compensation est établi pour chaque personne handicapée qui en fait la demande. Ce plan comprend une prestation de compensation du handicap (PCH) qui permet de financer les aides individuelles, déterminées en fonction des besoins et du « projet de vie » de la personne handicapée et attribuées sans condition de ressources.

En matière d'**emploi**, la loi impose aux employeurs de prendre les mesures appropriées pour permettre au travailleur handicapé d'accéder à un emploi, de le conserver et d'y progresser.

Un fonds d'insertion professionnelle des travailleurs handicapés est institué dans les fonctions publiques, chargé de recueillir les contributions des employeurs publics qui n'ont pas atteint le taux d'emploi obligatoire de 6 % de personnes handicapées pour financer des dispositifs d'aide à l'emploi.

S'agissant de la **scolarité**, la scolarisation en milieu ordinaire est posée comme principe, grâce à des aménagements d'horaires ou des projets individualisés. La commission des droits et de l'autonomie des personnes handicapées (CDAPH) propose aux parents la scolarisation en établissement médico-éducatif lorsque celui-ci est plus adapté aux besoins de l'enfant.

La loi cherche également à simplifier les dispositifs, notamment grâce à l'institution des **maisons départementales des personnes handicapées** (MDPH), groupements d'intérêt public présidés par le président du conseil général qui fusionnent les commissions existantes en un guichet unique, la **commission des droits à l'autonomie des personnes handicapées** (CDAPH).

Ces maisons départementales ont pour mission l'information sur les différentes aides, l'accueil et l'écoute, l'aide à la définition du projet de vie, l'évaluation des besoins de compensation, l'élaboration d'un plan de compensation du handicap, l'attribution des prestations de compensation par la commission des droits et de l'autonomie des personnes handicapées, le suivi de la compensation, l'accompagnement et la médiation, notamment lors de l'annonce et de l'évolution du handicap.

Elles sont dotées d'une équipe pluridisciplinaire, composée de professionnels (médecins, psychologues, spécialistes du travail social...) qui évaluent les besoins de la personne en fonction de son projet de vie et dont la composition varie en fonction de la nature du handicap. Elles comprennent également une équipe de veille pour les soins infirmiers qui évalue les besoins et offre un service d'urgence.

La politique du handicap n'en reste pas moins de la responsabilité d'un grand nombre d'acteurs privés et publics.

Pour l'**État**, le ministère de la Santé « prépare et met en œuvre la politique du gouvernement dans le domaine de la protection de la santé, de l'assurance maladie-maternité, de la famille, de l'enfance et de l'insertion sociale et professionnelle des personnes handicapées ». Une délégation interministérielle aux personnes handicapées, instituée en 1995, coordonne l'action des différents ministères.

S'agissant des **collectivités territoriales**, le département joue un rôle essentiel, au moyen de l'aide à domicile, l'aide à l'hébergement en foyer, l'allocation compensatrice pour tierce personne, le schéma départemental des établissements sociaux et médico-sociaux, les aides facultatives, la gestion de la prestation de compensation du handicap financée par un fonds départemental de compensation, les programmes interdépartementaux d'accompagnement des handicaps et de la perte d'autonomie qui établissent les priorités de financement dans les régions.

La région exerce pour sa part des compétences en matière d'accès à l'emploi, de crédits de formation, de crédits d'investissement des établissements.

La commune ou les structures intercommunales, au moyen des centres communaux d'action sociale (CCAS) ou des centres intercommunaux d'action sociale (CIAS) accueille et informe le public sur les aides, apporte facultativement des compléments de financement des aides techniques ou des aides à domicile (aide facultative), améliore l'accessibilité aux transports, aux édifices publics, finance les foyers pour personnes handicapées.

Les associations constituent des interlocuteurs essentiels des acteurs publics et sont également gestionnaires de structures d'accueil et de services.

Le 7 juin 2017, Sophie Cluzel, secrétaire d'État auprès du Premier ministre, chargée des Personnes handicapées, a présenté une communication intitulée « Handicap : une priorité du quinquennat » en Conseil des ministres :

« Le handicap est d'abord une histoire individuelle qui bouleverse le cours d'une vie, d'une fratrie, d'une famille. 12 millions de Français sur 65 millions sont touchés par le handicap.

Nous devons changer le regard de la société sur le handicap, vaincre les appréhensions et lever les obstacles. Nous devons relever le défi d'une société accessible, fraternelle et solidaire, qui facilite la vie au quotidien au lieu de segmenter, et qui rend possible au lieu de contraindre.

C'est cet objectif qui a guidé la décision de placer le secrétariat d'État auprès du Premier ministre, chargé des Personnes handicapées. Cette décision est le gage de la priorité que le gouvernement entend donner à la réponse effective aux besoins des personnes en situation de handicap, quels que soient leur handicap et leur l'âge, dans l'ensemble des réformes qu'il mettra en œuvre [...] ».

Le 27 février 2019, une nouvelle communication porte sur la revalorisation de l'allocation adulte handicapé (900 euros au 1er novembre 2019), la scolarisation des élèves qui ont des besoins éducatifs spécifiques (340 000 enfants scolarisés à la rentrée 2018), la réforme de l'obligation d'emploi de travailleurs handicapés (simplification du calcul et de la déclaration, accompagnement des employeurs et des travailleurs), le droit de se marier, celui de se pacser et celui de divorcer sans recourir à l'autorisation judiciaire pour les personnes majeures sous tutelle, la simplification de l'accès au droit (par exemple, l'AAH, la reconnaissance de la qualité de travailleur handicapé ou le bénéfice d'une carte mobilité inclusion peuvent désormais être accordés à vie pour les personnes dont le handicap n'est pas susceptible d'évolution), le développement de l'accessibilité (par exemple, en application de la loi du 7 octobre 2016 pour une République numérique, les opérateurs de télécommunication ont mis en place, en octobre 2018, une solution de services de communication électronique à destination des personnes sourdes ou aphasiques, incluant la fourniture d'un service de traduction simultanée écrite et visuelle).

7. La lutte contre les toxicomanies

Selon l'OMS (Organisation mondiale de la santé), la toxicomanie repose sur quatre éléments : une envie irrésistible de consommer le produit, une tendance à augmenter les doses, une dépendance psychologique et parfois physique, des conséquences néfastes sur la vie quotidienne. Un arrêté du ministre de la Santé, sur proposition du directeur général de l'Agence française de sécurité sanitaire des produits de santé (AFSSAPS) fixe la liste des produits stupéfiants dont l'usage et le trafic sont interdits par la loi du 31 décembre 1970.

NOTE DU FORMATEUR

L'Observatoire français des drogues et des toxicomanies dresse un premier bilan des « consultations cannabis », structures mises en place dans les départements dans le cadre du « plan gouvernemental 2004-2008 de lutte contre les drogues illicites, le tabac et l'alcool ». Les résultats d'une enquête menée en 2005, rendus publics le 26 octobre 2006, permettent de dresser un portrait du public de ces centres où la consultation est gratuite et anonyme.

Les consommateurs reçus sont pour 80 % des garçons, ils ont entre 14 et 25 ans, 45 % d'entre eux déclarent fumer tous les jours et 20 % régulièrement. La première expérience a en général eu lieu à 14 ans, la consommation est souvent associée au tabac et à l'alcool.

L'objectif des consultations est d'informer les consommateurs et de proposer des conseils personnalisés aux usagers à risques (plus du tiers des consultants sont diagnostiqués comme « dépendants »). Avec 15 200 consultations dans l'année, le bilan est considéré comme satisfaisant, même si 30 % des consultants ne viennent qu'une fois.

Le cannabis est le produit illicite le plus consommé en France : 15 % des garçons et 6 % des filles en fument régulièrement à l'âge de 17 ans, selon une enquête de l'Observatoire des drogues et toxicomanies. Cette consommation qui augmentait régulièrement se serait pourtant stabilisée.

Source : www.vie-publique.fr

L'usage de stupéfiants constitue un délit passible d'une peine maximale d'un an d'emprisonnement et d'une amende de 3 750 euros. Dans les faits, des dispositions sanitaires et sociales sont préférées aux peines d'emprisonnement lorsqu'il s'agit de sanctionner l'usage seul.

Plusieurs textes ont durci les peines encourues pour trafic de drogue, celles-ci pouvant aller jusqu'à vingt ans de réclusion criminelle.

La **loi du 5 mars 2007 relative à la prévention de la délinquance** permet la mise en œuvre d'une procédure accélérée qui peut déboucher sur un stage de sensibilisation aux dangers de l'usage de produits stupéfiants, obligatoire et payant. Les mesures d'injonction thérapeutique voient également leur champ élargi.

Les sanctions sont aggravées pour la « provocation directe à transporter, détenir, offrir ou céder des stupéfiants dirigées vers un mineur » (jusqu'à 10 ans d'emprisonnement et 300 000 euros d'amende), de même que pour les infractions commises sous l'emprise d'un stupéfiant ou en état d'ivresse.

Créée en 1982, la Mission permanente de lutte contre la toxicomanie, devenue (décret du 11 mars 2014) la Mission interministérielle de lutte contre les drogues et les conduites addictives (MILDECA), répond à la nécessité de coordonner une politique publique par nature interministérielle.

Placée auprès du Premier ministre, cette mission anime et coordonne l'action du gouvernement en matière de lutte contre les drogues et les conduites addictives, élabore le plan gouvernemental et veille à sa mise en œuvre. Sa compétence s'étend à l'ensemble des addictions avec ou sans produit, et sur l'ensemble des domaines de la politique publique.

Elle dispose de crédits dédiés au sein du programme « Coordination du travail gouvernemental » du budget de l'État. Ces crédits lui permettent d'impulser et de coordonner l'action des ministères concernés. Elle gère en outre le fonds de concours "drogues" alimenté par le produit des avoirs criminels définitivement confisqués au moment du jugement de condamnation.

Le 19 septembre 2013 a été adopté le premier plan gouvernemental de lutte contre les drogues et les conduites addictives, qui prend la suite des plans gouvernementaux de lutte contre la drogue et la toxicomanie, traduisant la volonté du gouvernement d'élargir cette politique à l'ensemble des conduites addictives.

Le plan 2013-2017 reposait sur les axes suivants :

- fonder l'action publique sur l'observation, la recherche et l'évaluation ;
- prendre en compte les populations les plus exposées pour réduire les risques et les dommages sanitaires et sociaux ;
- renforcer la sécurité, la tranquillité et la santé publiques aux niveaux national et international en luttant contre les trafics et contre toutes les formes de délinquance liées aux consommations de substances psychoactives.

Le plan national de mobilisation contre les addictions 2018-2022, validé le 19 décembre 2018, actualise et intensifie cette politique, « afin de protéger nos concitoyens, en particulier les plus jeunes, leurs niveaux de consommation étant parmi les plus élevés en Europe, quel que soit le produit en cause ». Il s'articule autour de six « grands défis » :

- protéger dès le plus jeune âge ;
- mieux répondre aux conséquences des addictions pour les citoyens et la société ;
- améliorer l'efficacité de la lutte contre le trafic ;
- renforcer les connaissances et favoriser leur diffusion ;
- renforcer la coopération internationale ;
- créer les conditions de l'efficacité de l'action publique sur l'ensemble du territoire.

8. La lutte contre l'obésité

En France – où 17 % des 6-15 ans présentent un excès pondéral (contre 5 % en 1980), dont 3,8 % d'obèses – l'obésité est qualifiée d'« épidémie » par l'Institut national de la santé et de la recherche médicale (INSERM).

Près d'un quart des enfants dont les parents ont un niveau de diplôme inférieur au baccalauréat sont en surpoids alors qu'ils ne sont que 10 % chez les parents dont le diplôme équivaut au moins à la licence.

Un premier programme national nutrition-santé (PNNS 1) 2001-2005 a été adopté par le ministère de la Santé, mettant l'accent sur la nécessité d'une alimentation équilibrée pour améliorer l'état de santé de l'ensemble de la population et « interrompre l'augmentation de la prévalence de l'obésité chez les enfants », et promouvant l'activité physique.

Deux circulaires du ministère de l'Éducation, de juin 2001 et de décembre 2003, mettent en avant le rôle de l'école, en particulier des cantines scolaires, dans la prévention des problèmes de surpoids. La première rappelle les besoins nutritionnels des jeunes ainsi que la composition des repas, tandis que la seconde insiste sur la nécessité d'une formation des enfants à la diététique.

Un programme EPODE (« Ensemble, prévenons l'obésité des enfants »), financé pour partie par des partenaires privés, a été lancé en janvier 2004 dans dix villes pilotes situées dans dix régions différentes. D'une durée de cinq ans, il vise à mobiliser tous les acteurs locaux pour juguler l'obésité enfantine.

La **loi n° 2004-806 du 9 août 2004 relative à la politique de santé publique** comprend deux mesures destinées à lutter contre l'obésité enfantine :

– les messages publicitaires télévisés ou radiodiffusés et les actions de promotion en faveur des « boissons avec ajouts de sucres, de sel ou d'édulcorants de synthèse et de produits alimentaires manufacturés [...] doivent contenir une information à caractère sanitaire » ;

– les « distributeurs automatiques de boissons et de produits alimentaires payants et accessibles aux élèves » sont interdits dans les établissements scolaires à compter du 1er septembre 2005.

Un rapport du professeur Serge Hercberg, directeur de recherches à l'INSERM, dresse le bilan du premier Programme national nutrition-santé (PNNS 1) et formule des propositions de nouvelles stratégies pour le deuxième PNNS (2006-2010).

Le PNNS 2 propose le maintien des objectifs déjà définis et le développement de trois plans d'action comprenant un total de 26 actions concrètes, dans le cadre d'une grande mobilisation nationale de tous les acteurs pour la promotion de la nutrition et du sport en France.

Le ministre de la Santé a présenté en septembre 2007 ce « PNNS 2 », orienté vers un effort particulier auprès des personnes économiquement défavorisées, « principalement concernées par l'obésité ».

Il fixe neuf objectifs prioritaires qui feront l'objet d'évaluations régulières, comme la réduction de 20 % de la prévalence du surpoids, la réduction de 25 % des « petits consommateurs » de fruits et légumes... Les mesures prioritaires sont un plan de prévention et d'éducation nutritionnelle, un plan de prise en charge de l'obésité par les professionnels de la santé, des actions locales soutenues par des subventions gérées par les directions régionales de l'action sociale et de la santé (DRASS), avec des « chartes de villes actives » (restauration scolaire et activité physique), des plans d'action spécifiques pour les personnes défavorisées (notamment avec la distribution de fruits et légumes et de produits de la pêche).

Le PNNS 3 ou programme national de nutrition santé 3 (2011-2015) a pour but, comme les précédents, de promouvoir l'accès généralisé à une alimentation équilibrée et variée ainsi que de valoriser la pratique d'une activité physique régulière. L'objectif commun de ces programmes est de prévenir l'apparition de certaines maladies (cardiovasculaires, obésité, diabète) dont l'origine peut être alimentaire. Le PNNS 3 veut également réduire les inégalités sociales en matière d'alimentation.

Ce nouveau PNNS présente plus de 40 propositions réparties selon quatre thématiques :

- réduire le surpoids et l'obésité dans la population française ;
- augmenter la pratique d'activités physiques et sportives régulières ;
- améliorer les pratiques alimentaires et les apports nutritionnels ;
- réduire la prévalence de pathologies nutritionnelles.

Le PNSS 2017-2021 vise à :

- augmenter l'activité physique et réduire la sédentarité ;
- améliorer les consommations alimentaires et les apports nutritionnels en tenant compte des enjeux de développement durable.

Il a pour objectif, notamment, de diminuer de 20 % la fréquence de surpoids et d'obésité chez les enfants et adolescents, de stabiliser le surpoids des adultes et de réduire l'obésité de ces derniers de 15 % ou encore de réduire de 30 % le pourcentage des personnes âgées dénutries de plus de 80 ans.

Il prévoit une réduction de l'excès de sédentarité liée aux écrans en contexte extraprofessionnel, une augmentation de la pratique d'activité physique.

Il entend développer l'usage du Nutri-Score, assurant une transparence sur la qualité nutritionnelle des recettes des produits alimentaires présentés dans les magasins.

L'une des premières mesures visant à améliorer l'offre alimentaire passera par la réduction de la consommation de sel de 30 %, en agissant en premier lieu sur le pain, qui représente près de 25 % de l'apport en sel quotidien des Français.

9. La prévention et la répression de la délinquance

L'**ordonnance du 2 février 1945** est le texte fondamental qui régit en France la justice des mineurs.

Elle est fondée sur l'existence d'une justice spécifique aux mineurs : la majorité pénale est aujourd'hui fixée à 18 ans, c'est-à-dire qu'un jeune de moins de 18 ans n'est pas jugé par une juridiction pour adultes mais par des juridictions spécialisées qui prononcent des peines adaptés à l'âge de l'enfant ou du jeune. L'ordonnance de 1945 institue ainsi le juge des enfants (qui présente la particularité de suivre à la fois l'instruction et le jugement), le parquet des mineurs, le tribunal pour enfants et la cour d'assises des mineurs.

La loi ne fixe pas l'âge de la responsabilité pénale, le mineur devant seulement « être doté de discernement ».

L'ordonnance repose également sur la primauté de la mesure éducative sur la sanction, même si le recours à des mesures pénales reste possible. Le juge et le tribunal exercent une fonction éducative et peuvent prononcer de mesures visant à protéger le mineur, comme des mesures d'admonestation, de liberté surveillée, de mise sous protection judiciaire, de placement, de réparation. À cette fin, la justice des mineurs collabore avec des éducateurs, des psychologues, des psychiatres, des assistants sociaux, appartenant le plus souvent aux services départementaux de l'aide sociale à l'enfance.

Lorsque les mesures éducatives sont inadaptées, le tribunal pour enfants ou la cour d'assises des mineurs peuvent prononcer des sanctions pénales à l'encontre des mineurs de plus de 13 ans (emprisonnement avec ou sans sursis, amende, travail d'intérêt général).

Ces sanctions sont modulées selon l'âge du délinquant : entre 13 et 16 ans, il ne peut y avoir ni détention provisoire ni condamnation à un travail d'intérêt général, et les peines encourues ne peuvent excéder la moitié des peines prévues pour les adultes ; entre 16 et 18 ans, la détention provisoire devient possible, et le principe de la diminution de peine de moitié peut être levé.

La **loi du 5 mars 2007 relative à la prévention de la délinquance**, qui vise avant tout à prévenir la délinquance des mineurs, contient également des mesures d'alourdissement des peines applicables notamment aux auteurs de violences conjugales, aux consommateurs de stupéfiants.

Concernant spécifiquement la délinquance des mineurs, la loi confirme le rôle essentiel des maires : la création d'un conseil local de sécurité et de prévention de la délinquance (CLSPD) – regroupant le préfet et le procureur de la République, des élus locaux, des représentants de l'État et des associations, des organismes et professions concernés par les questions de sécurité – est obligatoire dans les communes de plus de 10 000 habitants.

Le maire intervient davantage dans l'aide et l'orientation des familles en difficulté, sur la base des informations confidentielles qui lui sont transmises par les travailleurs sociaux.

En effet, selon les termes de l'article 8 de la loi, « lorsqu'un professionnel de l'action sociale constate que l'aggravation des difficultés sociales, éducatives ou matérielles d'une personne ou d'une famille appelle l'intervention de plusieurs professionnels », il en informe le maire de la commune. Dans ce cas, le professionnel peut donner à lui seul ou au président du conseil général des informations confidentielles.

Lorsque l'efficacité et la continuité de l'action sociale le rendent nécessaire, le maire désigne parmi les professionnels qui interviennent un coordonnateur. Cette personne est soumise au secret professionnel. Toutefois le coordonnateur est habilité à transmettre des informations confidentielles « limitées à ce qui est strictement nécessaire à l'accomplissement de la mission d'action sociale » au maire.

Le maire est également rendu destinataire par la loi de données concernant la scolarité des enfants et des jeunes, afin d'assurer le suivi de l'obligation d'assiduité scolaire. Les informations peuvent être transmises par la caisse d'allocation familiale, l'inspecteur d'académie, le directeur de l'établissement scolaire. Le maire est ainsi tenu informé des décisions d'exclusion temporaire ou définitive des élèves et des noms des élèves de sa commune qui ont eu un avertissement pour cause d'absentéisme.

Le maire peut notamment proposer aux parents de mineurs en situation difficile un « accompagnement parental », doit réunir un conseil pour les droits et devoirs des familles et peut désigner un coordonnateur parmi les travailleurs sociaux intervenant dans une même famille.

Le maire peut également procéder à un rappel à l'ordre verbal à l'encontre des auteurs de « faits susceptibles de porter atteinte au bon ordre, à la sûreté, à la sécurité ou à la salubrité publique ».

Entendant lutter contre la délinquance des mineurs, qui aurait augmenté de 80 % en dix ans, la loi de 2007 adapte l'**ordonnance du 2 février 1945** en cherchant, selon un extrait du compte rendu du conseil des ministres du 28 juin 2006 concernant le projet de loi, à « donner aux délinquants une réponse individualisée et rapide à chaque acte répréhensible. Elle prévoit une diversification des mesures prises par le juge (placement dans un établissement scolaire éloigné du domicile, exécution de travaux scolaires, placement en internat, mesure d'activité de jour, avertissement solennel…) ainsi que l'extension de la procédure de la composition pénale dès l'âge de 13 ans », procédure qui permet à un procureur de proposer une mesure à une personne reconnaissant avoir commis un délit et évitant ainsi l'action devant une juridiction pénale.

Le mineur récidiviste âgé de 16 à 18 ans pourra être présenté immédiatement à un juge et le jugement pourra intervenir à la première audience qui suivra, sous réserve de son accord et de celui de son avocat et de ses parents, sans attendre les 10 jours suivant la garde à vue.

La loi élargit également la palette des mesures alternatives aux poursuites, comme l'obligation faite aux parents de faire examiner leur enfant par un psychologue ou psychiatre.

Le **décret du 23 juillet 2007 relatif au conseil local de sécurité et de prévention de la délinquance** (CLSPD) modifie peu le décret du 17 juillet 2002 mais renforce le rôle du maire au sein de ce conseil.

ÉDUCATION OU RÉPRESSION ?

Créés par la loi d'orientation et de programmation pour la justice du 9 septembre 2002 (loi dite Perben 1), les centres éducatifs fermés (CEF) sont destinés à recevoir pendant une durée de 6 mois renouvelables les mineurs de 13 à 18 ans placés sous contrôle judiciaire ou ayant fait l'objet d'une condamnation assortie d'un sursis avec mise à l'épreuve.

Aux termes de l'article 22 de la loi (article 33 de l'ordonnance de 1945) « les centres éducatifs fermés sont des établissements publics ou des établissements privés habilités dans des conditions prévues par décret en Conseil d'État, dans lesquels les mineurs sont placés en application d'un contrôle judiciaire ou d'un sursis avec mise à l'épreuve. Au sein de ces centres, les mineurs font l'objet des mesures de surveillance et de contrôle permettant d'assurer un suivi éducatif et pédagogique renforcé et adapté à leur personnalité. La violation des obligations auxquelles le mineur est astreint en vertu des mesures qui ont entraîné son placement dans le centre peut entraîner, selon le cas, le placement en détention provisoire ou l'emprisonnement du mineur.

L'habilitation prévue à l'alinéa précédent ne peut être délivrée qu'aux établissements offrant une éducation et une sécurité adaptées à la mission des centres ainsi que la continuité du service.

À l'issue du placement en centre éducatif fermé ou, en cas de révocation du contrôle judiciaire ou du sursis avec mise à l'épreuve, à la fin de la mise en détention, le juge des enfants prend toute mesure permettant d'assurer la continuité de la prise en charge éducative du mineur en vue de sa réinsertion durable dans la société ».

Les personnels de la protection judiciaire de la jeunesse (PJJ) s'inquiètent de mesures qui leur paraissent aller à l'encontre de la primauté de l'éducation sur la répression sur laquelle reposait l'ordonnance de 1945.
Une soixantaine de centres éducatifs fermés sont prévus.
Les **centres éducatifs renforcés**, pour leur part, prennent en charge les mineurs les plus en difficulté, pendant 2 à 3 mois, sur décision du juge des enfants, du juge d'instruction chargés des affaires de mineurs ou du tribunal pour enfants. Les mineurs y sont suivis de manière permanente par des éducateurs dans le but de permettre le retour à une vie sociale par diverses activités et d'élaborer un projet de resocialisation.

Aux termes de l'article 1 du décret du 23 juillet 2007, « le conseil local de sécurité et de prévention de la délinquance constitue le cadre de concertation sur les priorités de la lutte contre l'insécurité et de la prévention de la délinquance dans la commune.

Il favorise l'échange d'informations entre les responsables des institutions et organismes publics et privés concernés, et peut définir des objectifs communs pour la préservation de la sécurité et de la tranquillité publiques.

Il assure l'animation et le suivi du contrat local de sécurité lorsque le maire et le préfet, après consultation du procureur de la République et avis du conseil, ont estimé que l'intensité des problèmes de délinquance sur le territoire de la commune justifiait sa conclusion.

Il est consulté sur la définition, la mise en œuvre et l'évaluation des actions de prévention de la délinquance prévues dans le cadre de la contractualisation entre l'État et les collectivités territoriales en matière de politique de la ville définie au dernier alinéa de l'article L. 121-14 du code de l'action sociale et des familles.

À défaut des dispositifs contractuels susmentionnés, le conseil local peut proposer des actions de prévention ponctuelles dont il assure le suivi et l'évaluation.»

La politique de prévention de la délinquance a été marquée en 2013 par la validation d'une stratégie nationale de prévention de la délinquance pour 2013-2017, fondée sur les orientations suivantes :

- la prévention de la délinquance chez les jeunes particulièrement exposés ;
- la prévention des violences faites aux femmes, des violences intrafamiliales, l'aide aux victimes ;
- l'amélioration de la tranquillité publique.

■ En outre, la loi du 5 août 2014 relative à l'individualisation des peines et renforçant l'efficacité des sanctions pénales a conféré au maire un rôle dans le traitement des questions relatives à l'exécution des peines et à la prévention de la récidive.

Une nouvelle **stratégie nationale de prévention de la délinquance 2020-2024** a été diffusée le 9 mars 2020, accompagnée d'une circulaire du Fonds interministériel de prévention de la délinquance (FIPD).

La circulaire du 5 mars 2020 du Fonds interministériel de prévention de la délinquance (FIPD), dont le cadre est désormais triennal, fixe les orientations du gouvernement en matière de politiques publiques de prévention. Outre la prévention de la délinquance et celle de la radicalisation, la circulaire intègre désormais la lutte contre l'islamisme et le repli communautaire. En 2020, le Fonds s'élève à 66 091 600 €, ventilés autour de quatre programmes :

- programme délinquance = 31 500 000 € ;
- programme radicalisation/repli communautaire = 15 600 000 € ;
- programme sécurisation (vidéo-protection, écoles, police municipale) = 15 000 000 € ;
- programme sites sensibles = 4 000 000 €.

Source : www.cipdr.gouv.fr

En matière de prévention de la délinquance des mineurs, premier axe prioritaire, la principale nouveauté réside dans la volonté « d'agir plus tôt » et d'identifier, sur la base de critères précis, les jeunes de « moins de 12 ans » exposés au risque de délinquance.

La stratégie appelle également à « **réinvestir la prévention primaire** », c'est-à-dire à caractère éducatif et social et s'adressant à l'ensemble des jeunes, et même des plus jeunes.

Parmi les mesures préconisées en direction des mineurs, deux actions sont privilégiées : l'éducation aux médias et à l'information et le soutien à l'autorité parentale.

Le deuxième axe est l'aide aux « personnes vulnérables » (téléphones « grand danger », permanences spécialisées et partenariat avec la santé, minibus itinérant d'appui psycho-social).

Le troisième axe porte sur « la population, nouvel acteur de la prévention de la délinquance » (démarche participative, rapprochement police-population…).

Le quatrième axe est la gouvernance territoriale, avec la réaffirmation du rôle du maire dans le pilotage de la prévention de la délinquance.

5. L'éducatif et la pédagogie

1. Les principaux courants pédagogiques

La « littérature » en la matière est extrêmement abondante et nous ne saurions ici en effectuer une présentation exhaustive.

Quelques clés tout de même pour permettre à l'animateur d'identifier dans quel(s) grand(s) courant(s) pédagogique(s) s'inscrivent ses pratiques et, peut-être, de s'ouvrir à de nouveaux modes d'animation.

On distingue généralement :

- des courants pédagogiques qui relèvent d'une conception « traditionnelle » de l'éducation, comme :
  - l'apprentissage fondé sur la transmission des connaissances par l'enseignant,
  - l'apprentissage par imitation ;
- des courants pédagogiques qui fondent l'apprentissage sur la recherche et l'expérience.

Ces courants pédagogiques, apparus à la fin du XIXe et au début du XXe siècle, qui prennent le nom de « pédagogie nouvelle », ou « éducation nouvelle », se différencient nettement de la pédagogie traditionnelle : ils prônent la participation active de l'enfant à sa propre formation.

Partant des centres d'intérêt de l'enfant, ils s'efforcent de susciter la coopération plutôt que la compétition et privilégient la découverte à l'exposé didactique. Ils tiennent compte des rythmes de développement de l'enfant et sont attentifs à la fois à l'acquisition des savoirs et à l'épanouissement de la personnalité. L'acte pédagogique est ainsi conçu comme une réponse aux besoins et aux intérêts de l'enfant, prenant en compte sa personnalité dans sa totalité.

Parmi les nombreux courants de cette famille, on peut ici s'attacher plus particulièrement, dans la mesure où elle peut concerner plus particulièrement l'animateur, à la **pédagogie de projet**.

Le projet permet la clarification des objectifs que l'on se fixe pour les atteindre, tout en donnant du sens aux activités mises en œuvre. Cette pédagogie requiert l'articulation du projet du formateur et de l'apprenant.

Si la pédagogie de projet peut relever d'une approche traditionnelle de l'éducation ou de l'animation, lorsque les objectifs sont fixés par l'enseignant ou par l'animateur lui-même, les enfants ou les jeunes étant au mieux appelés à choisir entre plusieurs projets prédéfinis, l'éducation nouvelle fait du choix du projet par les acteurs du projet un élément essentiel du projet lui-même.

La pédagogie de projet fonde l'apprentissage sur une réalisation concrète, le projet pouvant aussi bien être individuel que collectif. Les enfants ou les jeunes mènent leur projet de manière autonome, en analysant chemin faisant leurs échecs et leurs réussites grâce à une auto-évaluation.

Le bilan joue un rôle essentiel dans le projet, la présentation du projet aux autres apprenants permettant de formaliser les savoir et les savoir-faire mis en œuvre pour mener le projet à son terme.

L'enseignant et le formateur exercent pour leur part un rôle d'accompagnement, mettant à disposition des apprenants les outils nécessaires, régulant le groupe, aidant au respect des échéances jusqu'à sa présentation finale.

2. La connaissance des publics, l'adaptation des activités au public

Les missions de l'animateur lui donnent vocation à travailler avec les publics de tous âges.

A. La petite enfance (0 à 6 ans)

Cette période de la vie humaine se caractérise par l'intensité du développement du petit enfant et la diversité des apprentissages. L'animateur joue pour cet âge un rôle particulier dans le développement de la créativité du jeune enfant, essentiellement par le récit et la chanson, le jeu et les activités manuelles. En même temps, l'animateur contribue à la découverte par l'enfant du monde extérieur à lui-même et à sa famille, et à l'apprentissage de la vie avec d'autres (socialisation).

Avec d'autres professionnels de la petite enfance, l'animateur constitue, en l'absence des parents, un repère essentiel pour l'enfant, à la fois rassurant et stimulant.

On considère généralement que l'animateur des jeunes enfants de 3 à 6 ans doit être particulièrement à l'écoute et savoir s'adapter au rythme d'enfants dont le temps de concentration est limité.

B. L'enfance (7-12 ans)

Cette période se caractérise par l'intensité de l'acquisition des connaissances, la poursuite de la socialisation et de la construction de la personnalité. Les 7-9 ans, généralement très portés vers l'expérimentation, ont en même temps besoin d'être guidés.

Les 10-12 ans sont plus autonomes, très exigeants, ce qui requiert chez l'animateur à la fois rigueur et inventivité. Il doit savoir accompagner leur besoin de nouveauté tout en faisant respecter son autorité. Ils ont besoin d'être surpris : il faut donc développer de bonnes facultés d'adaptation et d'improvisation tout en maintenant une réserve dans les relations.

C. L'adolescence (13-15 ans)

On le sait, l'adolescence est l'âge des bouleversements psychiques et physiques. La relation des adolescents à l'autorité est complexe, parce qu'ils ont, pour se construire, besoin de la sécurité qu'offre l'autorité mais aussi besoin de se mesurer et de s'opposer à l'autorité. En même temps, les conduites à risques des adolescents, qui empruntent des formes très variées, signes complexes d'une volonté de dépasser les limites, de vivre pleinement leur vie, de signifier leur mal de vivre (tentatives de suicide, poly-toxicomanie, pratique de sports de l'extrême, fugues, violence, délinquance, anorexie, boulimie, marquages corporels, jeux dangereux...) nécessitent une attention et une écoute particulières de la part des animateurs ainsi que la capacité à faire partager des valeurs éducatives.

D. La post-adolescence (16-18 ans)

Avec cette tranche d'âge, l'animateur joue davantage un rôle d'accompagnement que d'animation, les post-adolescents étant fortement demandeurs d'une aide à l'élaboration de projets et d'un accompagnement dans leur mise en œuvre. L'animation, s'il y a lieu, sera souvent spécialisée.

E. L'adulte

La diversité de ce public et, parfois même, la diversité des attentes au sein d'un même groupe requièrent à la fois de l'animateur une forte expertise dans l'activité dont il assure l'animation, qui suffira généralement à asseoir une relation sereine avec les personnes et avec le groupe, et des qualités d'écoute.

F. La personne âgée

L'animateur joue un rôle essentiel dans la qualité de la vie des personnes âgées, dont les attentes sont très variées. La capacité d'écoute et le respect des parcours individuels sont essentiels. Il doit être également capable de s'adapter au rythme de son public.

3. La déclinaison d'objectifs pédagogiques

A. Le projet éducatif

L'article L. 227-4 du Code de l'action sociale et des familles dispose que « la protection des mineurs, dès leur inscription dans un établissement scolaire en application de l'article L. 113-1 du Code de l'éducation, qui bénéficient hors du domicile parental, à l'occasion des vacances scolaires, des congés professionnels ou des loisirs, d'un mode d'accueil collectif à caractère éducatif entrant dans une des catégories fixées par décret en Conseil d'État, est confiée au représentant de l'État dans le département.

Ce décret définit, pour chaque catégorie d'accueil, la réglementation qui lui est applicable, et les conditions dans lesquelles un **projet éducatif** doit être établi.

Les dispositions du présent article ne sont pas applicables à l'accueil organisé par des établissements d'enseignement scolaire ».

Le décret n° 2002-285 du 3 mai 2002 relatif au projet éducatif mentionné à l'article L. 227-4 du code de l'action sociale et des familles fixe que :

« Article 1

Le **projet éducatif** mentionné au deuxième alinéa de l'article L. 227-4 du code de l'action sociale et des familles est décrit dans un document élaboré par la personne physique ou morale organisant l'accueil de mineurs dans des centres de vacances et des centres de loisirs sans hébergement.

Ce document prend en compte, dans l'organisation de la vie collective et lors de la pratique des diverses activités, et notamment des activités physiques et sportives, les besoins psychologiques et physiologiques des mineurs.

Lorsque l'organisateur accueille en centre de vacances ou en centre de loisirs sans hébergement des mineurs valides et des mineurs atteints de troubles de la santé ou de handicap, le projet éducatif prend en compte les spécificités de cet accueil.

Article 2

Le projet éducatif définit les objectifs de l'action éducative des personnes qui dirigent et animent les centres de vacances et les centres de loisirs sans hébergement et précise les mesures prises par la personne physique ou morale organisant l'accueil pour être informée des conditions de déroulement de celui-ci.

Les personnes qui dirigent et animent le séjour dans un centre de vacances ou dans un centre de loisirs sans hébergement prennent connaissance du projet éducatif avant leur entrée en fonction.

Elles sont informées des moyens matériels et financiers mis à leur disposition.

[...]

Article 4

Le projet éducatif ainsi que le document mentionné à l'article 3 sont communiqués aux représentants légaux des mineurs avant l'accueil de ces derniers. Ils sont communiqués, dans des conditions fixées par arrêté du ministre chargé de la Jeunesse, aux agents mentionnés à l'article L. 227-9 du code de l'action sociale et des familles. »

Ainsi, le projet éducatif, élaboré par l'organisateur du séjour, traduit les principes qui fondent ses actions et les moyens qu'il va mettre en œuvre. Le projet, qui peut être pluriannuel, va permettre tant l'information des familles que celle des équipes pédagogiques qui vont le mettre en œuvre. À cette fin, il est obligatoirement transmis au directeur et à l'équipe pédagogique avant leur entrée en fonction, aux parents, tuteurs ou éducateurs (représentants légaux des mineurs) avant l'accueil des enfants. Les fonctionnaires des directions départementales de la jeunesse et des sports (DDJS) doivent avoir accès à tout moment à ce document ainsi qu'à tous ceux pouvant le compléter (projet pédagogique, programme d'activité, règlement intérieur...). Il peut être communiqué à toute autre administration responsable de la protection des mineurs et à tout partenaire (école, association, médecin de PMI...).

L'organisateur peut bien évidemment prendre en compte dans ce projet les propositions de partenaires que peuvent émettre les familles, les élus, des adhérents d'association, les partenaires du contrat éducatif local, etc. Dans ce cas, le projet mentionnera les personnes associées à son élaboration.

Les objectifs et les moyens décrits dans le projet doivent évidemment garantir la sécurité physique et morale du mineur accueilli et respecter les textes en vigueur.

L'organisateur doit clairement faire apparaître sa vocation principale, par exemple l'organisation des loisirs et des vacances pour tous, le développement local en participant à l'attractivité du territoire, la promotion d'une activité spécifique, etc.

Quelques exemples d'objectifs éducatifs :

– Permettre à l'enfant et au jeune de vivre un temps de vacances.

– Favoriser le développement de l'autonomie du jeune et de l'enfant, dans le respect des besoins et des caractéristiques de chaque âge (capacité d'initiative, de créativité, prise de responsabilité...);

– Amener l'enfant à découvrir des pratiques variées.

– Favoriser l'acquisition de savoirs techniques.

– Favoriser la tolérance, l'expression de la solidarité et la reconnaissance de la diversité.

– Développer l'intégration des enfants atteints de troubles de la santé ou de handicap dans des séjours composés de mineurs valides.

– Permettre à l'enfant de développer son esprit critique, de faire des choix.

– Favoriser et permettre l'apprentissage et l'expérimentation de la démocratie.

– Favoriser les liens intergénérationnels.

– Favoriser l'ouverture des activités en incitant la mixité fille/garçon et les passerelles entre tranches d'âge.

B. Le projet pédagogique

Le terme de « projet pédagogique » n'apparaît pas expressément dans le décret n° 2002-285 du 3 mai 2002 relatif au projet éducatif mentionné à l'article L.227-4 du Code de l'action sociale et des familles, mais son article 3 y fait clairement référence :

Article 3

La personne qui dirige le séjour dans un centre de vacances ou dans un centre de loisirs sans hébergement met en œuvre le projet éducatif mentionné ci-dessus et en précise les conditions de réalisation dans un **document, élaboré en concertation avec les personnes qui animent le séjour.**

Ce document prend en considération l'âge des mineurs accueillis.

Il précise notamment :

– la nature des activités proposées en fonction des modalités d'accueil, et, lorsqu'il s'agit d'activités physiques ou sportives, les conditions dans lesquelles celles-ci sont mises en œuvre ;

– la répartition des temps respectifs d'activité et de repos ;

– les modalités de participation des mineurs ;

– le cas échéant, les mesures envisagées pour les mineurs atteints de troubles de la santé ou de handicaps ;

– les modalités de fonctionnement de l'équipe constituée du directeur mentionné au premier alinéa, des animateurs et de ceux qui participent à l'accueil des mineurs ;

– les modalités d'évaluation de l'accueil ;
– les caractéristiques des locaux et des espaces utilisés.

Il arrive fréquemment que le projet soit écrit par le directeur du séjour seul avant recrutement de l'équipe pédagogique. Dans cette hypothèse, il convient de veiller particulièrement à ce que ce projet ne reste pas lettre morte mais que son caractère concret permette son appropriation par l'équipe.

Parmi l'abondante littérature sur le projet pédagogique, on trouve de nombreux conseils pratiques sur son contenu.

Le site www.animnet.com donne ainsi un plan possible de projet pédagogique, dont le plan ci-dessous reprend les lignes principales :

1) Descriptif du centre

– Nature du centre
– Nom et coordonnées de l'organisateur
– Lieu du séjour et caractéristiques (adresse, description, capacité, région d'accueil…)
– Durée et dates du séjour, mode de transport
– Nombre d'adultes (personnel pédagogique et technique, compétences particulières)
– Activités dominantes du séjour, activités confiées à un prestataire extérieur
– Matériel pédagogique
– Budget
– Règlement intérieur de la structure

2) Rappel des objectifs principaux du projet pédagogique

3) Priorités éducatives du directeur et de son équipe

Cette sous-partie peut permettre l'identification de celui ou ceux des objectifs du projet éducatif que le projet pédagogique mettra particulièrement en valeur

4) Préparation du séjour

– Rencontres de l'équipe, rencontres avec les parents et les enfants avant le séjour
– Acquisitions nécessaires à des activités spécifiques

5) Projet de fonctionnement du séjour

– Règles de vie non négociables et sanctions
– Déroulement de base d'une journée
– Répartition des salles et du matériel, zones dangereuses, zones réservées aux adultes, répartition des chambres
– Répartition des tâches dans l'équipe
– Gestion des cultes, des régimes alimentaires, des colis, du téléphone fixe et des portables, du courrier, des colis
– Gestion du linge, de la toilette

6) Le fonctionnement de l'équipe pédagogique et administrative

– Composition de l'équipe, rôle et fonctions de chacun, compétences particulières
– Mode d'accompagnement des stagiaires
– Fréquence et contenu des réunions d'équipe
– Règles de fonctionnement non négociables

7) Projets d'animation

- Description des activités et de leurs objectifs
- Lieux, dates, moyens
- Modes d'inscription
- Modes d'évaluation

8) Évaluation

- Moyens d'évaluation du projet
- Mode d'évaluation des personnels, des stagiaires

C. Le projet d'animation

Le projet d'animation s'inscrit dans le projet pédagogique. Il présente très concrètement les actions mises en œuvre pour atteindre les objectifs posés par le projet pédagogique.

Il comprend ainsi :

- le nom du projet (s'il en a un) ;
- les objectifs précis du projet ;
- le public concerné ;
- l'échéancier du projet : phasage dans le temps du projet : préparation, déroulement, évaluation ;
- le lieu du projet ;
- le mode d'organisation : le mode de préparation et de communication en amont du projet, le rôle des différents acteurs, le contenu des activités (voir ci-dessous le projet d'activité), le matériel nécessaire… ;
- le mode d'évaluation du projet : acteurs, outils, échéancier.

D. Le projet d'activité

Le projet d'activité décrit le contenu précis d'une activité qui va prendre place, avec d'autres, au sein d'un projet d'animation. Il précise ainsi :

- le nom de l'activité ;
- la finalité et l'intérêt du projet ;
- le public concerné : âge, nombre ;
- le lieu, la durée, le phasage : installation, déroulement, rangement… ;
- les moyens matériels ;
- les moyens humains ;
- les règles de sécurité à respecter.

NOTE DU FORMATEUR

De nombreux sites proposent le descriptif d'actions d'animation adaptées aux différents publics. On peut citer par exemple le site www.pratiquesdanims.com.

4. Les principales techniques d'entretien et de réunion

A. La dynamique de groupe

On peut définir un groupe comme un ensemble de personnes en interaction, que le groupe soit ou non organisé et que les personnes aient ou non conscience de ces interactions. Ces interactions font que le groupe est plus que la somme des individus qui le composent : le groupe, ce sont les individus qui le composent plus le groupe lui-même.

Par « dynamique de groupe », expression créée par Kurt Lewin (1890-1947), psychologue allemand émigré aux États-Unis, on entend l'ensemble des mécanismes qui se développent au sein d'un groupe en activité.

La connaissance de la dynamique de groupe permet à la fois d'analyser les mécanismes de tout groupe, d'intervenir efficacement au sein d'un groupe, de former un groupe pour lui permettre de comprendre ses propres mécanismes.

Roger Muchielli, dans son ouvrage *La Dynamique des groupes* (1995), identifie sept caractéristiques fondamentales dans un groupe :

- des interactions ;
- des buts collectifs communs ;
- l'émergence de normes ou règles de conduite ;
- l'émergence d'une structure informelle (non officielle, souvent non consciente) de l'ordre de l'affectivité avec répartition de la sympathie et de l'antipathie ;
- l'existence d'émotions et de sentiments collectifs communs ;
- l'existence d'un inconscient collectif ;
- l'établissement d'un équilibre interne et d'un système de relations stables avec l'environnement.

Pour Roger Muchielli, plus le groupe est solidaire, plus les « pressions de conformité » sont grandes, et plus celui qui transgresse les règles du groupe sera l'objet de « sanctions groupales ». Un nouvel arrivant dans un groupe constitué sera ainsi fréquemment l'objet d'un rejet, de brimades, avant d'être intégré au groupe.

La cohésion est le phénomène qui maintient le groupe uni jusqu'au but qu'il s'est fixé. Elle détermine très largement l'efficacité du groupe. Les facteurs de cohésion sont multiples et relèvent tant des personnes qui constituent le groupe que du groupe lui-même.

Parmi les facteurs individuels de cohésion, on peut citer la motivation, avouée ou inavouée, de chaque membre du groupe. Notons que la motivation peut être directement liée au fonctionnement même du groupe, par exemple lorsque l'une des motivations d'un des membres est de « prendre le pouvoir » au sein de celui-ci.

S'agissant de facteurs collectifs de cohésion, on peut évoquer la taille du groupe, la proximité des personnes (âge, origines sociales, valeurs communes…), les modes de communication au sein du groupe, les « menaces » extérieures (critiques, concurrence), le sentiment de réussite.

Le mode de conduite du groupe joue également un rôle déterminant dans son efficacité.

B. Les différents types de « leadership »

Kurt Lewin a identifié trois types de *leadership*.

a. Le *leadership* autoritaire

Le décideur est nettement distinct du groupe dont il est responsable, se situant « au-dessus » de celui-ci dans une relation hiérarchique, imposant ses décisions aux autres. Il exerce son autorité au moyens d'ordres, d'instructions, qui ne donnent pas lieu à discussion et doivent être exécutés. Celui qui exerce ce type de leadership est aussi évaluateur et juge des autres membres un groupe. Si ce type de commandement est efficace en termes d'atteinte des objectifs, il est aussi de nature à provoquer la défiance du groupe, voire l'hostilité, l'agressivité et, finalement, le désengagement.

b. Le *leadership* démocratique ou participatif

Par ce mode de conduite du groupe, le leader souhaite inciter les membres du groupe à l'initiative et à la créativité. Chacun est mis en situation de s'exprimer sans être jugé. Les règles de fonctionnement du groupe font l'objet d'un apprentissage collectif et le dialogue, tant entre le leader et les autres membres du groupe qu'entre les membres du groupe eux-mêmes, occupe une large place. Le groupe est invité à tenter de résoudre lui-même les éventuels conflits.

Ce mode de management contribue à la satisfaction et à la motivation des acteurs, dont il tend à renforcer les liens. L'efficacité du groupe ainsi conduit peut toutefois être moindre que celle du groupe soumis à un *leadership* autoritaire.

C'est, pour Kurt Lewin, la forme de commandement idéal.

Notons que ce mode de management ne s'improvise pas, que la participation requiert une organisation, sous peine de « tomber » dans le *leadership* de type « laisser-faire »

c. Le « laisser-faire »

Dans ce cas, la non-implication du décideur, sa permissivité, le manque d'objectifs clairs, le défaut d'implication des membres du groupe, le report des décisions… conduisent à la fois à de mauvais résultats et à une insatisfaction de chacun. C'est à l'évidence le pire de types de management.

C. Les modes de prise de décision dans un groupe

Au sein d'un groupe, les modes de prises de décision jouent également un rôle déterminant dans l'atteinte des objectifs et dans la satisfaction des acteurs.

Une définition claire des modes de décision est donc indispensable, que la décision relève seulement du leader du groupe (leadership autoritaire) ou du groupe lui-même (*leadership* participatif).

Soulignons que, selon le type de décision à prendre, le mode de prise de décision au sein d'un même groupe peut varier, sous réserve que la règle soit clairement fixée avant la prise de décision elle-même. En toute hypothèse, il convient de ne pas complexifier à outrance les modes de prise de décision : chacun connaît l'écueil de processus trop compliqués où l'on va s'interroger sur le mode de décision (majorité, unanimité) qui préside au choix du mode de décision lui-même.

Organisés ou non, les modes de prises de décision au sein d'un groupe sont très divers : allant de la décision par défaut (« le consensus mou » : le groupe adopte une décision sans véritable analyse et sans réelle discussion), à la décision à l'unanimité, en passant par la décision par consensus (un accord général est trouvé sur une solution à laquelle tout le monde ou une forte majorité du groupe se rallie, ou à la majorité, ou encore par application de la règle de la minorité (lorsqu'une minorité du groupe parvient à faire prévaloir sa solution), sans parler de l'application de la règle d'autorité lorsque le leader impose autoritairement sa propre décision.

D. Les différents entretiens

Tantôt recruteur (lorsqu'il constitue une équipe notamment composée d'adjoints d'animation) ou recruté (lorsque, par exemple, après réussite au concours, il prétend à un poste d'animateur territorial au sein d'une collectivité), l'animateur doit être au fait des différentes techniques d'entretien comme des différents styles d'entretien.

a. Les différentes techniques d'entretien

L'entretien individuel

Il repose sur le face à face entre recruteur et recruté, responsable et exécutant, évaluateur et évalué… selon l'objectif de l'entretien. Dans un entretien de recrutement par exemple, l'employeur potentiel cherche à évaluer les savoirs, savoir-faire et savoir-être de la personne candidate à un emploi. Dans un entretien d'évaluation, l'évaluateur cherche à mesurer si les objectifs fixés ont été atteints et convient avec l'évalué des objectifs de l'année suivante, ainsi que des moyens le cas échéant nécessaires à l'atteinte de ces moyens.

L'entretien de groupe

Si l'on reprend l'exemple d'entretiens de recrutement, ceux-ci peuvent également être menés sous forme d'entretiens de groupe, au sein desquels une dizaine de candidats réunis vont devoir traiter un cas, résoudre un problème qui leur sont soumis par le recruteur.

La décision de recrutement sera en ce cas notamment fondée sur l'analyse des comportements des différents membres du groupe, en identifiant par exemple, selon le type d'emploi à pourvoir, qui prend le pouvoir et l'exerce au sein de groupe, qui favorise l'expression des uns et des autres, qui parle sans entendre ou écouter, qui favorise le dialogue, etc.

D'autres techniques d'entretien

S'agissant de recrutement, on rencontre aussi des jurys de recruteurs (par exemple, pour le recrutement d'un animateur territorial, un représentant de la DRH, le chef du service enfance et jeunesse, le responsable de la structure au sein de laquelle l'animateur va exercer ses missions). L'avantage de ce type d'entretien est évidemment la multiplication des « points de vue » sur les candidats, chacun des représentants de la collectivité employeur évaluant les réponses du candidat en fonction de ses propres critères.

On connaît aussi les entretiens successifs, fondés sur la rencontre échelonnée dans le temps de plusieurs responsables, évaluant chacun selon leur propre profil des savoirs et des savoir-faire différents, tous évaluant le savoir-être du candidat.

b. Les différents styles d'entretien

Quelle que soit la technique d'entretien, différents modes de questionnement sont possibles.

On distingue traditionnellement :

– le **style directif :** l'interlocuteur pose des questions précises qui nécessitent des réponses brèves et argumentées ;

– le **style semi-directif :** l'interlocuteur pose à la fois des questions fermées et des questions ouvertes en fonction des thèmes précis qu'il a prévu d'aborder ;

– le **style non directif :** l'interlocuteur laisse la personne parler, s'exprimer librement, sans diriger l'entretien.

E. Les différentes techniques de réunion

Les réunions peuvent poursuivre de multiples objectifs ; elles peuvent par exemple être :

– informatives (un supérieur hiérarchique souhaite transmettre des informations à ses agents) ;

– formatives (un formateur forme les participants) ;

– évaluatives (on cherche à mesurer si les objectifs fixés sont atteints) ;

– tournées vers la prise de décision au terme d'échanges entre les participants ;

– axées sur la résolution de problèmes ;

– destinées à la concertation (les avis sur un sujet divergent et l'on souhaite parvenir à une position commune au terme des échanges).

Quel que soit son objectif, toute réunion, requiert un conduite afin d'atteindre celui-ci.

L'objectif de la réunion doit être clairement fixé par l'organisateur de la réunion et connu de l'ensemble des participants.

L'envoi, en amont de la réunion d'un ordre du jour précis (rappelant évidemment les jours, heures, lieux de la réunion), précisant le cas échéant la durée de chaque temps de la réunion, est de nature à faciliter son déroulement. Le rappel de cet ordre du jour en début de réunion s'impose également.

S'il s'agit d'une réunion destinée à une prise de décision, un relevé de décisions mérite d'être établi en fin de réunion, qui non seulement rappellera les décisions prises mais précisera aussi qui est responsable de leur mise en œuvre et les délais de celle-ci.

Il sera souvent utile de ne pas se contenter d'un relevé de décision mais de rédiger un compte rendu intégral de la réunion rappelant le cas échéant la nature de la réunion, en toute hypothèse sa date, son objet, les personnes qui y ont participé (ainsi que les personnes excusées ou absentes), l'ordre du jour, les échanges et le cas échéant les décisions liées à chaque point de l'ordre du jour.

Ce compte rendu diffusé pour validation à l'ensemble des participants, puis, une fois définitif, à l'ensemble des participants, excusés et absents, permet à la fois d'informer les excusés et les absents, d'acter le cas échéant les décisions prises et de garder une mémoire de l'événement.

6. Évaluer une animation

Pourquoi et comment évaluer une action d'animation ?

Évaluer une action, c'est mesurer si les objectifs ont été atteints.

Pas d'évaluation possible, donc, sans **critères d'évaluation** et sans **indicateurs**. On emploie également le concept de « facteurs critiques de succès », comprenant, pour l'action que l'on veut évaluer, quelques critères accompagnés chacun d'un indicateur.

Par exemple, pour évaluer une animation de quartier associant les habitants, je retiendrai pour critère la bonne information des habitants du quartier, l'indicateur lié à ce critère étant qu'un habitant du quartier sur deux soit informé de l'animation. Un autre critère sera l'implication des associations du quartier dans la préparation de l'animation, dont l'indicateur sera la participation de cinq associations ou plus à chacune des réunions de préparation de l'animation. Les critères peuvent être quantitatifs, mais aussi qualitatifs.

Pour évaluer une action d'animation, il convient donc préalablement de **fixer les critères d'évaluation** : cette décision peut résulter d'un travail collectif mené par les différents acteurs du projet, en partant par exemple de la question suivante : quels éléments peuvent nous permettre de dire si le projet est réussi ? On veillera à retenir un nombre limité de critères d'évaluation, en ne retenant que les critères les plus pertinents, un nombre excessif de critères risquant d'introduire une complexité telle que l'évaluation sera finalement impossible.

Une « bonne » évaluation suppose ainsi que les **objectifs** de l'action soient opérationnels, c'est-à-dire concrets, définis en termes positifs, limités dans le temps. On distingue très traditionnellement l'évaluation *ex ante*, c'est-à-dire celle donc les critères et les indicateurs ont fixés avant même que l'action ait été menée à bien, de l'évaluation *ex post* : dans celle-ci, on fixe les critères et indicateurs une fois l'action menée à son terme. On mesure bien que l'évaluation *ex ante* est préférable dans la mesure où elle va permettre de clarifier les objectifs en cohérence avec la nécessité de l'évaluation. L'évaluation *ex ante* présente en outre l'inconvénient d'être généralement plus subjective dans la mesure où on cherchera alors à évaluer en ayant déjà des impressions sur la réussite ou l'échec du projet.

Une fois l'évaluation menée à bien, il convient évidemment qu'elle ne demeure pas lettre morte. L'évaluation constitue en interne un bon moyen de formation continue (comment faire mieux tant en termes de détermination des objectifs, de choix des critères et des indicateurs, de conduite de projet…) que de motivation. En externe, elle est un moyen de signifier aux partenaires (parents, association…) l'importance de leur rôle : ils ne sont pas simplement des acteurs que vous avez mobilisés à un moment donné parce que vous aviez besoin d'eux, ce sont des partenaires à part entière qui ont droit à un « retour » sur les actions auxquelles ils ont pris part, l'évaluation étant de nature à susciter de leur part des propositions.

L'évaluation peut être matérialisée sous forme d'un tableau de bord.

Exemple :

Évaluation d'une animation organisée dans la médiathèque par la ludothèque

<table>
<tr><td colspan="3">Action : jouer à la médiathèque</td><td>Date :
30 juin 2019</td><td>Animateurs :
– 5 animateurs municipaux
– 5 « ludothécaires » (associatifs)
– 2 bibliothécaires</td></tr>
<tr><td colspan="3">Contexte (projet pédagogique) :
développer les liens intergénérationnels</td><td>Lieu :
médiathèque municipale</td><td>Nombre de participants :
nombre par tranche d'âge</td></tr>
<tr><th>Objectifs de l'action</th><th>Critères d'évaluation</th><th>Indicateurs d'évaluation</th><th>Résultats</th><th>Commentaires</th></tr>
<tr><td>1– Faire se rencontrer des adolescents et des seniors</td><td>Nombre de seniors participant
Nombre d'adolescents participant</td><td>Plus de 100 seniors

Plus de 100 adolescents</td><td>60

150</td><td></td></tr>
<tr><td>2– Associer adolescents et seniors dans le jeu</td><td>Nombre de tables de jeux intergénérationnelles</td><td>80 % de tables de jeux intergénérationnelles</td><td>45 %</td><td></td></tr>
<tr><td>3– Médiatiser l'événement</td><td>Présence de représentants de la presse locale</td><td>Au moins deux articles dans la presse locale</td><td>1</td><td></td></tr>
<tr><td colspan="5">BILAN de l'évaluation :
– Forte participation du public adolescent mais moins de seniors qu'espéré.
– Cette participation insuffisante des seniors à l'événement se traduit par un nombre de tables de jeux intergénérationnelles plus faibles que prévu.
– La « couverture médiatique » est à améliorer.</td></tr>
</table>

7. Le budget d'une action d'animation

Nous avons abordé dans la partie consacrée à la connaissance de l'environnement territorial les principales règles budgétaires qui s'imposent notamment à toute action d'animation conduite par un service municipal. Dans ce cas, le budget de l'action d'animation est régi par les règles de la comptabilité publique.

En revanche, lorsque la structure d'animation est associative, les règles de la comptabilité privée s'appliquent.

Quelle que soit la nature juridique du budget, l'opération de prévision de recettes et de dépenses pour une action d'animation donnée ne varie guère.

Soulignons tout de même que le regard de l'animateur sur « son » budget est souvent faussé et qu'il a parfois tendance à confondre les règles de la comptabilité publique avec celles de la comptabilité privée : lorsqu'une action d'animation réalisée par un service d'animation communal bénéficie, par exemple, d'une subvention départementale ou européenne, la subvention n'est pas versée au service en tant que tel, qui pourrait en disposer librement, mais à la commune qui l'inscrira en recettes au budget communal. Rien n'obligera la commune à augmenter pour autant les crédits alloués au service municipal d'animation, la règle budgétaire qui vaut ici étant celle de la non-affectation des recettes.

Remarquons également que les règles de la comptabilité publique sont souvent vécues comme « lourdes » par les animateurs dans la mesure où il s'agit d'une comptabilité d'engagement qui requiert l'engagement des dépenses avant leur paiement : concrètement, toute dépense fait l'objet d'un engagement inscrit dans la comptabilité municipale puis d'un mandatement sur présentation de facture à l'issue d'un service effectué. La gestion informatique des commandes permet l'inscription directe de l'engagement dans la comptabilité. Lorsque la gestion n'est pas informatisée, l'engagement de la dépense requiert l'élaboration et la signature (soit par un responsable de service bénéficiant d'une délégation de signature, soit par un élu) d'un bon de commande en trois exemplaires dont l'un sera adressé au fournisseur et l'autre transmis au service comptable de la commune qui inscrira la dépense au budget. Le fournisseur ne sera ainsi payé qu'une fois la dépense engagée puis mandatée un fois le service fait.

Fort heureusement, par dérogation à la règle de la séparation de l'ordonnateur et du comptable, un agent public, par exemple un animateur territorial, peut être autorisé à encaisser de l'argent et à régler directement des dépenses de faible montant grâce à un système de régie d'avance et de recettes : la décision de création d'une régie appartient au conseil municipal, et les régisseurs nommément désignés par arrêté du maire, avec agrément du comptable, agissent sous le contrôle de l'ordonnateur (le maire et, en pratique, le service comptable de la commune) et sous l'autorité du comptable (receveur). L'acte constitutif de la régie précise la nature des dépenses (régie d'avance) et des recettes (régie de recettes), leur montant et les modes de règlement : ainsi, en matière d'avances, dans la limite d'un plafond, le régisseur peut régler en espèces, par chèque voire par carte bancaire.

Précisons que la régie d'avance ne constitue pas « de l'argent en plus » mais une manière particulière de dépenser l'argent inscrit au budget.

Le **budget prévisionnel** d'une action d'animation est établi à la fois en recettes et en dépenses et il doit toujours être équilibré.

Il s'agit bien d'un budget prévisionnel, à distinguer du **budget réalisé**, ce qui impose au responsable d'effectuer le suivi de son budget en inscrivant en regard des dépenses et des recettes prévisionnelles, les recettes effectivement constatées et les dépenses réellement opérées sur la base des factures reçues.

Les lignes budgétaires que l'on trouve le plus fréquemment sont :

Dépenses	Recettes
Transports (location, frais de déplacement, carburant, frais de stationnement...) Acquisition documents (livres, jeux) Acquisition petit matériel (jeux) Gros matériel Frais administratifs (frais d'expédition...) Dépenses médicales (avances de frais) Frais de sorties (droits d'entrée, droits d'inscription...)	Participation des usagers Subventions

8. Les responsabilités pénale et civile

1. La responsabilité pénale

La responsabilité pénale peut être engagée chaque fois qu'une personne physique ou morale commet, volontairement ou involontairement, une infraction aux règles de droit.

La responsabilité pénale relève de la compétence des juridictions répressives (c'est-à-dire le tribunal de simple police, le tribunal correctionnel et la cour d'assises selon la gravité de la faute).

Aux termes de l'article 121-2 du Code pénal, « les personnes morales, à l'exclusion de l'État, sont responsables pénalement, selon les distinctions des articles 21-4 à 121-7, des infractions commises, pour leur compte, par leurs organes ou représentants.

Toutefois, les collectivités territoriales et leurs groupements ne sont responsables pénalement que des infractions commises dans l'exercice d'activités susceptibles de faire l'objet de conventions de délégation de service public.

La responsabilité pénale des personnes morales n'exclut pas celle des personnes physiques auteurs ou complices des mêmes faits, sous réserve des dispositions du quatrième alinéa de l'article 121-3 ».

L'article 121-3, modifié par la **loi dite « Fauchon » du 10 juillet 2000** fixe qu'« il n'y a point de crime ou de délit sans intention de le commettre.

Toutefois, lorsque la loi le prévoit, il y a délit en cas de mise en danger délibérée de la personne d'autrui.

Il y a également délit, lorsque la loi le prévoit, en cas de faute d'imprudence, de négligence ou de manquement à une obligation de prudence ou de sécurité prévue par la loi ou le règlement, s'il est établi que l'auteur des faits n'a pas accompli les diligences normales compte tenu, le cas échéant, de la nature de ses missions ou de ses fonctions, de ses compétences ainsi que du pouvoir et des moyens dont il disposait.

Dans le cas prévu par l'alinéa qui précède, les personnes physiques qui n'ont pas causé directement le dommage, mais qui ont créé ou contribué à créer la situation qui a permis la réalisation du dommage ou qui n'ont pas pris les mesures permettant de l'éviter, sont responsables pénalement s'il est établi qu'elles ont, soit violé de façon manifestement délibérée une obligation particulière de prudence ou de sécurité prévue par la loi ou le règlement, soit commis une faute caractérisée et qui exposait autrui à un risque d'une particulière gravité qu'elles ne pouvaient ignorer.

Il n'y a point de contravention en cas de force majeure ».

L'article 121-3 du Code pénal distingue ainsi selon qu'un comportement a été la cause directe ou indirecte d'un dommage pour exiger dans le second cas une faute pénale d'imprudence plus significative que les simples « poussières de faute » qui suffisaient par le passé pour prononcer une peine.

La Cour de cassation, dans un arrêt du 4 juin 2002, a ainsi justifié la relaxe d'un maire poursuivi pour homicide involontaire pour avoir laissé à la portée du public, sur un terrain municipal, des cages de buts non conformes aux exigences de sécurité. Celui-ci n'était, en effet, pas informé du risque auquel étaient exposés les utilisateurs éventuels. Un élu local ne peut pas être pénalement responsable de tous les accidents survenus dans sa commune.

En revanche, un autre maire a été déclaré coupable d'homicide involontaire au préjudice d'un enfant de 7 ans décédé à la suite d'un accident survenu sur une aire communale de jeux. En effet, cet élu « connaissait la dangerosité de cette installation et disposait des moyens et de l'autorité nécessaires pour prévenir le dommage ». En omettant de prendre les mesures utiles pour faire enlever l'élément de jeu à l'origine de l'accident, il a commis une faute caractérisée exposant autrui à un risque d'une particulière gravité.

Lorsque la responsabilité pénale de l'animateur est engagée, il risque d'être sanctionné par une contravention et/ou une peine d'emprisonnement suivant la gravité de la faute commise.

2. La responsabilité civile

L'article 1382 du Code civil dispose que « tout fait quelconque de l'homme qui cause à autrui un dommage oblige celui par la faute duquel il est arrivé à le réparer ».

L'article 1383 fixe, pour sa part, que « chacun est responsable du dommage qu'il a causé non seulement par son fait mais encore par sa négligence ou par son imprudence ».

Enfin, aux termes de l'article 1384, « on est responsable non seulement du dommage que l'on cause par son propre fait, mais aussi de celui qui est causé par le fait de personnes dont on doit répondre, ou des choses que l'on a sous sa garde ».

La responsabilité civile vise la réparation du dommage causé à la victime. Trois conditions doivent être réunies pour que la responsabilité délictuelle d'une personne soit mise en cause : un dommage (ou préjudice) certain, direct et déterminé, un fait générateur (le fait matériel à l'origine de la responsabilité, qui peut être fondé sur une faute ou un risque), et un lien de causalité entre les deux.

La réparation du préjudice prend, rarement, la forme d'une réparation en nature et, le plus souvent, celle d'une réparation dite par équivalent qui consiste en l'attribution de dommages et intérêts.

Lorsque le fait n'engage que la responsabilité civile de son auteur, l'action est intentée devant le tribunal d'instance ou de grande instance, mais, lorsque la responsabilité est également pénale, l'action est également intentée par le ministère public à fin de répression : dans ce cas, l'action civile peut alors être portée devant une juridiction répressive (tribunal de simple police, tribunal correctionnel, cour d'assises) ou devant la juridiction civile. Si l'action est portée devant la juridiction civile, celle ci doit surseoir à statuer jusqu'à la décision du juge pénal et tenir pour acquis ce que le juge pénal aura décidé : une condamnation pénale entraînera alors obligatoirement l'attribution de dommages et intérêts.

Le Code civil dispose également qu'une personne est non seulement responsable des dommages qu'elle a personnellement causés, mais aussi des dommages causés par ses préposés.

Si, par exemple, un enfant en centre de loisirs subit un dommage par la faute d'un animateur de ce centre, la responsabilité civile de l'animateur comme celle du centre de loisirs sont engagées. Le centre de loisirs est en effet civilement responsable de ses préposés, en l'espèce de ses animateurs, dans l'exercice de leurs fonctions, c'est-à-dire de ses animateurs. Le centre de loisirs peut alors être condamné à verser à l'enfant et à ses parents des dommages et intérêts en réparation du préjudice subi. L'assurance responsabilité civile du centre de loisirs pourra ensuite se retourner contre l'animateur de colonie ayant provoqué le dommage.

Soulignons également que la responsabilité d'une association est le même que celle de toute autre personne ou morale ou de toute personne physique.

3. L'assurance

A. Contre une condamnation pénale

La condamnation pénale vise à sanctionner le coupable d'une infraction pénale qui a méconnu ou transgressé une règle de droit. La sanction est une amende (contravention) ou une peine de prison (délit, crime) ou les deux à la fois suivant la gravité de la faute.

En cas de constitution de partie civile de la victime au cours du procès pénal, le juge peut, en plus de la condamnation pénale, trancher au civil et accorder des dommages et intérêts à la victime.

La sanction, ayant pour but d'empêcher le renouvellement des manquements à l'égard de la loi, vise, par sa fonction d'exemplarité, à la protection de la société. L'action pénale est donc d'intérêt public. **On ne peut pas s'assurer pour les conséquences pénales de sa responsabilité.** Une assurance « protection juridique » permet toutefois la prise en charge des dépenses engagées devant les tribunaux répressifs.

B. Contre une condamnation civile

Le juge civil (tribunal d'instance ou tribunal de grande instance selon le montant du préjudice), saisi par la personne qui s'estime victime d'un préjudice, apprécie celui-ci et prononce une condamnation à indemnisation.

L'action civile ayant pour but l'indemnisation d'une victime nommément désignée, on dit qu'elle est d'intérêt privé. **On peut s'assurer pour couvrir les conséquences civiles de sa responsabilité reconnue.**

La réglementation oblige les organisateurs de centres de loisirs ou de vacances à s'assurer pour :

- leur responsabilité civile, celle de leurs préposés et de toutes personnes participant à la direction et à l'animation des activités ;
- les dommages causés par les participants ;
- les risques d'incendie et de dégât des eaux ;
- les dommages causés par les véhicules utilisés ;
- les frais de recherche et de secours en montagne ou en mer.

Annales corrigées

SUJET

DIFFICULTÉ : ××× / DURÉE : 3 HEURES

Sujet national
Concours interne et 3e concours, session 2019
Animateur principal de 2e classe

Énoncé

Vous répondrez aux questions dans l'ordre qui vous convient, en indiquant impérativement leur numéro.

❶ **Qu'est-ce qu'un PIJ (point d'information jeunesse), et quelles sont ses missions ?** *(2 points)*

❷ **Présentez au moins deux valeurs principales de l'éducation populaire.** *(2 points)*

❸ **Quels sont les principaux types d'ACM (accueil collectif de mineurs), leurs principales caractéristiques et les financements possibles ?** *(3 points)*

❹ **Quelles sont les principales caractéristiques du public adolescent, sur les plans physique, intellectuel et socio-affectif ? Quels sont leurs besoins spécifiques sur ces différents plans, et quels types d'activités peuvent y répondre ?** *(5 points)*

❺ **Vous êtes animateur au sein d'un ACM. Un enfant de 10 ans vous fait part de violences physiques subies à son domicile. Quelles démarches engagez-vous ?** *(3 points)*

❻ **Quels sont les principaux risques encourus par les enfants de 8 à 12 ans dans l'usage d'internet et des réseaux sociaux ? Quels en sont les principaux axes de prévention ?** *(5 points)*

Corrigé

A. Quelques conseils de méthode avant de traiter le sujet

1er conseil

Le nombre de points alloués à chacune des questions va déterminer votre stratégie.

Vous consacrerez en effet davantage de temps aux questions qui « pèsent » un grand nombre de points qu'aux autres questions.

Le nombre de points vous donne également des indications sur la longueur du développement attendu : il en effet totalement inutile de consacrer un long développement à une question dotée d'un faible nombre de points, même si cette question vous semble d'un abord aisé. Vous obtiendrez au mieux la totalité des points alloués à cette question mais vous aurez perdu du temps nécessaire à un bon traitement de la ou des questions principales.

2e conseil

Le sujet indiquant que vous pouvez traiter les questions dans l'ordre qui vous convient, en prenant soin de préciser le numéro de la question avant d'y répondre, commencez en traitant la ou les questions qui vous paraissent les plus aisées (sans pour autant perdre de vue le 1er conseil).

B. Le traitement du sujet

❶ Qu'est-ce qu'un PIJ (point d'information jeunesse), et quelles sont ses missions ? *(2 points)*

Un point d'information jeunesse (PIJ) est un service gratuit d'accueil et d'information de la compétence de la commune. Il a pour mission d'aider les jeunes de 16 à 25 ans (collégiens, lycéens, jeunes travailleurs, demandeurs d'emploi, étudiants et leurs parents) à trouver des informations sur tous les sujets qui les concernent ou les intéressent, qu'il s'agisse de scolarité, de formation, d'emploi, de logement, de loisirs, de préparation d'un départ vers l'étranger, ou encore de montage d'un projet pour lequel ils cherchent des aides. À cette fin, outre les personnes-ressources qu'on peut y trouver, le PIJ met à disposition des postes informatiques et des accès à internet.

Un PIJ peut développer un réseau de partenaires locaux, notamment autour de la découverte des métiers, un soutien aux jeunes en difficulté scolaire, un accompagnement dans la découverte du monde professionnel, la mise en place d'actions ciblées pour prévenir le décrochage scolaire.

Il joue également un rôle de relais vers d'autres structures (Centre de documentation et d'information jeunesse, mission locale, CCAS, protection maternelle et infantile…).

❷ Présentez au moins deux valeurs principales de l'éducation populaire. *(2 points)*

L'éducation populaire est un courant de pensée qui cherche principalement à promouvoir, en dehors des structures traditionnelles d'enseignement et des systèmes éducatifs institutionnels, une éducation visant l'amélioration du système social.

L'éducation populaire est laïque au sens où elle s'interdit toute attache à un parti ou une confession. Elle entend non pas « éduquer le peuple », mais donner à chacun les moyens de comprendre le monde pour le transformer.

À titre d'exemple, la Fédération Léo Lagrange, association d'éducation populaire reconnue d'utilité publique, intervient dans les champs de la petite enfance, de l'animation et de la formation professionnelle et accompagne les acteurs publics dans la mise en œuvre de politiques éducatives, socioculturelles et d'insertion. Dans son manifeste « Nous demain ! Pour un progrès durable et partagé », elle affirme ainsi ses valeurs : « Elle propose une opposition farouche à toutes les formes de discriminations et de dominations outrageantes, elle réactualise sa combativité historique pour l'épanouissement de chacun, la liberté, la démocratie et la justice sociale, elle exprime enfin sa volonté de s'adapter aux évolutions, à bien des égards imprévisibles, de notre société. »

❸ Quels sont les principaux types d'ACM (accueil collectif de mineurs), leurs principales caractéristiques et les financements possibles ? *(3 points)*

Principaux types	Caractéristiques
Les accueils avec hébergement	
Le **séjour de vacances** (précédemment dénommé « centre de vacances » ou « colonie de vacances »)	Il accueille au moins 7 enfants et/ou adolescents pour une durée minimale de 4 nuits.
Le **séjour court**	Il accueille au moins 7 enfants et/ou adolescents pour une durée comprise entre 1 et 3 nuits.
Le **séjour spécifique**	Il accueille au moins 7 enfants âgés d'au minimum 6 ans et/ou adolescents et ne peut être organisé que par des personnes morales dont l'objet est le développement d'activités particulières définies réglementairement (séjours sportifs, séjours linguistiques, séjours artistiques et culturels, rencontres européennes de jeunes et chantiers de jeunes).
Le **séjour de vacances dans une famille** (précédemment appelé « placement de vacances »)	Il accueille de 2 à 6 mineurs pour une durée minimale de 4 nuits.
Les accueils sans hébergement	
L'**accueil de loisirs extrascolaire ou périscolaire** (précédemment dénommé « centre de loisirs » ou « centre aéré »)	Il est organisé pour 7 à 300 mineurs et fonctionne pendant le temps extrascolaire ou périscolaire au minimum 14 jours par an, pour une durée minimale de deux heures par journée de fonctionnement. Il se caractérise par une fréquentation régulière des mineurs inscrits, auxquels il offre une diversité d'activités organisées.
L'**accueil de jeunes**	Il est organisé pour 7 à 40 mineurs âgés de 14 à 17 ans et fonctionne au minimum 14 jours par an. Il est destiné à répondre à un besoin social particulier explicité dans le projet éducatif.
Les accueils de scoutisme	
Accueillant au minimum 7 mineurs, ils sont organisés par une association dont l'objet est la pratique du scoutisme et bénéficiant d'un agrément national « jeunesse et d'éducation populaire » délivré par le ministre chargé de la jeunesse.	

Les financements possibles :

Ces accueils peuvent être financés par des associations, des comités d'entreprises, des collectivités territoriales.

Les caisses d'allocations familiales (CAF) soutiennent le développement et le fonctionnement des accueils sans hébergement déclarés auprès des services de la Direction départementale de la cohésion sociale. Les CAF participent aussi au soutien d'accueils avec hébergement sous certaines conditions, pour les séjours d'une durée maximum de 5 nuits et 6 jours.

❹ Quelles sont les principales caractéristiques du public adolescent, sur les plans physique, intellectuel et socio-affectif ? Quels sont leurs besoins spécifiques sur ces différents plans, et quels types d'activités peuvent y répondre ? *(5 points)*

Le public adolescent

	Principales caractéristiques	Besoins spécifiques	Activités
Plan physique	Transformation du corps Fatigabilité Découverte de la sexualité Méconnaissance des risques Troubles possibles du comportement alimentaire	Prendre des risques Tester ses limites Bénéficier de temps de récupération et de repos Expérimenter sa sexualité Modeler son corps (tatouage, piercing…) Expérimenter la consommation de produits	Activités de pleine nature Activités physiques Jeux de sensations, test des limites Jeux sportifs
Plan intellectuel	Esprit critique Contestation de l'autorité Besoin de comprendre Capacité d'engagement Capacité à se passionner Passions éphémères et changeantes Vif intérêt pour l'inconnu Peur de l'inconnu	Rechercher des modèles Contester des modèles Se confronter aux adultes Expérimenter de nouvelles activités	Utilisation des techniques audiovisuelles et informatiques Jeux de rôles Activités d'exploration Lecture, musique et activités créatives (confection d'objets personnels) Discussions et débats, jeux de réflexion sur des thèmes d'actualité
Plan socio-affectif	Changements d'humeur Découverte de la sexualité Recherche d'autonomie Besoin de reconnaissance Sentiment d'être incompris Mal de vivre	S'identifier à un groupe Se confronter aux autres jeunes Être reconnu par les autres jeunes Se confronter aux adultes Se différencier des « vieux » Être reconnu par les adultes Marquer sa différence sexuelle	Participation à la prise de décision Activités et projets collectifs Responsabilité de la préparation d'une veillée Sports collectifs Jeux de coopération Jeux d'expression Jeux scéniques Match d'improvisation

5 Vous êtes animateur au sein d'un ACM. Un enfant de 10 ans vous fait part de violences physiques subies à son domicile. Quelles démarches engagez-vous ? *(3 points)*

Tout d'abord, j'adopte une attitude qui permet à l'enfant de me donner le plus d'informations possible sur les violences physiques dont il est victime.

J'informerai ensuite ma hiérarchie de ces informations et des démarches que j'envisage :

- appeler le 119, numéro d'appel national de l'enfance en danger. La mission des écoutants, professionnels de l'enfance, est en effet d'apporter aide et conseil aux appelants confrontés à une situation d'enfant en danger ou en risque de l'être. Pour cela, ils sont à leur écoute afin de recueillir des informations et évaluer la suite à donner. En fonction de la situation, l'écoutant pourra me conseiller ;
- selon la gravité de la situation, dresser un courrier à la cellule de recueil des informations préoccupantes (CRIP) au sein des services du conseil départemental, équipe pluridisciplinaire de professionnels chargée de recueillir toutes les informations préoccupantes concernant des enfants, d'évaluer les situations de danger, et de déclencher, au besoin, des mesures de protection ;
- effectuer un signalement écrit au procureur de la République du tribunal de grande instance (TGI) du domicile de l'enfant. Les signalements écrits au procureur de la République du tribunal de grande instance sont à réserver aux cas les plus graves (maltraitance avérée, violences sexuelles) ;
- enfin, je pourrai contacter une association de défense des enfants victimes de maltraitance afin d'obtenir d'autres informations sur la manière de gérer au mieux ce type de situation.

6 Quels sont les principaux risques encourus par les enfants de 8 à 12 ans dans l'usage d'internet et des réseaux sociaux ? Quels en sont les principaux axes de prévention ? *(5 points)*

Les risques encourus par les enfants de 8 à 12 ans dans l'usage d'Internet et des réseaux sociaux sont nombreux :

- un risque d'exposition à des images violentes ou choquantes : en utilisant des moteurs de recherche ou en cliquant sur des liens contenus dans des courriels, les enfants peuvent accéder à des contenus non adaptés à leur âge (scènes pornographiques ou violentes) ;
- un risque de pression psychologique : les enfants fragiles peuvent être influencés au moyen des messageries par des personnes mal intentionnées, mineures ou majeures : harcèlement sexuel, incitation au suicide ;
- un risque de diffusion d'informations personnelles : internet est souvent utilisé pour diffuser des informations personnelles ou des photographies sans le consentement de leur propriétaire. L'usage de ces données personnelles peut souvent mener à des faits d'usurpation d'identité ;
- un risque d'addiction : les jeux sur internet, les consoles et les ordinateurs peuvent également devenir pour les jeunes une addiction sévère qui peut conduire à une désocialisation ;
- un risque d'expositions à des prédateurs sexuels : tchats, emails et messageries instantanées sont des outils très utilisés par ces derniers. La virtualisation des rapports propres à internet favorise les contacts, mais aussi les confidences et révélations intimes. Les prédateurs s'en servent pour établir une relation de confiance et ainsi mieux manipuler leurs victimes ;
- un risque de désinformation : des sites diffusent des théories ou idées en tout genre (sites haineux, sites commerciaux, sites pastiches, incitation à la haine raciale ou à la violence, incitation au suicide...).

L'essor des appareils communicants rend difficile la surveillance par les adultes de l'usage qu'en font les jeunes. Il faut avant tout sensibiliser les jeunes et les adultes qui en ont la charge sur les dangers encourus.

Les adultes doivent établir un climat de confiance avec l'enfant afin qu'il puisse parler des informations ou des situations qui l'ont choqué et convenir avec lui des règles d'utilisation des appareils communicants. Il faut également apprendre aux enfants à multiplier les sources d'informations afin de les contredire, de les vérifier et de se faire leur « propre idée » sur la validité de l'information.

En outre, des mesures de prévention s'imposent, comme :

- l'installation des appareils communicants dans des espaces partagés ;
- la limitation du temps de connexion journalier ;
- le paramétrage des navigateurs pour contrôler les accès aux sites ;
- l'installation d'un contrôle parental sur les appareils ;
- un paramétrage des comptes avec des mots de passe.

PARTIE 2

Réussir l'épreuve orale d'admission d'entretien avec le jury

Planning de révisions

Le planning ci-après entend vous proposer **un mode d'acquisition méthodique des connaissances et des savoir-faire indispensables** à la réussite de l'épreuve d'entretien.

La date à laquelle vous commencez à utiliser cet ouvrage pour vous préparer déterminera évidemment la durée de chaque période : si, par exemple, vous entamez votre préparation personnelle six mois avant le concours, les dix périodes d'appropriation compteront chacune de l'ordre de deux semaines. Il en ira tout différemment si vous pensez pouvoir préparer le concours en un mois : deux à trois jours seront alors consacrés à chaque période.

Soyez également attentif au fait que cette épreuve requiert non seulement une maîtrise de la technique de l'entretien, mais aussi celle, notamment, des connaissances sur l'animation des collectivités territoriales abordées précédemment, auxquelles la période 1 renvoie, et des connaissances sur l'environnement territorial, développées précédemment, qui font l'objet de la période 2.

PÉRIODES	CONTENU DES RÉVISIONS	NOS OUTILS
Période 1	Se préparer en amont de l'épreuve (voir le cours)	pages 69 et 293
Période 2	Prendre connaissance de la totalité des conseils méthodologiques	page 405
Période 3	Élaborer l'exposé de 5 minutes sur la formation, l'expérience, le projet	page 412
Période 4	Mémoriser l'exposé de 5 minutes sur la formation, l'expérience, le projet, s'entraîner à le livrer à un auditoire, sans notes et en 10 minutes	
Période 5	Relire l'ensemble des conseils méthodologiques, approfondir les questions portant sur l'encadrement	page 405
Période 6	Multiplier les entraînements en temps réel devant un « jury » composé de plusieurs personnes (collègues, amis...)	
Période 7	Retravailler l'exposé de 5 minutes sur la formation, l'expérience, le projet, en fonction du déroulement de la simulation de l'épreuve de 20 minutes	
Période 8	Être particulièrement attentif à l'actualité des collectivités territoriales à l'approche de l'épreuve	
Période 9	S'entraîner une dernière fois en temps réel devant un « jury » quelques jours avant l'épreuve d'admission	

Les quatre concours (externe, interne, interne spécial, troisième concours) d'accès au premier grade du cadre d'emplois des animateurs territoriaux (animateur) de même que les trois concours (externe, interne, troisième concours) d'accès au deuxième grade (animateur principal de 2e classe) comportent chacun **une unique épreuve orale d'admission** consistant toutes en un entretien d'une durée de 20 minutes comportant un exposé de 5 minutes sur la formation, l'expérience, le projet du candidat.

L'épreuve des concours d'accès au deuxième grade (animateur principal de 2e classe) ne diffère de celle des concours d'accès au premier grade (animateur) que sur deux points : outre les connaissances, l'entretien vise notamment à mesurer les **aptitudes à l'encadrement**.

Il en va de même des examens d'accès au second et troisième grades (animateur principal de 2e et de 1re classe).

Attention, une évolution réglementaire assez récente (décret n° 2013-593 du 5 juillet 2013) a doté cette épreuve orale d'admission, comme toutes les épreuves d'admission des concours et examens de la fonction publique territoriale, d'une **note éliminatoire** : toute note inférieure à 5 sur 20 à cette épreuve élimine définitivement le candidat, quelle que soit la moyenne générale des notes qu'il a obtenues.

Un jury peut désormais, s'il estime la prestation d'un candidat si préoccupante qu'il veut rendre impossible sa réussite au concours ou à l'examen, choisir de lui attribuer la note de 4,00 ou de 4,50 à l'épreuve orale d'admission : le jury est ainsi certain que, même si ce candidat a été excellent à l'écrit, il ne sera pas lauréat du concours ou de l'examen.

Rappel des épreuves

Concours d'animateur

Concours externe

Un entretien ayant pour point de départ un exposé du candidat sur sa formation et son projet professionnel permettant au jury d'apprécier sa capacité à s'intégrer dans l'environnement professionnel au sein duquel il est appelé à travailler, sa motivation et son aptitude à exercer les missions dévolues aux membres du cadre d'emplois *(durée : vingt minutes, dont cinq minutes au plus d'exposé ; coefficient 1).*

Concours interne

Un entretien ayant pour point de départ un exposé du candidat sur les acquis de son expérience professionnelle et permettant au jury d'apprécier sa motivation et son aptitude à exercer les missions dévolues aux membres du cadre d'emplois *(durée : vingt minutes, dont cinq minutes au plus d'exposé ; coefficient 1).*

Concours interne spécial

Un entretien ayant pour point de départ un exposé du candidat qui présente son parcours professionnel au sein de la communauté éducative auprès des enfants des écoles maternelles ou des classes enfantines et permettant au jury d'apprécier sa motivation et son aptitude à exercer les missions dévolues aux membres du cadre d'emplois *(durée : 20 minutes, dont 5 minutes au plus d'exposé ; coefficient 1).*

Troisième concours

Un entretien ayant pour point de départ un exposé du candidat sur les acquis de son expérience professionnelle et permettant au jury d'apprécier sa motivation, son aptitude à exercer les missions dévolues aux membres du cadre d'emplois ainsi que sa capacité à s'intégrer dans l'environnement professionnel au sein duquel il est appelé à travailler *(durée vingt minutes, dont cinq minutes au plus d'exposé ; coefficient 1).*

Concours d'animateur principal de 2e classe

Concours externe

Un entretien ayant pour point de départ un exposé du candidat sur sa formation et son projet professionnel et permettant au jury d'apprécier ses connaissances en matière d'animation sociale, socio-éducative ou culturelle, sa motivation à exercer les missions dévolues aux membres du cadre d'emplois et son aptitude à l'encadrement *(durée : vingt minutes, dont cinq minutes au plus d'exposé ; coefficient 1).*

Concours interne

Un entretien ayant pour point de départ un exposé du candidat sur les acquis de son expérience professionnelle et permettant au jury d'apprécier ses connaissances, sa motivation à exercer les missions dévolues aux membres du cadre d'emplois et son aptitude à l'encadrement *(durée : vingt minutes, dont cinq minutes au plus d'exposé ; coefficient 1).*

Troisième concours

Un entretien ayant pour point de départ un exposé du candidat sur les acquis de son expérience professionnelle et permettant au jury d'apprécier ses connaissances, sa capacité à s'intégrer dans l'environnement professionnel au sein duquel il est appelé à travailler, sa motivation à exercer les missions dévolues aux membres du cadre d'emplois et son aptitude à l'encadrement *(durée : vingt minutes, dont cinq minutes au plus d'exposé ; coefficient 1).*

Examen d'animateur principal de 2e classe (promotion interne)

Un entretien ayant pour point de départ un exposé du candidat sur son expérience professionnelle ; il se poursuit par des questions permettant d'apprécier les facultés d'analyse et de réflexion du candidat ainsi que sa motivation à exercer les missions dévolues aux membres du cadre d'emplois et son aptitude à l'encadrement *(durée : 20 minutes, dont 5 minutes au plus d'exposé ; coefficient 2).*

Examen d'animateur principal de 2e classe (avancement de grade)

Un entretien ayant pour point de départ un exposé du candidat sur son expérience professionnelle ; il se poursuit par des questions permettant d'apprécier les connaissances professionnelles du candidat ainsi que sa motivation et son aptitude à exercer des missions d'encadrement *(durée : 20 minutes, dont 5 minutes au plus d'exposé ; coefficient 1).*

Examen d'animateur principal de 1re classe (avancement de grade)

Un entretien ayant pour point de départ un exposé du candidat sur les acquis de son expérience et se poursuivant par des questions permettant d'apprécier ses connaissances professionnelles, ses capacités d'analyse et de réflexion ainsi que sa motivation et son aptitude à exercer des missions d'encadrement *(durée : 20 minutes, dont 5 minutes au plus d'exposé ; coefficient 2).*

Extrait du rapport du président du jury du concours d'animateur, session 2017, centre de gestion de l'Eure (CDG 27)

« D'une manière générale, les résultats se sont avérés assez bons dans l'ensemble. Toutefois, le jury a noté que la différence entre un bon candidat et un très bon candidat s'est faite dans la majorité des cas sur les questions en lien avec l'actualité et l'environnement territorial.

Comme lors de la précédente session, il a été constaté un **manque de connaissances de l'environnement territorial**. *A contrario*, les **questions sur les missions des animateurs et sur leurs fonctions ont été très bien appréhendées**.

L'exposé, à quelques exceptions près, a été travaillé. Seule remarque, le jury trouve dommage que certains candidats ont un **exposé trop stéréotypé et trop récité**, ce qui rend celui-ci pas très "vivant", monotone... »

Extrait du rapport du président du jury du concours d'animateur, session 2017, centre de gestion de Seine-et-Marne (CDG 77)

« Globalement, le niveau des candidats est assez hétérogène. La plupart des candidats ont préparé leurs présentations et ont su délivrer un **exposé construit et pertinent**. Les examinateurs ont apprécié la mise en valeur de leurs compétences et les connaissances parfois très abouties de leur cœur de métier. Les candidats possèdent une expérience de terrain affutée.

Les examinateurs relèvent une appréhension satisfaisante du travail en mode projet, mais les candidats connaissent des **lacunes en termes d'aptitudes managériales**.

Les candidats ne sont pas suffisamment dans l'analyse et la réflexion. Ils ne prennent pas assez de hauteur par rapport à leurs missions et objectifs.

Ils n'ont pas su développer et transmettre une culture territoriale ni même de connaissances sur l'actualité territoriale. Ce qui fait particulièrement défaut pour de futurs encadrants. »

1. Entretien avec le jury

1. Un entretien

L'intitulé réglementaire de l'épreuve ne doit pas vous induire en erreur : les 15 minutes qui font suite à l'exposé de 5 minutes ne se réduisent nullement à une aimable conversation de salon. L'entretien prend la forme de questions généralement brèves du jury, qui peuvent être d'abord inspirées par votre exposé avant de s'élargir pour mesurer vos aptitudes à exercer les missions d'un animateur territorial.

Le concept d'entretien correspond bien à la nature même de l'épreuve en ce qu'il fait écho à celui d'entretien de recrutement : si le jury ne cherche pas à recruter un animateur territorial ou un animateur principal de 2e classe pour pourvoir un poste précis, l'entretien du concours n'est guère éloigné d'un entretien de recrutement en ce que le jury cherche à mesurer si ce que vous dites et si votre comportement pendant l'épreuve vous donnent vocation à exercer l'ensemble des missions confiées à un membre du cadre d'emplois des animateurs territoriaux.

Ces questions ne comportent à l'évidence ni temps de préparation ni tirage au sort.

2. Un jury

Les textes réglementaires qui déterminent l'organisation des concours précisent la qualité des membres des jurys. S'agissant des concours et examens de la fonction publique territoriale, un décret en Conseil d'État (décret du 5 juillet 2013) valable pour tous ces concours et examens dispose que chaque jury de concours (également baptisé jury plénier ou jury réglementaire, au sens où il s'agit du jury qui choisit le cas échéant les sujets, prononce l'admissibilité, lorsque cette phase existe et, obligatoirement, l'admission des candidats) est composé d'au moins six membres. Ce décret précise également que les jurys sont composés de trois collèges égaux, celui des **élus locaux**, celui des **fonctionnaires territoriaux**, celui des **personnalités qualifiées**.

En outre, lorsque le jury se constitue en groupes d'examinateurs, c'est-à-dire lorsqu'il se scinde en plusieurs « sous-jurys » ou « jurys d'entretien », la composition des groupes ainsi constitués respecte la répartition en trois collèges égaux.

Cela signifie que le jury d'oral, s'il comprend trois personnes, sera composé d'un élu local, d'un fonctionnaire territorial et d'une personnalité qualifiée qui peut, par exemple, appartenir à une autre fonction publique que la fonction publique territoriale.

Soyez attentif si les membres du jury – c'est une pratique courante – se présentent en début d'épreuve, en déclinant leur qualité, sans indiquer généralement leur collectivité ou administration. Bien évidemment, un élu au moins siègeant dans votre jury, vous serez attentif à ce que rien dans vos propos ne laisse transparaître un jugement de valeur déplacé à l'encontre des élus.

Selon les autorités organisatrices, vous pourrez être entendu à cette épreuve par un jury plénier (qui peut par exemple comprendre six ou neuf personnes), ou par un jury de trois personnes.

Les autorités organisatrices déterminent en effet le mode d'organisation de l'épreuve en fonction du nombre de candidats. Lorsque le nombre de candidats admissibles est faible, un même jury entend l'ensemble des candidats.

2. Exposé sur la formation, l'expérience, le projet

1. L'utilisation des cinq minutes réglementaires

La différence d'intitulé selon les voies de concours paraît sans réelle influence sur la nature de l'exercice attendu, à savoir une présentation par le candidat de son parcours et de son projet professionnel sous la forme d'un bref exposé.

L'intitulé réglementaire de l'épreuve indique que cet exposé peut durer jusqu'à cinq minutes, ce qui signifie que chaque candidat dispose du droit de présenter son parcours et son projet pendant cinq minutes. S'il est envisageable qu'un exposé dure moins de cinq minutes, il paraît vivement souhaitable d'utiliser pleinement ces cinq minutes, dans la mesure où un exposé trop bref risque d'être pénalisé par le jury et expose le candidat à une durée d'entretien d'autant plus longue que l'exposé aura été court, évidemment moins « confortable » que le temps d'exposé puisque le candidat n'est pas maître des questions posées par le jury.

Le candidat n'est pas interrompu pendant cet exposé, sauf s'il excède les cinq minutes réglementaires, auquel cas le jury l'invite fermement à conclure. Le jury peut toutefois, si le candidat s'avère incapable de développer un exposé, l'inviter au moyen de questions à faire valoir son expérience, mais une telle incapacité à exposer sera inévitablement pénalisée, traduisant une préparation insuffisante ou une impossibilité pour le candidat de gérer son stress, alors même qu'on attend d'un futur animateur territorial qu'il prépare ses interventions et sache, dans des situations professionnelles parfois complexes, dépasser son stress éventuel.

Une précision essentielle : **vous n'êtes pas autorisé à utiliser quelque document que ce soit**, ni CV, ni le texte de votre exposé. Cela signifie vous devez **mémoriser les grandes lignes de votre exposé** et veiller à ce que sa restitution orale n'excède pas cinq minutes.

Il est donc vivement conseillé de s'entraîner dans les conditions réelles de l'épreuve.

2. Un parcours raisonné

Les jurys déplorent souvent que les exposés soient, selon le cas :

- trop anecdotiques ;
- trop plats ;
- exclusivement chronologiques ;
- abusivement valorisants ;
- dénués de toute motivation ;
- vides de tout projet ;

– stéréotypés ;
– incomplets ;
– exagérément détaillés ;
– insuffisamment détaillés ;
– peu compréhensibles ;
– déséquilibrés ;
– trop tournés vers le passé ;
– trop « scolaires » ;
– livrés sur le ton du « par cœur » ;
– …

Vous avez donc tout intérêt à préparer très soigneusement votre exposé, en sachant éviter une approche trop anecdotique pour valoriser les compétences que vous avez acquises tout au long de votre parcours.

Cette préparation minutieuse impose de **mémoriser l'essentiel de l'exposé, tout en évitant que sa restitution le jour de l'épreuve laisse au jury une impression de « par cœur » pénalisante**. Une bonne préparation va donc jusqu'à donner l'impression de ne pas avoir appris par cœur même lorsque l'on restitue ce que l'on a le cas échéant appris par cœur.

3. Semez des « petits cailloux »

Le temps de l'exposé, contrairement aux temps suivants de l'entretien, vous appartient totalement, puisqu'il ne donne lieu à aucune intervention du jury. Dès que votre exposé est achevé, le jury reprend la main.

Pour autant, vous pouvez, de manière non négligeable, influer sur la suite de l'entretien en semant dans votre exposé des « petits cailloux » que le jury ramassera.

Un « petit caillou », c'est un terme ou une expression que vous utilisez sans la développer parce que vous souhaitez que le jury s'en saisisse pendant le temps qui suit l'exposé. En d'autres termes, vous vous efforcez d'emmener le jury sur un terrain que vous connaissez et vous permet de vous valoriser.

3. Aide à la préparation de l'exposé

Le décret fixant les modalités d'organisation des troisièmes concours d'accès à certains cadres d'emplois (par exemple celui des attachés territoriaux) renvoie à un arrêté du 29 janvier 2007 fixant un **modèle de document retraçant l'expérience professionnelle des candidats** utilisé par ailleurs pour des examens professionnels de catégorie C.

Même s'il n'est pas demandé aux candidats aux concours d'animateur et d'animateur principal de 2e classe, ce document peut constituer une aide à la construction de l'exposé : sa colonne « nature des activités », comprend des items qui peuvent être utilisés pour valoriser les expériences et les compétences acquises :

- principales missions ;
- responsabilités confiées ;
- réalisations ;
- publics visés ;
- outils ou méthodes employées ;
- travail en équipe ;
- ...

Ce document attire également l'attention sur l'opportunité de valoriser également le cas échéant, au-delà de la formation initiale, la **formation continue**. Il vous appartient de privilégier, si vous avez suivi de nombreuses formations, celles qui vont convaincre le jury d'une réelle motivation pour l'acquisition de nouveaux savoirs, savoir-faire ou savoir-être, d'autant plus valorisantes qu'elles contribueront à faire valoir les aptitudes à assumer les missions incombant cadre d'emplois postulé.

Il convient de préciser que, si vous portez **candidat au troisième concours** au titre de votre expérience professionnelle dans le secteur privé, ou de votre mandat électif local, ou de votre responsabilité associative, vous devez faire valoir ces expériences dans votre exposé, sans négliger de présenter également l'expérience acquise également, le cas échéant, dans la fonction publique. Vous pourrez très utilement valoriser particulièrement celles de vos expériences antérieures qui se sont avérées ou s'avéreront particulièrement utiles dans l'exercice des missions confiées au cadre d'emplois des animateurs territoriaux.

Document retraçant l'expérience professionnelle du candidat à l'examen professionnel de...

Nom et prénom du candidat :

....

Date de naissance :

....

Date d'entrée dans la fonction publique :

....

Date d'entrée dans la fonction publique territoriale (si différente) :

....

Autre expérience professionnelle que dans la fonction publique : ☐ OUI – ☐ NON

Si oui, préciser la durée :

....

Expérience professionnelle dans la fonction publique ou dans le secteur privé

Employeur (désignation, adresse, téléphone, domaine d'intervention)	Service d'affectation (désignation, nombre d'agents ou de salariés)	Informations sur les emplois occupés par le candidat		
		Période d'emploi (dates de début et de fin)	Intitulé de l'emploi	Nature des activités (principales missions, responsabilités confiées, réalisations, publics visés, outils ou méthodes employées, travail en équipe...)

RÉUSSIR L'ÉPREUVE D'ADMISSION

Formation initiale ou validation des acquis de l'expérience du candidat

Diplôme préparé (intitulé précis)	Spécialité éventuelle	Niveau de certification du diplôme (*)	Obtenu (oui/ non)	Année d'obtention	Pays de délivrance du diplôme

(*) Niveau V : BEP, CAP, diplôme national du brevet ; niveau IV : baccalauréat, brevet de technicien ; niveau III : BTS, DUT ; niveau II : licence, master 1 ; niveau I : doctorat, master 2.

Formation continue

Intitulé précis du stage suivi	Organisme de formation	Année	Nombre de jours

Attestation établie le : ....

Signature du candidat :

Cette attestation est la propriété exclusive du candidat, qui en certifie l'authenticité des informations. Elle est faite pour servir et valoir ce que de droit.

CE QU'IL NE FAUT PAS DIRE :

« J'ai commencé comme adjoint d'animation culturelle le 13 mai 2008. Je m'occupais du secrétariat du service jeunesse de la commune. Après, le 18 juin 2012, j'ai muté sur un autre contrat et je suis devenue secrétaire du chef du service animation dans une commune un peu plus grosse. J'ai beaucoup aimé faire du secrétariat parce que cela correspond bien à mon goût pour les dossiers administratifs.

Le 1er janvier 2013, j'ai été nommée adjoint d'animation stagiaire sur mon poste et j'ai muté après les municipales de mars 2014, pour des raisons qu'j'ai pas besoin de vous expliquer, sur un autre poste, toujours dans l'animation, dans une commune encore un peu plus grosse.

Je veux devenir animateur parce que c'est mérité après 12 ans de boulot et parce que j'ai pas envie de plafonner. [...]

Les défauts de ce début d'exposé sont manifestes :

– aucun projet n'y apparaît : quelle motivation tant lors de l'accès au premier poste que lors des choix ultérieurs ?

– le parcours paraît plus subi que choisi ;

– la description des fonctions est inexistante ;

– le degré de précision des dates est inapproprié et laisse craindre un attachement scrupuleux à des détails très secondaires ;

– le registre de langue est inadapté au grade postulé.

4. L'aptitude à exercer les missions

1. La connaissance de l'animation sociale, socio-éducative ou culturelle

Bien que seul l'intitulé réglementaire de l'épreuve du concours externe d'animateur principal de 2e classe fasse explicitement référence aux connaissances en matière d'animation sociale, socio-éducative ou culturelle, il semble aller de soi que l'aptitude à exercer les missions requiert la maîtrise de connaissances en matière d'animation sociale, socio-éducative ou culturelle.

En l'absence de tout programme, on peut à nouveau utilement se référer à celui de la deuxième épreuve écrite d'admissibilité des concours interne et de troisième voie d'animateur principal de 2e classe (réponses à des questions portant sur l'animation sociale, socio-éducative ou culturelle dans les collectivités territoriales permettant d'apprécier les connaissances professionnelles du candidat.

– L'actualité de l'animation et de l'action sociale ;

– la situation de l'animation dans l'évolution générale de la société ;

– les grandes étapes de l'éducation populaire, de l'animation socioculturelle, du mouvement associatif ;

– l'organisation générale et le fonctionnement, les missions et l'évolution :

• de l'association loi 1901,

• d'un service d'animation municipal,

• d'une structure associative socioculturelle ;

– les principaux dispositifs et les modalités d'actions socio-éducatives en matière de pratiques culturelles, de logement, de famille, de santé, de loisirs, de prévention, d'insertion, d'orientation et d'aide sociale ;

– les grandes caractéristiques des principaux courants pédagogiques ;

– la connaissance des publics ;

– l'adaptation d'une activité aux publics visés et la déclinaison d'objectifs pédagogiques ;

– les bases en psychologie comportementale ;

– les principales techniques d'accueil, d'entretien et de réunion ;

– les objectifs, les moyens, les méthodes et les critères d'évaluation des actions d'animation ;

– le budget d'une action d'animation (suivi et évaluation) ;

– les principales obligations liées à l'organisation de toute activité en matière de responsabilité civile et pénale, d'assurance et de protection des mineurs ;

– les règles en vigueur concernant la sécurité des biens et des personnes ;

– les techniques fondamentales de prévention en matière d'hygiène et de santé.

Citons également, à titre indicatif, les thèmes précisés dans le cadrage de l'épreuve d'entretien des concours d'attaché territorial dans la spécialité animation (épreuve qui, elle non plus, n'est pas dotée d'un programme réglementaire) :

– La politique de la ville

– Données essentielles de la législation et de la réglementation spécifiques aux secteurs des loisirs, du travail social, en matière de protection des mineurs et concernant l'hygiène et la sécurité (restauration, locaux…)

– L'intervention des collectivités territoriales et de leurs partenaires dans les secteurs :

• périscolaires
• de la culture
• des sports
• de la jeunesse
• des personnes âgées
• de l'animation des quartiers
• du développement social urbain
• de la prévention de la délinquance
• du développement des territoires
• de l'insertion

– Les acteurs institutionnels et les partenaires

– Les aspects financiers (recherche des financements…).

2. Les aptitudes à l'encadrement

L'intitulé réglementaire de l'épreuve d'entretien des trois concours d'animateur principal de 2e classe, comme celui des examens d'accès aux grades d'animateur principal de 2e et de 1re classe, précise que le jury évalue les aptitudes à l'encadrement.

Le statut particulier du cadre d'emplois précise que les titulaires des grades d'avancement (animateur principal de 2e classe et de 1re classe) se voient notamment confier des fonctions d'encadrement.

Pour autant, le candidat au concours d'animateur, qui a vocation à devenir, soit par concours, soit par examen professionnel, animateur principal de 2e classe ne saurait tout ignorer de l'encadrement.

NOTE DU FORMATEUR

I- « Les membres du cadre d'emplois des animateurs territoriaux coordonnent et mettent en œuvre des activités d'animation. Ils peuvent encadrer des adjoints d'animation.

Ils interviennent dans le secteur périscolaire et dans les domaines de l'animation des quartiers, de la médiation sociale, de la cohésion sociale, du développement rural et de la politique du développement social urbain. Ils peuvent participer à la mise en place de mesures d'insertion.

Ils interviennent également au sein de structures d'accueil ou d'hébergement, ainsi que dans l'organisation d'activités de loisirs.

Dans le domaine de la médiation sociale, les animateurs territoriaux peuvent conduire ou coordonner les actions de prévention des conflits ou de rétablissement du dialogue entre les personnes et les institutions dans les espaces publics ou ouverts au public.
II- Les titulaires des grades d'**animateur principal de 2e classe** et d'animateur principal de 1re classe ont vocation à occuper des emplois qui, relevant des domaines d'activité mentionnés au I, correspondent à un niveau particulier d'expertise. Ils peuvent concevoir et coordonner des projets d'activités socio-éducatives, culturelles et de loisirs, **encadrer une équipe d'animation, être adjoints au responsable de service**, participer à la conception du projet d'animation de la collectivité locale et à la coordination d'une ou plusieurs structures d'animation. Ils peuvent être chargés de l'animation de réseaux dans les domaines sociaux, culturels ou d'activités de loisirs. Ils peuvent également conduire des actions de formation.
Dans le domaine de la médiation sociale, ils contribuent au maintien de la cohésion sociale par le développement de partenariats avec les autres professionnels intervenants auprès des publics visés au I. ci-dessus. »

Le jury pourra aborder les problématiques de l'encadrement au moyen de mises en situation.

NOTE DU FORMATEUR

Le jury peut par exemple vous placer dans la situation suivante : **« Vous venez d'être recruté en qualité de chef d'un service comptant neuf agents dans une commune de 40 000 habitants. Vous succédez à un chef de service qui a exercé ces mêmes fonctions pendant 20 ans. »**
À partir de cette situation, de nombreuses questions peuvent vous être posées, comme :
- lors de votre prise de fonctions, quelles sont vos premières actions ?
- concrètement, comment encadrer une équipe de neuf agents ?
- comment réussir les changements que vous souhaitez ?
- un des agents du service se montre particulièrement opposé au changement : que faites-vous ?
- un conflit latent entre deux agents pèse sur le service depuis plusieurs années : comment agissez-vous ?
- une violente altercation oppose deux agents du service en présence d'un administré : comment réagissez-vous ?
- les insuffisances du chef de service auquel vous succédez ont conduit l'adjoint au maire en charge du secteur dont relève votre service à exercer directement la responsabilité de ce service. Comment agissez-vous ?
- la répartition des tâches entre les différents agents est confuse : comment agissez-vous ?
- l'adjoint au maire en charge de votre secteur vous demande de mettre en œuvre une procédure qui vous paraît contestable : que faites-vous ?
- vous devez mettre en œuvre une décision prise par votre directeur qui soulève une forte opposition de tous les agents de votre service : que faites-vous ?

- en fort désaccord avec votre hiérarchie, quelle autre alternative que se taire ou démissionner ?
- votre directeur vous demande d'appliquer une mesure illégale : que faites-vous ?
- pouvez-vous nous décrire l'organisation des services dans cette commune de 40 000 habitants ?
- etc.

Les questions peuvent également chercher à mesurer la maîtrise des principaux concepts de l'encadrement et du management, au moyen de questions comme :

– Qu'est-ce qu'encadrer ?
– Peut-on bien encadrer sans aimer encadrer ?
– Un cadre peut-il avoir raison seul contre tous ?
– Qu'est-ce qui fait la légitimité d'un responsable ?
– Faut-il savoir faire pour faire faire ?
– Quel type (mode) de management pratiquez-vous ou entendez-vous pratiquer ?
– Comment articuler confiance et contrôle ?
– Quelles sont les conditions d'une délégation réussie ?
– Comment motiver un collaborateur ?
– Comment évaluer la « manière de servir » ?
– Quelles sont les conditions de l'évaluation réussie d'un collaborateur ?
– À partir d'un cas précis que vous avez connu, que signifie gérer un conflit ?
– Qu'est-ce que la conduite de projet ?
– Qu'est-ce qui vous paraît essentiel dans la conduite de projet ?
– Qu'est-ce qu'un expert ?
– Qu'est-ce qui rend un expert légitime ?
– La transversalité : mythe ou réalité ?
– Qu'est-ce que l'évaluation d'une action, d'une politique ?
– Comment conduire le changement ?
– Comment vaincre les résistances au changement ?

À titre indicatif, le **cadrage national** de l'épreuve d'entretien des concours d'**animateur territorial** précise que « le jury détermine les aptitudes du candidat à l'encadrement ainsi que son intérêt pour les techniques et outils utilisés en la matière. Le jury peut recourir à des questions et/ou des mises en situation faisant état de problèmes courants d'encadrement auxquels le candidat doit apporter des solutions concrètes et opérationnelles pouvant concerner les thèmes suivants :

- le recrutement ;
- l'évaluation ;
- la conduite d'entretien/la communication/la capacité à rendre compte ;
- la gestion de conflit ;
- la capacité à motiver, proposer, conduire/déléguer ;
- la capacité d'organisation ;
- la conduite de projet/le pilotage d'opération/la conduite du changement ;
- la connaissance du statut en matière de gestion des ressources humaines.
- ...

Le **cadrage national** de l'épreuve des concours d'**animateur principal de 2e classe** insiste sur le fait que « le jury s'attachera à discerner les aptitudes managériales du candidat, sa capacité à assumer des responsabilités, à encadrer une équipe, un service et à conduire des projets. L'encadrement d'équipe est un aspect d'autant plus important qu'il est clairement spécifié dans les intitulés réglementaires de cette épreuve.»

Aux thèmes ci-dessus, il ajoute « la conduite de projet/le pilotage d'opération/la conduite du changement».

3. La connaissance de l'environnement professionnel

Comme dans beaucoup de concours et examens de la fonction publique territoriale comportant une épreuve d'entretien, les candidats doivent être prêts à apporter réponse à des questions portant notamment sur les thèmes suivants, précisés à titre indicatif par le **cadrage national**, étant à nouveau précisé que cette épreuve n'est pas dotée d'un programme réglementaire :

- décentralisation et déconcentration
- les collectivités territoriales et leurs établissements publics ; leur organisation, leurs organes et leurs principales compétences
- la démocratie locale
- l'intercommunalité
- les droits et obligations des fonctionnaires
- la fonction publique territoriale
- la filière animation (métiers, missions, positionnement des agents ...)
- notions de base en matière de finances publiques locales
- les moyens juridiques d'action des collectivités territoriales, notions de base sur la commande publique
- les modes de gestion des services publics
- les relations entre l'administration et les administrés
- l'accessibilité des services publics
- les instances du dialogue social
- notions sur les politiques sectorielles des collectivités territoriales (animateur principal de 2e classe)

5. Une épreuve dans laquelle le comportement joue un rôle essentiel

Incontestablement, le jury cherche à évaluer non seulement des connaissances mais aussi, compte tenu des missions incombant au cadre B qu'est l'animateur territorial, la capacité à assumer les responsabilités exercées par un animateur, à communiquer, faire preuve de réactivité, argumenter…

Faire face à l'adversité, rester lucide devant l'imprévu, savoir s'adapter, faire preuve à la fois de souplesse et de fermeté, tenir à ses idées tout en sachant prendre en compte la contradiction, être capable de faire avancer la réflexion même lorsqu'on n'a pas réponse, savoir « rebondir »… autant d'aptitudes que le jury va chercher à évaluer au moins pendant les 15 minutes qui suivent votre exposé.

1. La communication est pour une bonne part non verbale

Votre posture, votre comportement pendant l'épreuve doivent délivrer le message que vous êtes une personne ouverte, équilibrée (assise bien droite, utilisant bien l'espace, sachant regarder la personne qui lui parle et les membres du jury quand elle parle…), à l'écoute, impliquée, responsable.

Un candidat avachi, ou replié sur lui-même, crée un *a priori* défavorable, inévitablement pénalisant.

L'exposé ne vous permet pas toujours suffisamment de regarder les membres du jury : la réflexion projette parfois vers le haut un regard vide, avec des clignements d'yeux, qui ne cherche pas à recueillir des informations sur l'environnement mais à traquer des idées « à l'intérieur de la tête ». Ce sera souvent votre attitude si vous cherchez à reconstituer un exposé cohérent à partir de bribes insuffisamment mémorisées.

Évitez également pendant cette phase d'exposé la tête baissée, le regard obstinément fixé sur la table (souvent accompagné du marmonnement…), posture qui traduit souvent la livraison un peu trop laborieuse d'un exposé appris par cœur.

Efforcez-vous au contraire, tout au long de votre exposé puis tout au long de l'entretien de regarder équitablement les membres du jury afin de mesurer si vous êtes entendu et si vous intéressez. Si vous percevez une incompréhension, n'hésitez pas à reformuler. Si vous croyez sentir un manque d'intérêt, adoptez un ton plus convaincant, moins monocorde, introduisez des ruptures de rythme par exemple par des reformulations fortement synthétiques (par exemple : « un an, donc, d'apprentissage de l'animation » ou « suit une expérience d'une tout autre nature »).

Ensuite, pendant l'entretien proprement dit, efforcez-vous de regarder le membre du jury qui vous pose une question, et lorsque vous répondez, regardez-le mais regardez aussi les deux autres membres du jury afin de recueillir des informations sur la manière dont vos propos sont reçus et aussi d'éviter une « entrée dans le jeu » un peu agressive du ou des membres du jury que vous ne regarderiez jamais...

Attention aux gestes parasites : ne vous balancez pas sur votre chaise, ne tripotez pas vos cheveux, votre stylo, contrôlez vos jambes. Asseyez-vous confortablement sur votre chaise.

Vous pouvez vous détendre mais ne vous relâchez pas.

Parlez assez fort (pas trop), assez lentement (pas trop), articulez : ni lenteur solennelle, ni précipitation. Le ton est celui de la conversation, même quand vous exposez.

Pensez à respirer : pas de trop longues apnées...

Vos gestes doivent être naturels mais maîtrisés (ni paralysie, ni désordre gestuel), ils ne doivent pas donner d'indications sur votre trouble. Soyez sincère et « assurez » (lorsque le jury affirme quelque chose, n'opinez pas systématiquement du bonnet : c'est dangereux !).

Vous n'êtes pas une victime, les membres du jury ne sont pas vos bourreaux.

Vous n'êtes ni celui qui sait tout, ni celui qui ne sait rien.

Les membres du jury ne sont ni ceux qui savent tout, ni ceux qui ne savent rien.

Pas d'agressivité à l'encontre du jury. Retourner les questions au jury, lui demander d'apporter réponse aux questions qu'il pose, est contraire à la « posture » requise et peut être vécu par le jury comme une forme d'agression.

Ceci étant, ne vous laissez aller à aucune familiarité avec le jury, même si vous avez l'impression que « tout se passe bien » et si vous pensez que le « bon climat » que vous percevez vous permet un certain relâchement. Veillez également à ne pas envahir l'espace du jury (*Don't invade my privacy* disent les Américains). À cet égard, serrer en arrivant la main de chacun des membres du jury est plutôt malvenu et peut laisser entendre au jury que vous cherchez à forcer la sympathie pour obtenir une appréciation très favorable de votre prestation.

Efforcez-vous toujours d'apporter réponse et de vous comporter comme vous le feriez en situation professionnelle si la question vous était posée par votre directeur général ou par l'exécutif de votre collectivité.

2. Une expression correcte

Ne recherchez pas à tout prix la perfection du langage (au risque du blocage) : la spontanéité n'est pas interdite et « passe » mieux qu'un temps trop long de réflexion imposé par le souci maniaque d'une syntaxe absolument parfaite.

Cependant, évitez la langue de bois, le « remplissage n'ayant rigoureusement aucun sens », pour reprendre une expression inventée par le journaliste et académicien aujourd'hui disparu, Bertrand Poirot-Delpech, qui se moquait du langage « RAS » (voir plus haut).

Le registre de langue (niveau de langage) ne sera jamais relâché, ni, évidemment, vulgaire, mais normal et parfois soutenu, plutôt dans le registre technique que littéraire (les « forces de l'ordre » de préférence à « la maréchaussée »), sans affectation inutile toutefois.

Si possible, préparez-vous à plusieurs avant le concours et enregistrez-vous afin de repérer vos tics de langage et vos formules d'hésitation (ben, heu...).

3. Une tenue adaptée

Un seul slogan : « À l'aise dans vos baskets... mais ne venez pas en baskets ».

« Tenue correcte exigée », ce qui n'impose ni la cravate ni le tailleur, mais empêche le pull avachi, la barbe de trois jours. Choisissez une tenue dans laquelle vous vous sentez à l'aise (si vous portez une cravate, qu'elle ne vous étrangle pas, si vous avez choisi un tailleur, que la jupe ne soit pas trop courte...).

Évidemment, pas de signe distinctif (appartenance à une collectivité, une association...), bref pas de signes ostensibles qui pourraient donner l'impression que vous cherchez à influencer le jury.

Une tenue trop provocante peut donner l'impression que vous cherchez à utiliser pour convaincre des arguments qui ne relèvent pas des aptitudes attendues d'un animateur.

On ne peut cependant nier que le charme joue et que le jury doit parfois se méfier de lui-même.

4. Encore quelques conseils

Méfiez-vous des questions simples, simplistes (empoisonnées). Ne répondez jamais seulement par « oui » ou par « non » : argumentez.

Écoutez, entendez : ne dites pas « c'est une bonne question », mais plutôt « c'est une question difficile, délicate, actuelle, controversée... ».

N'hésitez jamais à reformuler : cela donne du temps et des idées.

Quand la conversation « marche » bien, les difficultés des questions vont croissant ou s'élargissent : c'est bon signe. La note monte, le jury cherche à savoir jusqu'où monter.

Prenez les questions comme une chance que vous devez saisir (des balles pour jongler, pas des balles vous vous tuer).

Efforcez-vous de ne pas détester le jury : celui qui questionne vous permet de vous faire valoir.

Vous pouvez faire préciser une question, ou mieux la préciser vous-même (« Si j'ai bien compris, vous me demandez si, de... »). En toute hypothèse, évitez : « Vous pouvez répéter la question ? ».

Lorsque vous tenez une question, prenez le temps de vous en servir : définition, actualisation, élargissement. Si vous relancez la balle trop vite, le rythme va s'accélérer, et tout le monde, vous-même, le jury, va s'y épuiser.

Ne vous laissez pas enfermer dans vos contradictions : sachez admettre que vous vous êtes trompé(e).

Sachez revenir au sujet, donnez l'impression de maîtriser le débat : la digression est choisie, les glissements sont programmés. Mais sachez aussi abandonner sans regret un « terrain » qui vous est cher : lorsque le jury perçoit que vous être très à l'aise sur telle ou telle question, par exemple parce qu'elle coïncide avec votre champ de compétences professionnelles, il peut vous emmener sur un autre terrain : acceptez d'y aller sans réticence visible.

Ne répondez jamais au jury : « Je vous l'ai déjà dit ». Si le jury vous pose une question que vous pensez déjà avoir traitée, reformulez, le jury ne vous a peut-être pas compris ou souhaite une réponse plus précise.

Pour conclure, en fin d'entretien, le jury, au moment d'attribuer une note à un candidat aura toujours en tête la question suivante : au vu de son exposé, de ses réponses, de son comportement, lui confierions-nous ou non des missions d'animateur ou d'animateur principal de 2e ou de 1re classe ? Travaillerions-nous quotidiennement avec lui en toute confiance ? Les qualités que nous avons perçues compensent-elles ou non les imperfections de l'exercice imposé ?

50 questions possibles le jour J

– Qu'est-ce que le service public ?
– Que signifie la « neutralité » pour un fonctionnaire ?
– Le statut de fonctionnaire est-il adapté au métier d'animateur ?
– Quelles sont selon vous les cinq qualités d'un « bon » animateur ? Pourquoi ?
– Qu'impose la laïcité à un animateur ?
– Pourquoi un animateur doit-il être exemplaire ?
– Comment gérez-vous les conflits dans une équipe dont vous êtes responsable ?
– Comment contribuez-vous à la motivation des agents que vous encadrez ?
– On dit que « la confiance n'exclut pas le contrôle » : qu'en pensez-vous ?
– Un agent placé sous votre responsabilité commet une faute grave : comment réagissez-vous ?
– Selon vous, le métier d'animateur a-t-il changé ces dernières années ?
– Qu'est-ce que l'insertion ?
– Que pensez-vous de la politique de la ville ?
– Quelle différence, dans une commune, entre le directeur de l'enfance et de la jeunesse et l'adjoint au maire chargé de l'enfance et de la jeunesse ?
– Quelles sont les principales missions d'une Direction départementale de la cohésion sociale ?
– Qu'est-ce qu'un CCAS ou un CIAS ?
– Qu'est-ce que la protection de l'enfance ?
– Qu'est-ce qu'un juge des enfants ?
– Quelle différence entre un animateur et un éducateur ?
– Qu'entend-on par « médiation sociale » ?
– Qu'est-ce que « l'insertion ? »
– Qu'entend-on par « exclusion » ?
– Comment l'animateur prend-il en charge la différence ?
– Comment garantir la sécurité morale des enfants, des jeunes ?
– Comment garantir la sécurité physique des enfants, des jeunes ?
– Comment garantir la sécurité affective des enfants, des jeunes ?
– Quelles techniques pour canaliser la violence d'un adolescent ?
– Qu'entend-on par « théorie du genre » ?
– C'est quoi, pour vous, une « tenue républicaine » ?
– Comment un animateur peut-il apporter un soutien à la parentalité ?
– Diriez-vous que la société est aujourd'hui plus violente ou moins violente qu'autrefois ?
– Pour paraphraser une citation célèbre, en quoi peut-on dire que « l'animation est une chose trop sérieuse pour être confiée aux animateurs » ?
– Qu'entend-on par « techniques d'animation » ?
– Qu'est-ce que l'éducation populaire ?

- Qu'est-ce que la démocratie participative ?
- Comment l'animateur peut-il éduquer à la citoyenneté ?
- Quel rôle pour l'animateur en matière de développement durable ?
- Qu'est-ce qui fonde la légitimité d'un responsable associatif ?
- Qu'est-ce que la pédagogie Freinet ? la pédagogie Montessori ?
- Quelle différence entre un projet éducatif et un projet pédagogique ?
- Qu'est-ce que la « psychologie comportementale » ?
- Vous organisez une réunion : que mettez-vous en œuvre pour qu'elle soit réussie ?
- Comment peut-on évaluer une action d'animation ?
- D'où vient l'argent dont vous disposez dans un service d'animation municipale ?
- Quelle différence entre le budget d'un ménage et le budget de la commune ?
- Citez quelques règles essentielles en matière d'encadrement des enfants.
- Dans une commune, qu'est-ce qu'une commission de sécurité ?
- En matière de restauration scolaire, connaissez-vous quelques règles de sécurité alimentaire ?
- Quelle différence entre un crime et un délit ?
- Qu'entend-on par « pouvoir de police » du maire ?

Simulation d'entretien réussi

Cet exemple est composé à partir de plusieurs prestations de candidat (la candidate est ici dénommée C) au **concours interne d'animateur** et à d'autres concours de catégorie B, auditionnés par un jury de trois personnes, une élue locale (EL), un fonctionnaire territorial (FT), une personnalité qualifiée (PQ).

EL : « Bonjour, asseyez-vous. Je vous rappelle les règles : vous disposez de 5 minutes pour présenter sans être interrompue votre expérience professionnelle. Nous vous interromprons seulement si vous dépassez les 5 minutes réglementaires. Nous vous poserons ensuite des questions nous permettant d'évaluer vos connaissances et vos aptitudes à exercer les missions d'un animateur territorial. Êtes-vous prête ? »

C : « Oui, je suis prête.

EL : « Je lance le minuteur. C'est à vous. »

C : « Bonjour, je m'appelle C.

Je vais d'abord vous présenter mon parcours de formation avant de vous exposer mes motivations pour accéder au grade d'animateur au moyen du concours interne. Après un baccalauréat littéraire obtenu en 2012, je me suis engagée dans une formation en alternance débouchant sur un BTS technico-commercial, dans la spécialité habillement et ameublement. J'ai été obligée d'interrompre cette formation au bout d'une année en raison de problèmes familiaux.

Il m'a fallu trouver du travail rapidement, et comme j'étais titulaire d'un brevet d'aptitude aux fonctions d'animateur (BAFA), j'ai postulé à la rentrée 2013 un poste d'animatrice périscolaire dans une commune de 5 000 habitants. Dans le cadre de la réforme des rythmes scolaires entrée en vigueur à la rentrée 2013, de nombreuses collectivités ont en effet recruté des animateurs pour mettre en œuvre de nouvelles activités périscolaires.

J'avais déjà travaillé l'été comme animatrice dans des centres de séjours de vacances gérés par différentes communes et les directeurs de ces centres m'avaient donné des informations sur les communes et les différentes possibilités de travailler pour elles dans le domaine de l'animation, soit dans le cadre de contrats, soit comme fonctionnaire territorial.

Après deux années en qualité de contractuelle, je suis devenue stagiaire sur le grade d'adjoint d'animation puis ai été titularisée au bout d'un an. Dès que j'ai totalisé quatre années de services publics me permettant de me présenter au concours interne d'animateur, je me suis inscrite au concours après avoir bénéficié d'une formation de préparation au concours assurée par le Centre national de la fonction publique territoriale (CNFPT).

Je suis en effet passionnée par le métier d'animatrice, et j'aime travailler avec les enfants dans un cadre coopératif : je suis convaincue que les enfants ont des capacités et des talents très différents et qu'il est possible de les aider à grandir et à se réaliser non pas en étant en compétition les uns contre les autres mais en coopérant, chacun à sa mesure. Dans le cadre périscolaire, j'utilise quotidiennement des jeux coopératifs où il ne s'agit pas de gagner individuellement contre les autres mais de gagner ensemble.

Ce projet coopératif me passionne, mais je me sens parfois un peu isolée au sein d'une équipe d'animation dont les projets sont différents des miens, membre d'une communauté éducative peu portée vers la communication. J'ai bien conscience que mon grade actuel ne me permet que d'être une parmi d'autres au sein de l'équipe, sans disposer des moyens de proposer le projet dans lequel je crois. Accéder au grade d'animateur me permettra de postuler des postes de coordinatrice périscolaire, et, si j'obtiens ce type de poste, de fédérer l'équipe d'animation autour d'un projet coopératif.

Si je réussis ce concours, je postulerai en priorité des postes dans des établissements scolaires dont les projets pédagogiques correspondent à mon projet coopératif. J'envisage également de me former à l'encadrement, dans la mesure où, si je deviens coordinatrice périscolaire, j'aurai de fait à encadrer les animateurs et animatrices. Cette formation et l'expérience acquise pourront me permettre ensuite d'accéder au grade d'animateur principal de 2e classe. Et peut-être pourrai-je un jour me présenter au concours d'attaché territorial dans la spécialité animation, afin d'encadrer des équipes plus importantes. L'important pour moi n'est pas d'encadrer pour encadrer, mais de permettre à chacune des personnes que j'encadrerai de donner le meilleur d'elle-même, toujours dans une logique coopérative.

Il me semble aussi que progresser en grade me permettra d'accéder à des postes décisionnels et d'inscrire dans les faits les valeurs du service public en lesquelles je crois.

J'en ai terminé sur ma formation et mon projet professionnel et je suis prête à répondre à vos questions. »

EL : « Je vous remercie. Vous dites vouloir faire passer les valeurs du service public en lesquelles vous croyez. Quelles sont, selon vous, ces valeurs ? »

C : « Je dirais avant tout l'égalité et la neutralité, principes consacrés par le juge administratif.

L'égalité, c'est à la fois une des valeurs de la République et le principe fondamental du service public : pas de service public sans égalité devant le service public et égalité d'accès aux services publics. Ce principe implique qu'aucune distinction ne soit faite entre les usagers qui doivent bénéficier des prestations du service public sans discrimination.

La neutralité est immédiatement liée au principe d'égalité : elle requiert l'impartialité des agents publics et l'interdiction de toute discrimination fondée sur les convictions politiques, philosophiques, religieuses, syndicales ou tenant à l'origine sociale, au sexe, à l'état de santé, au handicap, à l'origine ethnique ou aux orientations sexuelles. »

EL : « Cela signifie que le service public doit traiter tout le monde de la même façon ? »

C : « Non, le principe d'égalité d'accès et de traitement n'interdit pas de différencier les modes d'action du service public afin de lutter contre les inégalités économiques et sociales.

Tous les usagers dans une même situation doivent être traités de la même façon, mais les usagers placés dans des situations suffisantes peuvent être traités différemment. Par exemple, la tarification des services publics peut être adaptée à la situation socio-économique des usagers au moyen du quotient familial. »

FT : « Et la transparence ? »

C : « Le principe de transparence fonde tout citoyen ou tout usager à s'assurer du bon fonctionnement des services publics.

Tout usager dispose d'un droit à l'information sur l'action des services publics qui ont l'obligation de l'informer de manière systématique. La transparence permet un contrôle de l'action des services publics par les usagers. Dans ce cadre, les services publics doivent être attentifs à consulter leurs usagers avant de prendre des décisions touchant à l'organisation et au contenu du service rendu.

Un autre principe important dont je n'ai pas parlé : l'adaptabilité, qui impose au service public de s'ajuster aux besoins. Lorsque les exigences de l'intérêt général évoluent, le service doit s'adapter à ces évolutions. »

FT : « Vous avez évoqué un recrutement en qualité de contractuelle. Les choses ont-elles récemment changé à ce sujet ? »

C : « Le statut énumère les situations permettant le recrutement d'agents contractuels : remplacement temporaire sur des emplois non permanents, recrutement sur emplois permanents pour assurer le remplacement temporaire de fonctionnaires ou d'agents contractuels ou pour faire face à une vacance temporaire d'emploi dans l'attente du recrutement d'un fonctionnaire.

Le statut énumère également toute une série d'emplois qui peuvent être occupés de manière permanente par des agents contractuels : c'est notamment le cas lorsqu'il n'existe pas de cadre d'emplois de fonctionnaires susceptibles d'assurer les fonctions correspondantes. Je sais que, dans ce cadre-là, des communes embauchent des professionnels très "pointus" qu'elles ne peuvent recruter au moyen du concours. Cela peut être le cas dans le domaine de la politique de la ville. »

FT : « Oui, mais qu'est-ce qui a changé récemment en matière de recrutement contractuel ? »

C : « Ah oui ! La loi du 6 août 2019 de transformation de la fonction publique élargit les possibilités de recrutement d'agents contractuels : emplois de direction, par exemple les directeurs généraux de services dans les communes de plus de 40 000 habitants, emplois de catégorie B, tous les emplois dans les communes de moins de 1 000 habitants.

La loi a également créé un nouveau type de contrat à durée déterminée, de 1 an au moins à 6 ans au plus : le contrat de projet, qui permet aux collectivités de recruter des profils divers pour la conduite de projets ou d'opérations identifiés s'inscrivant dans une durée limitée. »

PQ : « D'accord. Venons-en aux responsabilités d'un animateur. Vous êtes animateur périscolaire et un enfant du CM2 vous dit que son beau-père le frappe. Comment réagissez-vous ? »

C : « Je vais d'abord mettre l'enfant en confiance afin qu'il me donne, si possible, des informations précises sur les violences dont il dit être victime. Je sais qu'il est arrivé que des enfants inventent de toutes pièces des histoires de harcèlement et de violence et j'essaierai de me forger une conviction sur la véracité des faits rapportés avant d'entreprendre des démarches. J'échangerai à ce sujet avec ma hiérarchie afin de m'assurer que je ne fais pas fausse route.

Si je suis convaincue de la véracité de la parole de l'enfant, j'appellerai le 119 afin d'obtenir aide et conseil à partir de mon témoignage. Il me semble également pertinent d'entrer en relation avec une association de défense des enfants victimes de maltraitance afin d'être conseillée sur la manière d'agir au mieux.

J'aime mieux "en faire trop" que de ne pas en faire assez. Toute la vie de cet enfant peut dépendre des réactions, bonnes ou mauvaises, des adultes en situation de réagir, et je vivrais très mal de constater après coup que les bonnes décisions n'ont pas été prises au bon moment.

Il s'avérera sans doute nécessaire que je saisisse la cellule de recueil des informations préoccupantes (CRIP) au sein des services du conseil départemental, afin qu'elle puisse mettre en œuvre des mesures de protection. Si la gravité de la situation le requiert, je serai amenée à effectuer un signalement écrit au procureur de la République du tribunal de grande instance. »

PQ : « Et si votre directeur vous demande de ne rien faire parce qu'il ne veut pas d'histoires ? »

C : « Une situation délicate... Je pense que je commencerai par faire valoir les arguments qui me conduisent à ne pas obéir à cet ordre. Si je ne parviens pas à convaincre mon supérieur, je demanderai un temps de réflexion qui pourra me permettre de recueillir l'avis de collègues juristes et de conforter ma position. Si mon directeur persiste dans sa demande, je l'informerai de mon impossibilité d'exécuter cet ordre et de mon intention de solliciter l'arbitrage de la hiérarchie, en portant le problème à la connaissance du directeur général des services. Je pourrai attirer son attention sur le fait que le devoir d'obéissance du fonctionnaire connaît des limites : il n'est pas tenu d'obéir à un ordre manifestement illégal et de nature à compromettre gravement un intérêt public. Même si cette dernière condition n'est pas remplie, je suis fondée, me semble-t-il, à ne pas obéir dans la mesure où ma propre responsabilité pourrait se trouver engagée, et, plus fondamentalement encore, parce que l'avenir d'un enfant est en jeu. »

FT : « Autre chose. Un fonctionnaire territorial de catégorie B peut se voir confier l'encadrement d'une équipe. Vous venez d'obtenir le poste de responsable périscolaire, responsable d'un service de dix personnes. Que faites-vous le jour de votre prise de fonctions ? »

C : « J'imagine que mon supérieur hiérarchique direct, après m'avoir conduit dans mon service pour me présenter à tous "mes" agents, m'accompagnera d'abord dans un tour de tous les services pour me présenter à mes collègues chefs de service.

Vraisemblablement, je passerai ensuite par la Direction des ressources humaines pour quelques formalités et, peut-être, la remise d'un livret d'accueil.

Ensuite, de retour dans mon service, j'organiserai la rencontre dans les premiers jours de la semaine de chacun des agents afin de faire plus ample connaissance. Au cours de cette rencontre, où j'échangerai avec eux sur la manière dont j'entends travailler avec eux, je leur demanderai de me faire connaître leurs attentes et leurs besoins et de m'informer des dossiers dont ils sont chargés. Je conviendrai avec chacun d'entre eux du moment de la journée où nous pourrons examiner ensemble les questions les plus urgentes, ce qui me permettra de me "mettre dans le bain" progressivement.

Enfin, je solliciterai un rendez-vous dans la semaine avec mon supérieur hiérarchique afin de lui faire part de mes premières observations et interrogations. »

PQ : « D'accord, mais voilà qui pourrait s'appliquer à n'importe quel service. Dans un service périscolaire, à quels documents allez-vous particulièrement vous intéresser pour prendre la mesure de la vie du service ? »

C : « Je m'intéresserai particulièrement à l'organigramme du service et aux fiches de postes, afin de savoir qui fait quoi et de prendre la mesure des missions et des tâches qui incombent à chacun. »

PQ : « D'autres documents ? »

C : « Peut-être le projet pédagogique périscolaire, qui me permettra de connaître le public accueilli, les valeurs sur lesquelles repose l'accueil périscolaire, les objectifs du service et les moyens dont il dispose pour les atteindre, le rôle de chacun des acteurs. J'ai en tête des projets pédagogiques très précis, qui détaillent les différentes activités proposées aux enfants selon leur âge tout au long de l'année scolaire. Je suis également très intéressée par la manière dont le projet pédagogique a été élaboré : il m'intéressera beaucoup plus s'il a été élaboré par toute l'équipe chargée du périscolaire en lien avec l'équipe enseignante plutôt que rédigé sur un coin de table par une seule personne. Si c'est le cas, je le ferai évoluer en associant à son élaboration tous les acteurs concernés. »

EL : « Mais tout projet requiert des moyens. Comment savoir de quels moyens vous disposerez ? »

C : « Les moyens humains tout d'abord. L'organigramme, les fiches de postes, le projet pédagogique me permettront d'en prendre la mesure. Et aussi, bien sûr, le budget géré par le service, en partant des documents utilisés lors de la préparation budgétaire, qui devraient faire apparaître les prévisions de dépenses de l'année N-1, les dépenses réalisées en année N-1, les prévisions de dépenses pour l'année N et les dépenses votées pour l'année N. »

FT : « Et imaginons que, dans l'équipe périscolaire, un agent soit particulièrement démotivé. Que pouvez-vous faire pour le motiver ? »

C : « Je crois qu'il est essentiel que le rôle de chaque agent soit clairement défini. Dans ce cadre, il faut fixer à chacun des objectifs également clairs, réalistes, atteignables et le doter des moyens nécessaires pour les atteindre. Au quotidien, il faut savoir encourager, reconnaître les tâches bien accomplies tout en sachant souligner les insuffisances. Si l'on ne fait jamais aucune critique, le compliment perd son sens. Le manager dispose également de moyens institutionnels pour entretenir la motivation des agents, comme le régime indemnitaire, l'avancement de grade, la promotion interne, pour lesquels il peut faire des propositions à sa hiérarchie. »

FT : « Là, vous nous parlez des "carottes". Ne disposez-vous pas aussi de "bâtons" ? »

C : « J'espère ne pas avoir besoin d'en arriver là. Effectivement, il existe une série de sanctions disciplinaires classées en différents groupes selon leur gravité.

Premier groupe :

- l'avertissement (non inscrit au dossier du fonctionnaire) ;
- le blâme (inscrit au dossier et effacé au bout de 3 ans sauf nouvelle sanction) ;
- l'exclusion de 3 jours maximum, sans traitement.

Deuxième groupe :

- la radiation du tableau d'avancement ;
- l'abaissement d'échelon ;
- l'exclusion temporaire pour…

Le minuteur sonne.

EL : « Eh bien nous n'en saurons pas plus aujourd'hui, les 20 minutes étant écoulées. Merci et bon retour. »

C : « Merci, et bon après-midi. »

Achevé d'imprimer en décembre 2020 par SEPEC
Dépôt légal : janvier 2021
N° d'éditeur : MAGSI20200642
N° d'imprimeur : 09463201140

PEFC 10-31-1470 / Certifié PEFC / Ce produit est issu de forêts gérées durablement et de sources contrôlées. / pefc-france.org